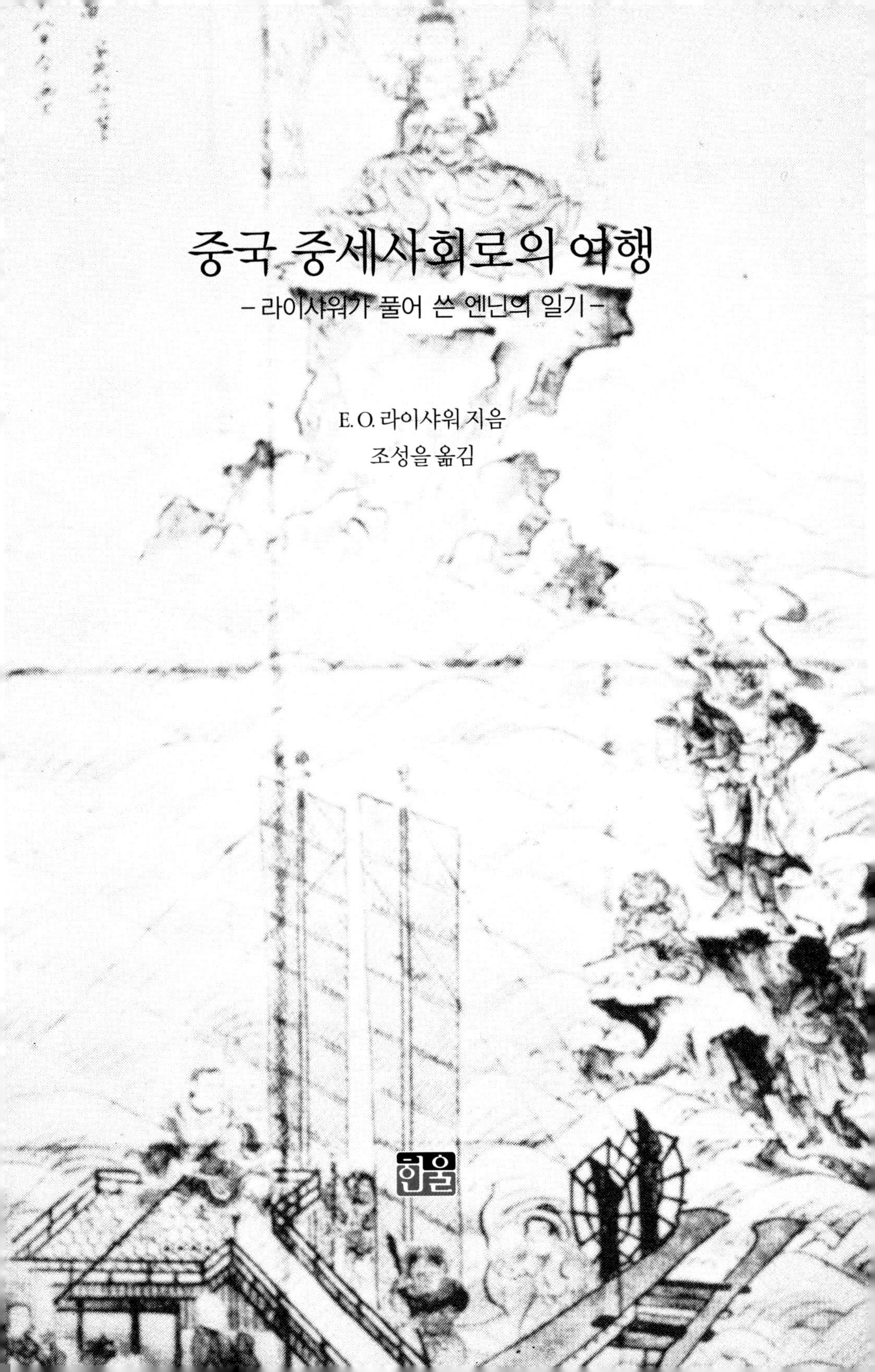

중국 중세사회로의 여행

– 라이샤워가 풀어 쓴 엔닌의 일기 –

E. O. 라이샤워 지음

조성을 옮김

한울

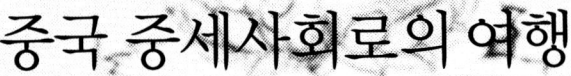

E. O. 라이샤워

엔닌의 초상

圓仁歸朝船中圖

入唐求法巡礼行記卷第一

承和五年六月十三日午時第一第四兩船諾使
駕船緣无順風停宿三箇日七日夜半得嵐風
上帆檣艫行已時到嘉賀鳴東海邊无信風五
箇日停宿矣次二日行時得良風進發更不見
澳投夜暗行次三日巳時到有秋鳴東純風吹行
當初判此重合時上帆渡海東北風漸八夜暗行

켄인이 필사한 『입당구법순례행기』

금강계 만다라

태장계 만다라

대안탑(大雁塔)

전윤장(轉輪藏)

금각사(金閣寺)

역자 서문

 최근 국내의 해외여행 자율화조치와 중국 자체의 개방정책의 여파로 종래에는 상상도 못할 정도로 많은 사람이 아직도 '미수교국'인 중국 대륙에 발을 들여놓을 수 있게 되었다. 교역상의 필요에서건 문화교류의 목적에서건 중국을 방문하는 사람들은 누구나 현대의 도시 곳곳에 생생하게 남아 있는 문화유적을 발견하고 그 웅대함과 경이로움에 감탄하지 않을 수 없게 된다. 그러나 실제로 이러한 유적들이 오늘날 우리에게 중국문화의 '고적'에 대한 이해를 도와주는 것 이상으로 근대 이전의 동아시아 국가들—주로 한국, 일본, 베트남 등—에게 정치·문화적인 모범으로서 그들의 역사에 중요한 영향을 주었다는 사실을 실감하는 사람은 드물 것이다.
 이 책은 이른바 '동아시아 문화권'이 형성되어가는 9세기에 중국 대륙을 순례하였던 일본 승려 엔닌의 눈을 통하여 바라본 당시 중국의 정치·경제·문화의 다양하고도 구체적인 생활상에 대한 기록인데, 그 가운데에는 당나라의 문물을 흡수하려고 파견된 일본 사절단이나 중국의 동부 연안에서 해상무역을 장악하고 있던 신라인들의 활동 등에 대한 직접적인 관찰이 포함되어 있다. 이러한 기록들은 당시 중국 문물에 대한 단순한 구법승의 여행 일지라는 의미 이상으로 동아시아 삼국의 역관계, 더욱이 중국 문화가 당시 일본인이나 신라인에게 어떻게 인식되고 있었는가를 파악하는 데 귀중한 자료가 된다. 더욱이 저자도 누차 지적하는 대로 이 책의 근간이 되는 『입당구법순례행기(入唐求法巡禮行記)』는 세계 3대 동방여행기로 꼽히는 마르코 폴로의 『동방견문록』이나 현장의 『대당서역기』보다 동아시아 문화 형성기에 중국을 중심으로 한 각국의 상황을 가장 잘 반영한 것이라고 평가된다.
 이 책은 엔닌의 여행 일지격인 『입당구법순례행기』의 내용을 미국 하버드 대학 라이샤워(E.O. Reischauer) 교수가 아홉 항목으로 분류하여 정리한 연구서이다. 저자의 서문에서도 밝히고 있듯이 이 책은 일기의 "읽기 쉽고 이해하기 쉬운" 안내서로서 준비되었다고는 하지만 그 것은 단순히 일기체의 무미건조함과 기록된 사건의 중복성을 피하기 위 하여 그 내용을 풀어 쓴 것이 아니라 일본측이나 한국측의 여타 자료 및 여러 연구성과를 포괄하여 각 항목별로 일기에서 제시하였던 사실들 을 보다 구체적이고 일목요연하게 정리하여 어쩌면 일기 자체의 가치보 다도 뛰어난 의미있는 성과를 이룩한 저작이라고 하겠다.

이 점은 저자가 분류한 항목의 개관을 통해서도 그 가치가 인정된다. 제1, 2장은 주로 일기의 가치에 대한 평가 및 엔닌의 생애를 개관하고 있는 부분으로 일기 전체의 내용을 파악하는 데 서론격인 부분이다. 여 기서는 엔닌에 대한 후세의 전기와 그외 일본측 연대기를 중심으로 일 기의 내용만으로는 파악할 수 없는 순례를 전후한 시기의 엔닌의 활동 과 일본 불교사에서 엔닌이 차지하는 위상 등을 정리하고 있다. 제3장 에서는 엔닌이 함께 참여하였던 '견당사'에 대하여 준비과정에서부터 도항의 항로, 당나라 황제를 알현하는 절차, 그리고 귀국 후 논공행상 하는 과정에 이르기까지 자세한 내력들을 논증하고 있다. 제4, 5장은 당제국에 발을 들여놓은 후 각지를 순례하며 목격하게 되는 중국 관리 들의 융통성 없는 관료주의나 양주, 장안 등의 도시생활 모습, 그리고 순례의 과정에서 겪게 되는 여비나 숙박의 문제를 통한 당시 당제국의 경제적 상황에 대한 이해 등을 포함한다. 제6, 7장은 엔닌의 순례의 주 목적인 중국 불교의 구체적인 양상을 기록하였는데 특히 무종 시기의 불교탄압은 엔닌이 외국 승려로서 직접 목격하였던 사건으로 중국측 기 록에서 찾아볼 수 없는 세세한 사정까지도 언급하면서 불교 탄압으로 치닫게 되는 당시 당제국의 정치·사회적 사정을 설명하고 있다. 제8장 은 당시 중국 동부 연안에서 해상무역의 주도권을 장악하고 있던 장보 고의 활동과 신라방의 실제적인 모습 등을 한국측, 중국측 자료를 보충 하여 제시하고 있다. 제9장은 귀국과정에 대한 기록과 그후 엔닌의 활 동, 견당사의 의미를 재평가한 결론 부분이다.

다소 길게 이 책의 내용을 개관해 보았는데 여기서 우리는 저자가 단 순히 일기의 내용을 재정리한 것이 아니라 그것을 통하여 역사적으로 규명할 수 있는 여러 문제에 대한 필자의 입장을 제시하였음을 볼 수 있다. 이러한 입장은 8~9세기 일본과 중국 불교계의 상황, 당시 중국의 관리들이나 일반 민중의 구체적인 생활상, 해상무역을 중심으로 한 신라인들의 활동, 그리고 중국에 파견된 사절단이나 이와 관련된 중국, 신라, 발해, 일본 등 당시 동아시아 국가들의 역관계 등 우리의 다양한 관심을 자극하기에 충분하다.

본서의 제목을 『중국 중세사회로의 여행―라이샤워가 풀어 쓴 엔닌의 일기』라고 붙인 것은 원저서(*Ennin's Travels in T'ang China*)의 이러한 지역적으로나 내용면에서의 다양하고 포괄적인 관심을 반영하기 위한 것이다. 혹 '중세'라는 표현이 중국사의 시대구분적인 의미에서 이 책에서 다루는 당시의 시대상을 정확히 반영할 수 있는지에 대해서는 논란이 있겠으나 종래 중국과 관련된 저서들이 주로 고대사나 근·현대사로 분류하여 다수 출간된 국내 사정을 고려한다면 시기적으로는 다소 제약이 있지만 '중세사'의 범주로서 이 책의 번역을 세상에 내놓는 것도 나름의 의미가 있다고 생각된다. 더불어 '여행'이라는 단어를 사용하였듯이 최근 해외여행의 붐을 타고 각지를 견문할 기회가 많아진 국내의 독자들이 저자의 지적대로 "호기심을 갖고서 엔닌이 걸었던 순례의 여행정에 참여하게 되기를" 바랄 뿐 아니라 단순한 소비나 휴식의 여행이 아닌 보다 예리한 관찰력을 갖고 그 문화를 이해하려고 노력하기를 바라며 이러한 측면에서 엔닌은 여행자로서 우리에게 귀감이 될 수 있을 것이다.

마지막으로 엔닌의 일기 원문을 참고하고자 하는 독자들에게는 『入唐求法巡禮行記』(上海, 上海古籍出版社, 1968)와 그에 대한 번역으로 足立喜六 譯注·塩入良道 補注, 『入唐求法巡禮行記』 전2권(東京, 平凡社, 1970), 그리고 이 책의 저자인 라이샤워가 번역한, *Ennin's Diary―The Record of a Pilgrimage to China in Search of the Law*(New York, Ronald Press Co., 1955) 등이 있음을 밝혀둔다.

1991년 9월
역자

저자 서문

일본 승려 엔닌(圓仁)은 서기 838년 중국으로 건너갔다가 다시 일본으로 돌아온 847년까지 9년 반 동안 광대한 당(唐)제국을 여행하면서 상세한 일기를 남겨 놓았다. 유랑과 고난, 그리고 승리에 관한 그의 방대한 기록은 동아시아 역사에서 최초의 위대한 일기일 뿐 아니라 중국에서의 생활에 관해 외국인이 저술한 최초의 기록이기도 하다.

일본에서는 오히려 자각대사(慈覺大師)라는 시호로 더 잘 알려져 있는 엔닌은, 그 시대를 대표하는 주요한 종교적 인물이었다. 그러나 현재 그의 이름은 단지 역사학자나 종문(宗門)의 사람들만이 기억하고 있을 따름이다. 더욱이 엔닌의 일기 『입당구법순례행기(入唐求法巡禮行記)』는 전문학자 외에는 거의 알고 있지 않다. 그렇지만 이것은 역사의 중요한 문헌 가운데 하나이며, 당시 세계사의 첨단에 서 있던 국가와 민족에 대해 풍부하게 묘사해낸 그 시대에 관한 독보적 사료이다.

20여년 전 내가 아직 대학원 학생으로 일본에서 공부하고 있던 무렵, 이 훌륭한 기록을 서구 학계에 소개하고 싶어 번역을 시작했다. 그러나 다른 학문적 일이나 그외의 활동으로 오랜 기간 늦추어져서 번역이 완성된 것은 아주 최근의 일이다. 약 1,600개의 각주를 넣은 이 일기 전문의 번역은 이 책의 자매편인 『엔닌의 일기 — 입당구법순례행기』(*Ennin's Diary — The Record of a Pilgrimage to China in Search of Law*)로서 출판되었다.

번역을 진행해감에 따라 엔닌의 일기가 단순히 학문적 관심에서만이 아니라 그밖의 측면에서도 대단히 흥미로운 것임을 깨닫게 되었다. 우리는 현재 동양과 서양이 하나의 세계를 이루어가는 인고의 과정을 경험하고 있음을 생각할 때, 이 위대한 역사적 문헌은 비록 시간적으로는 중세(中世)에 해당하고 지역적으로는 동아시아에 속하지만 이러한 시간과 공간의 제약을 뛰어넘어 인류의 공유재산의 일부로서 진실로 의미 있는 것이다. 이것은 분명히 세계사에서 중요한 여행자의 기록이며 인류역사의 야만시대로부터 고도의 그러나 불안정한 현대에 이르기까지 길고 고난에 찬 여정에서 하나의 중요한 단계를 명확히 밝혀준 가장 신뢰할 만한 직접적인 자료이다.

나는 단순히 동아시아에 대해 특별한 관심을 가진 사람들을 위해 이 책을 쓴 것은 아니고 인류역사의 광범한 기록에 더 보편적인 관심을 갖고 있는 사람들을 위해 내놓은 것이다. 나는 대부분의 경우 엔닌의 일기에 기록된 여러 사건에서 적당한 사례를 모아 당시 중국의 다양한 생활양식을 재현하고자 시도했다. 그러나 몇 장의 경우는 일기가 불완전하게 제시하고 있는 사실들을 다른 자료에서 보충한 것도 적지 않다. 제1장은 일기와 그 역사적 위치를 서술했다. 제2장은 엔닌의 생활 전모를 밝혔는데 이들은 주로 9세기와 10세기초에 각기 씌어진 두 종류의 전기에 근거했다. 제3장의 대부분은 엔닌을 포함하여 당나라에 갔던 일본사절에 관한 내용인데 이것은 같은 시기 일본 황실측의 기록에 기초했다. 제7장의 첫부분, 즉 엔닌이 중국에서 직면하였던 불교를 일소하려는 탄압에 대해서는 당시 중국측의 여러 자료에 기초했고, 특히 그 다음 장의 일부에서 다룬 신라의 무역왕 장보고(張寶高)에 대해서는 한국의 여러 연대기에다가 일본과 중국의 몇 가지 자료를 보충했다. 그 외의 내용은 거의 엔닌의 일기에 의존하였으며 그 대부분은 엔닌 자신의 말로 서술했다. 말하자면 나는 엔닌이 사용한 9세기의 중국어 회화체와 고전적 숙어가 혼합된 문장을 20세기 현대의 영어로 바꾼 것이다.

『엔닌의 일기』(*Ennin's Diary*)의 서문에서 나는 번역을 도와주었던 사람들에 대해 감사를 표시했다. 여기서는 이 책의 초고에 대해 유익한 비평을 주었던 나의 의부(義父) 조지 단톤(George H. Danton) 박사, 제임스 하이타워(James R. Hightower) 박사, 에드워드 크라커(Edward A. Kracke) 박사, 그리고 나의 아버지 라이샤워(A. K. Reischauer) 박사에게 감사를 드리고 싶다. 특히 나의 아내에게 헌신적인 협력과 인쇄준비를 위해 소모한 시간과 노력에 대한 마음으로부터의 이해에 대해 감사의 뜻을 거듭 표명하고 싶다.

E. O. R.
1955년 1월 켐브릿지에서

차례/중국 중세사회로의 여행

역자서문 · *1*
저자서문 · *4*
일러두기 · *9*

제 1 장 엔닌(圓仁)의 일기 *11*
      마르코 폴로와 엔닌 · 13/ 9세기의 중국 · 15/
      현장(玄奘), 엔친(圓珍)과 죠오진(成尋) · 20/
      엔닌 일기의 연구 · 23/ 사본의 전승 · 27

제 2 장 엔닌의 생애 *30*
      새로운 수도자 · 30/ 중국으로 건너가다 · 33/ 순례의 길 · 36/
      불교 탄압 · 38/ 불가의 대부 · 41/ 엔닌의 생애와 인품 · 43

제 3 장 견당사(遣唐使) *48*
      고대 동아시아의 국제관계 · 49/ 견수사(遣隋使)와 견당사 · 51/
      견당사의 구성 · 55/ 준비 · 60/ 첫번째의 도항 시도 · 65/
      두번째 도항 시도 · 69/ 세번째 도항 준비 · 70/ 드디어 중국으로 · 73/
      양주(揚州)로 운하 여행을 하다 · 76/ 양주에서 · 79/
      중국 황제를 배알하다 · 82/ 무역과 상업 · 84/ 귀국 준비 · 86/
      황량한 바다에서 · 89/ 산동연안을 떠나며 · 92/ 귀국의 항해 · 96/

라이샤워가 풀어 쓴 엔닌의 일기

귀국 환영 · 99

제 4 장 엔닌이 본 중국 관리 *102*
　　현청 심문 · 103/ 통행증 신청 · 106/ 현청에서 · 110/ 주청에서 · 112/
　　칙서 · 115/ 도독부(都督府)에서 · 117/ 여행하면서 · 119/
　　장안(長安)에서 · 122

제 5 장 당나라 생활 *125*
　　민중의 제사 · 125/ 국가에서 행하는 의례 · 132/
　　금기와 신화 그리고 불길한 조짐 · 135/ 당나라를 여행하다 · 138/
　　여행중의 음식과 숙박시설 · 143/ 승원과 여행승 · 148/
　　경제 · 지리적 관찰 · 152/ 승려에 대한 관급(官給) · 156/
　　엔닌의 비용 출처 · 158

제 6 장 대중의 불교 *163*
　　사원의 시설 · 164/ 국가적인 사원 · 167/ 중국의 불교 종파 · 171/
　　재(齋) · 176/ 종교강의 · 181/ 의례와 제례 · 185/ 신화와 기적 · 188/
　　오대산과 문수보살의 신앙 · 191/ 오대산의 승원 · 195/
　　오대(五臺) · 201/ 순례와 후원자 · 204/ 불교의 성행과 쇠퇴 · 208

제 7 장 불교탄압 214
　　반(反)불교적 감정·215/ 한유(韓愈)의 각서·218/ 관측의 기록·222/
　　격화된 선풍·225/ 궁중의 음모·229/ 최초의 타격·235/
　　황제와 도교·240/ 불사(不死)의 대(臺)·244/ 철저한 탄압·250/
　　엔닌의 추방·254/ 다시 길을 떠나다·258/ 주청의 박해·263

제 8 장 중국의 신라인 268
　　신라국·268/ 신라인의 세계무역·270/ 궁중의 신라인·272/
　　연안의 무역상·276/ 장보고(張寶高)·282

제 9 장 귀국 289

후주·296
엔닌의 연표·318
엔닌의 중국왕복여행도·322
엔닌의 중국순례도·323
당대(唐代)의 도량형 환산표·324
찾아보기·325

일러두기

1. 이 책은 Edwin O. Reischauer의 *Ennin's Travel in T'ang China* (New York, Ronald Press Co., 1955년판)를 일역본인 田村完誓 譯, 『圓仁 唐代中國への旅』(東京, 原書房, 1984년판)를 참조하여 완역한 것이다.
2. 이 책에 수록된 일본의 인명, 지명, 고유명사는 일본어 발음대로 적는 것을 원칙으로 하여 한자표기는 괄호 안에 병기하였고, 한국, 중국의 경우는 한자음대로 적었다.
3. 이 책에서 엔닌의 『입당구법순례행기』를 인용한 경우 가능한 라이샤워의 의역에 따랐으나 편의에 따라 원문을 직접 번역하기도 했다.
4. 당시의 관직명 등을 풀어 쓴 경우 원래 명칭은 [ ] 속에 밝혀두었다.
5. 〈주〉에 인용된 연구업적은 주로 구미쪽의 것이거나 다소 오래 전의 것으로 최근의 성과를 반영하고 있지 못한 제약이 있지만 저자의 의도와 이 분야에 대한 기본적인 연구 성과를 소개할 겸 그대로 옮겼다. 특히 일기의 날짜만을 적은 경우도 원문과의 대조를 위하여 그대로 인용하였다.
6. 권말에는 독자의 이해를 돕기 위하여 〈당대의 도량형 환산표〉, 〈엔닌의 연표〉, 〈엔닌의 중국왕복여행도〉, 〈엔닌의 중국순례도〉, 〈찾아보기〉 등을 덧붙였다.

제1장
엔닌(圓仁)의 일기

　오랜 옛날, 먼 장소에서 실제로 행적을 남겼던 관찰력이 예리한 여행자를 안내인으로 하여 우리의 상상력을 펴보는 것보다 즐거운 일은 없다. 우리의 상상 가운데서 역사의 저편으로 망각되어 버렸던 무미건조한 연대기로부터 다시금 생명의 숨결로 가득찬 광경이나 사람들의 소리를 찬찬히 실감하는 것만큼 가슴 벅찬 일도 없을 것이다. 몽고가 정복하고 있을 무렵의 중국을 여행하였던 베니스(Venice)의 상인 마르코 폴로(Marco Polo)의 여행 안내는 오랫 동안 우리들에게 즐거움을 가져다 주었다. 이제 우리는 더욱 오래 전의 시대에 위대한 문화의 광채에 싸여 있었던 중국으로의 여행에 신뢰할 만한 안내자로서 자각대사(慈覺大師)라는 시호(諡號)로 일부의 사람들에게 알려져 있는 일본인 승려 엔닌(圓仁)을 주목하려고 한다.

　마르코 폴로가 무역의 보고를 찾아내려고 먼 동쪽 중국으로 유명한 대륙횡단 여행을 감행하였던 것보다도 4세기나 앞서서 엔닌은 새로운 불교의 복음과 신앙의 깨달음을 찾기 위하여 위험한 역경을 헤치며 일본에서 중국으로 건너갔다. 그는 스스로의 종교적인 목적을 추구하면서 9년 이상이나 중국의 각지를 여행하였고 그 대부분의 기간에 경탄할 만큼 상세하고 그려낸 듯이 정확한 일기를 남겼다. 더욱이 이 일기는 그 후 오랜 기간 동안 유럽을 놀라게 하였던 이탈리아 상인의 동방여행에 관한 견문록이 애매하고 통념적인 묘사와 때로는 그릇된 인상도 전하고 있는 것에 비하면 뚜렷한 대조를 이룬다.

　이 두 위대한 여행기의 본질적인 차이는 두 사람의 여행자가 연대를 달리하면서도 함께 경유하였던 장소인 양자강(揚子江) 하류 근방의 당시 무역·행정의 중심지 양주(揚州)에 관한 각각의 기록을 보면 알 수 있다. 13세기 말경에 마르코 폴로는 양주에서 3년간을 지냈으면서도 그 동안 그가 파악하여 기록하였던 것은 다음과 같은 짧은 서술로 압축되고 있다.

> 태주(泰州)의 거리를 지나 여러 도시와 마을이 있는 풍요로운 지역을 동남쪽으로 향하여 하루 여행하면 거기서 여러분은 양주라고 하는 매우 번화한 도시에 도착하게 된다. 이 도시는 매우 크고 영향력이 있으므로 다른 27개의 도시가 의존하고 있는데 이들 도시도 물론 각기 매우 풍족하여 무역이 번창하고 있다. 이 도시에는 대한(大汗; 쿠빌라이 칸)의 열두 신하 중 한 사람이 주재하고 있다. 이것은 이 도시에 12행성(行省) 중의 하나가 위치할 정도로 중요하기 때문이다. 그들은 우상 숭배자이다. 그들은 지폐를 사용하며 대한에게 충성을 맹세하고 있다. 그리고 이 글을 쓴 신하 마르코는 대한의 명령에 따라 3년 동안 이 도시의 행정을 관장하였다. 그들은 무역과 수공업에 의존하여 생활하고 기병이나 무장한 군인에 대한 대량의 지원도 여기에서 이루어진다. 즉 이 도시와 주변 지역에는 많은 부대가 주둔하고 있음을 말한다.
> 이제 이 이상 이야기할 정도로 중요한 것이라고는 없기 때문에 이곳을 지나 다음으로 만지 지방(현재의 화남 일대)의 일부를 이루는 두 개의 큰 주(州)에 대하여 말하려고 한다.[1]

엔닌은 중국에 간 지 얼마되지 않은 838년 여름 양주에 도착하였다. 그는 이 도시에서 지냈던 8개월 동안 거의 매일 그의 신변에 일어난 사소한 사건까지 일기에 기록하였다. 예를 들면 섣달 그믐날에 대하여 대략 다음과 같이 묘사하고 있다. "날이 어두워지자 승려와 일반 서민이 하나가 되어 지폐를 태웠다(민간 종교에서는 동전 모양의 종이를 태웠다고 한다). 자정이 지나면 일반 민가에서는 집집마다 '만세'라고 외치면서 폭죽을 터뜨렸다. 거리의 상점에는 온갖 종류의 음식이 이상하리만큼 풍성하게 진열되어 있었다." 더욱이 그는 양주에 머물던 동안에 일어났던 하나의 사건을 다음과 같이 묘사하고 있다.

　　동(銅)의 사용을 금지하는 칙령이 내려지고 국내에서 동의 매매는 금지되었다. 원칙적으로 6년에 한 번씩 그러한 금지령이 반포되는 것이 상례였다고 한다. 금지령의 이유는 국내의 사람들이 끊임없이 동 제품을 만들면 동전을 주조할 동이 부족할 우려가 있기 때문이라고 한다.

　　11월 7일, 개원사(開元寺)의 승려인 정순(貞順)은 깨어진 솥 10근(斤) 정도를 몰래 상인에게 팔아버렸다. 상인은 이 철(鐵)을 가지고 밖으로 나가다가 절 문 앞에서 순검(巡檢)하고 있던 경관에게 발각되었다. 그 상인을 데리고 다섯 명의 순검이 정순에게 다가와서 "최근에 국무대신[相公]께서 철의 사용을 금지하였으므로 아무도 철을 매매할 수 없다. 어째서 스님은 그것을 팔았는가?"라고 하였다. 정순은 "그것을 파는 것이 금지되어 있는 줄 몰랐소"라고 대답하였다. 이리하여 담당 관리와 정순이 결정을 바라는 서류(시말서와 같은 것)를 제출하자 관청에서는 그를 용서하였다. 그래서 우리는 양주의 법률에는 철의 매매도 금지되어 있음을 알게 되었다.

마르코 폴로와 엔닌

　　여행가로서 마르코 폴로의 명성은 세계에 널리 알려져 있지만 자각대사 엔닌의 이름은 그의 고국인 일본에서조차도 겨우 학자들 사이에서만 알려져 있다. 베니스의 상인 마르코 폴로의 세계 유람에 대한 기록은 사람들의 상상력을 풍부하게 자극함으로써 역사의 흐름에 커다란 발자취를 남겼지만 엔닌의 여행기는 오늘날에 이르기까지 거의 읽혀지지 않았을 뿐 아니라 그 이름조차도 알려져 있지 않다. 그러나 엔닌은 이탈리아 사람보다도 앞서서 광대한 중국에 발을 디뎠으며 어떤 의미에서는 마르코 폴로의 기록을 뛰어넘는 편력으로 업적을 남겼던 것이다. 마르코 폴로의 경우를 보면 여행이 끝난 후 여러 해가 경과하고서 문맹이던 그가 자신의 모험을 구전하였기 때문에 매우 어렴풋한 기억에 의존하였다. 그러나 다양한 경험을 하루하루 자세하게 기록하였던 엔닌의 일기는 세계사적인 의미에서도 당시의 독보적인 문헌이라고 하겠다.

마르코 폴로는 완전히 전통을 달리하는 문화에 속한 나라에서 왔으므로 당시 중국의 뛰어난 문명을 보고서도 제대로 이해하고 평가할 준비가 되어 있지 못했다. 그가 이 나라의 위대한 문화적 유산에 대하여 실제로 인식하고 있지 못하였음은 분명하며 중국에 머무르고 있으면서도 당시 이 나라의 대부분을 차지하고 있던 불교 신앙에 대하여 "우상숭배"라고 하였을 정도로 그 이상은 거의 아무것도 알고 있지 못하였다. 이에 비하여 엔닌은 중국문화의 분가(分家)라고 할 수 있는 일본에서 왔기 때문에 적어도 중국문화의 계승자와도 같았다. 또한 그는 한자의 복잡한 서법으로 교육을 받았던 뛰어난 불교학자였다. 마르코 폴로는 당시 중국인들이 싫어하였던 몽고 정복자의 중개로 중국에 왔지만 엔닌은 중국인과 마찬가지로 불교를 신봉하는 자로서 쉽게 그들의 생활 안으로 뛰어들 수 있었다. 다시 말하면 엔닌은 이해심 있는 동포의 눈으로서 바라보았지만 마르코 폴로는 '야만인[夷狄]'의 눈으로 중국을 바라보았다.

그러나 마르코 폴로의 『견문록(見聞錄)』은 엔닌의 일기와는 비교도 되지 않는 정도로 유명해져서 후세에 영향을 미쳤다. 물론 당시로서는 일본인 승려 엔닌의 이름도 매우 유명하였음에 틀림없다. 그에 비하면 마르코 폴로는 무수히 많은 상인 중의 한 사람에 지나지 않았다. 우연히 그의 이야기가 다른 사람의 손으로 기록되어 유명해진 것이지 그렇지 않았다면 아마도 다른 많은 경우와 마찬가지로 역사의 거대한 흐름 속에서 무명의 인간으로 매몰되어 버렸을 것이다. 그리하여 한 세대로부터 다음 세대로 이어지면서도 변하지 않는 인기를 누리고 있는 그의 모험담은 단순한 역사의 희미하고 불확실한 행적에 지나지 않는 것으로서 잊혀졌을 것이다. 그와 그의 숙부들이 산을 오르고 사막을 넘으며 이루었던 무역은 결국 시들해지고 그에 따라 고대 동양과 서양의 접촉도 두절되었다. 마르코 폴로가 중국에서 섬겼던 몽고 대제국은 인간이 일찍이 창조하였던 지상 최대의 제국이었으나 곧바로 붕괴되어 다시는 예전의 판도로 돌아가지 못하였다.

다른 면에서 엔닌은 시대적인 각광을 받으며 뛰어난 영예를 얻었던 인물이고 마르코 폴로처럼 로맨틱한 반향을 불러일으켰던 것은 아니었지만 실제로는 더 의의있는 역사의 전면을 걸었던 것이다. 즉 그는 자신의 시대에서 지적인 문화활동의 제일선에 있었다. 당시 일본 종교계의 지도자로서 그는 일본에 불교의 새로운 측면을 소개하는 데 중요한 역할을 하였으며 더욱이 지금에 이르기까지 지배적인 조류가 되어 있는 종파의 본질을 개선하는 데 위대한 공헌을 하였다.

사실 엔닌은 세계사에서 매우 중요한 운동에 참여하고 있었다. 즉 고도의 문명이 유럽과 아시아 각각의 주변부로까지 퍼져나가는 시대적인 움직임에 가담하고 있었던 것이다. 지구상의 고전문명은 일찍부터 번영하여 서구에서는 로마제국에서, 동아시아에서는 한(漢)제국에서 그 정점에 이르렀다. 시대가 흐름에 따라 서구 문명은 바다를 건너 지상의 이곳저곳에까지 미쳐 각각의 문화와 접촉하였으며 특히 아시아의 여러 문명과 지금도 뭐라 규정하기 어려운 분쟁을 경험하고 있다. 그러나 세계사의 이 두 가지 커다란 흐름 가운데서 아마도 유일한 역사적 발전이란 좀더 발전된 문명이 낡은 세계의 벽을 뛰어넘어 침투해가는 것이리라. 즉 지중해 문명은 북상하여 북유럽의 나라들을 석권하였고 중국문명은 남하하여 남부 중국과 동남아시아에 미쳤으며 동북쪽으로 향해서는 만주, 한국 및 일본에 이르렀다. 유럽의 경우 이 경과는 완만해서 때로는 거의 느끼지 못할 정도였으나 일본의 경우 그것은 급격하여 분명하게 인식할 수 있었다. 6세기 후반부터 9세기 중엽에 걸친 기간에 위대한 문화의 홍수가 급속하고 강력하게 이 나라에 밀어닥치고 있었다. 이 시대적인 조류의 끝에서 동아시아에서의 역사적인 흐름을 대표하는 최후의 중요한 인물 가운데 한 사람으로서 엔닌이 등장하였던 것이다.

9세기의 중국

엔닌과 마르코 폴로가 보았던 두 개의 중국은 그 사이에 4세기라는 시간적인 간격이 있기 때문에 당연히 달랐다. 마르코 폴로가 본 중국은 적어도 표면적으로는 사람들의 흥미를 한층 유발시킬 것이다. 중국은 당시 지상 최대의 인구와 부를 갖추고 가장 진보된 나라였지만 몽고에서 들어온 마적(馬賊)에 의해 사상 처음으로 그 전역을 점령당하여 거대하지만 허술하게 조직된 원(元)제국의 일부분이 되었다.

엔닌이 보았던 중국은 그다지 극적이지는 않았다. 그러나 그 때문에 오히려 역사의 광대한 형태에 의하면 보다 의미심장한 점이 있다. 서구에서는 로마제국의 고전적 통일이 일단 붕괴되자 다시 원래대로 돌아가지 못하였다. 중국에서는 로마의 완만한 붕괴와 거의 평행하여 3세기부터 4세기에 걸쳐서 한제국의 급속한 붕괴가 보이는데 그 이후로 역사의 길은 동과 서가 다르게 나타났다. 6세기 후반 중국인은 일찍이 고대의 정치적인 통일을 복원하는 것에 성공하였다. 618년부터 907년에 이르는 화려한 당 왕조의 시대를 맞이하면서 중국은 새로운 고도의 정치적·문화적 발전을 이루었다. 당제국은 이전의 어느 왕조보다도 막강하고 번영을 이루면서 훌륭하게 통치되었다. 시험에 의한 관리선발제도가 확립되어 이후 천년간 차례로 중국을 지배하였던 왕조의 전형적인 관료의식이 형성되었다. 중국의 왕조체제는 지금으로부터 백년 정도 전에 붕괴할 때까지 계속되었다. 국내무역 및 육로·수로에 의한 국제무역은 급속히 발전하여 두드러진 경제성장을 보였다. 문화적 측면에서도 이 시대는 결실이 많았던 시기였다. 인쇄술은 당시 이 분야에서 진보 정도를 뚜렷하게 보여주는 한 예이다. 왜냐하면 당대 후반기에 중국에서 발달하였던 인쇄술은 서구인들이 그것을 꿈에서나 그리고 있었던 수세기 전에 이미 실현되어 있었기 때문이다.

엔닌이 중국에 머무르고 있었던 시기에 당 왕조는 정치적으로 기울어져가고 있었다. 중국 역사 전체를 통하여 역대 왕조가 공통으로 보여주는 하나의 경향은, 성장과 팽창의 세기 이후에는 결국 거대한 규모로 인한 약체화와 노쇠화의 세기가 이어진다는 것이다. 그 이유는 정부의 지출비용이 증대하는 데 비해 국가의 수입은 감소하기 때문이다. 동시에 일반적으로 조정이 타락하고 황제의 측근 사이에 파벌주의가 증대하여 마침내 정치기구 전체가 붕괴하기에 이른다.

이것이 이른바 과거 중국 왕조의 운명이었다. 그리고 아마도 모든 관료주의 정부가 경험해야 했던 운명이기도 하다. 여하튼 이러한 왕조의 반복되는 운명은 엔닌의 시대에도 드러나고 있었다. 투르크인의 혼혈인 당나라의 장군으로 궁중의 신임을 받던 안록산(安祿山)이 755년에 일으켰던 반란은 바로 10년간의 내란의 시작이었으며 마침내 왕조를 멸망시키기에 이르는 '이적'의 침입을 초래하는 원인이 되기도 하였다. 중국은 여러 차례 제국주의적인 침략을 당했으며 언제나 북쪽과 서쪽의 유목민에 대하여 방위의 태세를 취하였다. 당대의 후반기 150년은 국고의 재정비와 방위를 위한 절망적인 노력 그리고 중앙집권제도의 점차적인 무력화로 특징지어진다. 일반 행정에서의 관료주의는 서로의 증오에 의한 파벌을 더욱 조장하고 궁정의 환관들은 자주 국사운영에서 관료와 다투면서 궁정내의 음모와 유혈 쿠데타를 야기하였다. 지방사령관[節度使]들은 광대한 영역에서 완전한 행정권과 군사적 권력을 장악하였으므로 서서히 중앙으로부터 독립하여 드디어 907년에는 이들 지방사령관들이 중앙정부의 권위를 거부함에 따라 왕조는 와해되고 이후 50년간의 정치적인 혼란기(이른바 당말오대[唐末五代])를 맞이하게 된다.

엔닌은 왕조 붕괴의 역사적인 여러 단계 중 하나에서 중국을 자세히 관찰하여 당시 민중의 생활과 정치의 실태를 상세히 묘사하였는데 이 점으로 보아도 우리들의 관심을 불러일으키기에 충분하다. 처음에는 외국사절단의 일원으로서, 다음에는 외국인 순례자로서 또한 정부의 유학생으로서, 마지막으로는 중국사상 최대의 종교탄압으로 체포되었던 무려 수천 명에 달하는 불교 승려의 한 사람으로서 엔닌은 여러 유형의 관료들과 다양한 형태로 밀접한 접촉을 가졌다. 그는 하찮은 지방 관리나 조그만 지방의 촌락들에 대해서도 상당히 긴 기사를 남겼는데 동시에 당시를 대표하는 두 명의 정치적인 주요 인사와 만나 이야기하는 기회도 가졌다. 한 사람은 이덕유(李德裕)로 학자 관료의 지배적인 파벌의 대표자이고 다른 한 사람은 구사량(仇士良)으로 영향력 있고 막대한 재력을 가진 궁중의 환관이며 장군이었다.

엔닌이 관료에 대해 다룬 수백의 자세한 기사와 그의 일기에 수록된 수십 통의 공문서를 통해 비록 문명이 진보하였던 중국이라 할지라도 9세기의 일이라고 하기에는 놀랄 만한 정치의 운영 상황이 보여진다. 중앙집권은 당시 여전히 실제로 실행되고 있어서 상급 관청으로부터의 문서에 면밀한 주의가 기울여지고 있었으며 정치의 세세한 사항에 관한 것까지 놀랄 만한 양의 문헌이 소개되어 있는 것은 이때가 왕조 몰락의 시대에 속하기 때문에 더욱더 사람들을 경탄하게 한다.

이러한 묘사에서 끌어낼 수 있는 결론은 아마도 왕조의 쇠퇴가 진행되는 시기였음에도 불구하고 9세기는 더욱 기본적인 의미로서 중국에서는 중요한 정치적 성장의 시기였다는 점이다. 중국인들은 왕조가 겪었던 이러한 운명과 그에 따른 주기적인 정치적 와해를 극복할 수 없었지만 당대 말기에는 일찍이 한제국이나 로마의 몰락에 이어 일어났던 일반적인 혼란의 공식을 다시 반복하지 않았다는 것에서 알 수 있듯이 고도의 행정적 조직을 구축하고 있었다. 당나라의 몰락에 이어 일어났던 정치적 혼란의 50년 동안에도 퇴폐하기보다 오히려 뚜렷한 문화적·경제적 성장이 있었다고 할 수 있다. 이것은 또한 이 시기가 중국의 역사에서 다양한 정치적 분열의 마지막 연장기간이었음을 증명한다. 960년에 뒤를 이어 등장하였던 송(宋)왕조는 당대의 주요 행정기구와 더불어 정치적인 통일을 급속히 부흥시켜 이후 중국의 정치적 통일과 여러 행정 기구는 왕조의 성쇠나 교체, 또는 이적의 정복에도 불구하고 의연히 유지될 수 있었다. 그들이 어떻게 하면 19세기와 20세기 '이적'의 기계나 사상을 통한 더욱 파괴적인 침략에도 살아남을 수 있을 것인가는 금후의 과제이다. 어쨌든 9세기는 표면적으로는 왕조의 쇠망으로 특징지어지지만 역사적으로 보면 중국인이 오늘날 우리가 아는 세계에서 최초의 정치적 단위로서, 고도의 행정기구와 안정을 가져왔던 근대 중국을 형성하는 중요한 시기였다. 그리고 그 정치 단위가 오늘날 우리들이 아는 바와 같은 중국을 형성하고 있다.

그런데 9세기 중국에서 경제적 발전이나 문화적인 발전은 어떤 의미에서 정치적인 업적보다 더 뚜렷하고 중요한 듯하다. 세입의 감소와 반복되는 경제적 위기는 누차 추가예산을 계상(計上)하여 보충하게 되었다. 이에 대하여 후일 중국의 역사가는 당대 초기의 정치적 부흥이나 쇄신과 마찬가지로 중요한 의미를 인정하고 있다. 더욱이 군사적 약체화와 외국의 위협은 당대 말기에 가까워지면서 국민의 애국심을 자극하여 '이적'의 세계에 적의를 품게 하기에 이르렀다. 이것이 이후 천년간 중국인의 사상과 문화를 형성하는 커다란 요소가 되었으며 이는 당대 초기의 불교가 내세웠던 보편주의의 영향보다도 컸다고 생각된다.
　9세기는 당대 초기에 부흥하였던 고전주의가 근대국가로 변모하는 위대한 형성기(7세기에서 13세기에 걸친 기간)의 정점에 위치한다. 그리하여 변모를 이룬 근대 중국과 서구 세계가 접촉하게 되었다. 실질적으로 이 근대 중국을 특징짓는 모든 것은 적어도 9세기에 그 맹아가 나타나 다음의 송대에 이르러 개화하였다. 예를 들면 신유교(新儒敎)의 철학(주자학[朱子學] 등의 대두), 근대의 백과사전적인 스콜라철학(예를 들면 이기학[理氣學] 등의 경향), 풍경화나 도자기의 뛰어난 미술품, 개인보다도 토지에 의존하는 새로운 세법, 국가재정에 의한 상업자본의 강화, 그리고 남부와 동부의 항구를 통하여 해외무역이 이루어지고 커다란 상업도시가 출현한 것 등이다. 이 수로에 의한 무역로는 근대에 들어와서 마르코 폴로와 몽고인의 시대에 중요하였던 초기 대상(隊商)의 길을 대신하게 되었다. 근대 중국을 그 고전적인 선조와 구별하는 위에서 서술한 것과 같은 사항이나 그 외의 요소는 이미 그 조짐을 보이고 있었으며 적어도 엔닌 시대의 중국에서는 나타나기 시작하였다.
　엔닌은 물론 이러한 중요한 발전에 대하여 어떠한 수미일관한 기술을 하고 있지는 않지만 이들 대부분에 대하여 초점을 맞추고 있다. 예를 들면 중국의 동부연안에서 이루어졌던 수많은 통상이나 선적(船積)에 관한 기사와 엔닌 자신의 중국연안 항해에 대한 상세한 기술은 당시 중국의 연안과 외국무역의 관계에 관하여 가장 믿을 만한 묘사라고 할 수 있다. 마찬가지로 중국의 불교신자나 그들의 의식, 또한 성스러운 유적에 관한 그의 자세한 기술은 생동하는 종교로서의 불교에 대한 중국사에서 최고 수준의 독보적인 통찰을 이루고 있다. 그의 중국 체류 후반기 무렵에 일어났던 불교탄압에 관한 그의 묘사는 한 국민의 지적, 문화적 생활의 거대한 분기점의 하나에 대한 유일하고도 상세한 기록이다.
　엔닌이 보고 기술하였던 중국은 전통적인 중국사의 연구자에 따라서는 왕조 쇠망의 시대로 격하되기도 하지만 실제로는 성장과 발전이 이루어지는 격동하는 시기의 중국이었다. 마르코 폴로의 중국은 그 극적인 외관에도 불구하고 기본적으로는 이 거대한 격동의 시기 마지막에 가까운 더욱 안정된 중국이었다. 엔닌의 중국은 중국사의 시대구분이란 입장에서 보자면 보다 중요한 역사의 분기점에 해당한다. 9세기 인류사회의 지리적 구분이라는 입장으로는 더우더 중요하다. 왜냐하면 중국은 다른 어떠한 시기보다도 이 시기에 지상에서 최고의 부와 진보와 조직화를 이루었던 국가였기 때문이다.

엔닌의 일기가 9세기의 훌륭한 기록으로서 바로 중국을 대상으로 하고 다른 어떠한 지역 — 예를 들자면 당시 유럽은 당제국에 비하면 미개 시대에 해당하였으므로 — 을 다루지 않았다는 점은 다행스러운 것이다. 만일 후세의 사람들이 19세기의 생활을 대표하는 단 하나의 상세한 보고를 찾으려고 한다면 아마 그들은 유럽, 그중에서도 영국에 관한 것을 원할 것이다. 20세기에 대해서는 미국, 또는 다른 형태에 따른다면 소련을 선택할 것이다. 그러나 9세기에 관해서는 인류에게 가장 흥미로운 인간의 기록은 무엇보다도 중국이라고 할 것이다.

현장(玄奘), 엔친(圓珍)과 죠오진(成尋)

마르코 폴로의 유명한 여행기는 엔닌의 일기와 가장 비견되는 해당 시대의 기록이지만 실제로는 내용면이나 시기면에서 더 비근한 다른 사람들의 업적이 있다. 이들 가운데 가장 잘 알려진 것은 위대한 중국인 승려이며 여행가인 현장이 쓴 『서역기(西域記)』이다. 그는 629년에 중국을 출발하여 중앙아시아를 통해 인도에 도착하였다가 645년에 돌아왔는데 바로 당대 초기에 해당한다. 귀국하자 현장은 당시의 가장 뛰어난 승려가 되었고 불교를 인도에서 중국으로 전한 최후의 중요한 삼장법사(三藏法師; 경전번역가)의 한 사람으로 추앙되었다. 이리하여 현장과 엔닌은 각각 불교동점(佛敎東漸; 옛부터 불교는 그 발상지에서 동방으로 유전되었다는 예언이 이루어지고 있었다)의 두 흐름을 대표하는 극히 유사한 역할을 하였다. 그러나 현장은 그가 통과하였던 나라의 사정에 관해서 일기를 남긴 것이 아니라 대략적인 기록을 남겼을 뿐이다. 『서역기』는 당시 그들 관계되는 여러 지역에 대한 우리들이 가장 신뢰할 만한 기록이며 바로 그 당시 인도 역사에서 연대적으로 불명확한 점을 보충하는 중요한 단서가 되고 있지만 엔닌의 일기에 보이는 것과 같은 상세함과 생동하는 삶의 색채가 가득찬 생활상의 기록으로는 부족한 점이 있다.[2]

엔닌의 업적과 가장 근사한 것은 일본 승려인 엔친(圓珍)이 썼던 『행력초(行歷抄)』이다. 엔친은 엔닌과 동시대 사람으로 당시 일본 불교계를 대표하는 천태종(天台宗)에서는 후배이자 때로는 경쟁자였다. 엔친은 853년부터 858년에 걸쳐 바로 엔닌보다 15년 늦게 중국을 여행하였다. 그도 역시 대륙에서의 여행에 대한 상세한 기록을 모으고 마침내 일본에 돌아온 후 엔닌의 후계자로서 교토(京都)의 동북쪽에 위치한 히에이(比叡)산 중턱에 있는 천태종의 총본산인 엔랴쿠지(延曆寺)의 주지를 지냈다.

그러나 엔친은 죽은 뒤에도 살아 있을 때와 마찬가지로 엔닌의 가장 강력한 경쟁자였다. 이 두 선사(禪師)의 제자들은 결국 서로 반목하게 되고 천태종은 두 개의 서로 대립하는 집단으로 나뉘어서 엔친의 추종자들은 히에이산에서 퇴각당하여 산 기슭에 온죠오지(園城寺) 또는 미이데라(三井寺)로 알려진 그들의 총본산을 설립하였다. 이후 이들은 천태종의 사문파(寺門派)로서 수 세기에 걸쳐서 히에이산 정상에 위치하였던 "산문파(山門派)"와 종교적으로 때로는 군사적으로도 상쟁하였다. 그런데 일기의 작자로서 엔친은 한층 뒤떨어진다. 엔닌의 기록은 실질적으로 그 전체가 보존되어 있다고 생각되지만 엔친의 『행력초』는 그 단편이 남아 있는 것에 지나지 않는다.[3] 이들 단편은 흥미 있는 많은 기사, 예를 들면 그가 중국 여행중에 보고 들은 엔닌을 따르던 두 명의 일본인 동행자의 그 후 행동에 대한 보고 등을 포함하고 있지만 그것들은 대개 부분적인 것밖에는 없다. 결국 엔닌은 마르코 폴로나 현장과 비견될 만한 인물로 부각되는 데 비하여 엔친은 오히려 역사의 각주(脚註)라는 지위에 만족해야 했다.

더 뛰어난 기록은 일본에서 중국으로 건너간 후대의 불교 순례자의 것을 기대하지 않으면 안된다. 그들 가운데 유명한 사람은 천태종 중에서 엔친의 종파를 이은 미이데라 출신의 죠오진(成尋)이다. 그는 1072년 62세라는 비교적 고령으로 위험을 무릅쓰고 중국에 건너갔다. 그가 늙은 어머니를 남겨두고 출발하자 그녀는 80세를 넘은 나이에도 불구하고 자식과 떨어져 있는 동안 훌륭한 시적 일기를 기록하였는데 문학의 향취가 높아서 오늘날까지도 칭양되고 있다. 죠오진은 정력적인 순례자였을 뿐 아니라 끈기있는 일기 작가이기도 하였다. 일 년도 걸리지 않는 기간에 남쪽의 천태산(天台山)과 북쪽의 오대산(五臺山)의 2대 성지를 참배하였다. 이 2대 성지야말로 엔닌의 순례에서 최대 목적지였다. 또한 죠오진은 일정 기간 수도에 머물면서 송나라 황제에게 특별한 후대를 받았다. 그는 이러한 여행과 연구의 바쁜 시간을 할애하여 믿기 어려울 정도로 상세한 일기를 기록하였다.[4]

그러나 죠오진과 그 외 후대에 중국으로 건너갔던 일본 승려의 업적은 진실로 흥미로운 자료를 제공하고 있으면서도 여전히 엔닌의 일기보다 뛰어난 가치가 있다고는 생각되지 않는다. 그 이유는 간단하다. 그들이 말한 중국사의 여러 국면은 엔닌이 전하는 9세기 중국의 경우와는 달리 중국내의 자료에서 더 명확한 사정이 판명되기 때문이다. 엔닌의 업적은 일본인에 의한 가장 우수한 일기일 뿐 아니라 중국의 생활양식에 관한 최초의 상세한 기록이란 점이다.

이것은 결코 중국사의 자료가 엔닌의 시대까지 불충분하였다는 의미는 아니다. 오히려 중국의 과거는 고전시대의 후반으로부터 근세에 이르기까지 세계 어느 지역의 역사보다도 매우 충실하게 기록되어 있다. 판례집이나 인사 기록 등, 기초사료가 되는 것은 결코 많다고 할 수 없지만 이 시대로부터 실제로 잘 보존되면서 중국인은 서구인보다도 한층 뚜렷한 역사의 관념을 갖추고 있었으므로 그들 과거의 방대한 공문서를 편집하고 보존하는 데 주도면밀한 주의를 기울였다. 그러나 중국인은 과거를 지나치게 의식하고 그로 인해 미래의 역사적인 평가도 중대한 관심사가 되었으므로 그들의 기록은 종종 극단적으로 형식화되고 윤색을 가하여 민중의 생활을 그려내는 것보다도 정치적인 사건에 관한 확인된 사실만을 나열하는 데 치우치기가 쉬웠다.

역대 왕조의 공식적인 역사 기록은 방대하고 굉장히 정확하지만 그 가운데 썩어 있는 것은 놀랄 정도로 제한된 것이어서 민중의 생생한 모습은 거의 빠져 있고 단지 형식적인 사실만이 남아 있다. 철학자나 문필가가 여러 가지 역사소설의 소재가 될 만한 커다란 창고를 남겼지만 중국의 문화적 전통의 분위기 속에서 이들 소재는 자연히 실제로 일어났던 사건들과는 동떨어지게 윤색된 도덕적인 일화로 변형되었다. 시인이나 수필가는 그들의 사상이나 감정과 마찬가지로 그들의 생활 자체를 서술한 많은 기념할 만한 불후의 작품을 남겼지만 대부분은 인습의 형식에 사로잡혀 자손에게 말하는 듯한 자의식에 기울어진 것이 많았다. 결과는 당연한 것으로 원래대로의 인간 생활보다는 오히려 문학적으로 과장된 이상향을 전해주는 것밖에는 없다. 10세기 후반 송조가 성립된 후 중국인에 의하여 씌어진 기록은 어느 정도 시야가 넓고 더욱 사실적인 것을 전하게 되었지만 엔닌만이 유일하게 송대 이전에 펼쳐졌던 중국의 생생한 일상생활을 바라보는 창을 넓여주고 있는 것이다.[5]

엔닌 일기의 연구

앞에서 말한 내용이 만일 정당한 평가라면 엔닌의 일기가 그다지 주목받지 못했던 것은 어떤 이유에서일까? 그의 일기는 가장 관심을 가졌어야 할 중국인에게조차도 전혀 알려지지 않았다. 아마 서구 학자는 채 열 명도 그것에 주목하지 않았을 것이다. 단 그 가운데 겨우 한 명의 학자만이 특수한 연구제목과 관련하여 한두 행의 내용을 인용하였음에 지나지 않는다.[6] 일본에서조차 당대를 전공하는 학자들에게 알려져 있을 정도인데 그것도 겨우 부분적으로만 학술잡지에 인용되고 일반 독자층에게는 거의 알려져 있지 않다.

이 의문에 대한 답은 아마 두 가지일 것이다. 하나는 엔닌의 일기가 동아시아에서조차 독자들이 가까이하기 어렵기 때문이다. 이 점은 그것이 중세의 중국어(한문)로 기록되어 있어서, 9세기의 유럽이 서구인들에게 친숙하지 않은 것 이상으로, 다루고 있는 시대와 생활상이 현대 중국인이나 일본인에게는 생소하게 보이기 때문이다. 더욱이 일본의 역사학자는 중국의 역사학자와 마찬가지로 역사를 단지 중요한 인명이나 지명과 사건의 기록이라고 간주하는 경향이 있기 때문에 그로 인하여 중국의 일상생활을 전하는 가장 공정한 묘사로서 이 일기의 중요한 가치를 간과하고 있기 때문이다.

일본인 학자의 통폐 가운데 가장 좋은 예를 들면 위대한 중국사 학자 오카다 마사유키(岡田正之)의 경우가 있다. 그는 엔닌의 일기에 대한 불완전한 연구에 만년을 바쳤다. 그는 일기의 가장 오래된 사본을 사진판으로 복사하여 공간하였다.[7] 이것은 원전을 연구하려고 하는 학생들에게 상당히 귀중한 문헌이다. 그는 판본의 일부분에 관한 권위 있고 면밀한 연구를 여러 차례 발표하여 역사의 주요 사건에 대하여 종래 일본에서 정설로 받아들여지던 내용을 증명하고 보충하였다. 즉 그의 연구에서 중요한 발견은 다음과 같다.

(1) 장안(長安)에서 지배적인 군사력을 가진 환관이 장관을 암살하려고 한, 황제에 의하여 주도된 알려지지 않았던 음모.

(2) 7세기에 일본과 중국이 개입하였던 신라 통일전쟁에서 일본 군대가 약간의 중국인을 포로로 하였음을 전하는 비문.

(3) 투르크계 위구르족이 여러 차례에 걸쳐 중국에 침입하였던 날짜의 확인.

(4) 영웅적인 호상(豪商)으로 신라왕의 옹립자로서 유명한 장보고(張寶高)의 더욱 상세한 생애.

(5) 중국 최대의 불교탄압에 대한 기록.

이러한 것들이다. 이들 모두는 흥미로우며 특히 마지막 두 가지는 더 중요하지만 오카다는 엔닌 일기에서 더욱더 중요한 당시 생활의 묘사라는 일면을 간과하였다.[8]

이러한 상황은 고대 중국의 유명한 도가(道家) 사상가 장자(莊子)에 의하여 전해진 다음과 같은 이야기를 생각케 한다. 한 사람의 친구가 장자에게 그가 받은 조롱박 씨에 관하여 말하였다. "내가 그것을 심으니 매우 커다란 조롱박이 되었다. 그 안에 물이나 고깃국을 가득 채우면 들어올리는 데 여러 명의 젊은이가 필요할 정도였다. 그러나 반으로 잘라 국자로 속을 퍼내면 바닥이 평평해져서 어떠한 액체도 채울 수 없었다. 그것이 굉장히 크다는 것은 누구도 부정하지 못하지만 그것을 쓰는 어떠한 방법도 발견할 수 없었으므로 마침내 깨부수어 내다버리고 말았다"[9]라고 하였다.

장자는 그 친구의 우둔함을 조소하면서 흠집이나 틈새를 내지 않고 비단을 말릴 수 있는 가전(家傳)되는 비약을 가진 한 가정에 대하여 말하였다. 낯선 사람이 와서 그들에게 비약의 처방전을 샀는데 후에 해군의 지휘관이 되어 그의 선원들에게 사용케 하여 굉장한 결과가 생겼으니, 그의 군주를 위한 해전에서 대승리를 거두고 그 자신은 막대한 봉토를 획득하였다고 한다. 장자는 다음과 같이 결론지었다. "너 자신과 너의 커다란 조롱박에 대하여 말하자면 어째서 네 허리에 그것을 부낭으로 묶고 물 위에 떠 작은 하천이나 강물에 들어가 마음내키는 대로 떠가지 않았는가? 그 대신에 너는 바보스럽게도 그 터무니없이 커다람만을 투털거리면서 반을 잘라 아무데도 쓸모가 없다고 말한다"라고 하였다.

아마 엔닌의 일기로부터 궁중의 역사에 관한 몇 가지 공개된 사실을 찾아낼 뿐 당대의 생활을 통하여 드러나는 것을 아예 고려하지 않은 전문가에게 이 이야기를 적용하는 것은 잘못된 것일지도 모른다. 그러나 어쨌든 학자들조차 엔닌의 일기를 유용하게 이용하지 못하였으므로 다른 많은 사람들이 그것을 인식하지 못하였다는 것도 무리는 아니다. 왜냐하면 마르코 폴로의 작업처럼 그것이 적합한 형태로 제공되었을 때에야 비로소 일반 독자의 것이 될 수 있기 때문이다.

언어학적으로는 마르코 폴로의 기록에 대한 중세의 많은 각국어판을 현대 유럽인이나 미국인이 읽는 것보다도 엔닌의 일기를 현대 일본인이나 근대 교육을 받은 중국인이 읽는 것이 오히려 좀더 나을 것이다. 그런데 일단 그 내용면에서는 서구인이 마르코 폴로의 기록을 대하는 것보다 중국인이나 일본인은 보다 한층 난해하게 느끼는 것이 사실이다. 즉 마르코 폴로는 다른 사람을 향하여 멀리 떨어진 나라와 진기한 장소에 관하여 전하려고 하였기 때문에 설명이 필요하다고 생각되면 그것을 부가하였다. 그런데 엔닌은 가장 의욕적으로 그러나 제약된 조건에서 단지 그 자신의 개인적인 여행과 종교적인 연구의 기록을 남기려고 하였다. 더욱이 일기라는 형식에서는 불가피하게 사건의 단편적인 기사나 싫증날 정도로 반복되는 동일한 이야기가 포함되어 그것을 전체로서 종합할 때만 비로소 의미 있는 것이 되기 때문에 마르코 폴로의 찬란한 베스트셀러에 비하면 그의 일기가 그다지 매력이 없고 이해하기 곤란한 것도 반드시 불가사의한 것은 아니었다. 뿐만 아니라 일기를 원래의 모습으로, 즉 오랫 동안 망각되었던 중세의 일반 사회와 종교계에서 사용하던 고유명사나 칭호로 윤색되고 도처에 필사자의 잘못이 섞여 있는 투박한 한문으로 읽게 될 때 일반 독자가 그것을 소화할 수 있는 특수한 학자에게 맡겨버리고 돌아보려고도 하지 않았던 이유가 자연히 이해된다.

일기의 제목 그 자체가 그것을 둘러싼 신비스런 베일과 난해함의 일면을 나타낸다. 그것은 일반적인 제목이 아니라 다소 생소한 『입당구법순례행기(入唐求法巡禮行記)』라는 원명으로 알려져 있다. 여기서 '법(法)'이란 불교를 의미한다. 일기의 분량이 또한 번덕스러운 독자를 당황하게 한다. 그것은 네 부분의 책, 즉 중국식으로 말하자면 4'권(卷)'으로 이루어져 있으며 7만 자를 넘는 한자로 씌어 있다. 한문의 함축성 때문에 영어로 직역하면 10만자 상당의 영문책이 될 것이다.

일기에 사용된 원어는 물론 그 분량보다도 커다란 장애가 된다. 엔닌은 바로 중세 북유럽의 성직자들이 라틴어로 쓰는 것과 마찬가지로 일기를 한자로 썼다. 일본인은 9세기가 되어서야 겨우 한자로부터 자신의 언어를 쓰는 데 적합한 표음문자를 발달시켰다. 그러나 실제로 일본어로 된 산문이 이 새로운 언어를 매개로 하여 씌어지고 어느 정도 의미 있는 업적이 나타난 것은 10세기가 되고부터이다. 더욱이 엔닌은 불교 승려로서 방언이나 이 신기한 문자도 한자로 썼던 최후의 사람인지도 모른다. 그는 의심할 나위없이 한문으로 정규교육을 받았기 때문에 중국에 건너가기 이전에도 상당한 한문실력을 갖고 있었을 것이다.

일기의 초기 부분은 그가 중국에 도착하였을 때 거의 중국어 회화를 할 수 없었음을 분명히 밝히고 있지만 9년간의 체류 기간 동안에 일상 회화를 가능하게 한 지식을 습득하였음에 틀림이 없다. 그 결과 그의 일기는 중국의 고전적인 문어체와 9세기에 비로소 나타난 근대 중국어의 구어체의 기묘한 결합을 이루고 있다. 엔닌은 또한 당시 작은 지방의 관리들이 사용하는 진귀한 '관용어(官用語)'로 씌어진 수많은 공문서를 일기 안에 써 넣었다. 단 일기의 언어는 많은 기묘한 표현과 어색한 말의 사용으로 더 복잡한데 그 이유는 중국어가 엔닌의 모국어가 아니기 때문이다.

사본의 전승

엔닌의 일기는 결코 쉽게 읽을 수 있는 것이 아니었으므로 수백 년 동안 어느 한 사람도 읽지 않고 지나가버렸을 수도 있다. 실제로 근대 학자에 의하여 재발견되고 인쇄되지 않았다면 거의 산일(散逸)될 위기를 맞았을 것이다. 그것은 겨우 두 가지의 사본밖에 보존되어 있지 않았기 때문이다. 하나는 그것을 보존하고 있는 교토의 옛 사원 이름에 따라 도오지 본(東寺本)이라 불리며 천태종의 승려 켄인(兼胤)에 의하여 필사된 것이다. 그는 72세의 노령으로 "그의 노쇠한 눈을 부비면서" 1291년 가까스로 그의 작업을 완수하였다. 다른 하나의 사본은 이케다 본(池田本)이라고 알려진 것으로 1805년 켄인의 사본을 약간 교정한 형태를 갖추고 있다.

그 때문에 우리는 엔닌 자신의 원저에 근사하는 유일한 것으로서 도오지 본을 택할 수 있다. 거기서는 늙은 켄인의 떨리는 붓의 흔적을 명확히 느낄 수 있다. 초서체로 교묘하게 생략된 한자와 오래 된 필사본의 불가피한 잠식의 결과 특정한 한자에 많은 의문이 남으며 더욱이 필사한 사람의 정확함 자체에 대해서도 더욱 심각한 의문이 생긴다. 켄인이 과연 그가 필사한 것을 완전히 이해하고 있었을까 아니면 단순히 깊은 신앙심에 의한 종교적 행동으로 썼던 것인가에 대해서 나는 확언할 수 없다. 아마 그나 그 이전의 필사인은 그들이 쓰는 내용을 충분히 이해하지 못한 채 그것을 썼다고 생각된다. 왜냐하면 수십 회에 걸쳐서 같은 한자에 대한 유사한 오류가 나타나기 때문이다. 이러한 기계적인 필사는 일기의 중요한 부분을 탈락시킨다든지 전후를 뒤바꾸어 한층 판단하기 어렵게 한다.

독자가 겪게 되는 이러한 모든 곤란을 생각한다면 현재 형태로서의 일기가 과연 신뢰할 만한 것인지 의문을 갖지 않을 수 없다. 그러나 이것은 읽어보지 않은 사람이 잠시 갖게 되는 의구심에 지나지 않는다. 전승된 사본의 이처럼 사소한 부정확함에도 불구하고 일기는 분명히 시종일관 진실을 전하고 있다. 필사인의 오류는 거의 그 명료함에 영향을 주지 못한다. 후세에 가필되었다고 생각되는 부분은 거의 없다고 보여진다. 당시 중국에서 판명되지 않은 수백의 지명이나 거의 알려지지 않은 9세기의 고유명사는 일기의 어느 부분에서는 전항목을 차지하고 있지만 다행히 최근 학문의 발달에 의하여 그것을 정리하는 것이 가능하게 되었다. 엔닌이 다른 사람으로부터 전해들은 소문을 기록한 경우에는 분명히 오류가 보이지만 그 자신이 직접 보았거나 행하였던 것에 대한 기록은 놀라울 정도의 정확함이 오늘날 증명되고 있다.

엔닌의 지리에 관한 기술이 그 좋은 예이다. 그의 여정(旅程)에 관한 면밀한 기록은 현대의 상세한 지도로 검토해 보아도 거의 부합되며 수십의 예 가운데 서너 경우만이 들어맞지 않을 정도인데 이것도 도오지본(東寺本)의 '20' '30' '40' 등이나 그외 몇 가지 중요한 숫자가 잘못 혼동되었기 때문이 아닌가고 생각된다. 엔닌이 기록한 수백의 지명 가운데 다만 몇 가지 정도의 오류가 있을 뿐인데 그것도 안이하게 필사한 데서 나타난 오류라고 판단된다. 더욱이 엔닌이 기록한 지명의 상당수는 현대의 어떠한 표준적인 참고서에서도 발견할 수 없었는데 최근 도서관 시설의 발달 결과로 비로서 가능하게 된 상세한 연구자료를 통하여 확인될 수 있었다. 만일 중국의 사정이 허락된다면 오늘날 그의 일기를 유일한 안내서로 해서 엔닌이 걸었던 것과 같은 길을 따라 그가 묵었던 도시나 촌에서 하루를 보내며 그가 지나갔던 코스를 하루종일 한두 리(里)씩 걸어서 북중국 전역을 여행할 수 있을 것이다.

그렇다고 엔닌 일기에 대한 전승의 오류를 과소평가해서는 안된다. 그러나 적어도 궁중의 연대기 기록자나 자의식이 강한 문필가에게서 자주 나타나는 고의적인 왜곡이나 기지가 모자란 과장에 비하면 상당히 사소한 것이다. 그런데 사실적인 일기와 후세에 쎠어진 기록 사이에 나타나는 상당한 간극을 실감하기 위해서는 엔닌이 죽은 뒤에 바로 **편찬**된 그의 생애에 대한 공상적이고도 생동감이 결여된 전기와 엔닌 자신의 일기를 비교해 보는 것이 좋을 것이다.

엔닌의 일기는 과거 50여년간 일본에서 네 차례 출판되었다. 어느 경우나 현대의 일본 학자들이 자랑하는 고대 문헌의 방대한 총서(전집) 가운데 한 권으로 간행되었다. 그러나 그것은 일반 독자와는 전혀 무관하게 도서관 서가에 근엄하게 장식되어 있을 따름이다.[10] 네 차례에 이르는 일기의 간행은 학계에 그 이용도를 높이고 사본의 수명을 연장시키는 기회는 주었지만 일본에서조차 결코 대중적인 관심의 대상이 되지는 못하였다.

 마르코 폴로의 유명한 기록은 그 초판부터 몇 번씩이나 번역되고 계속 재번역되어 현재는 세계의 주요 언어의 대부분과 그 여러 파생언어로도 읽을 수가 있다. 그러나 엔닌의 일기는 아직껏 그것이 처음 씌어졌던 한문에서 번역된 적이 없다. 일본에서의 네번째 간행은[11] 어느 정도 번역의 형식을 갖추고는 있지만 그것은 원문에 일본 문법을 응용한 이른바 내려쓰기를 한 한문 문장에 지나지 않는다. 따라서 그것을 읽기 위해서는 일본어 문법과 동시에 9세기 중국어 어휘를 알아야 한다.

 이 저서의 자매편으로 나는 엔닌 일기에 역주를 붙인 번역서를 『엔닌의 일기 — 입당구법순례행기(入唐求法巡禮行記)』(*Ennin's Diary — The Record of a Pilgrimage to China in Search of the Law*)라는 제목을 붙여 출판하였다. 이 영어 번역에 의하여 엔닌의 업적이 이전보다도 읽기 쉽고 이해하기 용이하게 되었다고 믿지만 아직 몇 부분은 난해하여 혼란을 초래하기 쉽다.[12] 이러한 이유에서 나는 이 책을 세상에 내어 일기에 나타난 주요 이야기를 정리된 형식으로 제공하려 한다. 일기의 여러 곳에 산재하는 자료와 그것과 관련된 당시 역사의 주요 국면에 대해 다른 자료를 참고하여 이 책을 완성하였다. 전문가에게는 이 저서가 유익한 일기 이해의 안내서가 되리라고 믿는다.[13] 일반 독자는 이 책을 읽음으로써 엔닌이 겪었던 행적과 그가 보았던 세계로 안내되는 것에 만족을 느낄 것이다. 그러나 더 나아가 누군가가 그에 그치지 않고 호기심을 갖고서 엔닌 자신이 걸었던 순례의 여정에 참여하게 되기를 바란다.

제2장
엔닌의 생애

　엔닌의 생애에서 가장 잘 알려지고 또한 가장 흥미로운 해는 그가 중국에서 지냈던 9년간이다. 이 기간의 사건은 그의 일기에 상세히 기록되어 있다. 그러나 같은 시대의 사료와 후세의 전기는 그의 나머지 생애에 대해서도 비교적 신뢰할 만한 내용을 기술하고 있다. 초기 일본 궁정은 당 조정을 모방하여 한문으로 공식적인 연대기를 보존하고 있다. 이들의 기록은 엔닌의 활동에 대해서도 여러 차례 다루고 있는데 특히 그가 죽은 날인 864년 음력 1월 14일의 항 아래에는 이러한 종류의 연대기로는 이상할 정도로 상세하게 그의 전기를 기록하고 있다.[1] 1천 자 상당의 한자로 압축된 그 내용에 주의를 기울이면 이 전기가 의심할 바 없이 엔닌의 생애에 관한 가장 신뢰할 만한 사료라는 점에 수긍이 간다. 그러나 대부분의 상세한 기술은 10세기 전반에 비롯된 다른 초기 전기에 의하여 덧붙여졌으며 그들은 공식적인 연대기의 기록보다도 거의 아홉 배 정도의 길이로 전체를 증폭시키고 있다.[2]

새로운 수도자

　초기 일본역사에서 훌륭한 불교 승려의 대부분은 수도에 가까운 지방 귀족의 자손인 경우가 보통이었지만 엔닌은 동일본 시모즈케국(下野國) 츠가군(都賀郡)의 이름도 알려지지 않은 가문에서 태어났다. 당시 시모즈케는 일본 민족과 그 지방의 원주민인 아이누족 사이의 경계에서 그다지 멀지 않은 외진 곳에 해당한다. 그의 가족은 미부(壬生)씨를 자칭하며 일본의 제10대 천황으로 전해지고 있는 수진(崇神) 천황의 후예라고 주장하였다. 그러나 누구나 과장된 계도(系圖)를 자랑하는 습관이 있던 나라에서 이러한 주장에 그다지 주의를 기울일 필요는 없다.

엔닌은 793년에 태어났다.[3] 그가 성장하면서부터 훌륭한 업적이 기대되었듯이 그의 출생일에는 붉은 색 구름이 그의 집 위에 드리워졌다고 한다. 그것은 가족에 의하여 관찰되었던 것이 아니라 고우치(廣智)라는 승려가 우연히 시주를 얻으려고 그곳을 지나다가 알아차리게 되었다. 그는 집에 들어가 이유도 설명하지 않고 자식이 건장하게 자라면 그에게 맡겨 달라고 부탁하였다. 엔닌의 아버지는 그가 아직 어렸을 때 죽었으므로 가정에서 중국 고전에 대하여 문맥을 파악할 정도의 초보적인 교육을 받은 후 아홉 살에 고우치에게 맡겨졌다. 거기서 그는 신앙심이 깊고 열심히 공부하는 불교도가 되었고 5자[尺] 7치[寸]의 미끈하고 잘 생긴 청년으로 성장하였다.[4]

어느날 밤에 엔닌은 꿈에서 영웅다운 위엄을 지닌 승려의 모습을 보았다. 이 꿈 속에 나타난 승려란 바로 일본에 천태종을 전했던 위대한 승려 사이죠(最澄)였음을 깨달았다. 이처럼 상서로운 꿈을 꾸고서 엔닌은 15세의 나이로 새로운 수도 교토의 동북쪽 히에이산 정상의 가까이에 위치한 사이죠에 의한 새로운 종문(宗門)의 총본산인 엔랴쿠지(延曆寺)로 갔다. 거기서 그는 꿈에서 보았던 위대한 인물을 만났으며 그의 충실한 제자가 되었다. 그리고 중국에서 6세기의 대표적인 승려로 알려진 지의(智顗)의 주요 저작인 『마가지관(摩訶止觀)』에 대하여 사이죠에게 특별 교수를 받았다. 엔닌은 동료 학승(學僧)을 제치고 814년 정식으로 연분도자(年分度者; 매년 정원이 정해져 있던 관에서 지급하는 장학금의 수령자)의 후보가 되었다. 2년 후 그는 옛 도성인 나라(奈良) 토다이지(東大寺)의 승원(僧院)에서 승려가 되는 서약식에 참여하였다. 뒤이어 그는 사이죠에 의하여 전통적인 소승불교(小乘佛敎)에 대항하는 좀더 자유로운 대승불교(大乘佛敎)의 계승자로 선발되었다. 이러한 목적을 위해 그는 사이죠에게 특별히 대승불교의 대표적인 경전의 하나인 『법화경(法華經)』을 배우고 또한 스승에 의하여 불법의 전수자로서 관정(灌頂;영역으로는 '세례', 원래 한문으로는 '전법관정[傳法灌頂]') 을 받았다.

822년 사이쬬가 죽은 뒤 수년 동안 엔닌은 히에이산에 머무르면서 불법을 설파하거나 종교적인 의식을 집전하였는데 동료의 절실한 종용에 의해 마침내 과감히 속세로 나가 불법을 전파하였다. 828년 여름, 나라의 옛 도성 근방에 위치하여 이미 역사적인 사원이 되어 있던 호오류지(法隆寺)의 승원에서 『법화경』을 강의하였다. 이듬해 오늘날엔 거대한 공업도시로 알려진 오오사카(大阪)에 위치한 시텐고오지(四天王寺)에서 강의하고 그의 고향 '북국(北國)'에서도 가르침을 전파하였다. 그러나 그의 종교적인 정열은 지나치게 열정적이어서 자신의 체력의 한계를 넘어서 40의 나이에[5] 육체는 이미 노쇠해지고 눈은 희미해졌다. 이리하여 그는 히에이산 협곡의 한 모퉁이로 물러나 작은 암자를 세우고 조용히 죽음을 기다리게 되었다. 그러나 그는 죽지 않았다. 한적한 종교적 은둔의 날이 여러 해 흘렀다. 어느날 저녁 그는 근사한 꿈을 꾸고 하늘로부터 꿀과 같은 약을 받아 완전히 건강을 회복하였다.[6]

834년 중국으로 건너가는 사절단이 황실로부터 임명되었다. 이듬해 그 소식을 들은 엔닌의 꿈자리에 스승 사이쬬가 나타나 불법을 구하기 위하여 위험을 무릅쓰고라도 중국에 건너가야 한다고 말하였다. 이러한 일이 있고서 엔닌은 바로 학문승(學問僧; 청익승[請益僧])의 자격으로 사절의 일행에 가담하라는 명령을 받았다. 청익승이란 당시 일본 정부가 중국에 파견하였던 승려의 두 종류의 자격 중 상위에 속하며 이른바 유학승과는 구별되었다. 중국은 동아시아의 불교국 사이에서 인도에 다음가는 성지로서 동경의 대상이었다.

학문승으로 중국에 건너가는 것은 엔닌에게는 그의 스승 사이쬬의 행적을 따르는 것이었다. 즉 스승 사이쬬는 앞서 804년 견당사절단(遣唐使節團)에서 엔닌과 마찬가지의 자격으로 중국에 건너갔었다. 그 때문에 사이쬬가 다시 그의 후계자 꿈속에 나타나 중국으로 건너가 무엇을 배워야 할 것인가를 가르쳤다는 사실은 일견 신비롭게도 생각되지만 결코 수긍되지 않는 것은 아니다. 엔닌이 견당사의 일원으로 선발되었다는 점은 아마 천태종내의 선배 추천에 근거를 두고 있다고 하겠는데 그로서는 상당한 명예일 뿐 아니라 중요한 책임이 되었다. 엔랴쿠지의 동료들은 교리상의 의문점을 목록으로 작성하여 이들 문제를 중국에서도 중심이 되는 사원에 가져가 해답을 구해 오도록 엔닌에게 위촉하였다. 따라서 그는 종문의 성스러운 전통 위에 새로운 영예를 더하고 중국에서 구한 불법으로 위대한 사이쵸의 업적를 계승하게 되었다.

중국으로 건너가다

엔닌의 일기는 그가 중국에 머물렀던 9년 동안에 관하여 어떠한 그의 전기보다도 상세하고 정확한 정보를 제공하여준다. 실제로 이 기간의 기술에 관해서 여러 전기들은 일기와 재미있는 대조를 보이고 있다. 전기 작가의 기술은 엔닌의 중국 체류 기간에 거론되는 인명이나 지명에 대하여는 대개 정확하지만, 있을 법한 사실의 줄거리에 관해서는 그들의 종교적 정열을 만족시키려고 과장된 이야기를 첨가한다든지 역사적인 정확함보다는 엔닌에 대한 그들의 열정적인 존경을 가미하였다. 예를 들어 전기는 일기에서 어떠한 언급도 하지 않은 사건이나 대화를 기록하고 있다. 이는 엔닌 자신이 묘사한 것보다도 깊은 존경을 중국인들이 엔닌에게 나타냈음을 의도적으로 보이려 한 것이다. 전기 작가들은 엔닌이 이따금 부처와 여러 성현들을 현몽하였다는 것을 강조하여 마치 이러한 사실이 엔닌의 중국에서의 모험적인 체류에 중요한 전환점이 되었다고 해석하였다. 게다가 엔닌이 목격한 두세 가지의 기적적인 광경에 대한 조심스러운 기술을 터무니없이 경이로운 이야기로 변형시켜 버렸다. 일기가 종교적이기는 하나 매우 사실적인 순례의 상황을 전하는 것에 비해 전기는 엔닌이 죽은 뒤 불과 20, 30년 안에 쓰여졌으면서도 기적적으로 축복을 받은 불가(佛家)의 스승으로서 그를 묘사하고 있다.

엔닌도 참가하였던 견당사절단은 중국으로 건너가는 데 836년과 837년 두 차례의 실패를 경험하였지만 가까스로 세번째인 838년 7월 상순에 목적지에 도착할 수 있었다. 그러나 겨우 이루어진 엔닌의 중국 도착은 결코 무난한 것은 아니었다. 그가 탔던 배는 양자강 하구의 북쪽 여울에서 난파되어 그와 그의 동료들은 파도와 조수에 심하게 시달림을 당하다가 겨우 해안에 도착할 수 있었다. 그들은 운하를 통하여 내륙으로 들어가 양주(揚州)에 도착하였다. 양주는 양자강에서 북쪽으로 2, 3리(里)되는 장소에 있는 당대의 중요한 지방 도시이며 양자강 하류의 중요한 상업 집산지로서 마치 현재의 상해와 같은 각광을 받고 있었다.

 10월 상순 견당사절단의 주요 관리들과 동행한 승려들은 양주에서 중국의 서북쪽에 위치한 대당제국의 수도 장안(長安)을 향하여 출발하였다. 그러나 엔닌은 현재의 절강성(浙江省)에 있는 천태산을 향하여 남쪽으로 가는 허가를 기다리며 남아 있었다. 이 산은 천태종이라는 이름이 유래한 성스러운 산으로 천태종의 승려들에게는 마음의 고향이며 총본산일 뿐 아니라 40년 전에 사이쬬가 중국을 순례했을 때의 가장 중요한 목적지였다. 엔닌은 양주에 머무르면서 허가를 기다리는 동안 그를 둘러싼 세속의 사회적 분위기에도 예리한 관찰의 눈을 빛내면서 일본 불교계에 아직 알려지지 않은 불교의 새로운 국면을 연구하기 시작하였다. 바로 이 무렵 그는 당시의 위대한 정치가 이덕유(李德裕)와 친분을 맺게 되었다. 그는 양주지방의 최고 사령관[都督]이었다.

 양주에서 엔닌의 절실한 기대에도 불구하고 천태산행의 허가는 내려지지 않았다. 그의 요구는 수도에서 그가 견당사절단과 함께 일본으로 돌아갈 예정이기 때문에 충분한 시간이 없다는 이유로 각하되었다. 불행하게도 청익승이라는 자격이 그의 오랜 숙원에 역효과가 되었다. 그러나 당시까지 그의 가장 가까운 여행 동료였던 천태종의 승려 엔사이(圓載)는 유학승의 자격이었으므로 오히려 성지를 방문하는 허가를 얻었다. 즉 유학승은 문자 그대로 "머무르면서 배우는 승려"로서 견당사와 함께 일본으로 돌아가야 하는 제약이 없었기 때문이다.

 중국순례의 주목적이 거의 완벽하게 실패로 돌아간 것은 엔닌에게 쓰라린 실망을 안겨주었다. 그러나 칙령에 대해서는 어떠한 탄원도 허락되지 않았으므로 어쩔 수 없이 고국 사람들과 함께 귀국 준비를 할 수 밖에 없었다. 양주에 남아 있던 엔닌과 다른 일본인들은 839년 2월 양주를 떠나 당시 양자강과 북쪽의 회하(淮河)를 연결하는, 인간이 만든 최대의 수로인 대운하를 통하여 북쪽으로 향하였다. 이 수로는 더 북쪽으로는 회하의 지류가 황하(黃河)로 통하는 지점에까지 미쳤다. 그들은 대운하가 회하와 만나는 곳인 초주(楚州)에서 장안에 올라갔던 사절단 일행과 합류하였다. 3월 합류한 일본인 전원은 초주를 출항하여 귀국길에 올랐다. 회하를 따라 내려가 그 입구인 산동(山東)반도 남부 기슭에서 약간 남쪽으로 내려간 지점에 이르렀다.

그러나 이때 엔닌은 중대한 결정을 해야 할 순간에 직면하였다. 즉 초주에 있던 신라 상인들은 중국의 법률과 그 맹점에 대하여 일본인보다도 상세하게 알고 있었으므로 엔닌에게 산동반도 연안을 따라 위치한 한 지점에 상륙할 것을 제안하였다. 거기서 친구인 신라 사람이 기다리고 있다가 그를 중국의 관헌으로부터 숨겨주고 어떻게 해서든 그의 순례를 계속할 수 있는 길을 찾아보겠다는 것이었다. 그런데 이때 예기치 못했던 상황이 발생하였다. 그것은 사절단의 관리들이 말다툼 끝에 일본으로 건너가기 전에 산동반도 연안을 따라 항해한다는 당초의 예정을 포기하고 순풍을 이용하여 그들이 당시 있던 지점에서 바로 동쪽을 향하여 대양(大洋)으로 나가기로 결정하였기 때문이다. 엔닌은 선택의 여지가 없었으므로 그의 동포에게 의뢰하여 두 명의 제자인 이쇼오(惟正)와 이교오(惟曉), 그리고 하인인 테이 유우만(丁雄萬)과 함께 회하의 하구에서 약간 북쪽에 있는 황량하고 산이 많은 해안의 한 지점에 상륙하게 되었다.

이 지점에서 여러 전기가 즐겨 말하는 한 가지 사건이 발생하였다. 해안에 상륙한 네 사람은 갑자기 때 아닌 소리를 듣고 한 척의 이상한 배가 막 일본의 배들이 물러간 듯한 강 입구에 들어오는 것을 보았다. 해적의 손에 들어가는 것은 아닌가 두려워하면서 그들은 갖고 있던 모든 물건을 그 배의 선원들에게 주었다. 그러나 선원들은 호의적인 신라의 상인들로 산동에서 남쪽의 초주로 목탄을 수송하고 있던 사람들이었다. 이 상인들은 친절하게도 그들 중 한 명을 안내역으로 보내어 구릉을 가로질러 일본인들을 가장 가까운 마을로 인도하였다. 이 사건의 좋은 결말에도 불구하고 전기 작가들은 이들 악의가 없는 목탄 상인들을 "강도짓을 하려고 하는 무서운 풍모의 해적"이라 부르면서 숨통을 끊일 뻔한 위기일발의 상황이 기적적으로 급변한 것은 엔닌의 모든 것을 포기하였던 무저항주의에 대한 하사품이었다고 기술하고 있다.

그러나 엔닌이 겪은 고충은 여기서 끝나지 않았다. 그와 그 일행이 신라 사람으로 위장하여 통과하려고 했던 이른바 '임시 방편'의 사려깊은 거짓 변명에도 불구하고 네 사람은 결국 중국의 관헌에 의해 체포되어 때마침 가까운 항구에 있던 일본사절단의 다른 배로 이송되어 버렸다. 엔닌은 다시 체념하고 일본으로 돌아가는 편에 몸을 맡겼다. 2, 3일 후 배는 대양을 가로질러 동쪽을 향하여 곧바로 나아갔다. 그러나 이번에는 운명이 그의 편이 되었다. 배는 역풍을 받아 산동연안에서 북쪽으로 약간 떨어진 곳으로 되돌려졌고 엔닌에게 중국 관료주의의 두터운 벽을 뚫는 다시 한번의 기회를 주었다. 폭풍에 시달리던 불행스러운 7주간이 지난 후에 6월 7일 마침내 배는 반도의 동쪽 끝부분에 겨우 도착하였다. 이튿날 엔닌과 그의 수행인들은 상륙하여 적산(赤山)사원이라고 불리는 작은 신라인의 승원을 발견하였다. 몇 주 후 드디어 일본 배가 출항할 때 그들은 신라인 사회의 따뜻한 비호를 받으며 그곳에 머무르게 되었다.

순례의 길

네 명의 일본인은 그해 가을부터 겨울에 걸쳐 신라인의 승원에서 조용히 지냈다. 봄이 되자 그들은 오래 연기하였던 순례여행을 시작하려 하였다. 그러나 그들의 목적지는 이제 남쪽으로 너무 멀리 있는 천태산이 아니라 그들이 있는 곳에서 서북쪽으로 직선거리 약 520리 지점인 현재의 산서성(山西省) 동북부에 있는 오대산(五臺山)이었다. 승원의 신라 승려들이 지적한 바에 의하면 이 성스러운 산은 천태산보다 쉽게 갈 수 있으며 천태산과 마찬가지로 불교 학문의 중심지였다. 엔닌은 결국 그들의 권고에 따랐다.

일행 네 명은 840년 2월 19일에 출발하여 우선 그 현(縣)의 현청소재지인 문등(文登)으로 갔다. 거기서 신라인 친구의 호의에 의하여 엔닌은 그의 여행을 계속할 수 있는 허가증을 받았다. 다음에 이것을 가지고 주(州)의 관청으로 가서 다시 다른 지방으로 갈 수 있는 여행증을 얻었다. 이렇게 해서 드디어 오대산에 이르는 허가를 얻고 오대산으로부터 당의 수도인 장안에 이르는 허가를 얻을 수 있었다.

적산승원을 떠난 지 2개월 이상 걸려서 엔닌 자신의 계산으로는 모두 44일 후인 4월 28일에 그와 일행은 오대산의 성지에 도착하였다. 이곳은 당대의 위대한 불교 중심지의 하나로 지혜(知惠)의 상징인 문수보살(文殊菩薩; 산스크리트어로는 만주스리)을 정성스레 모시던 본거지인데 문수보살은 때에 따라 자주 다른 모습으로 나타나 그 지역을 정화하곤 하였다. 오대산이란 문자 그대로 "다섯 개의 봉우리를 가진 산"이라는 의미이다. 그리고 실제로도 다섯 개의 뻗어올라간 봉우리로 이루어져 있다. 엔닌의 말을 빌리자면 "굽이치는 물굽이처럼 보인다"고 한다. 다섯 개의 봉우리는 광대한 지역을 차지하며 주위의 산들보다도 한층 더 높이 솟아있다.

엔닌 일행은 오대산에서 2개월 조금 넘게 머물렀다. 그들은 그 대부분의 기간을 이 지역의 두 군데 승원에서 보냈다. 거기서 엔닌은 훌륭한 불교 학자의 지도를 받으며 탐욕스럽게 공부하였다. 그리고 그의 두 제자는 중국의 국법에 따라 승려가 되는 의식을 집행할 수 있는 몇 안 되는 계단(戒壇; 승려가 되는 계율을 받는 장소) 중 한 곳에서 승려가 되는 서약식을 거행하였다. 일본인 일행은 그 밖의 승원도 돌아보면서 순례를 계속하였으며 문수보살의 위엄 있는 존상(尊像)과 그외 보살의 불상을 경외의 눈으로 바라보면서 경건한 기도를 올렸다. 그들은 또한 다섯 개의 봉우리에 올라 각각의 정상과 주변의 신성한 장소를 빠짐없이 참예(參詣)하였다.

오대산은 물론 기적의 산이다. 엔닌은 정성을 다하여 그의 일기에서 많은 내용을 이야기하고 있다. 그리고 당연히 그 자신과 관련된 약간의 기적도 일어났다. 어느 날 그 혼자만이 "갑자기 다섯 가지의 빛이 불당에 흘러들어오는가 싶더니 홀연 사라져 버리는 것"을 보았다. 다른 날 그와 함께 있던 사람들도 "색채를 띤 구름이 광채를 내면서 산 중턱에서 정상으로 올라가 마침내 사라지는 것"을 보았다. 또 다른 때 그들이 밤중에 두 가지 불빛을 보았다고 한다. 하나는 산등성이 위에서, 다른 하나는 골짜기의 깊숙한 곳에서 희미한 빛이 서서히 커지면서 조그만 집 정도의 불덩어리가 되었다가 결국 사라져버렸다.

현대의 회의적인 사람이라고 해도 엔닌이 그처럼 자그만 기적을 목격하였다는 것을 무시하지는 못할 것이다. 그러나 전기 작가들은 이처럼 사소한 기적으로는 만족할 수 없었다. 그들은 엔닌이 불당에서 보았던 불빛을 엔닌의 머리 뒤에 비추어 "오색의 후광"이 모든 사람에게 인식되었다는 이야기로 변형시켰다. 또한 그들은 엔닌이 밤중에 보았던 두 가지의 불빛에 새로운 내용을 붙이고 있다. 두 가지의 빛이 하나가 되는 과정에서 그들의 묘사에 따르자면 "깊은 골짜기를 채우고 멀리 정상을 비추어 그 빛은 다섯 봉우리 전체에 퍼져 나갔다"고 하였다. 더욱이 전기 작가들은 다투어 그들 자신이 지어낸 기적도 서술하였다. 사자는 중국에 살지도 않는데 오대산에는 있다고 생각하였다. 왜냐하면 문수보살은 언제나 서방의 이 고귀한 동물에 걸터 앉아 있다고 묘사되었기 때문이다. 엔닌 자신은 문수보살을 등에 태운 것으로 조각되거나 그려진 사자를 보았다고 기록하였지만 전기 작가들은 마치 엔닌 자신이 살아 있는 포악한 사자에게 잡혀먹힐 뻔한 것처럼 이것을 극적으로 구성하고 있다. 두 차례 혹은 어떤 전기에 의하면 세 차례 엔닌이 "다섯 개의 성스러운 봉우리"를 순례하고 있던 도중에 그 짐승이 그의 앞길을 가로막았다고 한다. 그러나 엔닌이 두려워 하지 않고 다시 순례의 길을 나아가자 결국 사자는 사라져 버렸다고 한다.

불교탄압

7월 상순 오대산을 떠난 네 명의 일본인은 현재의 산서성(山西省)을 동북쪽에서 서남쪽으로 여행하여 840년 8월 20일에 황하를 건너 현재의 서안(西安) 즉 장안에 도착하였다. 여러 날이 지난 후 정부의 명령에 따라 그들은 수도 동쪽에 위치한 자성사(資聖寺)라는 절에 묵게 되었다. 여기서 그들은 유력한 환관 구사량(仇士良)의 관할에 들어가게 되었다. 그는 당조의 추밀(樞密)고문이며 육군대장임과 동시에 수도 동부 사원에 대한 행정 책임자이기도 하였다. 엔닌은 이제 수도에서 중국인과 인도인 가운데 지도자급인 불교학자를 스승으로 구하여 2, 3년간 계속 학문연구에 몰두하였다. 너무나 신학적인 연구에 몰두했기 때문인지 아니면 중국 생활의 고귀함에 혼을 빼앗겨 버린 때문인지 엔닌은 수도에서 있었던 다양한 사건에 대해서는 그다지 서술하는 것이 없으며 대부분 종교적인 제례나 정치적으로 중요한 사건에 관한 소문만을 기록하였다.

그러나 엔닌의 연구조차도 이윽고 방해를 받아 중단되고 말았다. 840년 이른 봄에 무종(武宗)이 즉위하자 양주에서 이덕유를 불러들여 국무대신[宰相]에 임명하였다. 무종은 종교에 관심을 기울였지만 해가 지날수록 열렬한 도교(道教) 신봉자가 되었다. 도교는 당시 중국에서는 불교의 주된 경쟁 상대였다. 엔닌이 기록한 소문에 의하면 황제는 때때로 비이성적인 행위을 저지르는 불안한 심리의 소유자였다고 한다. 더욱이 9세기에 관료들은 일찍이 불교에 주었던 특권을 빼앗고 있었으며 불교가 외국종교이며 더욱이 가족의 아버지로서, 토지의 경작자로서, 국가의 공복으로서 정상적인 기능을 해야 할 선량한 인민을 사회에서 유리시키는 반사회적인 종교라고 단정하고 불교로 인하여 많은 토지가 면세지가 되었다는 점을 들어 격렬하게 불교를 비난하였다. 관료들의 적의와 황제의 도교 심취가 결합되면서 이때 중국사상 최대의 불교탄압을 야기하였다. 이리하여 당시 중국에서 명성과 지적 활동의 정점에 있던 불교 교단은 일대 타격을 받고 다시는 완전하게 회복할 수 없게 되었다. 불교보다도 약세인 외국종교, 예를 들면 그리스도교의 네스토리우스파[景教] 등은 장안에서 겨우 불안정한 기반을 쌓고 있었을 정도였으므로 흔적도 없이 사라져 버렸다.

박해가 도래하리라는 조짐은 842년 이른 봄 이미 분명해져 있었다. 같은 해 10월 어떤 종파에 속한 승려를 환속시켜 납세의무자로 한다는 최초의 조칙이 반포되었다. 구사량은 불교탄압의 조치에 반대하고 최선을 다해 그의 관할에 있는 세 명의 일본 승려와 18명의 외국인 성직자에 대한 비호의 손길을 늦추지 않았다. 그 속에는 세이론(Ceylon)과 중앙아시아의 쿠챠(Kucha)에서 온 두 사람과 인도와 조선에서 온 수 명이 포함되어 있었다. 불교도에게는 불행하게도 위대한 환관은 843년 6월 사망하였다. 이듬해 엔닌은 또 하나의 개인적인 손실을 경험하였다. 즉 두 명의 제자 가운데 한 사람인 이교오(惟曉)가 죽었다.

탄압은 844년 후반에 더욱 격렬해져 이듬해까지 계속되었다. 탄압이 강화됨에 따라 남아 있던 모든 승려가 환속되고 모든 절과 불교 건조물의 파괴가 명령되었다. 841년 일찍이 엔닌은 귀국 허가를 바라는 청원서를 제출하기 시작하였다. 845년 3월 그는 절망적으로 환속을 원했다. 중국의 관료들은 이러한 그의 요구에 대해서 이전의 요구와 마찬가지로 표면상 아무런 관심도 보이지 않았다. 그러나 2개월 후 그와 모든 외국인 승려는 갑자기 환속을 명령받았으며 국외 추방의 지시가 내려졌다. 엔닌의 일기에 고통스럽게 기록된 것처럼 그는 백 회 이상이나 고국에 돌아가기를 허락해주도록 청원하였으나 한 번도 성공하지 못하였는데 이번에는 탄압의 강화로 갑자기 귀국을 명령받았던 것이다. 그는 그 상황을 기술하면서 "비통함과 즐거움이 교차하였다"고 하였다.

수도에 있던 엔닌의 친구 관료들은 그러한 상황에서 될 수 있는 한 성대한 환송회를 개최하였다. 장안에서 연안으로 향하는 세 일본인에게 처음에는 중국인 장교가 호위를 맡았지만 후에는 단지 여행의 지시만이 있었다. 그들은 강제로 양주를 향해 가게 되었다. 그러나 거기서부터 대운하를 통하여 다시 한번 초주로 갔다. 초주에서 일본으로 가는 배를 기다리는 동안 거기에 머무를 수 있는 허가를 얻지 못하여 그들은 산동반도의 끝까지 도보로 가야만 했다. 그리하여 845년 8월 27일 거기에 도착하였다. 거기서 그들의 예전 거처지인 적산사원이 무참하게 파괴되어 버려져 있는 것을 보았지만 신라인 사회의 친구들에게서 숙소를 제공받고 보호를 받았다.

846년 3월 무종이 죽자 그의 후계자는 바로 불교도에 대한 억압을 완화하였다. 그 결과 엔닌은 초주의 신라인 친구집에 맡겨두어야 했던 귀중한 불교경전과 여러 가지 그림을 되찾을 수 있었다. 같은 해 10월 일본으로부터 엔닌을 찾기 위하여 파견된 일본 승려 쇼오카이(性海)와 만났다. 847년 이른 봄에 일본인 일행은 정박중인 일본배에 합류하기 위하여 다시 남쪽을 향하여 출발하였다. 그런데 초주에 도착하였을 때 그들은 그 배가 출항해 버린 뒤임을 알게 되었다. 그러나 한 척의 신라배가 산동의 연안을 따라 그들을 기다리고 있었다. 급히 북쪽으로 가서 이 배를 타고 마침내 9월 2일 중국의 연안에 최후의 이별을 고하였다. 한반도 서쪽과 남쪽 연안 바다의 무수한 섬들을 지나 15일간의 항해 끝에 드디어 그들은 엔닌이 9년 전에 중국을 향하여 출항하였던 서일본의 출발점으로 되돌아올 수 있었다.

불가의 대부

쇼오카이(性海)와 이쇼오(惟正)을 데리고 엔닌은 848년 3월 29일 일본의 수도 교토에 도착하였다. 거기서 그들은 칙사에게 영접을 받고 천황의 하사품을 받았다. 이것은 엔닌이 이제 하찮은 유랑승이 아니라 중국에서 위험한 사명을 다하고 개선한 국가적인 대영웅이었기 때문이다. 그의 엔랴쿠지(延曆寺) 동료들은 "구름과 같이" 몰려들어 그를 환영하였다. 그리고 그가 중국에서 가져온 종교적인 그림이나 여러 책들을 경탄의 눈으로 보면서 기뻐하고 칭찬하였다.

엔닌은 바로 그의 동료들에게 중국에서 배워온 새로운 종교적 실천을 교수하기 시작하였다. 황실은 그를 총애하여 귀국 후 바로 최고의 승위기(僧位記; 전등대법사[傳燈大法師]의 직위)를 주고[7] 같은 해 7월에 그를 궁중의 승려[內供奉]로 임명하였다.[8] 이러한 황실의 총애는 그의 남은 16년간의 생애를 통하여 변하지 않았다. 이 기간에 대하여 전기 작가들은 그가 중국에서 들여온 의식이나 종교적 실천의 여러 가지 항목과 그가 썼던 경전 주석서의 목록, 그가 세운 종교적인 조영물들, 그리고 그가 황실로부터 받은 여러 명예 등을 열거하는 것 외에는 거의 아무것도 기록하고 있지 않다. 그러나 9세기에 이루어진 이러한 완전한 성공은 현대의 사건에 비교하면 별로 색다른 흥미를 자아내지는 않는다. 적어도 이처럼 엔닌의 생애 가운데 승리에 가득찬 만년은 불교가 그다지 극적이지 않았던 단계에서 불교의 상세한 역사를 알려고 하는 사람들의 관심을 끌 뿐이다.

그러나 엔닌의 만년의 경력에서 몇 가지 중요한 점은 기록할 만한 가치가 있다. 예를 들면 그가 일본으로 돌아온 첫 해에 중국에서 얻은 두 개의 만다라(금강계 만다라[金剛界 曼茶羅]와 태장계 만다라[胎藏界 曼茶羅])를 복제하게 한 것이다. 이들은 부처의 초상과 불교의 원리를 매우 세심하고 도식적인 형태로 나타낸 거대한 그림이다. 또 849년 5월에는 황실의 후원과 정부의 비용으로 천 명 이상의 승려가 참가한 일대 관정(灌頂)의 의식이 엔닌의 주재로 거행되었다. 이듬해 몬토쿠(文德) 천황이 즉위하자 엔닌은 새로운 통치자와 그의 영토를 평안하게 하는 여러 의식을 거행하도록 위촉받았다. 마침내 854년 4월 엔랴쿠지의 주지가 되는 칙령을 받았다. 이리하여 명실상부하게 일본 천태종의 지도자로 인정받게 되었다. 856년 엔닌은 천황과 그의 측근에게 특수한 비밀 의식에 의한 관정을 주었다. 이렇게 하여 우선 천황을 그가 일본에 보급하려고 하는 불교에 친숙하게 만들려고 시도하였다. 2, 3개월 후에 그는 황태자와 다른 황실의 고관들에게도 마찬가지의 관정을 주었다.

몬토쿠 천황은 858년 세이와(淸和) 천황에 의하여 계승되었고 세이와 천황도 또한 선제와 마찬가지로 충실히 엔닌을 존경하였다. 세이와 천황은 즉위하자 바로 엔닌을 불러 불교교리에 대하여 강의해 줄 것을 부탁하였다. 더욱이 천황은 이 고승의 지도로 보살계(菩薩戒)의 서약을 하였다. 엔닌은 계속해서 동일한 서약을 황후를 비롯하여 150명의 집단을 포함한 많은 궁정인들에게 일시에 집행하였다. 더욱이 엔닌은 그의 많은 제자들에게 중국에서 배워온 새로운 의식, 수행법, 교의를 계속 가르쳤다. 동시에 경전이나 계율에 관한 많은 주역서를 저술하고 그가 오대산을 순례하였을 때 은총을 입었던 문수보살에게 바치는 불당을 포함하여 수많은 종교 시설을 건조하였다. 그러나 엔닌은 어느새 나이를 먹고 기력도 쇠진해졌으므로 그가 선발한 후계자 아네(安惠)를 격려하며 서서히 그의 여러 가지 의무를 위임하였다. 드디어 엔닌은 863년 10월 병상에 눕고 이듬해 1월 14일 72세의 생애를 마감하고 죽었다.

사후에 주어지는 명예가 헛된 허영이 아니라고 느꼈던 일본과 같은 나라에서 엔닌의 경력은 그의 죽음과 함께 끝난 것은 아니었다. 그래서 어떤 종류의 전기는 사후에도 그치지 않고 수년간 그의 전기를 계속 기록하고 있다. 그가 죽은 지 일 개월째 되는 2월 16일에 칙사가 그의 묘 앞에 불가에서 최고지위인 법인대화상(法印大和尙; 법의 효능을 가졌던 위대한 승려)의 지위를 사여하는 조서를 읽었다. 이것이 어느 정도로 대단한 명예인가는 두 가지 점에서 알 수 있다. 즉 이 특별한 지위는 새롭게 만들어진 것이므로 승려의 지위체계 전체가 이 기회에 재편되었다. 그 정도로 황실은 엔닌에게 특별한 명예를 주려고 하였다.[9] 더욱이 엔닌의 스승이며 일본 천태종의 개조인 사이죠나 사이죠와 함께 804년 중국에 건너가 그보다 2년 늦게 돌아와 이 시대를 대표하는 또 하나의 위대한 종문의 개조가 된 쿠카이(空海)도 일 개월 이상 지나서야 겨우 이 지위를 받게 되었다.[10] 그리하여 두 고승은 각각 엔닌보다 42세와 29세 앞섰으면서도 이 새로운 명예를 받는 데는 엔닌의 뒤로 밀렸고 게다가 엔닌의 옷자락에 편승해서야 이것을 얻은 모양이 되었다.

사이죠는 그가 받았던 최고의 명예에 대해서도 이 유명한 제자에게 힘입은 바가 컸다. 866년 7월 14일 일본 황제에 의해 사상 처음으로 대사(大師)라는 호칭이 주어졌는데 엔닌에 대하여 자각대사(慈覺大師; 자비와 이해가 뛰어난 스승), 동시에 사이죠에 대해서 전등대사(傳燈大師; 가르침을 전하는 데 뛰어난 스승)라는 시호가 덧붙여 수여되었다. 쿠카이는 황실에 의해 수여된 홍법대사(弘法大師; 법을 넓히는 데 뛰어난 스승)라는 호칭에 대해서 엔닌에게 힘입은 바는 없다. 그러나 그는 그것을 받는 데 55년 이상을 기다려야 했다.

이처럼 정부가 엔닌에게 여러 가지 사후의 명예를 주는 동안 엔랴쿠지에서는 그의 후계자와 제자들이 다른 방법으로 스승의 유업을 완수하고 있었다. 즉 그들은 스승이 죽기 전에 만들어놓은 계획을 하나하나 실현하여, 스승이 쓰기 시작한 문헌을 완성하고 스승이 창건하려고 했던 건물을 낙성하였으며 스승이 넓히려고 했던 불법을 전파하였다. 이러한 사후 사업의 마지막 것으로 10세기 엔닌의 전기는 916년의 항 아래에 다음과 같이 기록하고 있다. 즉 이 사업은 그때까지 대개 부분적으로밖에 완성되지 않았는데, 즉 흰 단(壇) 위에 아미타불의 존상(尊像)을 새기는 것과 금물을 들인 경전을 필사한다는 두 가지 경건한 사업을 일찍이 엔닌이 죽기 전에 성취하리라고 약속하였으나 이루지 못했던 것을 제자들이 성취하였다고 한다.

엔닌의 생애와 인품

이러한 엔닌의 생애와 그의 많은 업적에 관한 기술은 한 사람의 인간으로 혹은 역사상의 한 등장인물로 충분히 설명된 것이라고 하기에는 곤란하다. 전기 작가들은 그들의 신성한 존경심을 전하고 엔닌이 이루었던 여러 종교적 업적을 정성스레 기록하면서도 그의 인품에 대해서는 아무 것도 전하고 있지 않다. 아마 그들이 기록하였던 시대에는 생생한 인상을 주었겠지만 천 년을 경과한 오늘날에는 외관으로 거의 시시한 행적의 연속이 되어버렸다. 엔닌은 그의 종파의 개조도 아니고 엔랴쿠지의 창시자도 아니다. 그의 죽음과 우리가 살고 있는 시대 사이에는 240대(代)를 넘는 승려들이 이와 같은 직책을 맡았다. 일반 대중에게 엔닌의 이름이 서서히 역사의 희미한 기억 속으로 잊혀져버리고 쿠카이나 사이쬬가 그 시대를 대표하는 각 종파의 개조로서 오래도록 기억되었던 점도 이상한 일은 아니다.

그러나 엔닌을 역사가의 입장으로는 이러한 운명에 놓아둘 수 없다. 엔닌에게 불후의 영예를 가능케 했던 그의 일기가 보존되었다는 행운을 제외하고라도 그의 경력은 전기 작가들이 서술한 것보다도 매우 중요한 역사적 의의를 갖고 있다. 그는 사이쬬나 쿠카이가 혁신한 것을 발전시키고 더욱 공고하게 하였으며 그의 노력이 없었다면 그들의 개종도 아마 결실을 보지 못하였을 것이다. 쿠카이나 사이쬬가 일본 불교의 대영웅으로 역사에 영구히 그 명성을 떨치고 있는 것은 엔닌을 비롯한 그 외 훌륭한 인재의 보이지 않는 힘에 의해서이다.

이렇게 말한다고 해서 쿠카이나 사이쬬의 업적을 과소평가해서는 안 된다. 사이쬬는 이른바 8세기 일본을 지배하던 나라(奈良) 불교의 전통에 대항하여 새로운 시대의 불교를 히에이산에서 창설하였다. 특히 그의 위대함은 일 년도 되지 않는 짧은 중국 체류의 결과로 다방면에 걸친 방대한 천태불교의 교의와 업적을 충분히 소화하고 종합적으로 혼합해서 일본에 성공적으로 소개한 데 있다. 쿠카이도 마찬가지로 구래의 일본 불교의 누습을 타파하고 당시 중국에서 급속히 유행하고 있던 진언밀교(眞言密敎)를 새롭게 전하여 수도의 남쪽에 위치한 코야 산(高野山) 정상의 산림 안에 그 자신의 종교적 중심을 창설하였다.

엔닌은 중국을 방문한 두번째의 일본 천태종 지도자로서 스승 사이쬬가 짧은 체류 기간으로 인하여 간과했던 종파의 많은 교의에 대하여 대륙에 오래 머무르면서 배울 기회를 가졌다. 그러나 엔닌의 일본 천태종에 대한 주된 공헌은 밀교의 소개에 있었다. 쿠카이는 이미 그의 진언종(眞言宗)으로 밀교를 소개하였으나 엔닌을 이어 수년 뒤 중국에 건너갔던 엔친(圓珍)도 밀교의 수행법을 가져왔다. 이러한 중복된 노력은 장차 엔친의 제자들과 엔닌의 후계자들 사이에 그들의 본거지인 히에이

산 사원을 둘러싸고 대립하는 원인이 되었지만 바꾸어 말하면 그 정도로 당시 중국에서는 밀교가 성행하였음을 알 수 있다. 엔닌이 불교의 이러한 양상에 주된 정력을 기울였다는 것도 무리는 아니었다.

 따라서 엔닌은 엄밀하게 일본 불교에 어떠한 새로운 것을 가져오지는 않았지만 그의 공헌은 천태 철학과 밀교를 성공적으로 결합시키고 그가 배운 것을 활발히 전파한 데 있다. 쿠카이의 진언종은 수도의 평원에서 떨어진 남쪽의 산중에 집중되어 있었지만 엔닌이 가져왔던 밀교는 수도를 한눈에 볼 수 있는 히에이산에서 전파되었으므로 이내 황실을 매료시켜 황실은 이 이국적인 새로운 종교를 열광적으로 환영하게 되었다. 화려한 의식, 풍부한 상징, 밀교 수도법의 화려한 예술적 부속품 등은 바로 오랫 동안 세속적 권위의 허식에 익숙해져 있던 일본의 궁정인들을 매혹하였다.

 그 결과는 일본에서 쿠카이에 의해 비로소 전수된 밀교의 승리일 뿐 아니라 사이죠가 전한 천태종으로서도 승리였다. 사이죠는 나라 불교로부터 독립하여 그들의 절대 권위와 싸우는 데 자신의 정력을 기울였다. 엔닌은 스승의 평소 뜻을 계승하여 천태종의 매력을 확산시킴으로써 이 싸움에 결정적인 승리를 가져왔다. 그리고 천태종은 황실의 비할 바 없는 은혜를 획득하여 당시 불교계를 주도하게 되었다.

 이후 2, 3세기 동안의 종교생활에서 주도권을 장악하였던 것은 사이죠가 창시한 천태의 현교(顯敎)가 아니라 오히려 엔닌이 화려하게 본질을 변화시킨 반(半)밀교적인 천태종이었다. 후일 일본 불교의 종교적 모태로서 많은 개조들이 난립하였던 엔랴쿠지의 사원은 사이죠에 의하여 창설되었지만 실제로는 엔닌에 의하여 발전되었다. 엔닌의 밀교 수행법은 사이죠가 전수한 종합적인 교리와 마찬가지로 당시 귀족들에게 호소하는 바가 컸고 12세기에서 13세기에 걸쳐 광범한 종교적 각성의 시대가 되자 대중의 신앙을 지도하는 선각자들이 나타났는데 그들은 엔닌의 스승인 사이죠에 의해 전수되었던 철학적인 교리에서 많은 것을 배움과 마찬가지로 엔닌이 대중화하였던 신앙의 상징적 행위에서도 많은 것을 배웠다. 따라서 엔닌은 쿠카이의 낭만적인 모습이나 사이죠와 이후의 불교 지도자 몇 사람에게서 보이는 지적인 매력은 부족하지만 아직까지 천 년 동안 일본을 지배해 온 종교의 가장 중요한 형성자 가운데 한 사람으로서 일본 불교사의 걸출한 인물임에 틀림이 없다.

엔닌이 역사상의 인물로서 어떠한 역할을 연출하였다고 하더라도 그의 인품에 대한 정확한 파악은 또한 별도의 곤란한 문제이다. 그의 전기 작가들은 그들이 숭배하는 보살의 하나에 대해서와 마찬가지로 엔닌에 대해서도 숭배의 감정을 나타냈다. 엔닌 자신이 썼던 것조차 그의 인격에 대하여 우리들이 알려고 하는 모든 것을 전해주지는 못한다. 그는 그려진 듯한 정확함과 흥미진진한 상세함을 일기에 기록하였지만 그는 자손을 이해 대상으로 하였던 보스웰(Boswell; 영국의 부자 2대에 걸친 전기 작가)과 같은 인물은 아니었다.

그럼에도 불구하고 우리들은 일기와 그의 다른 저술 및 그의 전기로부터 그가 어떠한 인물이었는지에 대한 약간의 결론을 도출할 수 있다. 그가 뛰어난 독창성이나 창조력의 소지자였다고는 말할 수 없지만 비상한 능력을 갖고 있었음에는 의문이 없다. 많은 저서와 그의 전생애는 이것을 증명하고도 남지만 진실로 경탄할 만한 점은 그가 동일본의 보잘것없는 가문 출신이었음에도 불구하고 이러한 위대한 업적을 달성하였다는 것이다. 9세기 일본에서는 출신은 일생의 모든 과정을 운명짓는 결정적인 요소였다. 이 점은 승려사회에서도 결코 예외가 아니었지만 당시 승려사회만이 미천한 신분의 사람에게도 문호를 열고 있었다. 예를 들어 사이쵸는 수도 근방에 거주하던 대륙계 혈통과 관련된 가문에서 태어났고 쿠카이는 서일본의 시코쿠(四國) 섬의 귀족 가정에서 출생하였다. 그러나 엔닌은 이름도 알려지지 않은 평민 출신으로 최고의 영예를 얻었던, 일본 역사상 거의 누구도 성취하지 못했던 업적을 이루었다.

성격이란 아마 엔닌에게는 지적 능력과 마찬가지로 종교계에 두각을 나타내는 중요한 요소가 되었던 것 같다. 그래서 그가 가졌다고 여겨지는 성격이 거기서 충분히 발휘되었다. 그가 중국에서 겪었던 역경중에 보인 과감한 용단은 누구도 흉내낼 수 없을 것이다. 또한 누구도 그를 따르던 사람들처럼 충실한 제자와 친구를 가질 수는 없었을 것이다. 엔닌은 그의 인간적인 위약함을 굳이 감추려고는 하지 않았다. 그는 자주 실망하고 때로는 겁내기조차 하였다. 그래서 언제나 신중하게 말을 하였다고는 할 수 없다. 그러나 결코 한순간이라도 그의 신앙이나 종교적인 열정이 동요하지는 않았다. 또한 어떠한 곤란에 부딪쳐도 당황하는 행동은 보이지 않았다.

　우리가 아는 한 엔닌의 생애에는 단 한번의 혼란도 없었다. 원래 그의 여행 동료인 엔사이(圓載)가 황실로부터 중국에서 엔닌의 연구를 지원하기 위하여 보내진 금 24량(兩)을 그 자신의 목적에 유용해 버렸을 때조차도 엔닌은 그의 일기에 의하면 초조하거나 추궁하지는 않았다. 수년 후 엔친이 중국에서 그와 만나 묘사하고 있는 것처럼 엔사이는 이미 타락하여 부정한 성격을 나타내며 위선적인 불량배가 되어 있었다. 성공의 절정기에서조차 엔닌의 성자다운 성격은 변하지 않았다. 그 시대 최고의 종교인으로서 엔닌은 순수한 한 사람의 신자이며 그의 임무에 열정을 다하고 정성스레 순례와 불법을 구하면서도 만족을 느끼지 못하였던 학구적인 여행자 시대와 마찬가지로 대인관계에서도 어떠한 수치스런 오점은 남기지 않았다.

　엔닌의 인품에 대한 묘사는 아무래도 의문을 남기는 불완전한 형태가 될 수밖에 없지만 극히 드문 정력과 지성과 성격이 조화를 이룬 훌륭한 인물이며 성자와 같이 과감한 행동에서 보이는 뛰어난 능력의 소지자로서 확고한 신앙으로 일관하였다. 그는 일견 지적인 번뜩임을 보여주는 독창적이고 풍부한 상상력을 지닌 인물은 아니지만 스스로의 결단성과 사람을 감동시키는 성격으로 그의 선배들이 발견하였던 새로운 영역을 개척해 가는, 순수하면서도 더 고된 임무에 많은 사람을 인도할 수 있었다.

제3장

견당사(遣唐使)

엔닌이 견당사절단의 공식적인 일원으로 중국에 건너갔다는 것은 역사적으로 다행스러운 사건이었다. 그의 일기 중 삼분의 일에 해당하는 초반부는 그 자신의 신변잡기와 동지나해의 파고를 넘어 건너갔던 사절단의 모험과 파란만장한 항해기록 그리고 우리가 알 수 있는 유일한 동아시아에서의 국제관계 초기단계에 관한 상세한 자료이다. 더욱 다행스러운 것은 이 특별한 사절단은 일본의 연대기에서도 다른 어떠한 해외 파견 사절단보다도 충분히 언급되고 있다. 일본 역사의 이 시대를 다룬 『속일본후기(續日本後紀)』는 첫번째의 임명에서 마지막 폐지에 이르는 많은 기록을 여기저기에 기록하고 있으며 이것을 엔닌의 일기에서 상세히 기술하였던 실제의 해외활동과 합쳐보면 당조에 파견되었던 일본사절단의 전모가 더욱 명확하게 된다.

 오늘날 외교의 파견기관으로서 대사관·공사관은 일반적으로 표면적인 의례를 다루는 데 지나지 않는다. 외국에 대한 파견기관은 대부분 그 모국 내부의 정치적 움직임에 그다지 관계되지 않는다. 그래서 직접 국제관계를 결정하는 기관이 아니라 국가간에 일어나는 좀더 유기적인 접촉점에서 긴장관계를 표면적으로 대표하는 것에 지나지 않는다. 그러나 9세기 동아시아의 상황은 그러나 결코 그렇지 않았다. 외교사절단은 대당제국으로는 대외관계의 핵심을 이루고 있었으며 중국인에 의해 인식된 국제관계의 모든 원리를 구체화한 것이었다. 앞 시대의 일본인에게는 그 이상의 중요한 의미가 있었다. 즉 견당사절단은 일본이 외부의 세계와 접촉하는 주요 수단이며 대륙의 문명에 대하여 알 수 있는 최대의 길로서 일본을 하찮은 미개의 나라로부터 문명사회의 일원으로 변화시키는 데 중요한 역할을 담당하였다.

고대 동아시아의 국제관계

고대 중국인은 그들의 나라를 "네 가지의 이적(夷狄)"으로 둘러싸인 유일한 문명의 땅이라고 생각하였다. 즉 중국을 둘러싼 사방의 주요 지역에는 그들보다 문명의 정도가 낮은 민족이 살고 있다고 생각하였다. 실제로 적어도 당대 초까지는 이러한 생각이 동아시아의 실정을 바르게 전해주는 것이라고 할 수 있다. 그들 세계의 주변 민족은 중국의 정치적·문화적 영향권내에 포함되어 있다고 중국인은 생각하였기 때문에 그들은 중국에 대하여 공물을 바치는 관계에 있어야 한다고 간주하였다. 이적은 정기적으로 그들의 공물을 가지고 중국의 수도를 방문하는 것으로 생각되었다. 즉 빈번히 공물을 가지고 오면 올수록 그들은 중요한 이적이며 그다지 자주 오지 않으며 그만큼 멀어지고 그만큼 중요하지 않게 되었다. 그들의 공물과 충성의 표현에 대한 답례로서 중국 황제는 선물과 그리고 때로는 공적인 작위를 주었다. 이렇게 하여 그들은 문명의 은택을 멀리 떨어져 있고 아직 개발되지 않은 그들의 고향으로 가져갈 수 있었다.

지역 토산물을 공물로서 황제에게 헌상하고 견제품이나 중국의 공예품을 황제에게 사여받는다는 교환형식은 일종의 국제적 물물교환제도를 확립시켰다. 국제무역이 중요한 역할을 아직 담당하지 못했던 당시로서는 동아시아에서의 무역은 실제로 이러한 형태로밖에 이루어지지 않았다. 그러나 이처럼 공물을 수반한 외교사절단의 경제적인 역할보다도 한층 중요한 것은 그들의 외교적 의의이다. 조공관계는 중국인이 인정하는 유일한 공식적인 국제관계의 형식이었다. 때문에 중국에 조공을 하지 않는 나라는 문명의 범주를 넘어 지나치게 천박하거나 중요하지 않다든가 혹은 실제로는 적대행위를 하지 않음에도 불구하고 중국에 대하여 적의를 가지고 있는 것으로 간주되었다. 따라서 중국에 대한 조공사절단은 동아시아에서 당시 국제관계의 유일한 상징이었으며 어떤 경우에는 중국과 좀더 먼 이웃 나라간의 접촉에 거의 전부를 의미하였다. 이후 왕조에서 조공제도는 한층 엄격하고 동시에 형식적인 것이 되어 초기의 경제적인 중요성과 정치적 실질을 잃게 되었다. 그러나 당대에는 아직 생생한 실효를 갖는 제도였다. 그래서 이 제도야말로 공식적으로는 9세기 중엽까지의 중국 외교관계의 전통을 이루었다.

일본인은 당대의 다른 중국 주변 민족과 마찬가지로 중국에 대하여 조공관계에 있었다. 견당사를 파견할 때마다 그들은 중국의 황제에게 공물을 바치고 반대로 선물과 작위를 받았다. 실제로는 당 왕조가 출현하기 이전에도 일본은 중국과 우호관계를 갖고 있었다. 일본의 역사는 초기 사절의 교환에 대하여 극히 애매한 기술만을 남기고 있지만 중국 역대 왕조의 역사는 상당히 정확하게 일본으로부터 이따금씩 왔던 사절단을 기록하고 있다.

중국측 기록에 나타난 가장 오래된 일본사절단은 57년에 왔다고 전해지고 있다. 이 당시 후한(後漢)의 황제는 일본의 '노(奴)'나라로부터 왔던 사절에게 그의 주인을 위한 작위의 인장(印章)을 수여하였다고 한다.[1] 기묘하게도 "한(漢)의 신하인 일본의 노왕(奴王)"이라고 새겨진 황금의 인장이 우연히 대륙과 전통적인 접촉의 지점이었던 서일본 북큐슈우(北九州)의 옛 도성 지역에서 관개용 도랑을 파고 있던 농부에 의하여 1784년 발견되었다. 이것이 과연 중국의 자료에 기록되어 있는 것과 같은 인장인지 혹은 "노왕"이라는 것은 실제 누구인지 확인할 수는 없다. 57년에 일본은 통일국가의 체제를 이루고 있지 못했다. 중국측 자료에 의하면 수많은 소부락으로 분할되어 각각 세습의 사제 또는 여사제에 의하여 지배되고 있었다고 한다. "노왕"이란 아마 이들 많은 사제적 수장 가운데 한 사람임에 틀림이 없다. 그가 5세기나 6세기에 일본의 천황가로 발전한 사제적 수장의 세습적 혈통을 잇게 한 조상의 한 사람인지 혹은 친척이었는지를 판단할 방법은 없다.

중국 역사에 나오는 다음의 일본사절단은 107년 160명의 노예를 후한에 공물로 가져왔다. 3세기 전반 더 여러 차례의 사절단이 북위(北魏)를 내방하였다고 기록되어 있다. 5세기에는 좀더 많은 사절단이 당시 남조(南朝)의 수도인 남경을 내방하였다. 이들 사절단이 과연 일본의 중앙정부로서 서서히 확립되고 있던 집단의 대표인가 혹은 과연 어떠한 정부를 대표하는 공식적인 사절단이었는가는 판단되지 않는다. 중국에 파견된 대부분의 이른바 사절단은 실제로는 외국 통치자의 대표로 인정받음으로써 더 좋은 무역조건을 공식적으로 인정받을 수 있기 때문에 명칭만을 차용한 사적인 상인들이었는지도 모른다. 166년에 서아시아로부터 중국의 남쪽 국경을 넘어왔던 상인들이 로마제국의 마르쿠스 아우렐리우스(Marcus Aurelius) 황제의 사절이라고 사칭한 것은 아마 이러한 경우에 해당할 것이다. 고대 일본에서 왔던 사절단이 바친 신임장이라는 것도 마찬가지로 가짜였는지 모른다.

견수사(遣隋使)와 견당사

다시 일 세기 이상 경과한 7세기 초반에 중국으로의 일본사절단은 갑자기 쇄신되었다. 더욱 대규모이고 항구적인 계획을 갖추었는데 이전과는 비교도 되지 않는 중요한 결과를 가져왔다. 이것은 부분적으로 중국이 4세기에 걸친 혼란스러운 정치적 분열에서 회복되어 다시 강력한 통일국가가 되었기 때문이다. 좀더 중요한 이유는 일본이 이 시기에 적어도 무언가 통일국가의 체제를 정비하고 이미 어느 정도 대륙문화를 흡수하여 중국의 문자로 문장을 쓰는 방법을 습득하고 있었으므로 이전 시대보다 신속히 중국으로부터 배울 수 있었기 때문이었다. 사실상 몇 세기 동안 완만하고 거의 느끼지 못할 정도로 이루어졌던 대륙문화의 이입 후에 바로 이 무렵 일본인은 드디어 물질적·정신적으로 중국문화의 더 훌륭한 지식과 기술로부터 파생된 여러 가지 이익을 인식하기 시작하였다.

이야기를 그보다 수십 년 소급해보면 552년 아직 소규모였으나 급속히 발흥하고 있던 일본 황실은 대륙문화의 수용이라는 중대한 문제에 직면하였다. 이것은 한반도의 백제에서 불상, 경전 그외의 불구(佛具) 등의 선물이 왔을 때 이들 외국 종교의 상징들을 수용하는 것이 바람직한 것인지에 대하여 황실의 유력한 귀족들간에 논쟁이 벌어졌다. 587년에 일어났던 단기간의 내란은 소가(蘇我)씨 측에게 문제를 매듭짓게 하였다. 즉 소가씨는 불교의 수용을 주장하였다. 이리하여 위약한 일본의 중앙정부는 불교의 전면적이고도 열광적인 수용만이 아니라 중국의 정치형태와 뛰어난 대륙문화로부터 수입할 수 있는 모든 것을 수용한다는 적극적인 태도로 주저없이 제일보를 내딛었다.

외국 종교와 중국의 정치형태에서 최초의 승자로 등장한 것은 쇼오토쿠(聖德) 태자였다. 그는 그의 큰 어머니인 수이코(推古) 천황의 섭정(攝政)으로 그의 시대를 지배하였지만 622년 요절하여 그 자신의 이름에 의한 통치의 기회를 상실하였다. 쇼오토쿠 태자의 2대 사업은 불교사원의 창설과 604년에 반포된 이른바 '17조의 헌법'이었다. 이것은 실제로는 대부분 유교 원리를 수용한 도덕적 훈계와 정치적 주장으로 이루어졌으나 저자의 불교 귀의도 나타내고 있었다. 태자의 다른 하나의 사업은 태자와 그 측근들이 새로운 일본을 건설하는 데 모델로 설정한 중국으로부터 좀더 많은 것을 배우기 위하여 사절단을 파견하는 것이었다.

607년 쇼오토쿠 태자는 오노 이모코(小野妹子)를 책임자로 한 사절단을 단명한 수조(隋朝)에 파견하였다. 수나라는 이보다 2, 3년 전에 중국을 통일하였던 당시의 왕조였다. 일본 사절이 중국 황제에게 보낸 서한에는 "해가 뜨는 곳의 천자가 해가 지는 곳의 천자에게 서한을 보낸다"고 기록되어 있었다.[2] 이 내용은 중국 황제와 동격을 주장하는 것으로 중국인에게는 모멸적으로 들렸다. 더욱이 일본의 지리적인 우월성을 시사하는 표현이 국제관계에 대한 중국인의 사고를 무시한 태자의 무지에서 유래하였던 것이었는지도 모르지만 대부분 일본의 역사가들은 거기서 일본의 국가적 존엄에 대한 태자의 자각이 있었다고 간주한다. 확실히 일본 같은 섬나라인들은 영국이나 다른 북유럽의 초기 만족(蠻族)과 마찬가지로 세계의 대부분의 다른 민족보다도 매우 일찍부터 국가의식을 갖고 있었다. 아마 그들은 더욱 발달된 문명을 흡수하게 되었던 나라들보다 매우 미숙하고 약하였던 사실에 대하여 명확한 당혹감을 느끼면서 그 대가로 스스로 국가의식을 발달시켰던 것으로 생각된다. 그러나 일본에서 실제로 그러한 국가의식이 발생하기 시작하였던 것은 쇼오토쿠 태자가 죽은 후인 6세기까지 기다려야 했다. 태자의 국가적

자의식에 대한 행위라는 판단이 만일 타당하다고 해도 다음 3세기 동안을 통하여 중일관계에서 그 정신은 아무데도 그 흔적을 남기고 있지 않다. 그리하여 일본은 이내 주저없이 중국에 조공하는 지위를 감수하였다.

중국인은 어떠한 경우에도 아량을 베풀지 않았다. 『수서(隋書)』가 전하는 바에 의하면 수나라의 황제는 일본으로부터 온 서한의 어투에 불쾌감을 나타내고 그의 측근에게 "이적의 서한은 무례하다"고 하였다. 아마 중국 황제의 답서는 오노 이모코로서 일본의 주인에게 보이기에는 꺼려지는 내용을 포함하고 있었다고 생각된다. 이러한 사정이 이모코로 하여금 귀국 도중 중국 황제의 답서를 신라인에게 빼앗겼다는 놀랄 만한 보고를 일본 천황에게 하게 했던 이야기의 배후에 있었을 것이다.[3]

수 황제가 일본의 무례함에 분개하였는지는 모르나 그는 일본을 조공체제내에 포함시키기를 원했던 것이 분명하다. 왜냐하면 608년 일본에 답례의 사절단을 보내고 있기 때문이다. 중국측 기록에 의하면 일본의 지배자는 수나라의 사절에게 최고의 명예를 주고 일본을 "이적" 또는 "아직 문명의 세례를 받지 못한 민족"이라 자칭하면서 "위대한 문명국, 수나라"에 관한 정보를 구하였다고 한다. 중국의 답례사절이 돌아갈 때 오노 이모코는 다시 사절과 함께 중국에 건너가 수 황제에게 두 번째의 공물을 바쳤다. 이때 일본으로부터 서한은 일본측 사료에 의하면 "동방의 천자가 서방의 천자에게 존경을 보낸다"라고 시작되었다.[4] 이것은 중국인의 입장에서는 앞선 서한보다 나아진 것이라고 할 수는 없다. 그러나 『수서』가 아무것도 다루고 있지 않은 것을 보면 외교적이었던 오노 이모코가 적당히 이들 문자를 지워버렸다고 생각된다.

몇 년 후인 614년에는 수나라에 또 하나의 사절단을 보냈다. 그러나 그후 바로 수나라는 붕괴하고 618년에는 당나라가 천하를 제압하였다. 새로운 왕조에 파견된 최초의 일본사절단은 630년에 출발하여 이듬해 중국 궁정에 도착하였다.[5] 632년에 일본에 온 중국의 답례사절은 일본 황실과 논쟁을 일으켜 "그들의 통치자가 보내는 서한을 전하지 않고 화를 내며 귀국하였다"고 한다.[6] 653년 두 무리의 일본사절단을 중국에 파견하기로 하여, 이들은 각각 120명 이상의 불교 승려와 유학생 및 수행원을 데리고 출발하였으나 한편의 원정대가 불행히도 파도에 휩싸여 돌아오지 못하였다. 세번째의 견당사절은 654년에 중국에 도착하고 네번째는 659년에 이루어졌다. 그러나 이번에는 한 척의 배가 멀리 남쪽으로 흘러가서 불행히도 일행의 대부분이 번인(蕃人)에게 살육을 당하는 불운을 맞았다. 운이 좋아 무사히 중국에 도착한 다른 일행은 660년 한반도의 백제를 습격하려는 중국의 계획이 누설되는 것을 미연에 방지하기 위하여 661년까지 중국 관헌에 의하여 억류되었다.

다섯번째의 견당사는 665년에 일본을 출발하여 많은 중국 사절을 그들의 고향으로 보냈다. 여섯번째는 669년에 파견되었는데 얼굴에 털이 많이 난 몇 명의 아이누족 선원이 타고 있었으므로 중국의 기록은 아이누족에 대하여 신기함을 나타내고 있다. 다음 702년 중국에 건너간 견당사의 책임자는 이와다 마비토(栗田眞人)였다. 그는 중국인에게 상당히 강렬한 인상을 주었기 때문에 중국의 여러 정사에는 그가 "학자이고 시를 잘 쓰며 행동이 세련되었다"고 전하고 있다.

717년 중국에 건너갔던 또 하나의 사절단은 총인원 557명으로 학자 키비 마키비(吉備眞備)와 승려 겜보(玄昉)가 참가하고 있었는데 두 사람은 유학을 위하여 중국에 남았다. 그들은 733년 중국에 갔던 사절단의 배 한 척을 타고 734년에야 겨우 일본에 돌아왔다. 이 사절단의 다른 세척 중에 두 척은 돌아오는 항해에서 난파되었다. 키비 마키비와 겜보는 귀국하여 각각 중국의 발달한 세속적·종교적인 학문을 전하는 중요한 인물이 되었다.

다시 의문이 생긴 키비 마키비는 그것을 해결하기 위하여 다음 사절단과 함께 752년 일본을 출발하여 2년 후에 귀국하였다. 이 사절단은 위대한 중국인 불교지도자 감진(鑑眞)을 태우고 왔다. 이 고승은 당시 67세로 눈이 멀었지만 그가 선택한 포교지인 일본에 건너가려고 다섯 차례 기도하여 실패하였다가 여섯번째에 마침내 성공하였다. 그곳에서 그는 율종(律宗)의 개조가 되었다. 717의 견당사절단과 함께 중국에 건너갔던 유학생 아베 나카마로(阿倍仲麻呂)도 754년 사절단과 함께 귀국하려고 시도하였으나 그의 배는 멀리 남쪽으로 흘러가 버렸다. 그의 친구인 위대한 중국 시인 이백(李白)은 그가 죽었다고 생각하여 그에게 한 편의 시를 헌상하였다. 그러나 그는 죽지 않았으며 생명을 건져 간신히 중국으로 되돌아갈 수 있었다. 그리하여 그는 중국을 남은 생애의 고향으로 정하고 당 궁정의 고관이 되어 이후 오늘날 베트남의 북부지역인 안남(安南)의 총독이 되었다.

777년 중국으로 향하였던 다음의 사절단 일부도 또한 이듬해 귀국의 항로에 바다 가운데서 실종되었다. 다음 사절단도 803년 중국에 건너가려던 첫번째 시도에서는 조난되었다. 그러나 이듬해 대륙에 건너가는 데 성공하였다. 이 사절단은 사이쬬와 쿠카이가 중국에 건너갔던 사절단으로서 기억되고 있다.

838년에 드디어 중국에 도착하였던 다음의 사절단이야말로[7] 엔닌이 참가하였던 것이었다. 더욱이 중요하게 기억할 만한 점은 이 사절단이 당나라에 건너갔던 최후의 것이며 일본 황실에 의해 해외에 파견되었던 사절단으로서도 19세기에 이르기까지 최후의 것이 되었다. 다음의 견당사가 894년에 조직되어 유명한 학자이며 정치가인 수가와라 미치자네(菅原道眞)가 대사로 임명되었을 때, 그는 위험을 무릅쓰고까지 쇠퇴해 가는 당조에 사절단을 보낼 만한 가치가 있는지에 의문을 품었다. 그리하여 모든 것은 결국 포기되었다. 이 무렵 당조는 전혀 계속 유지할 수 없는 상황에 있었다. 그러나 일본이 사절단의 파견을 포기하고 새로운 왕조가 중국에 탄생할 때조차 정식의 국교를 회복하는 데 실패하였던 것에는 더 근본적인 이유가 있었다. 일본도 또한 변화하고 있었던 것이다. 9세기 말엽까지 일본은 중국에서 배운 것을 그들 자신의 필요에 적합하게 수정하는 일에 몰두하였다. 과거 3세기 이상에 걸쳐 열정적으로 수입되었던 중국의 발달된 문명은 이제 뚜렷이 일본적인 것으로 변용되고 있었다. 시대적인 요청은 새로운 시설이나 학문·기술을 수입하는 것이 아니라 실정에 맞게 수정하고 동화시키는 것이었다. 따라서 일본에서 견당사는 그 존재이유를 잃어버리게 되었다.

견당사의 구성

이처럼 수·당조에 파견되었던 일본사절단은 그들의 운명에 따라 여러 가지 변화가 있었지만 시대가 내려가면 사절단의 구성이나 공식적인 절차는 적어도 일정한 형식으로 고정되었다. 초기 사절단의 구성에 대하여는 각각의 책임자의 이름만이 두셋 알려지고 있을 뿐 상세한 것은 거의 판단되지 않는다. 어떤 사절단은 배 한 척, 다른 사절단은 두 척으로 구성되어 있었다는 막연한 기록밖에 남아 있지 않다. 그런데 717년 이후 6회의 사절단 구성에 대해서는 좀더 상세한 사정이 판명되어 있다. 이들 모두는 각각 네 척의 배로 이루어지며 중앙이나 지방의 행정기구에서 일반적으로 행해지던 네 범주로 구분되는 관리의 계급에 상응하는 역시 네 범주의 직책이 배정되었다. 엔닌이 참가한 사절단은 그 구성과 절차에서 이러한 형식을 가진 전형적인 것이었다. 이처럼 과거 외교사절단의 내부적인 구성이 상세히 알려지고 있는 점은 동아시아 역사의 흥미롭고 중요한 국면을 말해주는 극히 뛰어난 사례라고 할 수 있다.

엔닌이 참가하였던 사절단은 834년 1월 19일 네 범주의 최고 직책이 임명되었을 때 비로소 결성되었다. 즉 네 종류의 직책이란 한 명의 대사(大使), 한 명의 부사(副使), 대개 네 척의 배에 각각 한 명씩 배속되었던 네 명의 행정관[判官] 및 여섯 명의 비서관[錄官]으로 구성되었다. 후지와라 추네츠구(藤原常嗣)가 대사로 임명되었던 것은 여러 이유에서 중요하다. 그는 후지와라씨 일족의 구성원으로 당시 후지와라씨의 세력은 막강하여 일본 황실 전체에 지배권을 미치고 있었다. 그뿐 아니라 그는 앞서 804년 파견되었던 견당사절단의 책임자인 후지와라 카도노마로(藤原葛野麻呂)의 일곱번째 아들이었다. 그리고 그는 중국인에게 호감을 주었던 인물이었는데 이것은 그가 중국문학 분야의 학자이며 또한 훌륭한 서예가이었기 때문이었다.[8] 부사 오노 타카무라(小野篁)도 마찬가지로 문학적인 재능을 가진 인물이었다. 그는 시인으로서도 유명하여 중국의 학문에 능통하였다. 더욱이 그는 일본인으로서 분명히 거인에 속하였다. 그의 전기 작가들도 그의 키가 6자 2치였다고 한다.[9]

사절단의 하급 직책의 임명은 계속해서 2년 동안 서서히 이루어졌다고 생각된다. 왜냐하면 그들의 임명 날짜가 대사와 그의 주요 관계자들의 임명보다 몇 개월 늦게 기록되어 있기 때문이다. 몇 개의 최고 직책에 대해서도 아마 전임자가 탈락된 것을 보충하는 형태로 후속의 임명이 이루어졌다. 『속일본후기』는 사절단에 임명되었던 관리나 학자의 이름을 모두 39명을 들고 있다. 그러나 그들 모두가 실제로 중국에 도착하였던 것은 아니다. 엔닌은 그의 일기에서 이들 18명의 이름을 기록하고 있으며 덧붙여 견당사의 하급 역직에 속한 32명의 이름도 서술하고 있다.

네 종류의 최고 직책 외에 더욱 복잡한 별도의 직책이 설정되었다. 때에 따라서 3명의 대리 행정관[准判官]이 임명되었다. 이들 가운데 한 사람인 나가미네 타카나(長峯高名)는 임명된 지 2, 3개월 후에는 판관으로 승진하였다.[10] 다음으로 요시미네 나가마츠(良峯長松)는 중국에서 사망한 판관의 임시 대리직을 맡았다. 그러나 세번째의 후지와라 사다토시(藤原貞敏)는 중국에 건너가기 오래 전인 835년에 이미 준판관이었지만 839년 대륙에서 돌아올 때도 같은 칭호를 갖고 있었다. 또한 세 명의 대리 비서관[准錄事]의 이름이 기록되어 있는데 대부분 그들은 원래의 여섯 녹사의 직책을 대행하게 되었다.

이들 사절단의 고관들은 비교적 젊은 사람들에 의하여 구성되어 있었다. 대사는 임명되었을 때 39세였고 부사는 33세, 판관 수가와라 요시누시(菅原善主)는 834년에 32세, 준판관 후지와라 사다토시는 같은 해에 28세, 준판관 요시미네 나가마츠는 겨우 21세였다. 원래 그는 5년 후에나 이 직책에 임명되어야 했다. 우리가 아는 한 엔닌의 연배와 비슷한 사절단의 고관은 단 한 사람으로 판관 나가미네 타카나뿐이었다. 그는 사절단에 임명되었던 835년에 엔닌보다 한 살 젊은 42세였다.[11]

녹사와 준록사 다음 가는 직책은 배의 관리관[知乘船事]이었다. 이 칭호의 뜻은 문자 그대로 '배의 화물 관리인'이며 그들은 화물이나 공물에 대해 책임을 졌던 직책이라고 생각된다. 이 추정은 여섯 명의 지승선사 가운데 한 사람의 이름이 중국 체류중 엔닌에 의해 기록되어 "국가의 공물 관리인[監國信]"이란 직명이 주어진 것으로부터도 긍정된다.[12] 지승선사에 관해 또 하나 흥미로운 점은 그들 중 3명이 대륙계의 인물이고 그 때문에 대륙 지리에 관한 약간의 특수한 지식을 갖고 있었다고 생각된다. 그 가운데 두 사람은 7세기에 소멸한 한반도 동남부 백제 출신 이주민의 자손이라고 한다. 다른 한 사람은 후한(後漢) 황제의 후예였다고 한다. 사절단의 다른 성원 가운데 유일한 대륙계 인물은 백제와 동시대에 소멸한 한반도 북구의 고구려로부터 온 이주민의 자손이라고 하는 녹사였다.[13] 지승선사는 사절단 선단(船團)의 항로 결정 및 행정적 통제에는 전혀 관여하지 않았다. 엔닌은 이따금 선장[船師]과 선장대리[准船師]에 대해 언급하였는데[14] 그들이야말로 실제로 각각 선단의 두 배를 움직이는 선장이었다고 생각된다. 더욱이 각 배에는 각각 한 사람의 배 지휘관[船頭]가 있고 대개 사절단의 고위 인물에 해당하며 배의 일체 지휘권과 인사권을 장악하였다.

사절단의 다른 구성원으로는 서기관[史生]이라 불리는 사람들이 있고 3명의 이름이 알려져 있다. 통역(通譯)이라 불리는 사람은 4명의 이름이 알려져 있는데 그 가운데 한 사람은 에레이(惠靈)라 하며 원래 승려였다가 환속해서 키 하루누시(紀春主)라는 출가 이전의 이름으로 돌아갔다.[15] 엔닌의 일기에 의하면 일본측 기록에는 없는 또 하나의 범주에 속하는 통역이 존재하며 일본인 통역보다도 중요한 역할을 하였다. 이들은 세 명의 한반도인 통역 — 오히려 신라 통역이라고 하는 편이 명확하다고 생각되지만 — 이었다. 이것은 당시 한반도 남쪽의 신라는 반도 전체를 통일하여 2세기 정도 경과하고 있었기 때문이다. 한 명의 불교 승려를 포함한 이들 신라인은 각각 세 척의 배에 분승하였으므로 이들 세 척은 무사히 중국에 건너갈 수 있었다. 그들은 일본인 통역보다도 중국의 사정에 매우 능통하였기 때문에 해외에서 외교적 절충의 대부분이 그들의 손에 의하여 이루어졌다고 해도 과언은 아니다.

엔닌의 일기는 사절단의 하급자에 대해서도 여러 유형의 직책의 개념을 상세히 전하고 있다. 예를 들면 서무관[雜使], 돛을 관리하는 책임자[水手長], 사절단 부속 무관[參軍] 등에 대하여 서술하고 있다.[16] 참군은 아마 사절단의 군사적인 책임자였을 것이다. 그는 또한 여러 명의 개인적 수행인에 대해서도 언급하고 있다. 수행인은 그 보좌하는 주인의 지위에 따라 천차만별이었다. 대사의 수행인인 이와다 이에츠구(栗田家繼)는 화가로서 관립대학의 조교수[雜博士] 지위를 갖고 있었다.[17] 한편 사생(史生)의 수행인 중 한 사람과 판관 나가미네 타카나(長峯高名)의 3명의 수행인은 씨성을 갖지 않은 미천한 계급 출신이었다. 선단의 한 배에 탑승한 한 명의 점치는 사람[卜部]도 마찬가지였다.[18]

사절단의 배 위에서 노동을 하는 대개의 사람들은 일반적으로 사수

(射手), 수부(水夫), 직공[細工生] 및 짐꾼 등으로 나뉜다. 엔닌은 어느 때는 제1선에 50명 이상의 직공, 짐꾼, 수부 등이 있다고 기술하고 다른 때에는 같은 배에 사수와 수부가 60여 명이라고 서술하고 있다. 더욱이 36명의 숙련 목수, 일반 목수, 선장(船匠)과 제1선이나 제4선의 조선업자[造舶都匠] 등에 대하여 언급하고 있다.[19] 이들의 숫자로 알 수 있는 것은 제1선에만 적어도 이들 여러 범주로 나뉘는 90명의 구성인원을 갖고 있으며 엔닌의 계산이 반드시 완전하지 않으므로 그 이상의 인원이 있었는지도 모른다. 엔닌이 기술한 5명의 사수 이름이 일본 귀족의 성을 갖고 있으며 그 중에 한 사람이 황실의 측근을 비호하는 좌근위(左近衛)였다는 것은 이들이 상당히 상류사회 출신이라는 것을 나타낸다. 엔닌이 기록한 3명의 수부 이름은 이들 인물과 비교하면 신분이 매우 떨어진다.[20]

대부분의 경우 견당사의 주요 인물은 학식이 있는 사람들이었다. 그들은 승려든 평민이든 학문이나 기술의 특수한 영역을 연구하기 위하여 중국에 건너갔다. 그들은 정상적인 사절단의 구성에는 포함되지 않으며 그들 가운데 중요한 인물은 대사를 제외한 다른 고관에 비견되는 지위를 갖고 있었다. 일본측 사료와 엔닌의 일기에 의해 당시 일본에 존재하였던 여러 종파로부터 환학승(還學僧; 청익승의 별칭) 또는 유학승으로 견당사절단에 가담한 8명의 승려와 그들을 수행한 제자 4명의 이름이 알려졌다. 이따금 언급된 일반 학자와 예술가의 이름 가운데는 역사연구생[記傳留學生], 의사, 역청익생(曆請益生) 및 역유학생, 천문유학생, 점성사[陰陽師], 음악의 지휘자[音聲長]와 생사(笙師)를 겸한 자, 화가, 아악답생사(雅樂答笙師) 등이 있다. 의심할 바 없이 여기에 기록된 것보다도 많은 종류의 예술가, 음악가, 학자들이 사절단에 포함되었다고 생각된다. 예를 들면 엔닌은 이름을 밝히지 않은 세 명의 일본인 화가에 대하여 한 차례 언급하고 있다.[21]

사절단의 관리 중 일부분은 또한 학자와 예술가를 겸하였다. 대사와 부사는 물론 문필에 능하였지만 토모 수가오(伴須賀雄)라는 인물은 처음에는 엔닌의 일기에는 단순히 청익생으로만 나와 있지만, 그는 바로 바둑의 전문가로서 후에는 귀항 선단의 배 한 척을 지휘하는 임무를 맡았다. 이미 서술한 것처럼 대사의 수행인인 이와다 이에츠구는 학자임과 동시에 화가였다. 지승선사의 한 사람은 『의경(醫經)』이라는 중국 책자에 능통하여 황실의 내시의(內侍醫)가 되었다.[22] 음악가로서 유명하게 된 사절단의 일원으로 준판관 후지와라 사다토시(藤原貞敏)가 있는데 비파를 잘 타서 궁중의 음악가가 되었다. 그의 전기에 의하면 중국 체류중 사다토시는 유명한 비파 연주자 유이랑(劉二郞)에게 지도의 사례로서 금 200냥(兩)을 지불하였는데 그의 기량이 너무나 기묘하였으므로 스승을 감탄시켜 스승은 그에게 여러 권의 음악 책과 두 개의 훌륭한 비파를 주었을 뿐 아니라 자신의 딸을 결혼시켰다. 딸을 준 것은 완전히 보너스였다. 왜냐하면 사다토시의 아내는 그녀 자신이 뛰어난 음악가였으므로 그에게 더욱 많은 곡을 가르칠 수 있었기 때문이다.[23]

관리, 학자, 사수, 수부 그외의 일반인들로 이루어진 사절단은 의심할 바 없이 하나의 거대한 원정대였다. 실제로 836년에 네 척의 배에 651명을 태우고 출발하였다고 하는데 제3선에만도 침몰할 당시 그 전에 이미 익사한 자를 제외하고도 아직 140명이나 타고 있었다고 한다.[24] 견당사가 일본에 귀국한 후 중국에 건너갔던 391명의 이름이 특별한 명예의 목록에 기록되었다.[25] 이들의 이름은 이미 죽은 사람도 포함하고 있지만 대부분은 무사히 왕복 여행을 마쳤다. 그러나 이 숫자는 실제로는 제1선과 제4선의 사람들 및 제2선의 일부 인원만이 일본에 무사히 돌아올 수 있었음을 말한다. 엔닌이 중국에서 들은 소식에 의하면 제3선에서는 겨우 30명 정도밖에 무사히 고향에 돌아갈 수 없었다고 한다.[26] 아마 생존한 몇 명과 제3선에서 교체된 인원이 다른 세 척의 정원에 덧붙여졌을 것이다. 이것은 838년 중국에 건너가는 것에 성공하였을 때 각각의 배는 180여 명의 인원을 운송하였음을 의미한다.

준비

사절단을 위한 인원의 선발이 사절단 편성에서 가장 성가신 문제는 결코 아니었다. 또한 설비의 문제도 있었다. 예를 들면 한 차례의 원정대를 위해서는 통례적으로 네 척의 배가 건조되어야 했다. 이 목적을 위하여 대사의 임명 뒤 2주 이내에 바로 조박사(造舶事)와 부관을 임명해야 했다. 그 해 말에 이유는 명확치 않지만 이 직책의 두 사람은 최초의 인물로부터 다른 사람으로 바뀌었다. 새롭게 부관에 임명된 자는 이 조선계획의 숙련 목수였다.[27]

동시에 조박사가 임명되었고 다른 두 사람의 고관이 장속사(裝束司)로 임명되었다. 그들의 임무는 견당사절단의 일행에 어울리는 복장을 마련하는 것이었다. 그들이 어떤 곳에서 어떠한 역할을 하였는지 우리는 알지 못한다. 그러나 적어도 일년 후에 북큐슈우의 행정 본부인 대재부(大宰府)에서 비단을 장식한 백 개의 갑옷, 백 개의 투구, 사백 벌의 승마용 바지를 사절단을 위하여 준비하라는 명령이 내려졌음을 우리는 알고 있다. 이 동안에 다른 관리나 정부의 직원들은 중국에 가져갈 공물과 다른 물품을 준비하느라 바빴다. 그러나 우리가 이 준비 상황에 대하여 아는 것은 황후궁직(皇后宮職)이 임시로 견당사를 위한 견직물을 만드는 일에 이용되었다는 것뿐이다.[28]

준비의 다른 내용은 우리가 자주 듣는 바대로 사절단의 여러 고관에게 관위의 승진이나 직위를 준 것이다. 신년을 축하하면서 정월초에 특별히 이루어진 승진은 거의 관습에 의한 것이었는지도 모르나 대부분의 승진은 그들에게 맡겨진 위험한 사명을 보상하는 특별한 의미였다고 생각된다.

일본 궁중의 계급제도는 극히 복잡하였다. 주로 계급은 아홉 단계였지만 각각 정(正)과 종(從)으로 나뉘고 다시 최고위를 제외하고는 각각 상위(上位)와 하위(下位)로 세분되었다. 예를 들면 대사는 임명 당시 종사위상(從四位上)의 지위였고 부사는 종오위하(從五位下)의 지위였다. 835년 1월 7일 부사는 일계급 승진하여 종오위상(從五位上)의 지위가 되고 다시 일년 후에 정오위하(正五位下)가 되었다. 동시에 대사는 정사위하(正四位下)의 지위로 승진하였다. 다른 대부분의 사절단 관리들도 마찬가지의 계급 승진이 이루어지고 8명의 승려도 각각 일계급씩 승위를 올렸다.[29]

사절단의 관리들은 궁정의 지위뿐 아니라 정부의 직책에서도 사절단의 임명과 동시에 승진이 이루어졌다. 많은 경우 이들의 승진은 새로운 의무가 부여되었다기보다는 오히려 급료가 오른 것을 의미하였다. 예를 들면 대사는 임명되었을 때 태정관참의(太政官參議), 우대변(右大弁), 겸상모수(兼相模守)였다. 834년 5월 13일 마지막의 관직은 비추(瀨戶) 내해 연안지역을 지키는 임시 장군으로 바뀌고 다시 2개월도 지나지 않아 수도에서 그다지 멀지 않은 오미(近江) 지역의 임시 장군에 임명되었다. 두 차례에 걸친 승진은 새로운 부임지가 이전보다 수도에 가까움에 따른 것이다. 오미 지역의 경우는 또 하나의 이유로 이전보다도 풍요로운 지역이라는 점이 부가되었다. 계속해서 대사는 우대변에서 좌대변으로 승진하였다. 동아시아에서는 좌가 우보다 우선하는 것이 관례이다. 그의 첫번째 중국 도항(渡航) 시도가 실패로 끝나자 다시 대재부의 임시 총독[師]으로 승진하는 특전을 받았다.[30]

마찬가지의 승진이 다른 사절단 관리에 대해서도 상당수 이루어졌음이 기록되어 있다. 어떤 때는 직책도, 관직도 없던 자가 사절단의 일행에 참여함에 따라 그에 상응하는 임관이 이루어졌다. 따라서 사생(史生)으로부터 수행인에 이르기까지 모두 관위(官位)를 받았다. 승려 에레이는 사절단의 통역에 임명되던 날 정육위상(正六位上)의 직위가 부여됨과 동시에 타지마(但馬)의 임시 행정장관에 임명되었다.[31] 이 직책은 그 지방에서 제3위에 해당한다.

정기 승진 외에도 대사와 부사에게는 중국 체류 기간 동안 그들의 권위를 유지시키기 위하여 한층 높은 그러나 순전히 임시적인 지위가 부여되었다. 후지와라 추네츠구는 놀랍게도 정이위(正二位)의 고위로 승진되었고 오노 타카무라는 정사위상(正四位上)의 지위로 서임되었다. 이러한 명예가 임시적이었던 것은 구두(口頭)로 이루어졌다는 것에 의해 납득될 것이다. 대사와 부사는 다른 방법으로도 특별한 명예를 부여받았다. 대사의 어머니는 어떤 지위도 갖지 않았지만 "종래의 관례에 따라" 종오위하(從五位下)의 지위가 부여되었다. 마찬가지로 오노 가(家)의 씨신(氏神)에게도 부사의 청에 따라 같은 지위가 부여되었다.[32]

또한 황실은 다른 방법으로 견당사절단의 여러 성원에게 특전를 주었다. 어떤 자는 좀더 귀족적인 이름을 윤허받았는데 이것은 지극히 귀족주의적이었던 일본에서는 결코 사소한 것은 아니다. 소수는 지방의 임지에서 수도로 이주하는 것을 허락받았다. 가문의 이름을 바꾸는 것은 복잡한 의미를 나타낸다. 당시 귀족은 각각 고유의 씨(氏)뿐 아니라 가바네라는 원래 그 씨족의 직업적인 지위를 보여주는 것을 가졌는데 결국 세습적인 위계의 성격을 의미하는 성(姓)으로 합쳐지게 되었다. 따라서 대사의 이름 전체는 후지와라 아손 추네츠구(藤源朝臣常嗣)가 된다. 아손(朝臣)은 '궁정인'이란 의미로 후지와라씨 일족의 성(姓)이며 그외 대부분의 귀족 성으로도 사용되었다.

우리는 사절단내에서 11명의 성 또는 씨와 성이 바뀌어진 기록을 볼 수 있으며 이들 중 3명과 배의 의사를 위한 숙소의 변경이 허락된 기록도 있다. 외국인과의 혼혈인 4명 중 3명의 지승선사와 한 명의 녹사가 모두 무언가의 형태로 씨성을 변경한 자에 포함되었다는 것은 중요하다. 즉 나머지 7명 중 2명은 사생이고 2명은 음악가, 1명은 음양사, 1명은 준록사 그리고 1명은 통역이기 때문에 다시 말하자면 이들은 중국의 언어나 문물에 통달한 사람들임을 알 수 있다. 아마 모두 대륙계 출신자이며 그 때문에 순수한 일본인 동료에 비하면 귀족적인 씨나 성을 갖고 있지 않았다고 생각된다.[33] 이러한 이름에 의한 이중 승진의 명백한 실례는 신라계의 녹사에게서 확인된다. 그는 사절단으로 임명될 당시 전체 이름이 마츠카와 미야츠쿠 시다츠구(松川造貞嗣)이었다. 마츠카와(松川)는 그의 씨이고 미야츠쿠(造)는 그의 성이며 시다츠구(貞嗣)는 그의 이름이다. 2, 3개월 후에 씨와 성이 타카미네 수쿠네(高峯宿禰)로 바뀌었다. 다시 사절단이 출항하기 직전에 또 한번 성을 승진시켜 바로 타카미네 아손 사다츠구(高峯朝臣貞嗣)가 되었다.[34]

특별한 상여나 명예는 사절단 일행에게만 한정되었던 것은 아니었다. 견당사가 위험한 사명을 무사하게 완수하도록 수호하여주는 신도(神道)의 여러 신에 대한 배려도 있었다. 그러나 견당사와 관련하여 거론해야 할 최초의 신에게는 수호를 기원하기에 앞서 수많은 봉헌이 바쳐졌다. 이 신의 이름은 야미조 코가네 가미(八溝黃金神)라 하며 먼 북쪽 지역 무츠(陸奧)에서 제사되었다. 이 신은 사절단의 비용을 조달하기 위해 보다 많은 금을 산출하려는 지방 관리의 기원을 들어주었으므로 이미 836년 신을 위하여 두 가족을 유지시킬 정도의 봉토가 헌납되었다.[35]

2, 3일 후에 궁정에서는 특별히 재일(齋日)이 설정되고 견당사를 위하여 천지의 신들에게 공물이 바쳐졌다. 얼마 후 사절들 스스로 수도의

카모(賀茂) 대사(大社)에 이르러 공물을 받쳤다. 계속해서 사절단을 위하여 전국의 유명한 신사(神社)에도 빠짐없이 공물이 바쳐졌다. 마지막으로 몇몇 주요 신들에 대하여 의례적인 궁중의 관위를 승진시키는 조서가 사절단 출발의 2, 3일 전에 반포되었다. 그러한 문서를 끝맺으면서 황실 선조들의 수호(守護)가 사절단에게 내려지기를 비는 다음과 같은 특별한 기도가 이루어졌다. "다시 간절히 원하는 것은 견당사의 정사위하(正四位下)의 참의(參議) 후지와라 아손 추네츠구에게 자애의 손길을 내려주시어 도중에 풍파의 위험 없이 무사하고 건강하게 귀국하도록 해주소서."36)

출발의 날이 가까워 오자 궁정에서는 매일같이 의식이 행해졌다. 836년 2월 9일 견당사절단의 주요 인사들은 궁중의 대강당[紫宸殿]에서 배알을 하였다. 그리고 궁중의 고관이 그들에게 칙어를 읽은 후 일동은 각각 하사품을 받았다. 대사는 견포(絹布) 100 필(疋), 마포(麻布) 20 단(端)을 하사받았고 부사, 판관, 준판관, 녹사, 지승선사, 통역[譯語], 청익승에게는 각각 그에 준하는 선물이 하사되었다. 유학승들은 각자 비단 10필 정도를 받았다.37) 궁중에서의 다음 예식은 836년 4월 9일에 이루어졌는데 이번에는 전례에 따라 배알은 하지 않고 정부 요직자만이 태정대신를 비롯 좌대신, 우대신 그외의 고관 참의에 이르기까지 참여하였다.

같은 달 23일 환송의 연회가 천황 자신에 의해 주최되었다. 이러한 경우 동아시아의 전형적인 관례로는 무언가 분명하게 주어진 제목, 예를 들면 '견당사를 보내는 연회'에 대하여 의무적으로 시를 지어야 되는데 5위(位) 이상의 인물에게 한정되었다. 즉 이 지위가 정식으로 인정되는 공가(公家)와 그 이하의 백관(百官)을 구별하는 경계선이라고 말할 수 있다. 천황도 스스로 시 한수를 지어 대사에게 주면 대사는 공손하게 받아 그의 가슴 속에 넣고 조심스럽고도 의례적인 발걸음으로 그의 자리로 돌아갔다.

궁정의 연대기가 상세히 전하는 바에 의하면 이 연회는 대사가 천황을 위하여 건배를 올릴 때 최고조에 달하였다. 이 건배는 동아시아의 관례인 술잔을 교환하는 방식으로 이루어진다. 천황과 술잔을 교환하였다는 것은 추네츠구로서 분에 넘치는 영광이며 대사라는 지위 덕택으로 천황의 이러한 성스러운 허락을 받게 되는 것이다. 술잔을 교환한 후 대사는 무릎을 꿇고 술을 마신 뒤 언제나처럼 의례적인 걸음으로 그의 좌석으로 내려온다. 다시 천황으로부터 두 사람의 중요 사절에게 각각 여행복 1벌씩이 내려지고 다시 대사에게는 하얀 비단외투 2벌과 황금 200냥, 부사에게는 붉은 비단외투 2벌과 황금 100냥이 하사되었다. 저녁 연회는 성공리에 치러지고 각각 "매우 취하여" 집에 돌아갔다고 전해진다.

연회 후 5일이 지나 대사와 부사는 "절도(節刀; 권위의 칼)"를 받았다. 절도는 조칙에 따라 그들에게 그들의 부하가 범한 살인이나 범죄를 처단하는 권위를 주었음을 의미한다. 이때 두 사람은 다시 황실로부터 선물로 포(布)를 받았다. 사절단의 마지막 의식은 836년 5월 10일에 이루어졌는데 8명의 해외에서 죽은 이전의 견당사절단 일행에 대하여 작위를 수여하고 그들 죽은 영웅의 영혼이 이번 사절단의 위험한 사명에 보이지 않는 수호를 해주도록 기도를 드렸다. 이렇게 해서 명예를 받았던 8명 가운데에는 종일위(從一位)를 받은 대사 후지와라 키요카와(藤原清河)와 불운하게도 754년 그가 이끈 귀국선에 합승하였던 유학생으로 종이위(從二位)를 받은 아베 나카마로(阿倍仲麻呂)도 포함되었다.

첫번째 도항 시도

사절단은 이제 만반의 준비를 마치고 이틀 후인 836년 5월 12일에 내해의 입구인 나니와(難波)항에서 최후의 이별을 알림에 이르러 천황의 칙사가 위로의 칙서와 술과 음식을 가져왔다. 다음 날 다른 관리가 정부대표기관[太政官]의 고별 서한을 전하고 대사와 부사가 부하 전원에 대하여 절대의 권위를 가짐을 확인시켰다. 같은 날 사절단은 승선하였는데 대사는 제1선에, 부사는 제2선에 탑승하였다. 다음날 배는 닻을 올리고 비교적 평온하게 내해를 빠져나가 큐슈우로 향하였다.

나흘 뒤 격심한 폭풍이 교토를 습격하자 황실은 사절단의 안전을 염려하여 곧바로 배의 상태를 탐문하는 사신을 보냈다. 바로 그때 선단

(船團)은 나니와로부터 만(灣)을 가로질러 현재의 고오베(神戶)항 근처에 정박하고 있었다. 첫번째 사신은 높은 파도 때문에 도달할 수 없었지만 두번째는 성공하여 선단에 별탈이 없다는 것이 확인되었다. 여러 날이 경과한 후 황실은 해외원정대와 관계된 4명의 선제(先帝) 능묘에 특별히 공물을 올려 겸허하게 기도를 드리고 이들 중 가장 황공한 황실의 선조 영령에게 사절단이 무사히 귀국하도록 은혜와 연민을 내려줄 것을 기원하였다. 4명의 황실 선조란 앞서 두 차례 선단을 파견하였던 코닌(光仁)제와 캄무(桓武)제, 7세기에 두 차례의 선단을 파견하였던 텐치(天智)제 및 3세기 전반 한반도에 출병한 것으로 유명한 진고(神功) 황후이다.

황실은 이것만으로 안심하지 못하여 이 신성한 행사 외에 한반도의 신라에 키 미츠(紀三律)를 사신으로 보내서 만일 일본의 선단이 신라 연안에 표류하게 되면 그들을 도와주고 결코 억류하지 말도록 간청하였다.[38] 7세기의 견수·견당사절단은 통상 중국으로 가는 도중 한반도 연안을 따라 갔으므로 대부분 한반도 땅이 보이는 범주에서 항해가 이루어졌다. 그러나 일본과 적대관계에 있던 신라에 의하여 한반도가 통일되자 일본 선단은 이 코스를 피하여 북큐슈우로부터 직접 대양을 향하여 서쪽으로 위험한 항해를 하였다. 그런데 그렇게 하고 나서도 언제나 배는 한반도에 표류하는 경우가 많았다. 따라서 신라에 보낸 사절은 이유 있는 예방책이었다. 일본 정부로부터 신라 정부에 보내진 서한은 당연히 외교적으로 양국의 오랜 반목을 무시하고 다음과 같은 부드러운 말로 시작되었다. "우리의 옛 우정이 변치 않는 나라여, 이제 서로 이웃나라로서의 친분을 새롭게 하고 싶다."

사절단의 안전을 염려한 황실의 배려는 결코 부당한 것은 아니다. 9세기 동아시아인들의 항해 기술은 육지가 보이는 연안을 따라 천천히 항해하기에는 적합하였지만 일본과 중국간의 500리 공해(公海)를 건너기에는 결코 충분였다고는 생각되지 않기 때문이다. 나침반은 아직 이 지역에서도 아직 실용성을 갖지 못하였으므로 그 사용은 다시 3세기를 더 기다려야만 했다. 풍향이 좋을 때만 출항할 수 있었기 때문에 상당한 시간을 허송하는 것은 당시의 상식이었다. 최악의 조건은 일본인은 항해에 필요한 동아시아 지역의 기초적인 기상학적 지식조차 갖고 있지 못했다는 점이다. 이번에도 많은 전례와 마찬가지로 사절단의 큐슈우로 부터의 출발은 통상 음력 8월 중순부터 10월에 걸쳐 이 지방을 내습하는 태풍 계절을 피하여 지연되었다.

북큐슈우로부터 중국을 향하여 4척의 배가 겨우 출발한 것은 7월 2일, 양력으로는 836년 8월 17일이 된다. 그들의 출발보고가 대재부로부터 궁정에 도달한 바로 그날, 두번째의 급사가 제1선과 제4선이 동시에 큐슈우 서북연안으로 돌아왔다는 보고를 가져왔다. 2, 3일이 경과하여 말을 이어타고 온 다른 사신이 대재부로부터 수도에 도착하여 제2선도 큐슈우의 서북 끝에서 표류한다는 비보를 전하였다. 계속해서 제3선으로부터 16명이 "멧목을 엮은 판자"를 타고 일본과 한반도 사이의 해협에 있는 쓰시마(對馬) 섬에 밀려 올라갔다는 비보가 전해졌다. 다시 계속해서 9명이 멧목을 타고 큐슈우 서북연안에 표류한다고 전해져 왔고 결국 난파한 선체 자체가 쓰시마 연안에 밀려 올라갔는데 갑판에는 세 명밖에는 보이지 않았다는 소식이 보고되었다.[39]

제3선으로부터의 28명 생존자 가운데는 진언종 청익승 신자이(眞濟)가 있었는데 피해의 상세한 상황을 황실에 보고하였다. 폭풍으로 배의 키는 꺾어지고 파도가 배를 때려 몇 사람을 쓸어갔다. 배는 급류에 휘말려 어찌할 바를 모르고 흘러갔다. 마침내 판관 타지히 후미오(丹墀文雄)는 배 지휘관[船頭]으로서의 책임으로 만일 배 안에 살아 남은 140명을 그대로 기능을 잃은 배에 남겨두면 전원이 기근으로 죽게 되므로 배를 부숴 멧목을 만들고 그것에 분승해야 한다고 결정하였다. 그러나 멧목에 탔던 자들의 소식은 다시 들을 수 없게 되었다. 이러한 불행한 출발 후에 신자이가 사절단에서 빠지기로 결정한 것은 놀랄 만한 일은 아니다.

도항 실패의 보도로 교토와 북큐슈우 사이에 신속한 급사의 교환이 이루어졌다. 상륙하자마자 대사는 황실에 연달아 2통의 봉서(封書)를 급송하였다. 천황은 바로 위로의 답서를 보내어 그에게 "배들이 이미 제기능을 못하게 되었으므로 부서진 부분을 복구해야 한다. 복구가 될 때까지 도항을 보류하라"고 알렸다. 동시에 대재부의 부관에게 통보를 보내어 배를 복구하도록 명령하고 그것을 위해 목수를 차출하여 파견하라는 취지를 전하였다. 이와 같은 통지에 의하여 대재부는 또한 서큐슈우의 고토오(五島)열도의 옛 이름인 치카(値賀)군도에 전망대를 설치하여 난파한 배를 발견하면 도움을 주도록 지시하였다.

대사는 수식을 하였으나 겸허한 어투로 자신과 그 부하 일동이 천황의 뜻을 충실히 따를 것이라고 답하였다. 그는 또한 바다 가운데서 그들 일행이 살아 남을 희망을 잃고 고기밥이 될 처지에 있었을 때, 가령 살아 남게 돼도 그들의 영혼은 실패에 가책을 받아 죽은 것과 같지만 다만 천황의 위대한 은총만이 최대의 유일한 위안이었다고 당시를 회고하며 애절한 보고를 하였다.

제2선도 돌아왔다는 다행스러운 소식을 받은 후 다시 칙령이 부사에게도 내려지고 대사와 함께 그의 사명을 다하여 작은 배의 손실과 본선의 피해를 복구하라고 명령되었다. 이때 대재부는 한발과 질병으로 인하여 식량이 부족하게 되었으므로 복구작업의 감독을 위하여 판관과 녹사만을 남기고 사절단 전원을 수도로 돌아가게 하도록 조정에 탄원하였다. 이 탄원은 허락되어 그에 대한 조칙이 내려졌다. 다만 대사와 부사는 대재부에 남아 있을 것인가 교토에 돌아올 것인가를 그들이 적당히 판단하도록 맡겨졌다. 계속해서 대재부는 고립된 섬이나 무인도에도 제3선의 생존자를 찾기 위하여 사람을 파견하도록 명령하였다. 마침내 9월 15일 대사와 부사는 수도에 되돌아와 정중히 절도(節刀)를 반납하였다. 이리하여 첫번째의 도항 시도는 막을 내리게 되었다.

그러나 이 불행한 제1막은 신라에 파견되었던 키 미츠가 마지막 막을 내릴 때까지 끝난 것은 아니었다. 이 불운한 인물은 그의 사명의 목적이 이미 시의에 맞지 않게 되었을 때까지도 아직 신라를 향하여 출발하지 않고 있었다. 대재부로부터 그의 출발이 교토에 전해짐과 동시에 제3선으로부터 최후 3명의 생존이 발견되었다는 보고가 전해졌다. 그가 조선에 도착하였을 때 그의 사명은 완전히 수포로 돌아갔다. 수도에 돌아온 후 정부에 제출한 보고에서 부득이 인정할 수밖에 없었듯이 일본측 기록에 전문이 인용된 태정관에 대한 신라측 답서는 키 미츠와 그가 가져갔던 서 모두를 비난하였다. 특히 그들은 그가 선의의 사절이라는 점과 견당사절단의 선단을 원조해달라는 특별한 요청 사이에 주저의 빛을 역력히 드러냈다. 일본사절단의 불행한 전말에 관한 그들의 질문은 한층 혼란을 초래할 뿐이었다. 신라의 관리들은 키 미츠와 그의 서

한은 단순한 속임수이며 일본인의 그러한 이중적인 태도를 대단히 경계해야 한다고 믿고 있었다.[40]

어디에 과실이 있었는가 지금으로서는 결정하기 곤란하다. 그러나 의심할 바 없는 것은 누군가 비난을 받았다는 사실이다. 신분이 낮은 키미츠는 그의 굴욕적인 사건의 희생이 되었다. 황실은 그가 사명의 진정한 목적을 간과하고 오해를 규명하는 데 충분한 노력과 수완을 다하지 못한 점을 힐책하였다. 이 비난은 부분적으로 옳을지 모르지만 실패의 보다 근본적인 원인은 아마 신라와 일본 사이의 본질적인 반목이었다고 생각된다. 우선 일본측의 요구는 약간 경솔하고 아마 다소 불손하였다고도 생각되었다. 어쨌든 신라측의 답서는 보잘것없는 한 명의 일본 관리로는 화해시킬 수 없는 뿌리 깊은 적의를 보였다. 일본 정부는 현명하게도 그 이상 견당사를 위한 신라의 원조를 요구하지 않았다.

두번째 도항 시도

이러는 동안 두번째 대륙 도항의 준비가 시작되고 있었다. 836년 가을 이전에 사절단의 배를 건조하는 책임을 졌던 두 사람이 남아 있던 3척 배의 복구를 맡았다.[41] 이듬해 일찍 출발의 의례적인 준비가 시작되었다. 전년(前年)과 마찬가지로 2월 1일이 공식적인 재일(齋日)로 선언되고 견당사는 천지의 신들에게 공물을 바쳤다. 다음 달 11일 모든 궁정인이 참여한 황실의 연회가 개최되고 다시 시를 짓도록 명령되었다. 이번의 제목은 전년과 거의 같은 "봄날의 저녁에 견당사를 보내는 연회"라는 것이었다. 그러나 그 과정에서는 예기치 못한 변화가 생겼다. 공가(公家)들은 해가 질 무렵 그들의 시를 제출하였지만 대사는 그때 이미 만취하여 자리를 떠나버렸다.

이틀 후 견당사는 천황를 배알하고 다시 이틀 후에 전년과 마찬가지의 서한과 함께 "권력의 칼[節刀]"을 사여받았다. 대사는 칼을 수령하여 그의 왼쪽 어깨에 차고 부사와 함께 어전을 걸어나왔다.

여러 날이 지나 대사는 교토를 떠나 대재부로 향하고 부사도 바로 그를 뒤따랐다. 한편 황실은 도항을 위하여 정신적인 준비를 게을리 하지 않았다. 황실의 대선조인 태양의 여신이 모셔진 이세(伊勢) 대신궁에 공물을 바치는 대표단이 파견되었다. 사절단의 제1선은 타이헤이라(太平良)라는 이름이 붙여졌는데 얼마 후 사람처럼 종오위하(從五位下)에 임명되었다.⁴²⁾

사절단은 전년보다 일찍 수도를 떠났지만 또다시 그들은 큐슈우 출발을 지체하게 되었다. 7월 22일, 양력으로는 837년 8월 26일 수도에 비보가 전달되었다. 이것은 큐슈우의 서북쪽 끝에서 출항한 3척의 배 중 제1선과 제4선이 큐슈우의 북쪽 연안에 있는 이키(壹岐) 섬으로 돌아오고 제2선은 고토오 열도의 해안에서 곤궁에 처해 있다는 보고가 계속되었다. 다시 선단은 항해를 계속하기 곤란할 정도로 피해를 입었으므로 부젠 수(豊前守)에게 복구하도록 명령되고 치쿠젠 수(築前權守)와 판관 나가미네 타카나(長峯高名)의 두 사람이 그 복구의 보좌역에 임명되었다.⁴³⁾ 이리하여 중국에 건너가려던 두번째 시도도 첫번째와 마찬가지로 비통하게 수포로 돌아가고 말았다.

세번째 도항 준비

두번째도 이처럼 불행한 결과를 가져왔으므로 일본인은 당연히 신들이 그들을 반대하고 있음에 틀림이 없다고 생각하게 되었다. 그래서 그들은 세번째의 도항 시도를 위한 준비과정에서 정신적인 노력을 두 배로 강화하였다. 이때까지 황실은 고래의 신도(神道) 신들에게만 의존하고 있었다. 이번에는 좀더 국제적인 힘을 갖고 있던 불교의 신들과 경전에 눈을 돌렸다. 838년 봄 조서가 내려져 견당사의 불행을 언급하면서 그러나 "믿음은 반드시 보답을 받는다"는 확신을 표명하였다. 조서는 큐슈우의 아홉 개 주에서 각각 25세 이상으로 불문에 들어가 경전에 통달하고 그릇된 행동을 하지 않은 인물을 한 명씩 선발하여 사절단이 중국으로부터 무사히 돌아올 때까지 부처에게 공물을 바치고 종교적인 의례를 집행하도록 명령하였다. 이 아홉 명은 큐슈우의 가장 큰 신사

네 곳에 배속되었지만 그들은 각 주에서 일 세기경 전에 만들었던 공식적인 불교사원[國分寺]과 신사에 부속되어 건립된 불교시설에서 예배를 집전하였다.[44] 그 직후 다른 하나의 조서가 내려져 "바다 용왕의 경전(『해룡왕경(海龍王經)』)"으로 알려진 불교경전을 전국에서 "견당사가 일본을 떠나는 날부터 일본에 돌아올 때까지" 송독하도록 명령하였다.[45] 용이 물과 관계가 있다는 일반적인 연상으로부터 이 경전이 위험한 바다를 건너는 데 특별한 효험이 있다고 생각한 점은 극히 자연스러운 것이다.

4월 28일 천황은 두번째 실패 이후 교토에 돌아가지 않겠다고 한 대사와 부사에게 서한을 보냈다. 그 가운데 천황은 순풍의 계절이 왔음에도 아직 출발준비를 하지 않는 것은 유감스럽게 생각한다는 취지를 전달하고 또한 경고하였다. 천황은 다시 궁중의 고관을 파견하여 그들이 지체하는 이유를 알아보도록 하였다. 4일 후에 대사와 부사로부터 신들의 반대에 거슬려서는 성공을 이룰 수 없다는 취지의 답서가 도착하였는데 "신들의 은혜를 받지 않고서는 어떻게 우리가 성공할 수 있겠습니까?"라고 호소하였다. 답서는 다시 다른 유명한 불교경전인 『대반야경(大般若經)』을 전국에서 송독하기를 바란다는 청원으로 끝맺었다.[46] 바로 그날 황실은 『해룡왕경』에 대한 강의를 개최하도록 명령하고 다시 『대반야경』을 전국에서 같은 달 중순부터 사절단이 돌아오는 날까지 송독하도록 명령하였다. 경전의 의식적인 송독은 통상 각 장(章)의 처음 여러 행이나 마지막 여러 행 등을 선택하여 억양을 높여 영창하는 것으로 구성된다. 이 경건한 행위는 다른 경전에 대한 강의와 마찬가지로 물론 각 주에 소재한 공식적인 정부 사원(국분사 및 국분니사[國分尼寺])의 승려들에 의하여 집행되었다.

이러한 정신적인 원조에 격려되어서 사절단은 의기양양하게 세번째 출항을 하였다. 제1선과 제4선은 이전 두 해의 경우보다 조금 일찍 출발하였다. 이것은 엔닌에 의하면 그들이 일본의 서쪽 끝 도서를 마지막으로 희미하게 인식한 것이 6월 23일로 양력으로는 838년 7월 18일이 되기 때문이다. 제2선의 출발에 대해서는 다른 배가 출항하였다는 보고가 수도에 이른 지 24일이 지나도록 어떠한 보고도 도착하지 않았다. 이러한 지체는 부사의 돌연한 출발 거부에 의하여 야기되었던 것이다.

일 개월 전에 천황이 견당사의 출발을 확인하기 위해 보낸 사자는 오노 타카무라(小野篁)가 병 때문에 출발할 수 없다고 보고하였다. 그러나 이것은 꾀병이었음이 판명되고 늦어도 연내에 이야기의 전모가 명확히 드러났다.⁴⁷⁾

부사는 아마 836년의 불행 뒤에 그의 사명에 우려를 갖기 시작하였던 것 같다. 왜냐하면 당시 천황의 대사에 대한 위로 서한과 임무에 충실하도록 경고를 내린 부사에 대한 천황의 표현에는 중요한 차이가 있기 때문이다. 그러나 분규의 진정한 원인은 이미 두번째 시도의 실패 후에 시작되었다. 즉 대사의 제1선은 당시 부사의 제2선보다도 심한 파손을 입었으므로 대사는 제2선과의 교환을 명령하였다. 그는 조정에 탄원서를 바쳐 선박이 처음 건조되었을 때 조박도장(造舶都匠)들이 그들의 순서를 정하였는데 그것이 옛 관례와 다르므로 칙허를 얻어 천황의 중재에 따라 순서를 재결정한 결과, 파손이 적었던 제2선이 다시 제1선이 되었으며 이것은 감사해야 하지만 전혀 예상도 하지 못한 것이라고 상신하였다. 부사는 이 교묘하게 위장된 책략에 대해 가장 우수한 배가 처음 제1선으로 정해졌다가 후에 운 좋게 파손이 적은 배와 다른 불운한 배를 교환시킨 것은 공평하지 못하다는 반론을 제출할 수도 있었지만 과감히 그만두었다.

대사는 분명히 부사와의 의견 차이가 결국 조정의 주의를 끌 것임을 예상하여 아마 그 이유 때문에 출항할 때 천황에게 바치는 충성을 맹서한 서한을 남기고 거기서 그의 주군을 위하여 목숨만이 아니라 내세의 생명까지도 바친다는 결의를 올렸다.⁴⁸⁾ 부사도 역시 그의 훌륭한 문재를 발휘하여 "서방으로의 길"이라는 글을 지어 견당사의 모든 목적을 공격하였다. 게다가 그 가운데서 선제의 추억을 모멸한다고 말하였다. 어쨌든 사가(嵯峨) 상황(上皇)이 그 중 한 편을 보고 격노하였다고 한다. 그해 말에 타카무라에게 주어진 판결은 사명의 완수를 거부하였기 때문에 교수형에 처해야 마땅하지만 한 등급 감면하여 서혼슈(西本州) 북쪽 연안의 오키(隱岐) 섬에 유배되었다가 다시 12일 후 관위를 박탈당하였다.

타카무라는 견당사의 일원으로 완수해야 할 사명을 불행하게도 동지나해의 폭풍 때문에 실패하였으나 이러한 불행을 당한 것은 그 한 사람만은 아니었다. 네 명의 하급직책, 즉 지승선사 중 한 사람, 역청익생 역유학생 및 천문유학생 각 한 명은 배가 출항하기 전에 도망가 버렸다. 그들의 죄상에 대한 판결은 일 등급씩을 감하여 혼슈 서안의 사도(佐渡)섬에 유배하였다.[49]

드디어 중국으로

838년 여름 견당사절단은 3척의 선단(船團)을 준비하여 출항하였다. 이때의 출발에 대하여 일본측 정사는 기록하고 있지 않다. 그러나 839년 봄 조정은 국내 사원에서 두 종류의 선택된 불교경전을 계속 송독하도록 명령하였다.[50] 이러는 동안 엔닌은 견당사의 제1선에 승선하여 붓을 들어 일기를 기록하기 시작하였다. 일기의 첫머리인 6월 13일자에는 사절단의 다른 일행이 내해의 서쪽 끝에 위치한 현재의 시모노세키(下關)시 근처의 장소에서 다시 제1선과 제4선에 승선하였다고 기록하였다. 4일 후 10시간 동안 연안을 따라 내려가자 대재부에 가까운 하카타(博多) 만(灣) 근처에 도착하였다. 22일 그들은 다시 닻을 올려 30시간 정도 항해하여 고토오 열도의 북단 섬에 도착하였다. 거기서 23일 멀리 거기까지 환송해주러 왔던 사람들을 내려주고 바야흐로 동북의 순풍을 돛에 받으며 공해(公海)로 나아갔다.

해상에서의 처음 이틀 밤은 두 척의 배가 서로 봉화를 올려 신호를 주고받았다. 그것은 마치 "밤 하늘의 별"과 같았다. 그러나 삼일째 새벽에 제4선은 이미 시야에서 벗어나 있었다. 바람은 동남풍으로 변하였다. 그러나 아직은 순풍이었다. 첫째날이 지자 대사는 관음보살을 그리고 엔닌과 동료인 엔사이는 경을 읽어 기도하였다. 항해 도중 일본인들은 바다에 떠오른 대나 이영, 가고 오며 날아다니는 새의 무리, 그리고 바닷물 색깔의 변화까지 특별한 주의를 기울였다. 그리하여 이들 현상으로부터 그들이 지금 어디로 가고 있는지를 알아내려고 하였다. 3일째 바닷물은 맑은 녹색으로 변하고 5일째에는 흰색을 띤 녹색이 되었다가 다음날에는 황색을 띤 진흙 색깔이 되었다. 그들은 이것이 유명한 양자강으로부터 나온 물이라고 추측하였다. 그러다가 다시 맑은 녹색의 바닷물을 만났다. 신라인 통역 김정남(金正南)은 이것을 보고 그들이 양자강 북쪽의 연안으로부터 양주에 이어지는 운하의 입구를 통과하였지도 모른다고 두려움을 표명하였다.

같은 날 정오를 조금 지나 그들은 다시 진흙물 가운데에 있음을 발견하였다. 그런데 소리의 반응으로는 수심이 50자[尺]를 보이다가 다시 40자가 되었다. 의논 끝에 조심스럽게 전진하는 것으로 결정하였다. 그러나 이윽고 높은 파도가 닥쳐와 이른 저녁까지 낮게 가로놓여 있던 연안의 그림자조차 보이지 않는 동안에 배는 낮은 갯벌을 올라가버리고 말았다. 사람들은 바로 돛을 내렸지만 배는 이미 파도에 격렬하게 난타되어 키는 효력을 발휘할 수 없게 되고 돛대는 부러져버리고 말았다. 이러는 동안에 파도는 점점 진정되었다. 그러나 엔닌은 그의 기도의 내용을 다음과 같이 기록하였다.

……파도는 동쪽에서 와서 배는 서쪽으로 기울어졌다. 파도가 서쪽에서 왔을 때에는 동쪽으로 기울어졌다. 수를 헤아릴 수 없는 파도가 배를 씻어내렸다. 배 위의 모든 사람들은 부처와 신도(神道)의 신들에게 기도하였다. 기도하지 않는 사람은 한 사람도 없었다. 그러나 사람들은 절망하여 대사를 비롯하여 선원에 이르기까지 모두 알몸이 되어 잠방이를 굳게 움켜잡았다. 배가 한가운데서부터 두 쪽으로 갈라지려 하므로 우리들은 뱃머리와 선미(船尾)로 돌진하였다. 각자 파손되지 않을 안전한 장소를 찾았다. 격렬한 파도의 충격 때문에 선체의 접합점은 모두 언제 산산이 쪼개질지 몰랐으므로 그들은 좌우의 난간에 노끈을 묶고 함께 힘껏 잡아당겨 무언가 배의 수명을 연장하려고 시도하였다. 배 바닥에는 물이 고이고 모래가 쌓여 공사(公私)의 화물은 물에 잠기게 되었다.

다음날 아침 조수가 물러가자 배는 반 정도 모래 속에 묻혀 있었다. 일본인들은 조속히 다가올 다음번 고조(高潮)에 대비하여 파손된 배를 보수하는 데 전념하였다. 아쉽게도 일기는 바로 이 부분에서 약간의 탈루가 있지만 다음 부분의 기록으로 대사와 일행의 상당 부분은 작은 배에 타고 연안으로 향했음이 분명하다. 엔닌은 30여 명의 잔류조 가운데 있었다. 7월 1일 밤 최초의 일행이 상륙한 지 만 이틀이 경과하여 잔류조는 연안이 틀림없다고 인식할 수 있게 한 불빛을 보았다고 기록하였다. 다음날 아침 배는 모처럼 육지가 보이는 곳까지 다다랐으나 다시 조수에 밀려 표류하게 되었다. 다시 한번 사태는 심각해졌다. 엔닌은 그때의 양상을 다음과 같이 묘사하고 있다.

……흐름은 강하고 빨라서 배 측면의 진흙을 파올리고 진흙은 역으로 용솟음쳤다. 배는 계속 가라앉아 침몰하려 하였다. 사람들은 두려워 떨며 기울어진 배 측면을 기어오르려고 허덕였다. 전원 잠방이를 올리고 각자 밧줄로 자신의 몸을 선체의 여기저기에 묶었다. 이렇게 묶여진 채로 다만 죽음을 기다리고 있을 뿐이었다. 오래지 않아 선체가 다시 왼쪽으로 기울려고 하자 사람들은 이에 따라 선체의 오른쪽을 기어올라갔다. 이렇게 몇 차례 이리저리 기울었기 때문에 그때마다 장소를 바꾸어……사람들은 이성을 잃고 울며 살려달라고 애원하였다.

이처럼 절망적인 상황에 처했을 때 먼저 연안에 올라갔던 일행 가운데 사수(射手)의 안내를 받으며 6명의 중국인을 태운 구조선이 시야에 나타났다. 일본인들은 급히 배에서 중국측 배로 공물을 옮기고 그들 자신도 옮겨 타서 겨우 연안에 도착할 수 있었다. 거기서 그들은 사방을 지키는 군대의 주둔장소에 숙박하였다. 엔닌은 그날이 7월 2일로, 기이하게도 중국에서는 개성(開成) 3년이라는 연호로 알려져 있음을 발견하였다. 그리고 그는 그들이 양주의 영역에 속하는 양자강 입구의 북쪽에 있다는 것을 알았다. 다음날 그와 동료들은 제1선의 대사와 그 외의 사람들과 재회하고 그들의 고생스럽던 상륙 경험담과 일행이 질퍽질퍽하고 인구가 희박한 연안지역에서 몇 안되는 문명의 거점 중 하나인 "소금 전매국의 소재지"를 관찰하고 있다는 것을 들었다.

같은 날 제4선에 관한 최초의 소식을 들었다. 계속해서 전해진 바를 종합하면 제4선도 제1선에서 그리 멀지 않은 곳에서 파도에 휩쓸리고 있었는데 제1선보다는 어느 정도 나은 상태를 유지하고 있었다고 한다.

처음에 사람들은 배에 머무를 수 있었지만 배가 부서지려 하자 배의 책임자인 판관은 급히 상륙하여 어부의 집으로 옮겼다. 그러나 많은 사람들은 배에 머물렀으며 그중 5명은 몸이 부풀어올라 죽었다. 결국 10척의 중국 배가 구원하러 와서 날씨가 허락하는 한 매일 난파한 배를 왕복하면서 화물을 옮겼다. 그러나 제4선의 사람들이 양주에서 대사의 일행과 합류할 수 있었던 것은 그들이 처음 중국연안에 밀려온 때로부터 거의 2개월 가까이 경과한 8월 24일이 되어서였다.[51]

제2선은 다른 두 척의 배보다 늦게 일본을 출발하였으므로 당연히 그보다 일찍 도착할 수는 없었다. 엔닌이 제2선의 도착에 대해 얻은 최초의 정보는 대사의 배에 있던 신라인 통역 김정남에게 보낸 제2선의 신라인 통역의 편지에 의해서였다. 엔닌은 이 편지를 8월 10일에 보았는데 1개월이 경과하여 부사가 중국에 오지 않았다는 것과 따라서 판관 후지와라 토요나미(藤原豊竝)가 지휘를 맡았다는 것을 알았다. 그리하여 제2선은 산동반도의 남쪽 기부(基部; 대륙부로부터 돌출한 반도의 근원)에 가까운 해주(海州)항에 도착하였다. 3척의 배 중 이 배만이 손상을 면하였으므로 이듬해 일본으로 귀항할 수 있었다. 제2선의 일행은 수도를 향하여 떠났는데 도중 토요나미의 급사가 보고되어 그외의 고관은 최초의 일행에 합류하였음에 틀림없다. 또한 일행 중에는 법상종(法相宗)의 청익승이라고 생각되는 카이묘(戒明)가 있었는데 그는 이듬해 배에서 엔닌과 동행이 되었는데 장안에서 카이묘가 당한 고충을 엔닌은 후에 서술하고 있다.

그러나 배와 일행의 대부분은 해주에 머무르면서 겨울을 보냈다고 생각된다. 엔닌이 그들과 만났던 것은 839년 4월 바로 그들의 귀항 직전이었다.[52]

양주(揚州)로 운하 여행을 하다

엔닌이 탔던 배의 일행은 상륙하고서 며칠 동안 몸이 회복되기를 기다려 양주로 가기 위해 운하를 지나는 배를 빌리고 중국 정부가 견당사절단에게 정식의 연락을 취하기를 기다렸다. 드디어 7월 9일 8명의 병사와 수행원을 데리고 지방수비대의 복장을 입은 한 명의 대표 관리가 도착하여 술과 음식과 음악으로 일본인들을 환대한 후 그들의 본부로 돌아갔다. 3일 후 기다리기에 지친 일본인들은 통역과 사수를 현청(縣廳)이 소재한 마을로 파견하여 그들을 태우고 갈 배가 빨리 도착하도록 요청하였다. 다시 이틀을 기다린 후 고관을 포함한 사절단 일행 30명은 더 이상 기다리기를 포기하고 우선 출발하기로 결정하였다. 그리하여 그들이 빌린 배에 순서대로 올라타고 현청 소재의 마을을 향하여 운하 여행을 시작하였다.

그들이 기다릴 수 없었던 이유는 습기찬 델타지역에서의 생활이 극히 불쾌하였기 때문이었을 것이다. 폭염은 참기 곤란할 정도로 심했고 우뢰나 폭풍이 시종 몰아쳐왔다. 더욱 짜증스러운 것은 도처에서 모기가 나와 엔닌의 말을 빌자면 "파리만큼 크고" "바늘로 찌르는 듯이 문다"고 하였다. 또한 일부의 사람들은 오래지 않아 이질로 고생하게 되었다. 엔닌 자신은 이 불쾌한 주둔군 부락을 벗어나 가까운 사원으로 옮겼다. 거기에는 이미 고관들이 머물고 있었으며 바로 이질에 걸린 엔사이와 재회하였다.

드디어 17일에 양주로 향하는 최초의 마을로, 그들이 있던 곳에서 서쪽으로 40여리 떨어진 여고진(如皐鎭), 현재의 여고현으로부터 30척 이상의 작은 배가 도착하였다. 다음날 아침 대부분의 일본인은 총 40여척의 배를 2, 3척씩 묶어 길게 일렬로 하여 두 마리 물소의 인도를 받으며 출발하였다. 그들이 따라가고 있는 운하는 2세기 정도 이전인 수대(隋代)에 만들어진 것으로 "폭이 20자 정도이며 굴곡이 없이 곧다"고 한다. 그들이 가는 도중 야영을 하였던 곳에서 엔닌은 북소리를 듣고 "이 지역에서는 파수꾼을 두어 밤이 되면 정부의 재산을 지키기 위하여 큰 북을 두드리는 것이 관습이다"고 일기에 기록하였다.

엔닌 자신은 운하 여행이 빠르게 진행되고 있다고 느꼈지만 3일째에 쓸데없이 참견하는 지방 고관은 그들이 너무 느릿느릿 나아가고 있으므로 배를 세 무리로 나누어 각각 7명의 수부가 끌고 가도록 명령하였다. 그러나 이것은 금방 사람들을 지치게 하였으므로 결국 다시 물소에 의해 끌게 하는 원래의 배열로 돌아갔다. 같은 날 늦게 여고진에 도착하였다. 그곳에서는 대사와 그의 일행이 그들을 기다리고 있었다.

여고진은 수비대 사령관의 본부였으므로 대사는 이 곳을 통하여 중국 정부와 예비절충에 들어갈 수 있었다. 그 결과 며칠 일찍 결정이 이루어져 그 지방의 중국 관리들에게 파손된 제1선과 그 화물의 관리를 맡기고 모든 일본인들은 양주에 가도록 주선되었다. 다른 하나의 결과는 중국 정부가 모든 성의 있는 외국사절단에 대해 그랬던 것처럼 일본인 사절단에 대해서도 매일의 생활 양식를 지급하게 되었다. 여고진의 관리들은 이처럼 접대가 늦어진 것에 대해 사절단을 확인하는 데 오해가 있었기 때문이라고 설명하였다. 즉 그들은 일본과 신라는 같은 장소에 있다고 믿고 있었고 이 연안 주변에는 매우 많은 신라인이 있었기 때문에 같은 부류라고 생각하여 견당사절단에게 거의 주의를 기울이지 않았다. 그러나 이제 그들은 일본은 "신라와는 다르고 더 멀리 있다"는 것을 확인하였다. 그들은 조공사절단으로 간주하여 상급 관청에 대하여 그 도착을 전달하였다.

21일에 일행 전원은 여고진을 출발하여 운하의 양측에 나란히 세워져 있는 "풍요롭고 고귀한 집들"과 작별하였다. 일본인들은 이제 다시금 인구가 드문 지역을 가로질러 한참을 가도 한 채의 집조차 볼 수 없게 되었다. 그러나 엔닌은 길 양측의 광경에 강한 인상을 받았다. 그 하나는 수로를 따라 많은 흰색 집오리와 흰색 거위 무리가 주의 깊게 보호되고 있었던 것이다. 때로는 한 무리가 2천 마리를 넘는 것조차 있었다. 다른 하나는 "소금을 실은 소금 전매국 배가 3, 4척씩 또는 4, 5척씩 나란히 긴 줄을 이루고 있는" 광경이었다. 그리고 그 줄은 "끊어짐 없이 구슬을 꿰어놓은 것처럼" 몇 마일이나 계속되고 있었다. 이러한 광경은 중요 소금 생산지로서는 매우 당연한 것이었으나 일본인들이 놀랐던 것도 무리는 아니다.

여고진에서 서쪽으로 37리 되는 해릉현(海陵縣), 즉 현재의 태현(泰縣)의 현청 소재 마을에 일행이 도착하는 데는 이틀 반나절이 걸렸다. 고관들은 사원에서 밤을 보내고 지방 관리들은 그들에게 동전을 제공하였다. 그러나 엔닌은 배에 남아 "모든 마을 사람들은 무리를 이루어 주위에 모여 다투어 나를 보려고 하였다"고 기록하였다. 다음날 아침 중국 사원의 승려들은 일본 승려들을 방문하였지만 지방 관리들은 장교를 보내어 환송하였을 뿐 그다지 정성스러운 예의를 보이지 않았다.
 그러나 일본인들은 더욱 긴박한 문제에 직면하게 되었다. 즉 엔닌의 기록에 의하면 "사람들은 이질에 시달리고 배는 순조롭게 나아가지 못했다. 앞서 가던 배는 멈추어 행렬의 맨 뒤가 되고 후미의 배는 어느새 앞서 가고 있었다"고 하였다. 그러나 이러한 어려움에도 불구하고 이들의 여행 후에 약 28리 서쪽의 양주에 이럭저럭 도착할 수 있었다. 시내로 들어가기 전에 그들은 교외의 사원에 잠깐 들러 여행 도중에 급사한 이전 사절단의 부사를 비롯한 희생자의 영혼을 위로하는 추도회를 가졌다. 그런 후 그들의 도착 소식을 전하는 사절을 시내 관청으로 보냈다. 일본인들은 양주 주변의 수로에 운집한 여러 종류의 배 무리에 밀려서 겨우 시 북벽 반대편에 머물렀다.

양주에서

 양주에 도착한 그날 저녁 고관들은 상륙하였다. 때는 7월 25일이었다. 그러나 엔닌과 엔사이는 다음날 오후까지 강의 남쪽편에 정해둔 관청의 숙사로 옮기지 않았다. 숙사는 널찍했던지 두 명의 승려에게는 별도의 부옥이 주어졌다. 대사와 엔닌은 양주에서 당면한 주요 임무를 시작하는 데 다음달 1일까지 기다렸다. 1일 아침 일찍 대사는 비로소 지방사령관[節度使] 이덕유(李德裕)를 방문하고 그날 오후 엔닌과 엔사이는 대사에게 보낸 문서에서 그들 종파의 본산인 천태산으로 가는 허락을 요청하였다. 또한 이 편지에서 승려들은 "구법을 위한 여행에 일상사를 돌봐줄" 선원을 각각 한 명씩 붙여주도록 의뢰하였다. 대사는 요구를 받아들이고 이틀 후에 중국 정부로 보내는 문서에서 엔닌과 엔사이만이 아니라 엔닌의 제자 이쇼오와 이교오 및 그의 시종 테이 유우만(丁雄滿; 또는 丁雄萬, 원래의 한문에는 두 가지를 사용하고 있다), 아울러 엔사이의 제자도 포함하여 여행 허가를 요구하였다.
 이덕유는 그다지 너그럽지 않았고 사절단에 대한 그의 모든 처우는 오히려 냉담했던 듯하다. 4일 그는 청원서와 함께 헌상되었던 일본 토산물을 되물리고 다분히 뇌물을 경고하는 의미로 사절단에 대한 매일의 양식 지급을 줄였다. 그는 또한 일본측의 청원서를 고쳐 쓰도록 명령하고 두 명의 대표자를 제외한 다른 모든 사람의 이름을 삭제하여 서식을 간략히 하도록 요구하였다. 9일 일본사절 담당관[勾當日本國使]이라는 직책의 중국관리가 두 명의 승려를 방문하였다. 이 방문에 힘을 얻어 가슴에 희망을 품고 신속히 여장을 갖춘 승려들은 다음날 아침 이것을 사절단 관리에게 보고하였다. 그러나 그들의 조기 출발에 대한 희망은 그날 오후 이덕유가 그들을 위해 조정에 청원했으나 칙허가 도착하기까지는 천태산행을 보류하고 그것을 기다려야 한다는 소식에 의하여 무산되었다.

대사는 엔닌이 사절단과 함께 몇 달 뒤 일본으로 돌아가야 하는 환학승이라는 점을 고려하여 수도로부터의 허가를 미적미적 기다려서는 안 된다고 판단하고 엔닌만이라도 출발이 허가되도록 탄원하였다. 한편 엔사이는 중국에 머무르는 기한의 제한이 없던 유학승이었으므로 일단 양주에 남아 있어도 좋았다. 물론 이덕유는 대사의 이 탄원을 거절하고 그 대신에 승려들과 그들의 수행원을 시내 주요 사원의 하나인 개원사(開元寺)로 옮기도록 결정하였다. 이 이동에 대한 공식적인 명령은 22일에 내려지고 사원측의 응낙이 다음날 보고되었다. 엔닌과 그 일행은 그 다음날 개원사로 거처를 옮겼다.

이러는 동안에 사절단은 중국 관리와 다른 문제를 절충하고 있었는데 엔닌의 일기는 때마침 이것을 기록하고 있다. 17일 배의 선장이 죽었다. 전날 일본사절 담당관과 이덕유의 대리인이 숙소에 와서 부상당하여 임종이 가까운 그의 화물에 대한 기록을 만들었다. 일본측 관리들은 화물을 그의 시종에게 넘겨줄 것을 허락하였지만 중국인 하급 관리가 사건을 감독하여 "관을 사는 것부터 매장까지 입회하였다"고 한다.

또 하나의 복잡한 사건은 대사가 항해중인 배 위에서 만일 그가 안전하게 연안에 도착하게 된다면 그의 몸뚱이만큼 커다란 부처를 그린다는 약속을 하였던 것에서 유래하고 있다. 8월 1일 엔닌은 개원사를 방문하여 불화를 제작할 준비를 하였다. 이틀 후 화공이 사원의 불화를 베껴오기 위하여 파견되었다. 그런데 놀랍게도 일본인이었던 그는 들어가는 것을 거절당하였다. 왜냐하면 "원칙에 따라 외국인이 마음대로 사원의 건물내로 들어가는 것은 허락되지 않기" 때문이었다. 대사는 이것도 다분히 이덕유의 비우호적인 태도의 표현으로 보아 그의 약속 실현을 다음 봄까지 연기한다고 결정하였다. 그러나 이 결정에 대하여 그가 술회한 이유는 "이렇게 된 것은 부처의 뜻이 아직 그것을 허락하지 않았기" 때문이라고 하였다. 엔닌은 이 소식을 듣고 개원사의 문 앞에 서서 기도하며 사원의 직원과 교섭에 들어갔다. 아마도 그의 노력 때문이었을 것이다. 며칠이 지나 이덕유는 불화의 제작을 허용하였다. 그러나 대사는 그의 결정을 고집하여 이것은 다음 봄까지 보류되었다. 이듬해 봄 초주(楚州)에서 몇 개의 불화를 그리는 데 성공하였을때 그는 성대한 법회를 열어 완성된 불화에 공양을 바쳤다. 동시에 그는 나머지 불화를 제작하겠다는 약속을 재확인하고, 상륙 이래 그의 공적인 의무가 많고 여행의 고충은 상상 이상이었기 때문에 그의 서약을 전부 실현시킬 수는 없었지만 그가 무사히 일본에 돌아가는 날 이들 남은 불화를 그리겠다고 약속하였다.[53]

엔닌이 기다리고 있던 수도로부터의 답신은 순례를 떠나기 위해 기대되었던 허가가 빠져 있었다. 9월 13일 그는 장안에서 답장이 도착하였음을 알았다. 그 답신의 내용이 2, 3일 후 사절단의 관리에 의해 그에게 알려졌다. 당조는 사절단이 수도에 도착한 후 청원을 새롭게 하도록 결정하고 그동안 엔닌과 엔사이는 양주에 머무르도록 결정하였다. 대사는 이것을 듣고 그 문제는 이미 탄원되어 신속한 답장을 기대하고 있다고 확신시켰던 이덕유에게 이 결정에 대해 항의하였다.

이제 대사의 장안행 날짜가 다가오자 그는 엔닌에게 개인적인 하사품으로서 식용의 해초와 황실로부터 승려의 "구법의 지원금"으로 보내졌던 사금(砂金) 10량을 건네주었다. 대체로 이것은 현대의 귀금속류를 계산하는 서양의 단위로는 13온스를 약간 상회할 것이다. 판관 나가미네 타카나(長峯高名)는 두 사람의 승려가 만일 특별히 사정을 아뢰는 탄원서를 그에게 부탁한다면 수도에 가서 어떻게 해서든 조처를 취하겠다고 말했다. 그는 또한 엔닌에게 사절단의 사명 중 한 가지를 부탁하였다. 즉 만일 엔닌이 천태산에 가게 된다면 도중에 명주(明州)의 경계 현재의 절강(浙江)성 영파(寧波)항에 들러 명주에서 사망한 이전 견당사 가운데 부사의 관위를 승진시키는 조서를 읽어올리고 그후 그것을 태워 바치라고 하였다. 견당사절이 엔닌에게 부탁한 문서에는 단지 사위(四位)에 제수한다라고만 기록되어 있지만 이것은 2년 전 일본 천황이 이전의 견당사절단 성원을 위하여 행하였던 여덟 가지의 승진 중 하나로서 부사에게 주었던 종사위하(從四位下)로부터 종사위상(從四位上)으로의 승진을 의미한다.

그런데 사절단은 또한 그 요직자가 수도에 올라가는 데 필요한 허가가 장안에서 도착하기까지 부득이 양주에서 기다리고 있어야 했다. 아마 이러한 이유 때문에 9월 9일 길일(吉日)에 이덕유가 그들을 위한 환송의 연회를 베풀기까지 엔닌은 그들의 출발에 대하여 어떠한 언급도 하지 않은 것 같다. 대사 자신은 연회에 출석하지 않았다. 아마 그의 무관심으로 자신의 지위의 존엄함을 강조하려고 했던 것이리라. 수도로 향하는 일행이 운하와 육로를 통한 긴 여정에 오를 준비를 하고 있는 동안 몇 주의 기간이 지나갔다. 29일 이덕유는 또 다른 송별회를 주최하고 마침내 10월 5일 일행은 출발하였다. 그러나 출발에 즈음하여 24시간 우박이 내려 그들의 출발에 불길한 조짐을 보였다.

중국 황제를 배알하다

장안 여행과 중국 황제에 대한 배알은 두말할 필요도 없이 견당사의 모든 여정에서 클라이막스였다. 그러나 애석하게도 그 구체적인 내용에 대하여 우리들이 알 수 있는 자료는 매우 부족하다. 중국의 정사는 겨우 839년에 일본인에 의하여 "다시 공물이 헌상되었다"고만 기록하고 중일관계를 기록한 다른 중국정부의 자료는 사절단 자체를 생략하고 다만 엔닌과 그의 수행인만을 다루면서 이 기간에 "일본 승려가 우리나라를 방문하여 오대산을 순례하였다"고 기록하고 있다.[54] 일본측 기록은 장안에서 사절단의 경험에 대하여 약간 상세한 자료를 제공하고 있지만 우리들은 엔닌이 장안에 갔던 사람들로부터 받은 편지나 소식에 의해 알게 된 사실에 대하여 일기의 여러 곳에 기록하고 있는 것을 종합하여 이 기간의 이야기에 대한 전모를 살펴볼 수 있다.[55]

대사가 장안에 도착하는 데는 59일이 걸렸다. 그는 12월 3일에 도착하였다. 그러나 대사의 도착 소식이 엔닌이 있던 곳으로 돌아오는 데는 겨우 15일밖에 걸리지 않았다. 3척의 선단으로 총 270명의 일행이 장안 여행에 참가했다. 이 숫자에는 고관들 모두가 포함된 것은 아니다. 적어도 한 명의 판관과 한 명의 녹사는 양주에 머물러 있었다.[56] 사절단은 시의 동쪽 약 2리 정도의 주둔지에서 위로의 서한을 가지고 가지고 온 황제의 칙사를 만났다. 일행은 시의 동반부 지역에 있는 예빈원(禮賓院)이라는 외국인 접대용 숙소로 안내되었다.

배알은 1개월 이상이 지난 839년 1월 13일까지 이루어지지 않았다. 그날 25명의 일본인은 궁중에 들어갔다. 단 황제의 어전에 나아갈 수 있었던 자는 대사와 부사를 대행한 나가미네 타카나 두 사람뿐이었다.[57] 그날 모두 합하면 다섯 종류의 외국 사절단이 접대되었다. 현재의 운남(雲南)성 서남부를 차지한 구 타이국 즉 남조국(南詔國)은 일본보다 상위에 위치하여 당나라에 인접한 국가로서 더 중요시되었다. 일본인은 다른 세 나라의 사절단보다는 상위에 위치하였는데 그것은 결코 일본인의 자존심을 만족시키는 것은 아니었다. 왜냐하면 엔닌의 묘사에 의하면 "다른 나라에서 온 왕자들은 관(冠)도 쓰지 않고 보기 흉하게 삐뚤어진 모습으로 모피나 모포를 두르고 있었기" 때문이었다.

배알할 때나 그 직후에도 대사는 중국 정부의 명목상의 직책을 받았다. 아마 당황제의 신하로 일본의 통치자에 대한 관위 수여라는 의식의 일환으로 이루어졌던 것이리라. 일본측의 기록은 관위 수여에 대하여 의미심장한 침묵을 지키고 있다. 왜냐하면 일본인들은 중국과 대등한 입장을 유지하고 있다고 주장하였기 때문이다. 그러나 엔닌은 대사가 장안에서 부여받은 직책과 각각의 요직자에게 수여되었던 중국 조정의 관위를 상세히 기록하고 있다. 예를 들면 추네츠구는 그가 갖고 있던 여러 일본 정부의 직책에 더하여 중국 정부로부터 "운휘장군(雲麾將軍), 준태상경(准太常卿), 좌금오위(左金吾衛)"라는 직책이 부여되었다.

배알을 한 후 3주 동안 전례에 따라 칙명이 내려져 수도에 올라왔던 모든 일본인과 양주와 해주에 머무르고 있던 일본인 모두에게 각각 비단 5필이 하사되었다. 이번에는 특별히 전례를 깨고 일본인 승려에게도 이 은전의 혜택을 받도록 명령하였다. 이 결정의 소식이 양주에 이른 후 바로 엔닌 자신도 그의 말을 빌자면 "관봉(官俸)"을 받게 되었다.

대사는 수도에 도착한 날 바로 엔닌의 천태산행 청원서를 제출하고 또한 사절단이 일본으로 돌아가는 항해를 보장하는 선단의 알선을 바란다고 요청하였다. 그런데 배알이 이루어지기 전에는 어떠한 청원도 수리되지 않는다고 알려졌다. 그러나 대사는 집요하게 그의 요구를 주장하여 원하는 배를 구입하고 이듬해 3월 중국을 떠나도 된다는 허가가 이루어졌다. 그러나 엔닌의 요구는 견당사가 일본으로 귀항하기 전까지 충분한 시간이 남지 않았다는 이유로 거부되었다. 대사는 다시 엔닌에 관한 청원을 수용해주도록 탄원하였지만 황제로부터 냉정한 거절의 답신밖에 얻지 못하고 이후의 탄원도 실패로 돌아갔다.

중국 관청의 융통성 없는 처우에 피해를 입은 일본 승려는 엔닌만이 아니었다. 장안으로 긴 여행을 하였던 한 명의 승려는 시내로 들어가는 것조차 허락되지 않았다. 그래서 그의 제자 승려는 사절단 판관의 시종으로서 일반 관리가 되었다. 다른 승려는 처음에 시내의 사원에 머무르는 것을 거절당하고 두번째 탄원이 이루어질 때까지 15일간 거기서 공부하는 것조차 허락되지 않았다. 이러한 상황에도 불구하고 많은 일반인과 종교계의 학자 중 한 사람이 견당사가 떠난 후에도 중국에 남는 허락을 받았다. 그는 유학승 엔사이(圓載)였다. 그는 5년간 일본측 원조를 받으며 중국 정부의 감독 아래 연구에 전념하였다. 따라서 견당사는 엔사이에게 비단 35필과 두 종류의 비단솜 75단 및 사금 25량을 주었다.

무역과 상업

무역은 사절단의 주요 목적이 아니며 또한 중국 관헌이 좋아하는 바도 아니었지만 의심할 바 없이 일본인의 입장에서는 사절단의 중요한 측면이었다. 그러나 그들을 실망시킨 것은 수도에 머무르고 있는 동안에 매매가 금지되었던 것이다. 더욱이 장안으로부터 돌아가는 도중에 그들이 가져갔던 물품을 팔려고 했던 시도는 일본사절 담당관에 의해 수포로 돌아가버렸다. 일본사절 담당관은 대사가 양주를 떠난 후 2개월 이상 경과하여 장안에 상경했지만 일본인들이 연안지방을 따라 귀국 여행을 하는 동안 합류하여 철저한 감시를 하였다. 일본인들이 도중에서 매매를 하려고 하면 그는 언제나 큰 북을 울려 출발을 알리고 무리하게 이동을 시켰다.

그래서 일본인들은 양주에 일행 10명을 보내어 거기서 교역을 하도록 시도하였다. 일행은 지승선사 하루마치 나가쿠라(春道永藏)의 지휘에 따랐다. 그는 공물을 감독하는 감국신(監國信)의 직책도 겸하고 있었다. 그러나 나가쿠라의 일행은 양주에서 거의 성공하지 못하였다고 생각된다. 나가쿠라와 통역은 도착한 그날 바로 "칙령으로 금한 물품을 샀다"는 이유로 체포되고 하룻밤 동안 감금되었다. 같은 날 일행의 다른 4명은 "시장으로 가서 향과 약품을 사려고 하였지만 지방관리가 그들을 신문하였으므로 200관(貫) 이상의 현금을 버리고 도망쳤으나 3명만이 돌아왔다"고 한다. 현금 1관은 가운데에 실을 통하게 하기 위하여 사각의 구멍을 뚫었던 둥근 동전 1,000매였으므로 이것은 그들에게 중대한 경제 손실이었다. 대사의 수행원으로 예술가이며 박사였던 이와다 이에츠구는 시장에서 어떤 것을 사려고 하다가 하룻밤을 감금당했다. 한 명의 사생과 한 명의 사수는 여러 날 동안 같은 이유로 체포되었지만 사수는 그가 산 물건을 가질 수 있도록 허락받았다. 일설에 의하면 거의 같은 시기에 3명의 사수와 수부가 "여러 명의 중국인을 학대하였다"는 이유로 대중 앞에서 창피를 당했다고 한다. 이러한 사태는 당초의 의도였던 상업적인 매매에 커다란 타격을 주었을 것이다.[58]

일본인이 중국에서 매매하려고 했던 것이 무엇이었는지는 추측에 의할 수밖에 없다. 엔닌이 자주 다루고 있는 조공의 품목은 두말할 필요도 없이 중국 황제에게 헌납한 것이었지만 동시에 그는 "공사(公私)의 물품"이라는 다분히 중국에서 팔거나 교환하기 위해 정부나 개인이 지참하였던 물품에 대해서도 기록하고 있다. 주로 금전상의 매매가 거액의 황금으로 이루어졌다는 기록에서 알 수 있듯이 일본인들은 재화의 대부분을 이처럼 운반에 편리한 형태로 갖고 있어서 용이하게 중국의 동전과 교환할 수 있었다. 또한 그들은 재화의 일부를 비단 원료나 명주실의 형태로 가져왔다. 그것만이 아니라 여러 가지 일본 토산물을 가져와 그것을 선물로 사용하였다. 예를 들면 은으로 장식을 한 칼, 요대, 붓 세트, 수정 구슬, 차, 소라껍데기, 식용의 해초 등을 포함하였다.[59]

우리가 아는 한 일본인이 중국에서 사려고 했던 물품은 향과 약품이었지만 그들이 집단으로 혹은 개인으로 받았던 사여물은 대부분 견직물이었으므로 아마 이 상등품의 비단을 일행의 학자가 수집한 경전이나 그림 등으로 바꿔 그 화물은 매우 부피가 컸다고 생각된다. 그외 그들이 받았던 사여물은 봉숭아, 꿀, 소나무의 열매 등 소모해버리는 것도 있었지만 동전, 칼, 가루 차 등은 의심할 바 없이 일본에 갖고 돌아갈 만한 가치가 있는 것이었다. 어쨌든 견당사는 중국으로부터 상업적인 가치가 매우 높은 물품을 적재하여 귀국하였다. 궁중에 가져와 펼쳐놓은 물품과 신도(神道)의 신들이나 황실의 선조에게 바친 것을 제외하고도 견당사가 돌아온 후 몇 주일 동안 "궁중의 시장"을 열어야 할 정도로 많은 중국 물품이 남았다. 이때 황궁 문 밖 한 곳에 세 개의 천막이 세워지고 여기서 나머지 중국 물품이 정부관리에 의하여 전시되고 매매되었다.[60]

귀국 준비

총 3척의 배 중 2척이 양자강의 진흙 여울 속에 좌초되어 파손되었으므로 일본인들은 귀항을 위하여 새로운 배를 구입해야만 했다. 그러므로 대사가 수도에 도착하자마자 이것을 보장받는 허가를 요청한 것은 매우 당연하였다. 그 허가는 매우 일찍 내려졌음에 틀림이 없다. 왜냐하면 838년 말 이전에 신라인 통역 김정남이 회하(淮河)로 나가는 항구인 초주에서 배를 고르기 위하여 양주를 떠났던 것을 알 수 있기 때문이다. 거기서 그는 "해로에 익숙한" 60명 이상의 신라인을 고용할 준비를 갖추었으며 2척의 일본 배에 대신하여 아마 그것보다도 무척 작았다고 생각되는 9척의 신라 배를 구입하였다.[61] 839년 이른 봄, 윤(潤)1

월 4일에 36명의 일본인 목수와 장인이 김정남의 요청으로 그가 구입한 배의 수리를 거들기 위하여 양주에서 불려갔다.

우연하게도 같은 날 대사와 일행은 장안을 출발하여 다음 달 12일 초주에 도착하였다. 18일 엔닌과 엔사이는 양주의 개원사에서 여관으로 옮겼다. 다음날 견당사의 관리들이 이덕유에게 작별을 고하는 연회에 갔다온 후 양주에 남아 있던 모든 일본인은 10척의 배에 분승하여 대운하를 따라 초주로 향하였다. 그러나 교역상의 죄로 체포된 사람들은 출발이 늦어졌다. 그들은 24일까지 초주에 도착하지 못했다. 초주에서도 승려들은 양주에서와 마찬가지로 개원사로 불리는 사원에 숙박되었다. 이것은 738년 당시의 황제가 중국의 모든 주에 이와 같은 이름의 사원을 건립하라는 칙령을 반포한 결과였다.

이틀 후 엔닌에게 밀교의 의례를 가르쳤던 중국 승려가 양주에서 도착하여 일본 사절 담당관의 명령을 받아 엔사이와 그의 두 수행인을 위해 배를 빌려 양주를 통하여 천태산에 이르는 동안 그들을 호위하게 되었다. 담당관은 가능한 빨리 출발할 것을 주장하였으므로 다음날은 짐꾸리는 것과 송별인사를 하는 것으로 보냈다. 대사는 엔사이에게 그의 생활비로 충당할 금덩이와 비단을 주었다. 엔닌은 그에게 교리상의 질문 목록과 엔랴큐지에서 중국 사원에 전달해달라고 엔닌에게 부탁했던 가사(袈裟)를 건네주었다. 일본 관리들은 담당관에게 술을 바치고 엔닌이 의례적으로 표현하였듯이 "이별의 슬픔에 취하였다"고는 하지만 실제로는 아마 이 쓸데없이 참견하는 중국 관리와도 이것이 마지막임을 기뻐하였으리라 생각된다. 이리하여 일행은 28일 남쪽을 향하여 출발하였다. 이어서 경문(敬文)이라 불리는 중국 승려가 닷새 후에 엔닌에게 작별을 고하기 위하여 도착하였다. 경문은 천태산 사원의 일원이었는데 처음부터 엔닌과 만나기 위하여 양주에 와서 그에게 성스러운 산에 대하여 많은 것을 이야기하고 34년 전 그곳에 왔던 사이쵸와 만났을 때의 상황 등을 전해주었다.[62] 그는 엔닌이 지금이야말로 양주로 돌아가 엔사이와 함께 천태산으로 가야 한다고 알렸다.

초주에 머무르는 동안 엔닌은 만약 공식적인 허가를 얻지 못한다고 해도 중국에 머무를 것을 결심하였다. 신라인 통역 김정남은 산동연안의 어떤 장소에 있는 신라인 친구에게 엔닌을 숨겨주게 하려는 **특별한**

계획을 추진했던 장본인이었다고 생각된다. 초주의 신라 상인들은 분명히 이 계획의 공모자가 되었다. 엔닌이 신라인 지역사회의 통역관 유신언(劉愼言)에게 금괴 2근과 요대의 과분한 선물을 한 것은 아마 이러한 사정이 숨겨져 있었음을 의미한다. 유신언은 10근의 차와 약간의 소나무 열매를 답례로 가져왔다. 엔닌은 이미 그의 계획에 대하여 대사의 승인을 얻었지만 대사는 다음과 같은 지극히 당연한 경고를 잊지 않았다.

……스님이 남는 것을 원한다면 그것은 불법을 위해서일 것입니다. 나는 감히 스님의 생각에 반대하지는 않습니다. 스님이 남는 것을 굳이 원하신다면 머물러도 좋습니다. 그러나 이 나라 정부는 극히 엄격하여 만일 이것이 관리에게 알려진다면 칙령을 위반한 죄를 받을 것입니다. 그렇게 된다면 스님은 아마 고통스러운 입장에 설 것입니다. 이 점을 유념하시기 바랍니다.[63]

3월 19일 초주의 지방관리[刺史]는 견당사 일행을 위하여 송별의 주연을 열었다. 대사는 다시 배석하는 것이 그의 존엄함을 깎는 것이라고 느껴 참석하지 않았다. 3일 후 일본사절단 일행은 배 위에 올라탔다. 그들은 전방에 8명의 선두자를 따라 숙소에서 배까지 말을 타고 가서 포부도 당당하게 초주를 출발하였다. 그리고 신도의 관습에 따라 제사를 드리고 내해 입구의 본궁(本宮)에서 해상의 안전을 지키고 있는 수미요시(住吉) 대신(大神)에게 예배를 하며 출항하였다. 각 배는 고관 한 명씩이 지휘를 맡았고 5명에서 7명의 신라인 선원이 배속되었다. 엔닌은 나가미네 타카나가 지휘하는 제2선에 배속되었다. 타카나는 견당사절단 가운데 두번째의 직위에 있었던 듯하다.

회하를 내려가려 할 때 한 명의 중국인 장교가 뒤처져 있던 배에 수행하여 견당사 일행이 통과하는 주와 현의 지방관리에게 중국 관리의 명령을 전달하여 그들에게 필요한 것을 지급하도록 하였다. 초주에서 바다로 나가는 여행은 서서히 그리고 평온하게 진행되었다. 바람이 때때로 역으로 바뀌어 서쪽으로부터 불어올 때도 바다는 언제나 물결을 바꾸지 않아 바람이 계속해서 이리저리 바뀌는 듯했다. 또한 상당한 거리를 두고서야 조류의 움직임을 느낄 수 있어서 한 번은 신라 선원들이 연안을 벗어났다가 바로 돌아가지 못하고 배를 정지시킨 적도 있었다. 그러나 마침내 29일 회하의 하구를 통과하고 그날로 다시 북쪽으로 나아가 당시는 해주 동쪽의 큰 섬이었지만, 현재는 용해(龍海) 철도의 동쪽 종점에 가까운 본토의 일부분이 된 약간 높은 구릉 아래의 작은 만(灣)에 닻을 내렸다. 다른 사람들과 부자연하게 지냈다는 이유로 도덕적으로 불순하게 생각되어 일시 일본 배에서 추방되었던 일본인 선원 한 명은 함께 온 중국 배가 하구를 가로지를 수 없었기 때문에 그 배에서 지나가는 해주행 배로 옮겨 타고 해주에서 다시 원래의 견당사절단 제2선에 합류할 수 있었다.

황량한 바다에서

다음날 사절단의 관리들은 상륙하여 천지의 신들에게 희생을 바쳤다. 그런데 바람이 불어와 배들이 뒤섞여 있던 만(灣)에서 서로 위험스레 부딪치기 시작하였으므로 어떻게 하면 좋을까를 결정하기 위하여 회의가 열렸다. 신라 선원들은 위험이 덜한 한반도 연안 근처의 북로를 선택할 것을 제안하였고 배를 수선하기 위하여 우선 오늘날의 청도(靑島) 동남쪽 30리 정도에 위치한 산동연안의 대주(大珠)산 기슭을 향하여 하루 정도 항해해야 한다고 주장하였다. 대사는 이 요구를 지지하였지만 그의 부관인 나가미네 타카나는 반대 의견을 내고 비록 현재 있는 곳으로부터 바로 동쪽으로 항해도 바람에 밀려 적대적인 한반도 연안에 가까워질 위험이 따를 것이며 들리는 바에 의하면 한반도에서는 혁명이 진행중이라고 하니 그들이 보다 북쪽으로 가면 그만큼 위험은 증대할 것이라고 주장하였다. 각 배의 지휘관(船頭)들 중 4명이 타카나에게 찬성하였으므로 대사는 이 5척 배는 현재 있는 곳으로부터 바다를 가로지르는 것으로 하고 다른 4척은 대주산으로 가는 것을 결정하였다. 그러나 그가 이의를 주창하였던 5명의 선두(船頭)에게 결재서에 서명할 것을 요구하였을 때 타카나 배의 사생(史生)만이 서명하였다.

대사의 결정에 따라 엔닌과 3명의 그의 일행은 제2선으로부터 제8선으로 옮기고 이전의 환학생 토모 수가오(伴須賀雄)의 지휘 아래 들어갔다. 즉 그는 대사와 행동을 같이 할 계획이었기 때문이다. 그러나 이동이 완료되었을 때 대사 자신은 주저하기 시작하였다. 지속적인 서풍이 일본을 향하여 불기 시작하고 있었다. 그리하여 타카나의 주장에 따라 대사는 만일 바람이 다음 날까지 바뀌지 않는다면, 만(灣)에 머무른 지 5일째가 되지만 배를 모두 직접 동쪽 일본을 향하여 출항할 것을 결정하였다. 다음날 서풍이 더 강하게 불었으므로 엔닌은 모든 화물을 수가오에게 맡기고 대사에게서 당분간의 비용으로 금 20근을 받아 일행 4명으로 황폐한 연안에 상륙하였다.

주위는 고요하였고 엔닌은 "바다 멀리 열을 이루어 하얀 선을 남기며 가는 선단"을 송별하였다. 그러나 밤이 되자 우박이 쏟아지고 바람이 동쪽으로 변하였을 때 그는 동포들의 신상을 걱정하기 시작하였다. 만일 엔닌이 계절풍에 대하여 보다 잘 알고 있었다면 더욱 걱정하였을 것이다. 이것은 일본인들이 출발한 것은 아마도 늦은 봄이어서 서풍이 일본으로 가는 전항로를 통하여 충분히 지속적으로 불어주는 계절이 아니었기 때문이다. 그들이 출항한 날은 4월 5일이며 양력으로는 839년 5월 21일에 해당한다. 며칠 후 엔닌은 9척 중 제3선이 청도에서 조금 동쪽인 산동연안에 되돌아왔다가 대주산으로 가서 거기서부터 다시 황량한 바다로 출발하였다고 들었다. 좀더 후에 엔닌은 5척의 배가 청도의 동쪽연안에 표류하고 드디어 9척 모두가 거기에 모여 정박하고 있다는 소식을 들었다.[64]

상륙한 이후 엔닌과 일행은 산동에서 초주로 목탄을 운반하는 신라인 운송업자와 만나 그들의 친절로 구릉을 넘어 가까운 촌락으로 안내되었다. 거기서 일본인들은 산동행 배에 탑승하였던 초주에서 온 신라 승려라고 주장하였다. 그러나 촌의 장로 한 사람은 신라인들을 잘 알고 있었으므로 그들 사이에서 사용되는 말이 신라어가 아니라는 것을 눈치챘다. 가까이에 견당사의 배가 정박하고 있다는 소식을 들었는지 바로 엔닌과 일행을 일본인 도망자라고 추측하였다. 때마침 해주에서 파견된 3명의 경관이 촌에 머물고 있었으므로 바로 견당사의 배에 관한 조사가 이루어졌을 것이다. 그 결과 4명의 일본인들은 바로 이들에게 인도되었다. 엔닌은 이미 계획이 틀어졌음을 알고 횡설수설하며 다리에 병이 나서 상륙하였다가 사고로 일행으로부터 떨어져 남게 되었다고 변명하였다.

일본인이 체포된 것은 공모자 사이에 동요를 가져왔다. 이것을 계획한 신라인 친구들은 바로 만(灣)에 사람을 파견하여 배가 실제로 출발하였는지를 조사하게 하였다. 마찬가지로 같은 섬에 있던 동해현(東海縣)의 현청 소재지로부터 관리가 와서 해주항에 아직 닻을 내리고 있던 일본 선단의 제2선에 대하여 도망자와 그들의 수송 모의를 심문하였다. 이틀 후 엔닌 등 4명은 섬을 가로질러, 다음날 섬과 해주 사이의 만(灣)을 일본측의 작은 배로 건너 다시 돌아왔다. 섬의 반대편에서 그들은 도교의 바다신을 모신 해룡왕묘(海龍王廟)에 머물러 있던 일본 배의 일부 관리와 만났다. 그런 후 해주의 지방장관을 알현하였다.

며칠 후 엔닌은 일본 배에 탑승하여 그의 말을 빌자면 빈손으로 '구법'의 성과를 얻지 못한 실패를 탄식하였다. 4월 11일 동료들은 돛을 올렸다. 그러나 배는 항구를 나가기 전에 이미 암초에 걸리고 말았다. 이틀 후 겨우 수면에 다시 떠오르게 되자 제사를 드리고 수미요시 대신에게 배례를 한 후 곧바로 동쪽으로 일본을 향하여 공해로 출항하였다.

이틀째 동틀녘 바다 위에 하얀 진흙이 탁하게 엉겨붙어 왔다. 정오에는 바람이 그치고 잠시 후 남풍이 불어왔다. 북북동풍의 바람이야말로 배의 항해에서 가장 바랬던 것이었다. 이러한 사태에 직면하여 사람들은 경문과 주문(원한문에서는 다라니[陀羅尼])을 외우고 오방(五方; 동서남북에 가운데를 더함)의 용왕들에게 오곡(五穀)을 바쳤다. 이들의 기도는 일시적으로 효과가 있었다고 생각된다. 왜냐하면 그날밤은 바람이 서쪽으로 돌아갔기 때문이다. 그러나 3일째 오후를 지나자 다시 바람은 남동풍으로 변하였다. 배는 북쪽으로 흘러가게 되었다.

점술사가 바람의 방향을 예언하기 위하여 불려왔다. 그러나 그는 어떠한 확언을 하지 않을 정도로 신중하였다. 그는 만일 한반도 연안으로 흘러간다 해도 염려할 것은 전혀 없다고 예언하였다. 거기서 관리들은 서원(誓願)을 세워 순풍을 기원하였다. 승려들은 경문을 읽으면서 오곡의 공물을 새롭게 하고 신도의 신들에게도 기도를 바쳤다. 다시 그들의 기도는 이루어지는 듯했지만 잠깐뿐이었다. 4일째 동틀녘에는 서리가 내리고 어디로 배가 나아가는지도 전혀 판단하지 못하였다. 일시적으로 안개가 걷히자 그들이 북동쪽으로 다시 후에는 북쪽으로 향하고 있음을 발견하였다. 상황은 결코 안심할 정도가 아니었다. 그래서 물을 비축해 두자고 결정되었다. 이후 관리와 동등한 지위에 있던 사람들은 하루에 1그램을 약간 상회하는 양(원한문에서는 2승[升])을 할당받았고 다른 사람들은 그 4분의 3(원한문에서는 1승 반)이 허용되었다. 일부의 일본인들은 건강 상태가 악화되어 바다 위에 있은 지 하루만에 한 명의 선원이 죽고 이틀 후에 다시 한 명이 죽었다. 4일째에 엔닌 자신도 병이 들어 먹지도 마시지도 못하게 되었다.

5일째 아침, 다시 짙은 안개에 싸여 어디로 향하고 있는지를 알 수 없게 되었다. 그들이 얕은 여울에 이른 것을 발견하였을 때 거기에 닻을 내리는 것이 최선이라고 생각하였다. 그런데 안개가 약간 사라졌을 때 암초가 놓여 있는 해안선이 보였다. 점술사는 처음에 조선이라고 하였다가 후에는 중국이라고 선언하였다. 배에서 파견한 작은 배를 탄 일행이 2명의 중국인을 데리고 돌아왔을 때 그들이 이른 곳은 산동반도의 남쪽 해안으로, 그 동단으로부터 약 5, 6리밖에 떨어져 있지 않다는 보다 신뢰할 만한 정보를 갖게 되었다. 중국인들은 술과 비단을 받고 그 지방의 주청(州廳)과 현청에 보내는 편지를 갖고서 돌아갔다.

산동연안을 떠나며

그들의 위치를 알고 모처럼 즐거워 하던 그들에게 그들 앞에 전항로가 그대로 남아 있다는 실망스러운 인식이 찾아왔다. 4월 18일 그들이 상륙한 지 하루 후, 식량과 물의 배급은 다시 일 인당 하루에 1승(升)을 약간 상회하는 양으로 줄었다. 엔닌은 점술사에게 신도의 신들에게 기도하게 하고 그 자신은 수미요시 대신과 해룡왕에게 수정을 공물로 바치고 배의 수호신에게 칼을 바쳐 일행이 무사히 일본으로 돌아가는 것을 보장해주도록 기원하였다.

이들의 기도는 받아들여졌다. 왜냐하면 일본인들은 암초가 놓인 산동연안을 따라 3개월이나 폭풍이 치는 나날을 견딜 수 있었기 때문이다. 19일 배는 후미에 들어가 6일간 정박하였다. 그러나 조수에 이리저리 요동하여 암초에 부딪치고 몇 번이나 밧줄이 끊어져 그때마다 닻을 잃어버렸다. 25일 연안을 따라 겨우 서남쪽으로 어느 정도 내려가 공해에서 안개에 둘러싸인 불안스러운 하룻밤을 보낸 후 다음날 다시 안전한 장소에 정박할 수 있었다.

처음 정박한 장소를 떠나기 전에 일본인들은 이미 지방 관청을 대표하는 한 명의 관리와 접촉할 수 있었다. 그들은 술과 음식에 대한 비단 선물을 교환하였다. 새롭게 정박할 장소에 들어가던 날 다시 지방 관리와 절충하고, 녹사 한 명이 상륙하여 일본인 관계 사무를 담당한다고 여겨지는 그 지방의 수비관[押衙]에게 보내는 문서에서 식량 지급을 요구하였다. 문서는 다음과 같이 기록되어 있다.

> 이전에 우리들이 동해현에 있는 동안 도항에 필요한 식량을 지급받았다. 그러나 이 배는 도항중에 역풍에 밀려서 여기로 표류하게 되었다. 우리가 여기에 있는 동안 도항에 필요한 식량을 소모하는 것은 현명하지 못하다고 생각한다. 무언가 신선한 식량을 지급해주도록 탄원하는 바이다.

며칠 후 일본인들은 가까운 마을에서 어느 정도의 식량을 구매할 수 있었지만 그들의 요구는 거의 3주 가까이 아무런 반응도 없었다. 두번째 탄원에 응답하여 일본인이 공물을 헌납하지 않는 한 일본인에게는 아무것도 지급되지 않는다고 알려졌다.

그런데 안전한 정박이 분명히 엔닌의 원기를 회복시켰다. 왜냐하면 그는 같은 배의 신라인 통역인 승려 도현(道玄)에게 여기서 그가 몰래 상륙할 수 있는지의 여부를 물었기 때문이다. 대답은 매우 좋은 조건이라고 하였지만 엔닌이 결심하기 전에 배는 다시 움직이기 시작하였다. 출항하기 전에 일본인들은 "천지의 신들을 예배하고 공사(公私)의 비단과 염색한 베를 바쳤다. 그리고 수미요시 대신에게는 거울을 헌납하였다." 이것은 배 가운데 대신의 작은 사당이 모셔져 있었기 때문이다. 또한 그들은 중병이 걸린 선원을 육지로 운반하였다. 며칠 전에 이미 다른 한 사람이 배 위에서 죽었는데 이번에는 죽음으로 배를 더럽히기 전에 운반하였던 것이다. 이 남자는 "음식과 물을 달라고 하면서 만일 병이 나으면 사람이 사는 마을을 찾겠다고 하였다." 엔닌이 "배 안의 한 사람으로서 비통하지 않을 수 없었다"고 기록한 것도 무리는 아니다.

그러나 이러한 모든 준비가 이루어진 후에도 배는 몇 시간 지체한 뒤 출발점으로 돌아가버렸다. 다음날 연안을 따라 서남쪽으로 겨우 1, 2리 정도 내려갈 수 있었다. 승려들은 거기서 상륙하여 오늘날 일본에서 소년들의 축제로 알려져 있는 5월 5일 축일을 축하하였다. 그리고 오래간만에 목욕통에 들어가 그들의 의복을 세탁하였다. 그들이 아직 육지에 있는 동안 배의 지휘를 맡고 있던 젊은 관리 준판관 요시미네 나가마츠(良峯長松)로부터 전갈이 와서 전원 제사를 드리고 승려들은 3일간 도항의 순풍을 기원하는 의식을 집전하라고 명령하였다. 이번에 그들의 기도는 한순간도 받아들여지지 않았다. 그래서 다시 중국의 천지신명에 대한 의식이 이루어졌다. 그러나 바람은 여전히 순풍이 되지 않았다.

일본인들이 풍향이 변하기를 기다리는 동안 중국측 수비관은 승무원 숫자에 관한 상세한 기록과 사절단이 현청에 보낸 편지를 입수하였다. 엔닌은 이를 통하여 중국 체류의 요청을 다시 하였다. 이러는 동안에 날씨는 더욱 악화되고 19일 바람이 닻줄을 끊어버리고 배의 상단에 손상를 입혔을 때 배는 바로 파멸의 위기에 처해 있었다. 이틀 후 일본인들은 다시 돛을 올려 바다로 나아갔다. 그러나 이내 바람은 잠잠해져버렸다. 같은 날 오랫 동안 병상에 있었던 점술사를 상륙시켰지만 해뜨기 전에 사망하였다. 25일 다시 출발하려고 하자 또 바람이 잠잠해져 배는 주춤하였다. 그런데 이때 보다 뛰어난 기동력을 가진 신라배가 나타나 입항하는가 싶더니 바로 닻을 올려 지체없이 출발해버렸으므로 일본인들은 동포가 그 배에 타고 있는지조차 확인할 수 없었다.

불행은 마침내 27일 해뜰 무렵, 하루 낮밤을 계속되었던 우박 뒤에 다가왔다. 즉 돛대는 번개에 부러지고 몇 개의 거대한 부목은 쓰러졌다. "4촌(寸) 이상의 두께, 6촌의 폭, 3장(丈) 이상의 높이"인 것도 그 가운데 있었다고 한다. 이 사태는 신들에게 바치는 공물을 보다 많게 하고 동아시아의 옛 관습인 "거북이 껍데기를 태워" 생기는 균열을 관찰하는 점을 치게 하였다. 대답은 불행한 점술가가 "지방의 씨신(氏神) 앞에 매장되었으므로 그 신의 노여움을 초래하였다. 그래서 신은 우리들에게 이 불행을 내렸다. 그러나 우리 자신이 목욕재계를 하면 안전하게 항해할 수 있을 것이다"는 것이었다. 물론 목욕재계의 의식에 전원이 참가하였지만 아직 부러진 돛대의 문제가 남아 있었다. 의논 끝에 최선을 다해 그것을 연결해야 하지 새로운 것으로 바꿔서는 안된다고 결정하였다. 이것은 이 지방에서 적당한 재목을 발견하지 못하였기 때문이며 다른 하나의 이유는 새로운 돛대를 찾으려 한다면 내년까지 출발이 늦추어져버릴지도 모른다는 두려움 때문이었다.

다음 며칠 수차례의 출발이 헛되이 시도되었다. 한번은 닻줄이 끊어지면서 거의 암벽에 충돌할 뻔하였다. 6월 3일 배는 실제로 닻을 던진 장소에서 그리 멀지 않은 곳에서 암초에 걸렸다. 그러다가 밀물에 씻겨 암벽에 계속 부딪친 후 겨우 공해에 떠올라갔다. 여기서 일본인들은 또 한번 우뢰에 시달림을 당했지만 이번에는 창과 도끼와 칼을 휘두르면서 힘껏 소리를 질러 낙뢰를 막는 데 성공하였다.

이틀간 해안을 따라 동북쪽으로 순탄한 항해를 계속하여 반도의 동단에 가까운 적산(赤山) 근처에 이르게 되었다. 그러나 악조건의 날씨에 시달려 산 기슭 연안에 닻을 내릴 수 없게 되자 낙담하였다. 그리고 한 마리 검은 새가 배 위에서 3개의 둥근 원을 그렸다. 어쩔 수 없이 배를 돌려 공해로 돌아가 닻을 내렸다. 그러나 다시 우뢰가 그들을 습격하였다. 이렇게 광란하는 하늘의 모습에서 신들의 불쾌감의 징조를 느꼈던지 일본인들은 서원(誓願)을 세워 몸을 깨끗이 하고 수미요시 대신과 일본의 신들뿐 아니라 해룡왕, 그리고 중국의 이 지방 산과 섬의 신들에게 기도를 드렸다. 그들은 또한 "배에 모신 뇌신(雷神)에게도 기원하였다." 바로 며칠 전에 돛대에 손상을 입혔던 번개를 제사하였던 것이다. 이러한 모든 노력이 그들을 더욱 심각한 불행에서 구했다. 그러나 엔닌은 배의 요동이 "참기 어려워 우리들의 사기는 가라앉아 있었다"고 기록하였다.

다음날 즉 6월 7일 배는 마침내 적산의 기슭에 정박하였다. 엔닌과 3명의 수행인의 운명은 이때부터 결정적으로 호전되기 시작했다. 그러나 그들 동포들의 운명은 그렇지 않았다. 정박한 다음날 엔닌과 2명의 제자 승려는 항구 위로 치솟은 산 정상에 위치한 적산사원으로 올라갔다. 이 불교시설도 또한 신라 사원으로 알려져 있었다. 즉 한 신라인이 창설하여 거주하고 있는 승려는 모두 조선 출신자뿐이었다. "원(院)"이란 문자 그대로는 "중정(中庭)"을 의미하며 커다란 사원의 여러 건축물이나 행정적인 구분을 갖추고 있다든지 이 경우처럼 작은 절이나 정부의 공인을 받지 않은 것이다.

엔닌은 처음에 적산원에 오래 머무를 생각은 아니었지만 어느새 하루씩 지내다보니 그들의 체류는 길어지고 있었다. 2주일 후 격렬한 폭풍이 몰아쳤을 때 그들은 다행히 배 위에 있지 않았다. 닻이 부서져 배는 암초에 세네 번 부딪히고 방향키가 파괴되었으며 몇 척의 작은 배는 쪼개져버렸다. 그 결과 사람들은 흩어져서 새로운 닻의 역할을 할 돌과 키대가 될 재목을 찾았다. 엔닌은 편안히 적산원에 몸을 맡기고 있었으며 다시 신라인 통역 도현에게 중국 체류 문제를 상담하였다. 그리하여 7월 14일 배 위에 있던 다른 일본인들에게 이별을 고하였다. 다음날 배는 다시 한번 일본을 향하여 출항하였는데 주청으로부터 4명의 대표가 일본인들을 위해 공식적인 식량으로 쌀 70석(石)을 갖고 도착하기 전에 하루를 빈둥대면서 보냈다. 일 주일간 지체한 후 21일 3개월 전 일본을 향하여 출발하여 엔닌이 환송하였던 대사의 9척 배가 적산의 정박지에 들어왔다. 엔닌은 그의 제자 이쇼오를 파견하여 정중히 안부를 물었다. 대사의 수행인 이와다 이에츠구와 사수(射手)가 선단으로부터 답례를 위하여 보내졌다. 이틀 후 9척의 배들은 일본을 향하여 출항하였다.

귀국의 항해

엔닌은 일본의 소식이 장안에 있던 그에게 알려진 지 거의 3년이 되기까지 선단이나 대사 일행에 대해 아무 소식도 들을 수 없었다.[65] 그러나 10척의 배들에 대한 항해 내용은 그의 일기에서 사라졌지만 다시 일본 황실의 기록을 통하여 알 수 있다.

대사의 9척 배들은 엔닌이 8년 후에 선택하게 되었던 한반도 연안을 따라 가는 북로를 택하였다. 도중에 2척은 이 선단에서 분리되어 그 중 한 척인 제6선이 적산의 정박지를 출발한 지 3주일 후인 8월 14일에 북 큐슈우에 도착하였다. 이 소식을 듣고 일본 조정은 해안선을 따라 횃불을 계속 밝혀 호위하도록 명령하고 다른 배의 사람들을 위하여서도 물자를 준비해두도록 지시하였다. 동시에 칙명이 내려져 15개의 사원에 독경을 명령하였고 공물을 수미요시 대신의 본궁을 비롯하여 혼슈우의 서북연안에 제사드린 다른 신들에게도 바치도록 하였다. 신화에 의하면 이 신들도 또한 외교와 관계가 있었다.[66]

이런 후에 9척 중 다른 7척이 무사히 큐슈우의 서북연안에서 떨어진 히라도(平戶) 근처의 작은 섬에 도착하였다. 이 소식이 교토에 도착하자 황실은 사절들에게 육로로 신속히 수도에 올라오도록 명령하였다. 당시는 바로 가을의 수확을 위한 시기로서 그들이 그 지방에 머무는 것은 농부들의 일에 지장이 될까 우려했기 때문이다. 대사와 다른 2명의 고관은 제1단을 인솔하고 수도로 올라갔다. 나가미네 타카나와 9명의 관리들은 각각 이후의 일행을 인솔하였다. 검사관(원한문에는 검교사[檢校使])은 중국에서 가져온 약을 육로로 수도에 운반하고 나머지 화물이나 인원의 상경은 수로를 이용할지 육로를 이용할지를 이후 결정에 맡겼다. 이러는 동안에도 9척 중 잃어버렸던 1척을 찾는 작업은 계속되고 또 원래의 제2선에 대한 탐색도 계속되었다.[67]

두 척의 행방불명되었던 배 중 한 척이 북큐슈우에 도착하였던 것은 1개월 반이 경과해서였다. 그러나 왜 이 배가 다른 8척보다도 그렇게 늦게 도착하였는지의 이유에 대한 기록은 아무데도 없다. 세월이 흘렀다. 그러나 원래의 제2선에 대한 소식은 없었다. 840년 봄 조정은 연안의 경비를 엄격하게 하고 횃불을 계속 밝히도록 다시 명령을 내렸다. 그런데 드디어 1개월 후에 대재부는 이 배의 생존자 몇 명이 남큐슈우에 도착하였다는 것을 보고하였다. 당시는 산동 연안을 출항하고부터 거의 9개월이나 경과해 있었다.[68]

그 배는 신라인 선원이 동승하지 않았으므로 아마 한반도 연안을 피하여 적산의 정박지로부터 직접 일본을 향하였다고 생각된다. 어쨌든 폭풍을 만나 남쪽으로 흘러가게 되고 낡아버린 돛은 부러져버렸음에 틀림없다. 불행한 일본인들은 악천후에 수없이 표류하다가 갖고 있던 것을 거의 잃고 8월 아마 대만 근처나 그보다 남쪽에 있는 어떤 섬으로 밀려갔다. 여기서 그들은 흉악한 원주민들에게 습격을 당했다. 피로에 지친 여행자들은 상당히 그 수가 줄었다. 그러나 지송선사이며 의사였던 수가와라 카지나리(菅原梶成)가 부처와 신도의 신들에게 기도하고 신묘한 계책을 통하여 기적적으로 승리를 얻었으나 손해도 컸다. 5척(尺)의 창, 한쪽만 구부린 채찍끝을 단 칼, 방패와 화살 등 이때의 전리품이 후에 조정에 헌납되었는데 모두 중국의 무기와는 매우 다른 진귀한 것이었다. 전쟁 후에 카지나리와 배의 지휘관 요시미네 나가마즈가 파손된 배를 재료로 작은 배를 제조하는 데 지휘를 맡았다. 살아 남은 자들은 이들 배에 타고 일본을 향하여 북쪽으로 항해하였다. 카지나리의 배가 먼저 도착하였고 나가마즈의 배는 남큐슈우에 도착하는 데 2개월 이상 더 걸렸다. 그러나 2년 후에 중국에서 엔닌이 얻은 정보에 의하면 제2선에서는 겨우 30여 명이 일본에 돌아갈 수 있었다고 한다.⁶⁹⁾

조정은 카지나리의 귀국 소식을 듣고 바로 비단과 그외 물품을 생존자에게 하사하였으므로 그들은 의복을 마련할 수 있었다. 그후 그들의 기적적인 승리를 알고 날짜를 기록한 후, 멀리 북쪽 데와(出羽) 나라의 신에게 조서가 바쳐졌다. 이 신은 앞서 주어졌던 정오위하(正五位下)로부터 종사위하(從四位上)로 승진되었고 두 가족을 양육하기에 충분한 봉토가 주어졌다. 조서는 이러한 유형의 문서에 흔히 나타나는 판에 박힌 형식의 일본식 한문으로 다음과 같이 씌어 있다.

최근 궁중에서 유령이 나타나 점을 친 결과 대신(大神)의 분노에 의한 것이라는 판단에 이르렀다. 더욱이 견당사의 제2선 사람들이 귀국하여 보고한 바에 의하면 작년 8월 그들은 남방의 산적이 살고 있는 지역에 표류하여 전투를 하였는데 적은 다수이고 아군은 적어서 힘으로는 도저히 승리할 수 없었음에도 불구하고 예상을 뒤엎고 적을 물리칠 수 있었던 것은 대신의 영명한 도움에 의한 것으로 판단된다. 이제 이 점에 대하여 짐은 작년 데와 나라에서 10일간에 걸쳐 전투의 함성소리가 대신의 구름 가운데서 들려오고 후에는 돌무기가 떨어졌다는 보고가 짐에게 다다랐던 것을 기억한다. 진실로 남양(南洋)에서 전투가 있었던 시기와 그 날짜가 부합된다. 짐은 대신이 존엄한 힘을 멀리 그들에게 미쳤던 것에 대하여 외경스러움과 감사를 바친다. 그 때문에 짐은 정중하게 대신에게 종사위(從四位)를 주어 두 가족을 봉양하기에 충분한 봉토를 하사한다.

엔닌은 견당사의 귀국 이야기에 최후의 각주를 붙이고 있다. 즉 842년 5월 25일 장안에서 받게 된, 초주의 신라인 친구가 그에게 보낸 편지를 통하여 대사와 일행을 안내하였던 신라 선원들은 839년 무사히 일본에 도착하여 사명을 다하고 이듬해 가을에 중국으로 돌아왔다는 것을 우리들에게 알리고 있다. 원래의 일본 배 4척은 모두 파손되었지만 9척의 신라배는 전부 무사히 바다를 건너 일본에 도착하였다가 다시 중국으로 돌아가는 데 성공하였다는 것은 당시 항해술에서 신라인이 일본인보다도 매우 뛰어났다는 것을 의미한다. 일본인은 결코 용기가 부족하진 않았으나 황량한 바다를 건너는 데 필요한 기술이 무사로서의 대담함과 어깨를 나란히 하기 위해서는 다시 수세기를 기다려야 했다. 그 무렵이 되면 일본인들은 마침내 항해술과 검술에 의하여 동지나해의 도적[倭寇]으로 알려지기에 이른다.

귀국 환영

제2선의 불행한 사람들이 남쪽의 고도와 황량한 바다를 표류하고 있는 동안 대사와 그의 일행은 일본 조정으로부터 귀국 환영을 받고 위험한 사명을 완수하였던 것에 대해 상여를 받았다. 839년 9월 16일 추네츠구는 수도에서 "권력의 칼[節刀]"을 반환하였다. 다음날 중국으로부터의 '칙서'가 궁중의 중앙강당[紫宸殿]에서 천황에게 바쳐졌다. 칙서는 아마 일본의 통치자에 대한 작위의 수여였다고 생각된다. 그러나 이 점에 대하여 일본측 기록은 의도적으로 애매하게 되어 있다. 대사는 천황의 어전에 불려나가고 천황은 친히 그를 위무하며 그 공을 칭찬하였다. 상사는 "영원히!"라고 응답하고 의례적인 춤을 추었다. 술이 제공되고 천황은 빠짐없이 견당사의 보고를 들었다. 의식의 마지막에 대사는 의류 한 벌과 포상하는 다른 칙서를 받았다. 이번에는 정부 관리가 이것을 선언하고 추네츠구는 다시 답하여 "영원히!"라고 외치며 의례적인 춤을 추었다. 다음날 중국의 문서는 중무성(中務省)의 비서과[內記]에 보존을 위하여 건네졌다. 문서를 비서과에 건넨 인물은 궁중의 고관 후지와라 요시후라(藤原良房)였다. 이 인물은 바로 17년 후에는 초대 후지와라 섭정(藤原攝政)이 되었다.

9월 28일 천황은 위로는 대사로부터 아래로는 선원에 이르기까지 견당사절단 전원에게 특례의 승진을 내렸다. 다음달 1일은 전통적으로 천황이 대신들을 주연에 초대하여 향응을 베푸는 날이었다. 이때 청익승으로 귀항의 선두(船頭)였던 토모 수가오와 다른 한 사람의 전문가가 불려나와 어전에서 다섯 차례 정도 바둑시합을 하였다. 시합마다 새롭게 동전 4관(貫)이 걸렸다. 토모 수가오의 바둑 기술과 마찬가지로 이 동전들은 새롭게 중국으로부터 수입되었던 것으로 생각된다. 음악가이며 준판관인 후지와라 사다토시는 비파를 연주하도록 명령받았다. 전원은 취하여 각각의 지위에 따르는 선물을 갖고 돌아갔다. 5일 후 대신들은 귀국한 사절단에 대한 최후의 의식으로서 사절단 관리들을 초대하여 접대하였다.

10월 13일 중국으로부터 갖고 돌아왔던 물품이 공물로서 이세(伊勢) 대신궁에 헌납되었고 다시 바로 2개월 후 마찬가지의 공물이 이전 견수사·견당사를 파견하였던 코닌제(光仁帝)와 캄무제(桓武帝)를 포함한 네 황릉에 바쳐졌다. 9일 후에 조정은 회고하여 캄무제의 후지와라 가(家) 출신의 황후릉에도 마찬가지의 공물을 헌상하였다. 그리고 "궁중의 시장"이 열려 나머지 박래품이 교환에 붙여졌다.[70]

대사의 귀국 직후 이루어진 승진으로 대사는 정사위하(正四位下)로부터 종삼위(從三位)로 2계급 올라갔다. 사망한 판관 후지와라 토요나미는 마찬가지로 2계급 특진의 은전을 입고 정육위상(正六位上)으로부터 종오위상(從五位上)으로 승진하였다. 다른 두 사람의 판관은 겨우 일계급씩밖에 승진하지 못했다. 그러나 이 중 한 명인 나가미네 타카나는 840년 신년의 정기적인 명예 수여의 시기에 정오위하(正五位下)의 직위로 승진하였다. 이러는 동안 직책의 영전이 일부의 관리에 대하여 이루어졌지만 대사 자신에게는 이루어지지 않았다. 아마 그가 여행의 피로로 병에 걸려 840년 4월 23일 사망하였던 사정 때문일 것이다. 제2선의 생존자들이 귀국하자 다른 승진 목록이 더 필요하였기 때문에 840년 9월 26일에야 중국 여행을 완수한 391명에 대한 승진이 겨우 마무리되었다. 대부분의 사람은 상응한 승진을 했지만 5명은 불량한 행동이 있었다고 간주되어 전혀 승진되지 않았다.[71]

대사의 귀국 후 몇 개월이 지나지 않아 천황은 그가 황태자였을 때 그의 가정교사를 지낸 오노 타카무라에 대한 옛 기억을 회상하며 오키섬에 추방되어 쓸쓸하게 늙어가고 있던 부사에게 연민을 느껴 그를 수도로 불러들였다. 그리고 1년도 경과하지 않아 타카무라는 관위를 회복하고 그가 추방되었을 때까지 갖고 있던 정사위하(正四位下)의 지위를 다시 받았다. 이때의 조서는 다음과 같이 말한다. "짐은 예전 일을 회상하고 더욱 문재(文才)를 사랑하기 때문에 관대한 처우를 내려 원래의 관위를 회복하게 하는 예외를 행한다." 타카무라는 궁정인으로서 두드러진 경력을 계속 향유하였다. 852년 그가 죽기 전 예전 그를 일시적으로 궁지에 빠뜨렸던 견당사에서의 원래의 상관(대사)과 동등한 관위와 직책을 부여받았다.[72]

마지막으로 그리고 가장 중요한 견당사의 업적은 그들을 따라갔던 승려들에 의해 새로운 사상과 종교적 실천이 들어왔다는 것이었다. 기록은 사절단의 귀국 직후 승려 죠오쿄(常曉 또는 常皎)에 의한 이러한 유형의 활동을 알리고 있다.[73] 그러나 물론 엔닌이야말로 훨씬 그 이상의 임무를 완수하였다. 실제로 모든 견당사절단의 일행 중 엔닌은 역사적으로 가장 중요하고 또한 가장 유명하게 되었다. 견당사에 관한 서적은 847년 10월 2일자 일본의 연대기에 "중국에 보냈던 천태 청익승 엔닌"이 드디어 귀국하였다는 한 항목이 기록되기까지 공식적으로는 끝난 것이 아니었다.

제4장
엔닌이 본 중국 관리

 엔닌은 적어도 일면으로는 극히 적응력이 뛰어나서 가령 우리가 사는 현대 사회에 갑자기 놓여진다고 해도 용이하게 순응할 수 있는 인물이었다. 그는 지나치게 완고한 중국 정부의 권위주의나 관청 사무의 구속에도 기가 죽는다든지 비굴해지지 않았다. 견당사 일행이 중국에 머무르고 있는 동안 그는 스스로 천태산행의 탄원이나 그외 여러 가지 일본측과 중국 관료의 절충과정을 통하여 당나라 관료제도의 치밀하고 복잡한 조직을 알게 되었다. 양주에서 자신의 문제를 해결하려는 시도는 견당사를 통해서나 중국 정부와 직접 교섭하는 어느 경우에도 성공하지 못했다. 그래서 그는 양주의 절도사인 이덕유에게 부탁하여 천태산행의 허가를 발행해주도록 설득하는 데 힘썼다. 그러나 정중하지만 확고한 대답은, 양주지방 사령관의 권한으로 발행된 문서는 이덕유가 관할하는 8주(州)에서는 자유롭게 여행하는 것을 가능케 하여도 양자강 남쪽 천태산 지역은 양주의 관할권에 속하지 않으므로 효과가 없다는 것이었다.[1]
 엔닌의 해주 당국과의 교섭도 결코 그에게 용기를 북돋아주지는 못했다. 그 지역에 발을 들여놓은 그날로 엔닌은 체포되었다. 그는 비록 정중히 다루어져 지방장관[刺史]과의 우의적인 회견을 허락받았지만 여기서도 중국 관료의 획일적인 태도를 명확히 알게 되었다. 즉 체포되었을 때 그는 상륙한 이유와 갖고 있던 물품 전부의 목록을 문서 형태로 제출하도록 요구받았다. 물품 목록에 대해서 그는 대강 다음과 같이 기록하고 있다. "우리들이 휴대한 화물은 법의, 의류, 탁발용(托鉢用)의 바리때와 찻잔, 작은 청동의 방울, 문방구류, 물통, 700문(文) 이상의 동전, 짚으로 만든 우의이다." 대사에게서 받은 금 20근을 일부러 빠뜨린 것은 엔닌이 의도적으로 남아 있게 된 이유를 숨기기 위해 그의 물품목록을 위조했던 것이다. 그러나 중국 관료는 전형적인 관료의 획일화된 규정에 따라 문서의 형태로 무언가 써두는 것으로 만족하고 그 이상의 진상을 추궁하려고 하지 않았다.

현청 심문

산동의 지방장관이 엔닌과 일행이 견당사가 출발하였음에도 적산사원에 남아 있게 되었다는 것을 알게 되자 부득이 엔닌 등을 심문하게 되는데 이 일은 그들을 낭패스럽게 만들었다. 적산의 정박지로부터 견당사의 제2선이 무사히 출항한 지 겨우 13일밖에 지나지 않았을 때 산동반도의 끝에서 30리 정도에 위치한 반도 중앙부의 문등현(文登縣) 현청에서 심문 문서를 휴대한 관리가 도착하였다.

엔닌이 그의 일기에 완벽하게 베껴놓은 이 문서와 이와 유사한 여러 가지는 당시 중국 관료가 작성한 공문서의 '딱딱한 표현'에 대한 전형적인 실례가 될 것이다. 어느 경우든 현대 관료의 문서와 마찬가지로 지나치게 기교적이면서도 모호한 상투적 문구로 이루어져 별다른 내용은 없었다.

문등현의 심문 내용은 분명히 현청의 하급 관리가 초안을 작성하여 약간 상급의 관리가 승낙하고 다시 마지막으로 현 장관의 대리가 결재한 것이다. 심문서는 청령현(青寧縣; 또는 청령향)이라는 지방의 한 부락에 보내졌는데 실제로는 부락의 장로들과 촌의 보안요원인 촌보(村保) 및 집단의 우두머리인 판두(板頭)에게 보내졌음을 의미한다. 이들 두 직책은 아마 정부가 모든 일반인들을 집단으로 나누어 집단내에서 각 개인의 행동에 책임을 지게 하려는 상호 감시조직의 감독자였던 것 같다. 문서 내용은 다음과 같다.

현청은 청령현에 알린다

　우리들은 판두 두문지(竇文至)에게 일본 배로부터 세 사람이 떨어져 남게 되었다는 보고를 받았다.

　이 사건의 경위를 전하는 문서는 판두로부터 받았는데 거기에는 배가 이번 달 15일에 출항하고, 떨어져 남게 된 세 사람은 적산 신라인 사원에서 발견되었다고 기록하고 있다. 이 보고는 앞서 말한 대로이다.

　이 안건의 인물에 대해 우리들이 조사한 바에 따르면 그들이 배에서 떨어져 남게 되었을 때 촌보와 판두는 바로 그날로 우리에게 그것을 보고해야만 했다. 어째서 15일이나 경과하고서야 우리에게 알렸는가? 더욱이 우리는 도망자의 성도 이름도 알지 못하며, 그들이 어떤 물품을 소지하고 있는지 어떤 의복을 입고 있는지 명확히 모른다. 또한 사원 행정관 및 적산사원의 감독 승려들이 거기에 외국인이 머무르고 있다는 것을 조사하였는지에 대하여 귀하는 아무것도 보고하지 않았다. 부락의 장로들은 이 문서에 의하여 사건을 조사하도록 통지한다. 이 통지서가 귀하에게 도착하는 날 바로 사건을 상세히 보고하라. 만일 귀하의 조사에 정황과 맞지 않는 점이 있다든지 허위사실이 있으면 귀하는 소환되어 문책당할 것이다. 만일 조사에 관한 귀하의 구체적인 보고가 제한된 시간을 무시한다든지 조사가 불충분하다면 해당 조사자는 가장 엄중하게 처벌받을 것이다.

개성(開成) 4년 7월 24일
감독관[典] 왕좌(王佐) 기록하다.
기록주임 부사무관[主簿副尉] 호군직(胡君直)
대리현지사[攝令] 척(戚) 통지자[宜員]
[서 명]

　심문서는 엔닌과 사원의 주지에게 보내지지 않았지만 각각 스스로의 상세한 대답을 요구하고 있다고 느껴졌다. 엔닌은 마침내 그의 목적을 솔직하게 진술하였지만 자금의 출처에 대해서는 다시 신중하게 침묵을 지켰다. 그는 다음과 같이 기록하였다.

일본 승려 한 명과 두 제자, 한 명의 종이 적산사원에 머문 이유
위의 승려는 불법을 구하기 위하여 멀리 바다를 건너 왔습니다. 중국에 도착은 하였지만 오랫 동안의 희망은 아직 이루어지지 않았습니다. 고국을 떠난 당초의 목적은 스승을 얻어 법을 배우기 위하여 중국의 성스러운 유적을 순례하는 것이었습니다. 조공사절이 일찍이 귀국해버렸으므로 함께 귀국할 기회를 잃었습니다. 그래서 이럭저럭 이 산의 사원에 머무르게 되었습니다. 이후 불법을 구하고 수행하기 위하여 유명한 성산(聖山)으로 순례하려고 합니다. 짐은 쇠바리 1개, 작은 청동 방울 2개, 청동 물통 1개, 서적 20권 정도, 방한용 의류뿐입니다. 귀 관청의 조사에 이상과 같은 이유를 술회하며 이상과 같이 기록합니다. 정중히 기록합니다.

개성 4년 7월 2(?)일
일본국 승려 엔닌이 문서를 만들고,
수행승려 이쇼오, 승려 이교오, 수행인 테이 유우만이
문서를 바칩니다.

다른 문서에서 신라사원의 주지 법청(法清)은 엔닌의 소유물 목록의 정확함을 보증하고 일본인들은 "이 산사에 피서를 위하여 할 수 없이 머무르게 되었던 것이고 서늘해지면 순례를 나갈 것입니다"라고 설명하였다. 그리고 "따라서 그들은 현청 발행의 여행 사증을 얻지 못하였습니다"라고 덧붙였다.

9월 3일까지 현청에서는 아무런 반응이 없다가 그날 바로 지난 달 13일자 문서를 가진 관리가 도착하여 지방 항만 감독관[海口所由], 판두 및 사원의 감독자들에게 부락 관리들의 염려스런 요청에 근거하여 일본인들의 동정을 끊임없이 감시하라는 명령이 내려졌다. 엔닌은 2개월 정도 후 사원의 중앙 불당에서 이루어지던 매일의 강의를 피하기 위하여 가까운 사원의 작은 시설로 옮기려 하였을 때 이러한 명령이 그의 신변에 얼마나 절박한 문제로 밀어닥쳤는가를 알게 되었다. 사원의 감독자

들은 부락의 장로들에게 부추김을 당했는지 엔닌에게 바로 원래의 장소로 되돌아가라는 문서를 건네주었으므로 새로운 거처로 옮기는 것이 곤란하게 되었다. 그러나 엔닌은 답신을 보내어 "15일간의 퇴거"를 요구하였는데 그것은 허락되었지만 다시 관헌에 의해 감시되었던 것 같다. 왜냐하면 엔닌은 5일 후에 "사태가 정당하게 마무리되지 않았으므로 원래의 사원으로 돌아갔다"고 기록하고 있기 때문이다.[2]

현청으로부터의 명령에 이어 두번째 문서가 도착하여 그 전달이 매우 늦은 이유를 설명하고 있다. 하급 관리가 원래의 문서를 분실하고 그후 얼마간 그 사실이 드러나지 않았기 때문이라고 한다. 두번째의 문서는 마찬가지로 주청과 산동성의 절도사에게 일본인이 그곳에 있다는 것을 알렸다.

엔닌은 이 문서가 도착한 기회를 이용하여 그의 순례 희망을 상기시키는 또 하나의 편지를 그들에게 보냈다. 그러나 이미 가을이 되었으므로 앞서 법청이 일본 승려들이 피서를 위해 사원에 머루르고자 하는 요청을 하였던 경우와는 반대로, "추워졌기 때문에 우리들은 어디에도 갈 수가 없어 이 사원에서 겨울을 보내려고 합니다. 봄이 오면 유명한 명산으로 순례를 떠나 성스러운 유적을 찾아보려고 합니다"라고 진술하였다.

통행증 신청

이러는 동안에 엔닌은 남쪽의 천태산행에 대신하여 북쪽의 오대산행으로 순례의 목표를 결정하였다. 일찍이 오대산에 간 적이 있던 사원의 두 신라인 승려가 그 지역의 훌륭한 학승이나 신성한 사적에 대하여 말해주었을 뿐 아니라 그곳에 이르는 상세한 행로를 가르쳐주었다.[3] 9월 26일 엔닌은 주지 법청이 일찍이 807년 중국의 수도에 갔을 때의 여행 허가증을 표본으로 하여 통행증을 발행해 달라는 정식의 탄원서를 작성하였다. 엔닌이 일기에 베껴놓은 법청의 허가증은, 전년에 인도 승려가 그의 제자들이 탁발승으로서 여행하는 것을 허락해주도록 요구하였던

제4장 엔닌이 본 중국 관리 107

성공적인 탄원서의 참고가 되었다. 엔닌도 또한 희망을 가지고 이 전례를 참조하였다. 그의 요청은 이후에 계속하여 몇 개월 동안 작성되었던 여러 유사한 문서의 전형적인 것으로 다음과 같았다.

구법의 일본 승려들이 이 사원에 고한다
 승려 엔닌, 수행승 이쇼오 및 이교오, 시종 테이 유우만이 목적지에 이르는 동안 탁발을 하면서 여행할 수 있도록, 사원 당국이 주청 및 현청에 대해 우리에게 통행증을 내려주도록 상신해주기를 청원하는 문서.
 저희 승려들은 마음으로 다만 부처의 가르침을 흠모하여 멀리 이 인정 많은 나라에 왔습니다. 우리들의 마음은 성스러운 유적을 동경하고 우리들의 혼은 순례의 기대로 뛰고 있습니다. 오대산과 그 외의 장소는 가르침의 근원이며 대성(大聖)들이 모습을 나타냈던 장소라고 일컬어지고 있습니다. 인도에서도 훌륭한 승려들이 험준한 구릉을 넘어 이 지역을 방문하였다고 들었습니다. 또한 유명한 중국의 스승들은 거기서 깨달음을 얻었다고 전해지고 있습니다. 저희 승려들은 이 거룩한 장소를 동경하다가 행복한 기회를 만나 다행히 이 성스러운 국토에 도착할 수 있었습니다. 이제 우리들은 오랫 동안의 숙원을 이루기 위하여 이들 성스런 유적을 방문하기를 바라고 있습니다. 그러나 도중에 우리는 여행의 목적을 위협하는 것이 나타나지 않을까 두려워하고 있습니다. 우리들은 학식이 있는 반야(般若) 법사[三藏]가 탁발승들을 위하여 공식적으로 통행증을 청원하여 허락을 얻었다고 들었습니다.
 우리들은 삼가 이 나라의 법률과 전례에 따라 통행증을 우리에게 내려 주도록 이 사원이 주청과 현청에 신청하여 주기를 희망합니다. 이렇게 해주신다면……귀 사원의 행정관 여러분의 거룩한 명성은 멀리 다른 나라에 전해지고 자애에 가득찬 아량은 태양과 같이 부처의 휘황함이 될 것입니다. 우리들은 감사한 마음을 더욱 깊이 할 것입니다.
 전체의 내용은 이상과 같습니다. 사안은 이상과 같이 기록하였습니다. 정중히 기록합니다.

개성 4년 9월 26일
일본국 엔랴쿠지(延曆寺) 구법승

엔닌에게 겨울은 조용히 지나갔다. 그러나 새해가 다가오자마자, 즉 동아시아의 역법으로는 봄의 도래와 함께 그는 여행 허가를 얻어내려는 노력을 다시 하였다. 1월 19일, 다시 정식의 탄원서를 사원의 관리에게 바쳤다. 사원의 관리들은 다음날 바로 문서를 가지고 장영(張詠)이라는 이 지방의 조선인에게 갔다. 이 신라 사람의 역할은 엔닌이 그에 대하여 사용한 여러 칭호, 즉 "신라인 통역수비관[新羅通事押衙]", "해당 주의 군사수비관[軍事押衙]", "신라사절의 사무를 취급하는 수비관[勾當新羅使押衙]" 등으로 살펴볼 수 있다. 여러 해가 경과한 후 엔닌이 다시 장영과 만났을 때 그는 장영을 분명하게 산동반도 동단 전역을 포함한 "문등현 지방의 신라인을 관할하는" 존재로 기록하고 있다.[4] 장영은 분명히 영향력 있는 인물이었다. 아마 엔닌은 그를 통하여 최초의 장소에 상륙하여 머무를 수 있었으며, 의심할 바 없이 장영의 도움에 의해 일본인들은 떠나버린 견당사절단에서의 도망자로서가 아니라 그 지역의 공인된 외국 거주자라는 더 안전한 외피를 쓰고 정부 당국자에게 가까이 갈 수 있었을 것이다.

당연히 엔닌도 역시 그의 후원자에게 편지를 보내 과거의 은혜에 대하여 마음 깊이 감사를 하고 순례의 계획에 대한 허가가 내려지게 하는데 장영의 후원을 얻기 위하여 그의 "모두를 포용하는 자애"와 "은혜로운 보호"를 조심스럽게 기원하였다. 다음날 장영의 답신이 도착하였는데 거기에는 현청에 사신을 보내어 특히 빨리 답장이 사원에 돌아오도록 수배해 놓았기 때문에 승려들은 안심하고 "조용히 기다리라"고 기술하였다. 65일 후 답장이 압아(押衙)를 통하여 도착하여, 현청이 주청에 알려 주청으로부터는 승낙의 답장이 열흘 후에 도착할 것이라고 전해졌다.

이러는 동안 장영과 신라 승려, 그리고 고을 사람들은 바로 이때 엔닌이 순례를 떠나는 것을 반대하여 경고하였다. 그들의 이유는 산동지방이 과거 3, 4년 동안 "메뚜기 떼가 모든 곡식을 먹어버린 재해를 입어 많은 도적이 나타나고 살인이나 착취가 적지 않았기" 때문이었다.

그들은 가을 추수 후까지 기다리라고 권고했다. 만일 일본인이 어떻게 해서든 바로 출발하려고 한다면 양주나 초주로 돌아가 거기서부터 북쪽으로 향하라고 추천하였다. 엔닌은 그가 들은 정보가 서로 모순되는 것에 당황하였다. 그러나 그는 빨리 여행길에 오르기를 원했다. 현청으로부터 문서가 도착할 것이라고 했던 열흘을 기다리지 않고 엔닌은 다른 한 통의 긴 편지를 장영에게 보냈다. 이 가운데 그는 끈질긴 재촉을 미안해 하면서 변명으로 "당황하여 평정을 찾을 수 없었습니다"라고 기술하고 현청의 약속에도 불구하고 관리들이 단지 개인적인 사정으로 탄원서를 지체하고 있는 것은 아닌가고 불안을 피력하였다. 장영은 현청으로 또 한 사람의 사신을 파견하여 엔닌에게 심려하지 않아도 좋도록 조치하겠다고 답장을 보냈다. 그러나 답신에는 엔닌에 대하여 그저 사소하긴 하지만 그의 초조함을 보이면서 엔닌이 "여기에 머물면서 내 관할에 있기 때문에 많은 사람들이 종일 당신을 위하여 그들이 할 수 있는 것을 하고 있다"고 술회하였다.

엔닌의 심려는 단순한 기우가 아니었다. 2주일이 지나도 현청으로부터는 아무런 반응도 없었다. 그래서 엔닌이 2월 15일 법회에서 압아를 만났을 때 압아인 장영은 만일 엔닌이 "특히 문제를 조속히 해결하고 싶다면" 책임 있는 관리를 직접 만날 수 있도록 엔닌을 현청으로 안내하겠다고 제안하였다. 엔닌은 다시 며칠을 기다린 후 이 조언을 받아들이기로 결심하였다. 그러나 사원을 떠나기 전에 그는 차후 일본으로 돌아가는 것을 손쉽게 하려고 몇 통의 편지를 적었다.

엔닌은 최(崔)라는 신라인의 배가 가까이에 정박하고 있다는 것을 들었다. 최는 7개월 전에 적산사원에서 만났던 사람이다.[5] 그는 또한 수비관의 칭호를 가졌으나 동시에 막강한 신라인 무역왕 장보고(張寶高)의 무역 대리인이기도 하였다. 그는 일찍이 일본인들이 천태산으로 가기 위하여 초주로 돌아갈 때 배를 준비하여 두기로 약속한 적이 있다. 거기서 엔닌은 그에게 편지를 써서 계획의 변경을 설명하고 엔닌과 일행이 일본으로 돌아갈 때가 되면, 아마 그것은 841년 가을이 될 것이라고 생각하지만, 그때에는 신라인의 원조를 요청하겠다고 하였다. 그는 또한 부관[秘書]에게 보내는 짧은 각서를 동봉하여 그가 이것을 묵인해 주도록 부탁하였다. 그리고 최의 주인인 장보고에게 보낸 길고도 엄청난 존경을 표현한 서한에서는 그를 "대사(大使)"라고 존칭하였다. 이 편지에서 엔닌은 일본 관리가 대사에게 보낸 친서를 위임받았지만, 양자강의 진흙탕에 배가 난파되었을 때 분실하여 버린 일을 설명하였다. 엔닌은 또한 장보고가 적산사원을 창설한 것에 대해서도 경의를 나타내고 있다. 이러한 것들을 서술하고서 "하찮은 저에게 주어진 대단한 행운에 의해 대사의 약속으로 축복받은 지역에 체류하였습니다"라고 하면서 장보고가 "대단한 인덕"을 내린 것에 대하여 감사하였다.

엔닌이 신라 승려의 문필 기술과 경험에서 많은 것을 익힐 수 있었던 사원을 떠나기에 앞서 중국인 지방 관리로부터 장래 필요에 따라 표본이 될 만한 문서 초안의 작성에 대해서도 안목을 갖추게 되었다. 드디어 2월 19일 일본 승려들은 법청의 안내로 사원을 뒤로 하고 장영의 집으로 향하였다. 거기서 그들은 수비관이 일본인들에게 통행증을 발행하여도 좋다는 내용의 기다리던 현청으로부터의 서류를 받는다는 것을 알게 되었다.

현청에서

수비관의 문서를 가지고 엔닌과 3명의 수행인은 다음날 아침 법청과 장영에게 이별을 고하고 장영의 부하들 중 한 명의 안내로 문등현을 향하여 출발하였다. 하루종일 걸어서 그들은 겨우 현청 소재의 마을에 도착하여 그곳에 있는 사원에 숙박하였다. 아침이 되자 일본인들은 다른 사원으로 옮겼고 그 사이 장영이 보낸 안내인은 바로 그의 주인에게서 받은 문서를 제출하고 일본승려의 탄원서를 다시 내기 위하여 현청으로 갔다. 분명히 장영이 발행한 통행증은 단지 여기까지만 통용되었기 때문이리라. 현지사(縣知事)는 당일 아무런 결정도 내리지 않고서 다음날엔 휴무를 선언하였다. 그러나 엔닌은 적어도 관리의 행동양식에 대하여 조금씩 알기 시작하였다고 생각된다. 왜냐하면 그의 일기에 "중국의 관습에 의하면 다스리는 관리들은 하루에 두 번, 아침과 저녁에 소송을 듣는다. 그들은 큰 북의 신호를 들을 때까지 기다리고 있다가 자리에 나아가 공청(公聽)을 여는 것이다. 공사(公私)의 방문자들은 관리와 만나기 위하여 이 공청이 행해지는 시간까지 대기하지 않으면 안된다"라고 기록하고 있기 때문이다.

23일 몇 명의 하급관리가 사원에 와서 상세하게 엔닌을 심문하였다. 다음날 엔닌은 순례의 다음 단계로 나갈 수 있는 통행증을 수령하였다. 이 증서는 다음과 같이 기록되어 있다.

등주(登州)도독부의 문등현은
일본인 여행승 엔닌 등 네 명에게 알린다
승려 엔닌, 제자승 이쇼오, 이교오, 시종 테이 유우만 및 그들이 휴대한 의복, 쇠바리 등.
알림: 지금까지의 과정을 기록한 서류를 조사한 결과 해당 승려는 지난 개성 4년 6월 일본의 조공선에 탑승하여 문등현 청령향에 있는 적산 신라사원에 도착하고 거기에 머물렀다. 그리하여 지금 자유로이 여행하고 여러 장소에 순례하기를 원하지만 그들이 가는 주나 현, 관소나 하구, 도로나 시장이 있는 곳과 도중에서 그들의 여행이 불안하게 되는 것을 두려워하여, 증거로서 관의 통행증을 교부받도록 결재를 요구하였다는 것을 우리들은 인지하고 있다.
앞서 서술한 여행 승려들을 조사한바, 그들은 아직 쓰여진 허가증을 휴대하고 있지 않으므로 관의 통행증을 받도록 관대한 조처를 청원하고 있음을 우리들은 알고 있다. 이상 기술한 내용에 기초하여 그들에게 증거로서 관의 통행증이 주어졌다. 정중히 기록한다.

개성 5년 2월 23일
감독관[典] 왕좌(王佐) 첩(牒)
기록주임사무관[主簿判尉] 호군직(胡君直)[6]
[서 명]

주청에서

　다음날 엔닌은 현지사를 방문하여 이별 인사를 나누고 오후 일찍 그와 세 명의 일행은 무등현 서북쪽 85리 정도의 산동반도 북쪽 연안에 위치한 오늘날의 봉래(蓬萊), 당시로는 등주(登州)의 주청 소재시를 향하여 출발하였다. 일본인들은 배 위에서 몇 개월을 보내고 다시 적산사원에서 부득이 가을과 겨울을 칩거한 후에 겨우 도보여행을 할 수 있었으나 등주로의 여행은 그들에게 느리고도 고생스러운 일이었다. 이틀째 오후, 그들은 다리가 아파 멈춰서 쉬지 않을 수 없었다. 그러나 다른 날은 작은 절의 객승(客僧)이 되어 유쾌한 날을 보낸 적도 있었다. 드디어 도보여행의 7일째가 되는 3월 2일 등주에 도착하였다. 엔닌은 다소 과장되었으나 지극히 솔직한 표현으로 다음과 같이 기록하고 있다. "산이나 언덕을 넘는 도보여행으로 우리들의 발은 부르터서 손으로 장대를 잡고 무릎으로 기다시피 하여 겨우 도착하였다." 도중에 집은 거의 없었고 드물게 보이는 사람들은 "굶주려 도토리를 식량으로 삼았다"는 것을 엔닌은 발견하였다.

　등주에서 일본인들은 세번째로 개원사라고 불리는 사원에 머물렀다. 그들이 도착한 날 하급 관리의 한 사람이 사원에 찾아와 그들을 심문하였다. 엔닌은 일본을 출항한 이래 그들의 여정을 간단히 기록해주었다. 다음날 그들은 현지사를 방문하도록 초대받았는데 지사는 그들에게 차를 제공하고 "쌀 2석(石), 소맥가루 2석, 기름 1되(斗), 소금 1되, 땔감 30뿌리"를 그들의 여행용으로 지급하라는 명령서를 써주었다. 그런데 당시 중국의 "석(石)"은 1부셸(약 32리터)과 3분의 2에 상당하며 "두(斗)"는 그 10분의 1에 해당하는 단위이다.

　다음날 지사와 그의 하급관리들은 종교적인 의식에 참석하기 위하여 개원사에 도착하였다. 의식이 끝난 후 그들은 일본인들을 초대하여 차를 제공하고 일본의 관습에 대하여 물었다. 다음날 엔닌은 이후의 여행을 위한 통행증을 내려주도록 정식으로 신청하였다. 그것은 6개월 전 적산사원을 통하여 신청한 서류와 거의 같은 형식이었지만 더욱 명료한 서두를 들고 있는데 "성지를 순례하고 스승을 구하여 불법을 배우기 위해 오대산과 다른 유명한 산과 장소로 가는 관청의 통행증을 요청한다"

고 기록하였다. 이 문서는 일본인들이 어떠한 이유로 산동에서 우연히 체류하게 되었는가 하는 이유는 일부러 명확히 하지 않고 다음과 같이 모호한 말로 서술하였다.

……개성 4년 6월 우리들은 고국을 멀리 대양의 황량한 파도에 떨어뜨려두고 이 연안에 정착하여 사랑하는 모국을 잊고서 문등현 청령향의 적산 신라원에 도착하기에 이르렀습니다. 다행히도 자유로이 여행을 할 수 있어 귀 관청의 관할에 있는 문명이 개화된 지역에 올 수 있었습니다.[7]

이 요청과 함께 엔닌은 지사가 여행용 선물을 하사한 것에 대한 감사의 서한을 올렸다. 이 서한을 쓸 때 적산사원을 떠나기 전에 배웠던 서식이 좋은 표본이 되었다. 같은 날 그는 휴대하기에는 아무래도 무거운 땔감 전부와 소맥가루 반과 쌀 4분의 1과 초, 소금, 기름의 각 4분의 1을 개원사에 기부하여 승려들을 위한 채식요리를 마련하도록 하였다.[8] 엔닌은 기부증서에서 차후 사원의 열 명 정도의 승려를 위한 한 번의 식사를 준비하는 비용으로 하기를 청하면서 "지사의 인자한 은혜를 한 사람이 받을 수는 없다"고 서술하였지만, 실제 이유는 물론 그와 일행이 사원에 숙박하였던 대가를 지불한 것이다.

3월 8일 엔닌은 특별히 두 통의 편지를 지사에게 보냈다. 하나는 정중한 인사장이고 다른 하나는 그가 통행중의 발급을 기다리고 있음을 상기시키는 간단한 기록이었다. 첫번째 편지는 엔닌이 일기에 기록한 몇 가지 유사한 서식들의 좋은 예이다. 즉 다음과 같이 기록하고 있다.

봄이 지나 매우 따뜻해졌습니다. 삼가 당신의 인품과 행동에 충만한 축복을 기도드립니다. 저 엔닌은 당신의 자비를 받았습니다만 승려의 길은 여러 제약이 있으므로 여러 날이 지나도 존경을 나타낼 수가 없어서 지극히 두려움에 떨다가 삼가 제자승 이쇼오를 파견하여 이 편지를 바칩니다. 정중히 간단하게 기록합니다.

개성 5년 3월 8일

일본국 구법승 엔닌이 편지를 올린다.
지사(知事)께

    수신자의 이름인 '지사' 아래에 작은 한자로 두 가지의 정중한 서식이 첨가되어 있는데 "각하, 무궁한 존경의 뜻을 포함하여"라는 식으로 번역될 것이다. 엔닌은 분명히 다시 여행을 서두르려고 여러 방법을 쓰고 있었다. 그러나 지방의 몇몇 중국인들의 극히 우호적인 태도가 적어도 그의 출발이 지연되는 것을 참을 수 있게 하였다. 엔닌은 네 차례나 아침식사에 초대되었는데 승려들은 저녁식사를 하지 않게 되어 있었으므로 그들을 위한 대단한 식사였음에 틀림이 없다. 그 중 두 번은 어떤 군사 압아의 초대였는데, 그는 또한 엔닌에게 화물을 운반하는 당나귀를 주었다. 이러는 동안 엔닌은 흥미로운 역사적 발견을 하였다. 그는 불교의 천국[淨土]을 묘사한 개원사의 벽화 하나에서 일본견당사 일행에 의해 봉납되었던 불화를 발견하였다. 이 견당사가 어느 때의 것인지는 알 수 없고 기부자들의 이름만이 새겨져 있으나 대부분 생략되어 있으므로, 엔닌은 그들이 누구인지를 명확히 할 수 없었지만 그들의 이름이나 직책은 정성껏 베껴놓고 있다. 그들의 이름이 엔닌에 의하여 판명되지 못했음과 마찬가지로 아쉽게도 현대의 학자들에 의해서도 판명되지 못했다.
    마지막으로 11일 엔닌은 이전의 보고에 응하여 통행증을 받기 위하여 지사의 관청을 방문하고 이 기회를 이용하여 이별의 인사를 하였다. 건네받은 서류는 두 통이었다. 한 통은 등주의 서남쪽 약 150마일 정도에 있는 현재의 익도(益都), 당시는 산동의 동부 전역의 중심 도시인 청주(青州)의 절도사에게 보냈던 것이고, 다른 한 통은 도독부에서 등주의 대표인 유후관(留後官)에게 보냈던 것이다. 엔닌이 일기에 써넣은 절도사에게 보낸 편지는 등주의 주청에 보낸 그 자신의 탄원 내용 대부분을 그대로 포함하고 또한 견당사 배의 출발에 관한 앞서의 공식적인 보고와 적산사원에 잔류하였던 일본승의 동정을 다루고 있다. 그 편지는 등주의 관리가 필요한 통행증을 발행할 권한이 없기 때문에 급히 절도사의 결정을 청하러 일본인들을 청주로 보낸다는 내용으로 결론을 맺고 있다.

엔닌은 아마 이들 문서에 더 많은 기대를 갖고 있었을 터이지만 이렇게 해서 적어도 오랜 여행 후에 한 걸음씩 목적지에 가깝게 가는 행정조치를 얻게 되었다.

칙서

등주에 체류하고 있는 동안 엔닌은 거창한 정부의 의식에 참여하는 기회를 얻었다. 즉 새로운 황제 무종(武宗)의 즉위를 알리는 칙서를 지방의 주청·현청이 공식적으로 수령하는 의식이었다. 엔닌은 2주일 정도 전에 무종의 즉위를 들었다. 그의 묘사는 당대의 이러한 유형의 의식을 전하는 유일한 것으로 그러한 의미에서 그 전문(全文)을 인용할 만한 가치가 있다.

새로운 황제의 칙서가 수도로부터 도착하였다. 성벽으로 둘러싸인 시내의 관사 문 앞 정원에 두 장의 모피를 깔고 대문의 북쪽 계단 위에 받침대를 세워 자주색 휘장을 두르고 그 위에 누런색 종이에 쓰여진 칙서를 놓는다. 주의 행정관[判官]과 비서관[錄事], 현의 행정관[縣令]과 사무주임[主簿], 병마사(兵馬使), 군장(軍將), 군중행관(軍中行官) 등의 문무백관을 비롯하여 평민(백성), 승려, 도사가 각각의 지위에 따라 서쪽을 향하여 정원의 동쪽에 나란히 섰다. 지사는 20명의 장교가 각 10명씩 길의 좌우로 나뉘어 서 있는 가운데를 따라 관사에서 모습을 나타내었다. 녹사나 현의 직원[縣司] 등은 지사가 나타나는 것을 보면 머리를 땅에 닿을 정도로 깊이 수그렸다.
지사가 "평민들이여"라고 소리치면 그들은 모두 함께 목소리를 높여 응답하였다. 지사가 하나의 모피에 올라가고 판관이 다른 모피에 섰다. 두 사람은 모두 서쪽을 향하였다. 그러자 한 사람의 군장이 여러 직책의 칭호를 불렀다. 그때마다 녹사와 현 관리들의 줄은 일제히 응답하였다. 다음에 그가 군압아(軍押衙), 장군 및 병마사의 대열을 호칭하자 군인들의 줄은 일제히 응답하였다. 그가 다시 "여러 손님들이여" 하자 관객(官客)과 일반 외부인들도 그들의 응답을 합창하였다. 다음으로 그가 "평민들이여"라고 하자 늙은이나 젊은이의 모든 평민들이 함께 응답을 합창하였다. 그리고 나서 그가 "승려들 및 도사들이여" 하자 승려, 여승, 도사들은 함께 응답을 합창하였다.

다음으로 두 사람의 군장이 칙서가 놓인 받침대를 들고 와서 지사의 앞에 놓았다. 그는 한 번 절을 하고 정중하게 그의 손으로 칙서를 잡은 다음 다시 머리를 수그려 칙서를 이마에 댔다. 한 명의 군장이 무릎을 꿇고 그의 소매에 칙서를 받아 그것을 높이 올리고 정원에 나아가 북쪽을 향해 서서 "칙서가 도착하였다" 하고 소리쳤다. 지사, 판관, 녹사와 군인들은 모두 다시 일제히 머리를 수그려 절을 했다. 한 명의 군장이 "평민들이여 절을 하라"고 소리치자 그들은 다시 고개를 숙여 절을 했다. 그러나 승려, 여승, 도사들은 머리를 조아리지 않았다. 두 사람의 준판관[裔官]에게 칙서를 열게 하였다. 이 두 사람은 녹색의 상의를 입고 있었다. 다른 두 사람의 준판관아 서로 번갈아 가며 그것을 읽어내려갔다. 그들의 목소리는 커서 바로 우리나라(일본)에서 정부의 결정이 선포될 때와 같았다. 칙서는 종이 4, 5매의 길이이며 읽어내려가는 데 상당한 시간이 걸렸지만 그 동안 누구도 자리에 앉을 수 없었다.

칙서가 다 봉독되면 지사와 일동은 다시 절을 했다. 다음으로 녹사 한 명과 군장 한 명이 정원에 나아가 지사에게 큰 소리로 감사를 외치고 그들의 원래 위치로 급히 돌아가 그곳에 섰다. 지사가 관리들에게 "각자 직무에 **힘쓰라**"고 말하자 판관과 일동은 모두 그들의 응답을 합창하였다. 다음으로 일동을 대표하여 한 사람이 "승려와 도사들"이라고 부르자 승려와 도사들은 그들의 응답을 합창하였다. 다음으로 그가 "평민들"이라고 하자 그들은 응답을 합창하였다. 그러자 칙서를 가져왔던 사절이 지사의 앞에 걸어나가 다시 절을 하였다. 지사는 모피에서 내려와 소매로 그를 가렸다. 수십 명의 관리와 손님들은 지사의 앞에 이르러 그들의 몸을 땅에 구부려 절을 하고는 섰다. 한 명의 군장이 "물러가도 좋다"고 소리를 치자 그들은 모두 일제히 응답을 합창하였다. 관리, 군인, 승려, 도사 및 평민들은 이에 해산하였다.

도독부(都督府)에서

엔닌과 일행은 통행증을 받게 되자 바로 3월 12일 날이 밝기 전에 등주를 출발하였다. 그리하여 10일 동안 청주를 향해 한걸음 한걸음 착실히 걸어나갔다. 그들은 그 지역의 주민들이 "소박하고" 일반 사람들은 "가난하여 굶주리고 있는" 것을 발견하였다. 엔닌은 도중에 체류하였던 장소와 그들이 받았던 여러 대접과 함께 환대를 했던 사람들의 이름을 각각 상세히 기록하고 있다. 어느날 밤에는 여행자들이 그 지방에 나쁜 질병이 유행했기 때문에 숙소를 잡을 수 없었다고 하며, 다른 날 밤에는 당면했던 곤혹감을 엔닌은 일기에 기록하여 "그 집의 주부가 우리들을 욕하였으나 남편은 그녀가 농담을 하고 있는 것이라고 변명하였다"라고 하였다. 어떤 날 그들은 잘못된 길을 5리나 나아갔고 다른 곳에서는 만주의 발해(渤海)국으로 돌아가는 외국사절의 일행과 만났다.

아마 엔닌의 여행에서 가장 흥미있는 일면은 두 가지 고고학적 유적의 발견일 것이다. 하나는 662년부터 663년에 걸쳐 한반도의 병란으로 당나라와 신라의 연합군이 일본과 백제의 연합군과 교전하여 마침내 백제가 멸망하였을 때 전쟁에 참가하였던 왕(王)이라는 이름의 한 중국 병졸에 의하여 665년에 두 개의 불탑이 건립되었다는 것을 알리는 석비(石碑)이다. 왕의 배는 침몰하고 그는 포로로 일본에 연행되었는데 살아 남아 결국 간신히 탈출을 하여 고국에 돌아온 뒤에 이 기념불탑을 제작하였다. 다른 하나의 고고학적 유적은 주위가 약 4리이었다고 엔닌이 전하는 옛 담벽에 둘러싸인 마을이다. 마을의 늙은이가 엔닌에게 알려준 바로는 1천 년 이상이나 망각되고 있지만 비가 오면 아직도 땅으로부터 "금, 은, 진주, 비취, 고대의 화폐, 마구(馬具)의 종류"가 많이 출토된다고 하였다.

청주에서 일본인들은 용흥사(龍興寺)라 불리는 사원에 숙박하였다.

사원의 관리들은 바로 주청에 보내는 여행자들에 관한 보고서를 작성하였다. 다음날 아침 엔닌 자신은 아침 공청(公聽)에 맞추기 위하여 주청을 방문하고 다시 절도사의 관사를 방문하였지만 너무 늦게 도착하였으므로 알현하는 것이 허락되지 않았다. 그래서 그는 등주 유후관(留後官)의 거처로 가서 두 통 중 한 통의 편지를 건네주었다. 저녁 공청 때에 다른 한 통의 서한을 절도사의 대리인에게 제출하였다.

일단 자기 소개의 의례를 거치자 엔닌은 청주에서 후한 대접을 받게 되었다. 사원에 돌아온 후 그는 두 명의 고관, 즉 절도부사 장(張)과 소(蕭)라는 이름의 장군의 방문을 받았다. 특히 장은 다음날 아침 엔닌을 자택으로 초대하여 조찬을 함께 하였다. 그는 열렬한 불교 신자였고 교리상의 질의응답을 좋아하는 인물인 것이 판명되었다. 같은 날 절도부사는 엔닌을 그의 관사로 초대하여 오찬을 함께 하였다. 청주에 도착한 지 사흘째인 24일, 일본인들은 아마 관청의 허가가 있었는지 신라사원으로 옮겼다. 이 사원은 용흥사 경내에 있었던 것 같지만 원래 신라에서 온 사절을 접대하기 위한 것이었다고 생각된다.

다음날 아침 엔닌은 절도사에게 정식으로 통행증을 신청하였다. 동시에 그의 친구인 절도부사에게 여비를 부탁하는 편지를 썼다. 엔닌은 그가 여비를 지원해주지 않으면 안되는 이유를 일기에 기록하였는데 무등현에서 청주에 이르는 모든 여정에서 기근의 상황을 자세히 보아왔기 때문이라고 설명하였다. 그러나 편지에서는 노골적으로 그렇게 말하지 않고 약간 품위 있는 말투로 그의 요구를 다음과 같이 서술하고 있다. "우리들이 이르는 곳은 어디나 우리들의 집으로 여겨 어떠한 곤궁이나 기근도 우리를 게으르게 할 수는 없습니다만 언어가 다르므로 먹을 것을 구할 수가 없습니다. 어떻게든 자비를 내려주시어 이 가난한 외국 승려를 위하여 여분의 식량을 나누어주시길 삼가 바라옵나이다." 절도부사의 답신은 비록 관대하지는 않았지만 바로 이루어졌다. 같은 날 그는 승려들에게 쌀 3두, 소맥가루 3두, 조 3두를 지급하였다. 엔닌은 그에게 편지를 보내 "엄청난 호의에 무어라 감사를 표현해야 할지 모르겠습니다"라고 말하였다.

통행증의 신청에 대해 어떠한 반응도 없었으므로 이틀 후에 엔닌은 이쇼오를 관청에 보내어 이 문제를 알아보게 하였다. 이쇼오는 통행증이 발행될 예정이지만 절도사에 의해 서명되는 절차에 다시 이틀이 걸리며 동시에 일본 승려에 관한 보고서가 궁중에 상주되었다는 것을 들었다. 약속된 날에 엔닌은 다시 이쇼오를 절도사의 관사로 보냈지만 결정은 다음날이 되어서야 알려졌다. 그러나 이쇼오는 엔닌이 절도사에게 보낸, 여행 승려에게 양식을 지급해주도록 요청하는 편지를 전달하는 데 성공하였다. 그 이유 "여행 승려들은 도중에 고난을 만나 식사 때에 자주 음식을 먹지 못하기" 때문이었다. 이틀 후인 4월 1일 마침내 일본인들은 아침의 공청에서 공식적으로 통행증을 수령하고 동시에 베 3단, 차 6근을 지급받았다.

다음날 아침 엔닌은 관청에 가서 절도사가 선물을 지급하는 것에 대한 감사의 서한을 올렸다. 절도사는 친히 엔닌을 불러 그에게 "자신이 준 것은 부족하므로 예의를 갖출 만한 것이 못된다"고 겸손히 말하고 승려의 방문을 감사한 후 회견을 마쳤다. 다음으로 엔닌은 절도부사를 방문하여 이별의 인사를 하였다. 그는 다과를 마련해주었다. 엔닌에게 그날은 매우 바쁜 사교의 날이었다. 왜냐하면 다른 한 명의 중국인 집 오찬에 초대되었고 저녁에는 친구 소에게 이별의 인사를 하였는데 그는 송별의 선물로 엔닌과 일행을 위하여 곡물(쌀) 2두와 등주에서 엔닌이 받았던 당나귀의 사료로서 작은 콩 2두를 주었기 때문이다. 엔닌이 청주에 머무르고 있는 동안 소는 적어도 두 번은 조찬에, 한 번은 저녁식사에 그를 초대했고 엔닌이 기록한 바에 의하면 "매일 우리들에게 선물을 주고 언제나 친절히 우리의 사정을 배려하였다"고 한다. 다음날 아침 일본인 일행이 다시 순례의 길에 올랐을 때 시의 성문 밖까지 그들을 환송했던 것도 소의 일행이었다.

여행하면서

엔닌과 일행이 청주의 성문을 걸어나갈 때, 그들은 갑자기 관료의 세계에서 거의 그들만의 자유로운 천지로 뛰어나가는 것 같았다. 필요한 통행증으로 무장하고 그들은 이후 4개월 반 동안 관료에게 괴롭힘을 당하지 않고 감시받지 않는 자유로운 순례를 즐길 수 있었다. 청주를 출발한 후 9일째 그들이 황하를 건너려고 할 때조차도 어떠한 관청의 간섭에 괴롭힘을 당하지 않았다. 엔닌은 황하의 모습을 묘사하여 "물은 누런 진흙빛이고 흐름은 마치 빠른 화살과도 같았다"고 하고, 황하 양측에 벽을 둘러친 선착장에 대하여 "많은 뱃사람들이 다투어 손님을 태우려고 대기하고 있었다"고 하였다. 엔닌은 강가에서 멀리 떨어진 곳에서 일본인들이 각각 죽을 4사발씩 먹자 깜짝 놀란 점포 주인은 그들에게 찬 것을 그렇게 많이 먹으면 소화불량을 일으킨다고 경고하였던 것까지 기록하고 있다. 그러나 소화불량이 일어났는지 어땠는지의 기록은 없다.

현재의 하북성 남부 북중국 평야의 중간 정도에 위치한 구주(具州)의 행정부에 겨우 이틀 체류하는 동안 엔닌은 다시 관료와 접촉을 갖게 되었다.[9] 일본인들은 이 시의 개원사에 머물렀다. 사원의 관리들은 바로 외국 승려에 관한 보고를 정부에 제출하였다. 다음날 아침 엔닌은 스스로 지방의 유력한 관리를 방문하였는데 그는 엔닌과 다른 승려들을 채식 요리로 대접하였다. 다음날 저녁 공청의 자리에서 엔닌은 현 지사에게 이별을 알리고 다음날 아침 일찍 여행길에 올랐다.

일본인 일행은 오대산으로 향하는 나머지 여정에서는 다른 정부 대표들과 만날 기회가 없었다. 그들이 북중국 평야를 지나 산지의 골짜기에 들어서 한걸음 한걸음 성지에 가까이 가면서 다시 기근이 든 지방을 지나게 되었다. 어떤 장소의 주민들은 가축의 사료인 작은 콩을 먹고 있었다.[10] 그들은 또한 천태산에서 온 승려 일행을 만났다. 그들은 엔닌에게 남중국에서 불교의 중심지로 수행하고 있는 일본인 승려와 제자들의 소식을 전했다.[11] 이들은 물론 엔사이와 그의 일행이었다.

오대산의 성지에 일단 발을 들여놓자 일본인들은 이제까지 견문하였던 관료주의의 중국과는 전혀 다른 나라에 온 듯한 느낌을 갖게 되었다. 왜냐하면 엔닌은 정부가 주최하는 의식과 과거의 황제가 등장하는 전설이나 독실한 황후가 세웠던 불탑에 대해서는 수없이 기록하고 있지만 문서를 작성하였다든지 탄원서를 제출하였다든지 하는 기사는 전혀 보이고 있지 않기 때문이다.

엔닌이 성스러운 산을 벗어나 다시 도시와 도독부의 중국으로 돌아온 때조차 그의 접촉범위는 주로 친구 승려들이나 그들의 제자들에 한정되었다. 당나라의 북쪽 수도로 현재의 산서(山西)성의 행정중심지 태원부(太原府)에서 엔닌은 주청에 갔지만 결국 용천(龍泉)을 보는 데 그쳤다.[12]

이틀 후 엔닌이 지방의 군사 관료와 만났던 것은 중국 관리의 손님으로서 저녁식사에 초대되었을 때였다. 태원부의 서남쪽 현재의 분양(汾陽), 옛날 분주(汾州)에 있는 그가 머무르던 사원에서 한 수비관의 방문을 받았는데, 그는 엔닌이 오대산에 있던 무렵 친구의 제자로서 경의를 표하고 돌아갔다. 다음날 그 관리는 엔닌을 자택으로 초대하여 아침 차와 식사를 제공하였다. 그런 후 일본인들은 다시 여행을 하였다. 장안으로 가는 나머지 길에 엔닌이 관료와 접촉을 가졌던 것은 때때로 경계에 설치되었던 관소(關所)에서 통행증을 조사받을 때뿐이었다. 분하(汾河)를 건너 산서성를 통해 서남쪽을 향하여 여행하다가 관소를 통과하여 드디어 태원부에서 서남쪽으로 약 75~80리 떨어진 지점에 도달하였다. 그리하여 그들이 황하를 건너기 직전 산서성의 서남쪽 경계지역 가까이에서 제3의 관소를 지났다.[13]

그보다 3일쯤 전에 일본인 일행은 흥미있는, 그러나 불유쾌한 경험을 하였다. 이것은 바로 메뚜기가 습격한 중심지에서 얼마간 있었기 때문이다. 메뚜기의 큰 무리가 통과하면 예외없이 기근이 닥쳤다. 엔닌은 "메뚜기는 길에 넘치고 마을의 집들 가운데는 발을 들여놓을 곳도 없을 정도로 메뚜기가 가득하였다"고 말하였다. 다시 황하를 건너자 일행은 다른 지방을 통과하였는데 이 지방에 대해서 엔닌은 "발아한 곡물은 모두 메뚜기에게 갉아먹혀서 고을의 사람들은 곤경에 빠져 있었다"고 기록하고 있다.

황하를 건너는 것은 이 여행자 일행에게는 그다지 어려운 일은 아니었다. 즉 그들은 황하가 두 개의 수로로 나뉘는 커다란 굴곡의 2, 3리 상류 지점을 건널 수 있었기 때문이다. 동쪽에서는 200보 정도의 간격으로 배를 나란히 띄워 그 위에 판을 걸치고 건너며, 서쪽에서는 보통 다리로 연결할 수 있었다.

8월 19일 일본인 일행은 이제 수도에 이르렀음을 명확히 인식할 수 있었다. 이것은 그때 뜻밖에도 엔닌이 산동에 있을 무렵 이미 들었던 문종의 붕어(崩御) 후 황제의 유체를 매장하고 장안에 돌아오던 산릉사(山陵使) 일행과 만났기 때문이다. 엔닌에 의하면 "능을 만드는 일꾼들과 병력의 대열이 연이어 5리나 계속되었다. 병사들은 서로 마주 향하여 길의 양측에 섰는데 통행하는 사람과 말이나 짐수레에는 간섭하지 않았다"라고 하였다. 같은 날 늦게 일본인들은 수도지역의 주요 하천인 위수(渭水)의 긴 다리를 건너 하천의 북쪽연안에 있는 군사수비대의 주둔지를 발견하였다. 다음날 그들은 위수의 남쪽 두 지류에 놓인 다리를 건너 저녁에는 드디어 장안의 동쪽 성벽 바깥에 있는 한 사원에 이르러 거기서 숙박할 수 있었다.

장안(長安)에서

장안에 도착하자마자 엔닌은 아직 성 밖에 있던 때부터 이미 관료와 성가신 교섭을 다시 하게 되었다. 일본인 일행은 성 밖에서 하루 반나절을 머물면서 그들이 사흘 전 길에서 보고 헤어졌던 산릉사 일행이 수도로 들어가기를 기다릴 수밖에 없었다. 마침내 22일 오후 시의 한쪽 성문을 통해 들어가는 것을 허락받고 장안의 대성벽 내부에 있는 한 사원에 머무르게 되었다.

다음날 엔닌은 바로 그의 일행이 수도에 정식으로 들어가게 되는 어려운 절충을 시작하였다. 이를 위하여 그는 유력한 궁중의 환관이자 장군인 구사량(仇士良)의 관사를 방문하였다. 그의 직책은 좌가대공덕사(左街大功德使)라 하여 수도 동반부의 불교와 도교 승려를 관리하는 임무였다. 이 관청에서 엔닌은 구사량의 부하 중 한 사람으로 엔닌이 일기에서 검열관[侍御史]이라 보통 말하고 있는 인물에게 문서를 제출하였다. 이 문서는 청주에서의 통행증에 부수한 문서로 엔닌의 간단한 이력과 그가 "수도의 사원에 머물면서 스승을 구하여 그들의 가르침을 듣고자 한다"는 것을 허락해주도록 요청하는 취지가 기록되어 있었다.

시어사는 일본승려들을 그날밤 동북쪽에 있는 자성사(資聖寺)로 안내하였다. 다음날 그는 사람을 보내어 일본인 일행을 대명궁(大明宮)의 구내에 있는 구사량의 집무실로 데려오게 하였다. 그것은 시의 북벽 바깥에 있었다. 엔닌은 그곳에 이르는 문에서 문으로 이어지는 길을 그의 일기에 상세히 기록하여 당시의 거리를 긴 문장으로 전하고 있다. 그러나 이 탐험은 수포로 돌아갔다. 왜냐하면 그날 구사량은 집무실에 모습을 나타내지 않았기 때문이다. 부하의 한 사람이 일본인을 수도로 데리고 돌아가서 그들을 황성내의 한 사원에 기거케 하였다. 황성이란 궁성의 정남쪽에 위치하여 장안의 중심부 북쪽을 차지하고 있는 정부의 관청들을 벽으로 둘러싼 지역을 말한다.

다음날 일본인들은 다시 한번 구사량의 집무실로부터 연락을 받고 우선 자성사에 기거하라는 문서를 받았다. 관리들은 거기서 다시 엔닌 일행이 시내에서 두번째 밤을 보냈던 이 사원으로 그들을 돌려보냈다. 하룻밤을 이 임시장소에서 보낸 일본인 일행은 좀더 항구적인 거처로서 정토원(淨土院)이라는 사원으로 옮기게 되었다. 그들은 거기서 1년 이상 머무르게 되었고 이윽고 같은 사원의 서원(西院)으로 옮겼다.[142]

엔닌과 일행은 이렇게 안정적인 생활에 머물러 있을 수는 없었다. 그들이 정토원에 옮기던 날 초가을 비가 내렸고 다시 2주일 동안 날씨가 꾸물거렸다. 엔닌이 친구에게 보낸 편지에는 어느 정도 과장되었지만 "수십 일 동안"이라 기록하고 있다. 그러나 엔닌은 이제야말로 실내에 조용히 거처하면서 적당한 종교적인 스승을 구하여 자유로운 활동을 시작할 수 있었다. 이제 귀찮은 관료와의 절충이나 정부의 관사를 방문하는 걱정도 필요없게 되었다. 그러나 그가 연구에 침잠하기 이전에 시어사와 마지막 편지를 교환하였다. 엔닌은 이 우호적인 관리에게 우아한 겸양의 어구로 예의바른 편지를 써보냈다.

시어사는 응답으로 구두의 메시지를 보내어 일본 승려들이 사원의 주방에서 불교 승려에게 어울리는 식사를 지급받도록 다른 사원으로 옮기는 것을 희망하는지 어떤지 만일 그러한 이동을 희망한다면 구사량에게 전하여 편의를 도모하겠다고 알려주었다. 그러나 엔닌은 현재 상태로도 만족하며 염려해주지 않아도 좋다는 서신을 보내면서 만일 그가 자성사에 머무르면서 날마다 다른 사원에 스승을 방문하는 것이 허락된다면 그 이상 걱정을 끼치고 싶지 않다고 말하였다. 시어사는 구두로 "그것은 스님의 의향에 맡긴다. 만일 무엇이든 바라는 것이 있다면 기꺼이

당신의 힘이 되어주겠다"고 전하였다.[15]

　엔닌이 수도에서 접촉한 관료는 이처럼 즐거운 기록과 결합되어 있으며 따라서 그는 연구에 전신전력을 투입하게 되었다. 그러나 물론 여기서 엔닌이 관청에 문서를 제출한다든지 방문한다든지 하는 일이 끝났던 것은 아니다. 몇 년 후 그는 관료의 유혹과 횡포로 한층 괴로움을 당하게 되었다. 그러나 바로 이 사태는 무종이 불교에 대하여 반감을 표명한 이후 승려와 관료의 관계가 대단히 악화되었던 때의 일이다. 그 때문에 이 이야기는 엔닌의 생애에 대한 다른 장에서 다루도록 하겠다.

제5장
당나라 생활

　엔닌은 순례자로서 갖고 있는 정열에도 불구하고 일반적인 여행가의 훌륭한 모범이기도 하다. 그의 눈과 귀는 새롭고 진귀한 것에 끊임없이 향하여 중국 체류 초반에는 대당제국의 풍속에 관하여 자신의 개인적인 관찰이나 전해 들은 정보의 사소한 부분까지 대부분 그의 일기에 수록하고 있다. 그러한 내용의 전형적인 예를 들면, 이 책의 권두에 인용하였던 양주에서의 838년 섣달 그믐날의 상황이나 양주 개원사에서 불쌍한 상인 정순(貞順)의 체포에 관한 기록이 그것이다.

민중의 제사

　당대 중국 제례의 일람표는 이에 관해 그때그때 언급한 엔닌의 일기 기사를 수합해보면 거의 그 전모를 복원할 수 있다. 새해의 도래는 오늘날과 마찬가지로 연중행사 중 가장 중요하였다. 섣달 그믐날 양주에서 지폐를 태우고 폭죽을 울리는 것을 언급한 후에 엔닌은 어느 곳에나 등불을 밝혀두는 일본의 관습과는 달리 중국에서는 사람들이 단지 평상시의 등불만 켜둘 뿐이었다고 기록하고 그가 머무르던 개원사에서 있었던 그날밤의 의식을 다음과 같이 묘사하는 것으로 끝내고 있다.

　　자정이 지나자 절에서는 종을 치고 승려들은 식당에 모여 예불

(禮佛)을 드렸다. 그때 대중들은 걸상에서 내려와 땅바닥에 자리를 펴고 부처를 예배하고 그런 후에야 걸상으로 돌아가 앉았다. 그때 사원의 회계원[庫司]과 감독의 승려[典座]가 대중 앞으로 나아가 여러 가지 연중 회계 보고서와 그밖의 것을 알리며 날이 새기 전에 등불 앞에서 죽을 들고 그런 후에 그들의 숙소로 각자 돌아갔다.

섣달 그믐날 행사에 대한 이후의 기록은 처음의 경우만큼 상세하지는 않지만 양주의 개원사에서 이루어졌던 의식과 이 나라의 다른 사원에서 섣달 그믐날을 지내는 방식이 크게 다르지 않았음을 명확하게 한다. 이듬해 엔닌은 다음과 같이 산동의 적산사원에서의 상황을 묘사하고 있다.

저녁이 되자 이 신라사원의 불당과 경장(經藏)에 등불이 밝혀지고 공양했는데 다른 곳에는 등불을 밝히지 않았다. 사람들이 대나무 잎과 풀을 각 방의 아궁이에 태우자 연기가 굴뚝으로 나갔다. 해질녘과 초저녁과 자정 이후와 날이 새기 전에 사람들은 부처를 예배했다. 자정이 지나자 나이 어린 견습승[沙彌僧]들과 제자[小師]들이 각 방을 돌며 풍습에 따라 신년의 축하 인사를 하였다.

엔닌은 중국에서 세번째 섣달 그믐날을 장안의 자성사에서 보냈다. 그 기록은 처음의 경우와 더 유사하다.

우리들은 다시 신년을 맞이하게 되었으므로 승려들은 법당에 모여 죽과 만두와 여러 가지 과자를 먹었다. 승려들의 무리가 죽을 먹는 동안 사원의 행정관, 감독의 승려 및 경영자가 각각 여러 사람들 앞에서 금전의 사용과 사원의 재산이 되는 품목 및 그 교역, 손님을 위한 준비물, 그외 지출 등을 적은 장부를 읽었다.

설날 아침에 대해서 1년 후 엔닌은 다음과 같이 기록하고 있다. "집집마다 대나무 기둥을 세우고 거기에 기를 달아 신년을 맞아 장수를 기원하였다. 많은 절에서 일반인들을 위한 공개강의[俗講]를 열었다." 1

월 1일은 관리나 평민에게 사흘간 휴일의 시작이었다. 절들은 이 시기 동안 고기 없는 요리를 제공하는 것이 관례였다. 839년 엔닌은 양주의 절도사 이덕유가 스스로 개원사에 신년 예불을 하러 왔다는 것을 기록하고 있다. 그리고 그날 아침 승려들이 서로 인사를 나누기 전에 특별한 종교 의식[行道]을 했다고 두 번 정도 기록하고 있다.[1]

새해는 언제나 새로운 달력의 수요를 가져온다. 838년 엔닌은 새해 며칠 전인 12월 20일에 새로운 달력을 구입했다고 기록하였다. 그러나 840년 적산사원에서는 가까이에 큰 마을이 없었으므로 1월 15일까지 달력을 입수할 수 없었다. 그러나 이때 그는 그 달력 전체를 그의 일기에 베껴놓는 노력을 보이고 있다. 따라서 우리는 당시 일반 시민이 사용하였던 상세한 중국 달력의 가장 오래된 실례를 알 수 있다. 그 달력은 매달의 날수, 전통적인 60일 주기에 따라 매달의 초하룻날이 어디에 해당하는지, 음력의 24절기가 각각 시작되는 날, 그외의 제례날, 그리고 점성술이나 오늘날에는 거의 이해할 수 없는 마술적인 정보를 제공한다.

엔닌은 일기에서 "절기"에 대하여 많이 다루고 있지는 않다. 예를 들어 중춘(中春)의 "청명절(淸明節)" "입하(立夏)" "입추(立秋)" 등을 각각 한 차례씩 다루고 있다. 그러나 동지(冬至)는 엔닌이 중국 체류 초기의 4년간 매번 언급하고 있으므로 계절적인 행사로서는 가장 중요한 것의 하나였을 것이다.[2] 838년 11월 27일 동지가 되었을 때 그는 일본의 섣달 그믐날처럼 그 전날밤에 "아무도 자지 않았다"고 기록하였다. 동짓날에 대해 그는 다음과 같이 쓰고 있다.

> ……승려나 속인(俗人)들 모두 축하의 인사를 나눈다. 속인들은 관리에게 존경을 나타내고 "동지를 축하한다"라고 말한다.……상급 관리와 하급 관리 그리고 평민 모두가 서로 만나면 다른 사람에게 인사를 나눈다. 승려들도 만났을 때 서로 절을 하고 축하말을 하면서 인사를 나눈다. 속인들도 절에 들어와 마찬가지의 예의를 보인다.……모든 예전 사람들이 즐기던 바에 따라 계절에 어울리는 축하의 말을 나눈다.

동지 사흘간의 행사는 엔닌에 의하면 "일본의 설날과 거의 유사한" 잘 먹는 잔치였다. 엔닌은 더욱이 이때에 사용되었던 몇 가지 상투적인 인사 문구를 기록하였다. 예를 들면 엔닌이 보통 일기에서 상공(相公)으로 부르고 있는 이덕유에게 다음과 같이 인사했다고 한다. "서서히 이동하여 태양이 남쪽 끝에 이르렀습니다. 우리들은 삼가 상공께서 존체(尊體) 만복(萬福)하시기를 기원합니다." 중국 승려들은 일본인 동료 승려에게 다음과 같은 말로 인사하였다. "오늘은 동지입니다. 스님께서도 충만한 축복을 받으시기를, 법등(法燈)이 끊이지 않기를 그리고 하루빨리 본국으로 무사히 귀국하여 오랫동안 국사(國師)가 되시기를 기원합니다." 840년 장안에서 동지에 따른 의식을 관찰하고 엔닌은 다음과 같이 묘사하였다.

……승려들은 인사를 나누며 말하기를 "세상에서 오래 사시면서 모든 중생들을 화목하게 하기를 삼가 바라옵니다"라고 했다. 비구가 못 된 불자(佛者)나 견습승들은 상좌에게 바로 의례적인 법규에 씌어진 대로 인사를 하였다. 견습생들은 승려의 앞에서 오른쪽 무릎을 땅에 꿇고 명절을 축하하는 말을 했다. 우리들이 죽을 먹을 때 사람들은 만두와 과자를 우리들에게 제공했다.

"입춘"도 두 주마다 있는 계절적 행사(24절기)보다 중요한 것 중의 하나였다고 생각된다. 엔닌은 입춘에 대하여 두 차례 서술하고 있다. 한 번은 839년 1월 14일이고 다른 한 번은 841년 같은 달 6일이었다. 후자의 경우에는 엔닌은 장안에서 "호병(胡餠)이 황제로부터 하사되어, 죽을 먹을 때 절에서 호병을 제공하였다. 모든 일반 가정에서도 마찬가지였다"고 기록하였다. 2년 전 양주의 경우 입춘날 쓴 일기에 엔닌은 "도시 사람들은 꾀꼬리 인형을 만들어 팔았다. 어떤 사람들은 그것을 사서 가지고 놀았다"고 기술하였다. 그해 입춘 다음의 사흘간은 연등제가 행해져 봄이 오는 것을 맞이하였다. 그 첫날의 상황에 대하여 엔닌은 다음과 같이 기록하고 있다.

밤이 되자 동쪽 거리와 서쪽 거리에서 집집마다 등불을 밝혔다.

그 모습은 일본의 섣달 그믐날 밤과 같았다. 절에서도 승려들이 연등을 밝히고 부처에게 공양하였다. 그들은 고승들의 영정에도 제사를 드렸다. 일반 신도들도 마찬가지였다.

이 절에서는 불전 앞에 연등 누각을 세웠다. 계단 아래 뜰과 행랑의 옆에는 기름등을 켰다. 등잔의 수는 헤아릴 수가 없었다. 거리에 나온 남자나 여자들은 밤이 깊어가는 것을 두려워하지 않고 절에 들어와 행사를 살펴보았다. 연등을 바치기 전에 형편에 따라 돈을 냈다. 절을 돌아본 후 다시 다른 절에 가서 예불하고 돈을 냈다.

여러 절의 법당과 승원에서는 서로 다투어 연등을 밝혔다. 참배하는 사람들은 반드시 떠나기 전에 돈을 냈다.

엔닌은 거기서 지방의 한 절에 세워졌던 "숟가락과 대나무등[匙竹燈]"에 대해 상세한 묘사를 하고 있다. 그것은 엔닌이 본 바로는 7, 8척 높이의 커다란 탑과 같은 모양으로 대나무 가지 끝에 수천 개의 반짝반짝 빛나는 금속과 도자기로 만든 숟가락을 매단 것이었다. 이들 숟가락에 담긴 기름에 불이 붙여지자 그 광경은 거대한 크리스마스 트리의 효과와 마찬가지로 장관을 이루었다.

엔닌은 이 연등제에 대한 묘사에 이어 사흘의 마지막 날에 개원사에서 특별히 비보(秘寶)가 전시되었던 상황을 전하고 있다. 공개된 여러 가지 비보에는 진귀한 색채의 비단이나 42현성(賢聖)의 초상화나 그외의 그림 등이 포함되었다. 그날밤 등불이 다시 밝혀지고 밤새도록 42명의 초상화 앞에서 공양이 바쳐졌으며 그 각각의 앞에는 등잔을 놓았다. 날이 샐 무렵에 더 많은 공양이 바쳐졌다. 구경온 사람들은 아침나절에 모여들었고 다시 채식요리가 승려들을 위해 베풀어졌다. 이날은 또한 다른 연중행사의 시작이기도 했다. 그 의미는 종교적이라기보다는 오히려 세속적이었지만 그것도 역시 봄의 도래를 축하하는 것과 관계가 있다고 생각된다. 엔닌은 이 흥미로운 풍습을 다음과 같이 묘사하고 있다.

이날 상급의 관리를 비롯하여 군인과 사원의 승려들은 모두 탈곡

미를 골랐다. 이 일을 하는 날수는 한정되어 있지 않았다. 그들은 주청에서 쌀을 가져와서 승려들의 수에 따라 각각의 사원에 분배한다. 석(石; 두[斛])수는 결정되어 있지 않지만 대체로 한 사원에 10석 내지 20석이 배당된다. 사원의 창고 담당이 그것을 수령하여 다시 승려들에게 배분한다. 각각 1두(斗) 내지 1두 5승(升; 10승이 1두임)씩이 된다. 승려들은 쌀을 수령하면 나쁜 것에서 좋은 것을 고른다. 부서진 것을 나쁘다고 하고 부서지지 않은 것을 좋다고 한다. 가령 쌀 1두를 받아 두 부류로 나누면 좋은 쌀은 겨우 6승 정도가 된다. 좋은 쌀과 나쁜 쌀은 서로 다른 부대에 넣어 관청으로 반환된다. 모든 절들이 이와 같은 작업을 한다. 각각 좋은 쌀을 나쁜 쌀로부터 고른 두 가지를 관청에 보내면 관청은 두 종류의 쌀을 수령하여 좋은 쌀을 칙미(勅米)로서 황제에게 바치고 나쁜 것을 주청에 남겨둔다.

쌀을 고르는 일은 승려들을 포함하여 일반 행정관과 군관에게 분담되었지만 평민에게는 맡겨지지 않았다. 주청에서 징수한 쌀을 고르는 일은 더욱 어렵다. 양주에서 고른 쌀은 매우 색깔이 검고 볍쌀이나 부서진 쌀알을 제하고 완전한 것만을 골랐다. 다른 주의 경우는 이와 달랐다. 들은 바에 의하면 국무대신[相公]은 5석을 고르고 군사사찰관[監軍門]에서도 같은 양을 고르며 상급서기관[郎中]은 2석, 대리서기관[郎官]은 1석, 군인과 승려는 1두 5승 내지 1두를 골랐다.

엔닌은 또한 다른 대중적인 제례에 대해서도 여러 가지 기술하고 있지만 언제나 상세한 것은 아니다. 838년 9월 23일 양주의 "큰 명절[大節]"에 대하여 다루면서 단지 200명의 기병과 600명의 보병이 참가하였는데, 바로 일본에서 현재 소년들의 축제날로 알려져 있는 5월 5일 "활쏘기[射的]" 명절과 같았다고만 기록하였다. 청주에서 1년 반이 지난 840년에 3월 24일이 "봄철의 승리노래[春節破陣樂]"를 즐기는 날이라고 알리고 있다. 그날 주청 안의 "구장(毬場)"에서 연회가 개최되었다. 이 행사는 아마 당나라 초기의 승리를 기념하기 위하여 주최되었던 것 같다.

839년 2월 엔닌은 중국의 사순절(四旬節)이라고 할 수 있는 양주의 연중행사에 대하여 기술하고 있다. 그의 기록에 의하면 14, 15, 16일은 "한식(寒食)" 날로 "전국에서 연기는 피우지 않고 단지 차가운 음식만을 먹었다"고 한다. 이듬해 산동에서는 차가운 음식의 명절[寒食節]이 2월 23일에 시작하여 3일간 불을 피우는 것이 금지되었다고 한다. 2년 뒤 장안에서는 한식절이 2월 16일부터 18일까지 이루어졌다. 이때의 모습을 엔닌은 "모든 가정은 가족이 모여 조상의 묘에 참배하였다"고 기록하고 3년 뒤에는 정부의 노동자들이 이때 1주일 동안 휴가를 받는 것이 관습으로 돼 있음을 보이고 있다.[3]

7월 15일에는 매년 정령제(精靈祭), 즉 일본에서 백중맞이라고 부르는 행사가 있었다. 정령제는 원래 불교의 제사였지만 중국인들의 전통적인 조상숭배 감정에 호소하는 바가 컸기 때문에 엔닌의 시대에는 이미 대중적인 제례가 되었으며 동아시아에서는 지금까지도 그 관습이 유지되고 있다. 아마 839년 7월 15일 엔닌이 천문원(天門院)에서 아침식사에 햅쌀밥을 사람들과 함께 먹었다는 기록은 우회적으로 이 제사를 다룬 것으로 보인다. 이듬해 그는 현재의 산서성에 있는 태원부에 있었다. 이때 그는 정령제가 사흘간 계속되어 모든 절들이 화려한 전시물을 진열해 놓았다고 기록하였다. 그러나 밤이 되자 사람들은 "음란스럽게 소란을 피웠다." 엔닌은 정령제에 대해 장안에서 관찰한 모습을 844년까지 의도적으로 기록하지 않았다. 이 해의 제사도 황제의 불교에 대한 반감을 기술할 때 간단히 다루고 있을 뿐이다. 즉 그는 다음과 같이 기록하고 있다.

> 7월 15일 도성 안의 여러 절에서 공양이 있었다. 각 절에서는 꽃향기가 나는 초, 꽃모양의 과자, 조화, 과수 등을 만들어 서로 진기함을 다투었다. 관습에 따라 공양한 모든 것은 모두 불전 앞에 늘어뜨려 전시되었다. 도성 안의 모든 사람들은 절들을 돌며 경의를 나타냈다. 이 행사는 대단한 성황을 이뤘다.

국가에서 행하는 의례

지금까지 서술한 것과 같은 대중적인 제례와 더불어 많은 공식적인 제일(祭日)이 있었다. 예를 들면, 이전 황제의 기념일은 정부에 의하여 주관되고 국내의 절들에서는 주로 특별한 종교적 법회가 이루어졌다. 엔닌이 양주에 있던 무렵 838년 12월 8일에는 826년의 그날에 암살되었던 경종(敬宗)을 추모하는 공양이 이루어졌던 것을 기록하고 있다. 그가 이때 언급하고 있는 국무대신[宰相]이란 물론 이덕유이며 장군은 아마 환관인 군사감독[監軍] 양흠의(揚欽義)인 듯하다. 양흠의는 황제의 직접적인 대표자로서 절도사를 감시하는 것이 임무였다. 엔닌의 이 의식에 대한 상세한 묘사는 매우 특징적인 것으로 다음과 같이 기록하고 있다.

오늘은 국가의 제사날[國忌]이다. 따라서 현금 50관(貫)이 개원사에 주어지고 500명의 승려를 위하여 채식요리[齋]가 마련되었다. 아침 일찍 절의 승려들은 이 절에 모여 동쪽, 북쪽, 서쪽의 곁채에 줄을 지어 앉았다. 오전 8시[辰時]경에 국무대신[相公]과 장군이 대문을 통하여 사원으로 들어왔다. 국무대신과 장군은 나란히 서서 천천히 걸음을 내딛었다. 양측에는 계급순으로 병사들이 호위하였다. 주청과 도독부의 모든 관리들이 그 뒤를 따랐다. 강당 앞 계단 아래에 이르자 국무대신과 장군은 갈라서서 국무대신은 동쪽으로 걸어가 정원 동쪽의 막사로 들어가고 장군은 서쪽으로 걸어가 서쪽의 막사로 들어갔다. 그들은 신속히 신발을 바꿔 신고 손을 씻은 다음 다시 모습을 나타냈다. 불전의 앞에는 두 개의 돌다리가 있었다. 국무대신은 동쪽 다리로 올라가고 장군은 서쪽 다리로 올라갔다. 그리고 두 사람은 각각 동쪽과 서쪽에서 출발하여 주위를 돌아 강당의 한가운데 문에서 만났다. 그들은 자리를 잡고 예불을 하였다.

그런 후 강당의 동쪽과 서쪽 문 앞에 수십 명의 승려가 열을 지어 섰다. 각각 손에 연꽃 조화와 녹색의 기를 들었다. 한 승려가 돌로 만든 경(磬)을 치면서 읊었다. "모든 사람들이여, 세 가지의 영원한 보물[三寶; 佛, 法, 僧]에게 정중히 경배합시다"고 하였다. 그러자 국무대신과 장군은 일어서서 향로를 들었으며, 주의 관리들은 뒤따라 일제히 향의 쟁반을 손에 들었다. 그들은 서쪽과 동쪽으로 나뉘어 걸어갔다. 국무대신은 동쪽을 향하여 걸어갔다. 연꽃으로 장식된 기를 든 승려들이 앞서 가면서 같은 목소리로 "여래(如來)의 미묘한 몸" 등 산스크리트어의 이행시(二行詩)를 읊었다. 한 노승이 국무대신을 따라 먼저 나오자 역시 병사들이 호위하였다. 그들은 처마 밑의 복도를 따라 걸어갔다. 모든 승려들은 향을 다 피운 후에 그 길을 따라 산스크리트어의 시를 쉴 새 없이 외우면서 강당으로 돌아왔다. 장군은 서쪽으로 가서 향을 피우고 국무대신이 동쪽에서 한 것과 똑같은 의식을 행하였다. 두 사람은 동시에 원래의 장소, 즉 강당의 한가운데 문 앞으로 돌아왔다.

이 동안에 동쪽과 서쪽의 승려들이 아름다운 산스크리트어 시의 응답을 외웠다. 시 암송을 지휘하는 한 승려가 혼자서 일어나 움직이지 않다가 경을 두드리자 산스크리트어의 합창이 멈추었다. 그러자 그들은 다시 "세 가지의 영원한 보물에 영광이 있으라"라고 외웠다. 국무대신과 장군이 함께 본래의 자리에 앉았다. 그들이 향을 피울 때 향로가 나란히 바쳐졌다. 노스님 원승화상(圓乘和上)이 기원을 읽어올린 후 예를 읊는 승려가 여덟 종류의 수호신들에게 바치는 찬가[天龍八部]를 부르기 시작하였다. 그 내용은 이전 황제의 영혼을 기리는 것이었다. 각 절의 마지막에서 그 "세 가지의 영원한 보물에 영광 있으라"를 외웠다. 국무대신과 문무백관은 함께 일어나 정중하게 3, 4회 찬불을 부르며 부처를 예배하였다. 거기서 식은 끝나고 각각 원하는 바를 기원했다.

국무대신들은 병사들을 데리고 강당의 뒤쪽 대전에 가서 식사를 함께 하였다. 500명의 승려는 복도에서 식사를 하였다.

엔닌은 장안에 있던 무렵인 840년과 841년에 다시 동일한 기념일을 기록하고 있지만 누구의 기념일이었는지에 대해서는 혼란을 보이고 있다. 한 차례 이상 국무대신의 직을 맡았던 이덕유는 840년 때마침 엔닌이 기거하고 있던 사원에 분향하러 왔던 두 사람의 고관 중 한 사람이었다. 이듬해 엔닌은 재(齋)를 마친 후 "시내의 여러 사원에서는 목욕탕이 마련되었다"고 기록하고 있다. 이것은 좀처럼 목욕탕에 들어가지 못하는 중국 승려들에게는 연중행사로서 눈에 띄었기 때문이었음에 틀림이 없다. 838년 같은 날 엔닌은 양주의 절도사가 "현금을 보시하고 그의 관리인을 두 사원에 보내어 탕을 덥히고 여러 사원의 승려들이 목욕할 수 있도록 주선하였다"는 것을 기록하고 있다. 승려들의 연중행사로서 목욕은 하루만 이루어졌던 것 같지는 않다. 이는 엔닌이 "이것은 3일 동안 계속되었다"고 덧붙이고 있기 때문이다.

840년 등주에 있을 무렵 엔닌은 모든 주청의 고관들이 그 지방의 개원사에서 다른 국가적인 기념일 즉 3월 4일에 참예하여 분향하였다고 기록하고, 841년 장안에서는 1월 4일 1,000명의 승려가 시내의 한 사원에 초대되어 전년의 그날에 죽었던 문종(文宗)을 추모하는 분향 의식이 이루어졌다는 것을 기록하고 있다. 문종이 죽었을 때 엔닌은 나라 안에서 3일간의 장례가 선언되었다고 기록하고 있다. 그러나 846년 무종이 붕어하였을 때는 성, 주, 현을 통하여 공식의 장례가 수개월에 걸쳐서 이루어졌다고 기록하였다.[4]

엔닌이 가장 여러 차례 서술하고 있는 국가의 제사일은 무종의 탄생일이었다. 일기에 의하면 840년부터 843년까지 매년 6월 11일에 축하되었다는 것이 나와 있다. 처음에는 엔닌이 오대산에 있을 때 "칙령으로 오대산의 여러 사원에 황제 탄생일의 재(齋)가 마련되었다. 여러 사원은 동시에 종을 울리고 5, 6명의 고승이 그들의 자리에 서서 분향하였다"고 기록하였다. 다음의 3년간은 이날 장안에서 채식요리와 종교의식이 궁중에서 집행되고, 황제는 훌륭한 불교 승려와 도사를 초대하여 각자 신봉하는 종교의 효험에 대하여 황제 앞에서 논의하게 하였다.

장안에서 엔닌은 이 종을 치는 예식을 견문할 기회가 없었다고 하면서 만일 있었다고 해도 그 당시는 다른 일로 바빠서 상세하게 기록하기에는 세상일에 대하여 그다지 관심을 갖지 못하였다고 한다. 무종이 841년 1월 9일에 연호를 개성(開成)에서 회창(會昌)으로 바꾸었을 때 즉 무종이 즉위한 지 일 년째를 맞았을 때 엔닌은 간단히 그의 일기에 의식의 개요를 기록하고 있다. 이틀 전 아마 이 중요한 의식을 주최하기에 앞서 황제는 도교의 개조로 유명한 노자(老子)를 제사한 관사(官

寺)에서 도교풍의 재에 참석하였다고 생각된다. 다음날 아침 일찍 황제는 천단(天壇)에 올라갔다. 천단은 현재 북경에 있는 것과 마찬가지로 예전의 장안에는 성 안 거리의 남쪽에 위치하고 있었다. 황제는 20만의 병사들에게 호위되었다고 엔닌은 기록하고 있지만 "이 행사에는 굉장한 일들이 많아 도저히 헤아릴 수 없다"고 단정해 버려서 우리를 실망시키고 있다. 9일 동트기 전에 천단에서 예식를 마친 뒤 황제는 거리로 돌아와 성벽의 북쪽 대명궁(大明宮)을 내려다 보는 중앙문의 높은 탑에 올라가 연호의 개원을 선언하였다.

우리가 다른 자료를 통해 아는 바에 의하면[5] 탑에서 황제는 842년 4월 23일 대신들에게 참으로 길고 긴 명예의 칭호를 받았다. 엔닌은 그 때 여기에 있었지만 그의 일기는 겨우 "많은 군대의 장병들이 탑 앞에 정열하고 많은 관리와 승려와 도사들도 정열하였다"고만 기록하였다.

금기와 신화 그리고 불길한 조짐

엔닌은 당연히 여러 가지 신화, 자연의 불길한 조짐이나 일반의 금기에 대해서도 많은 정보를 수집하고 있다. 예를 들면, 편지나 공문서에 당나라 황제의 휘(諱)나 지방장관이나 그들의 직접 선조의 휘에 사용되었던 한자를 피하는 편이 좋다는 것을 엔닌이 느끼는 데는 오랜 시간이 걸리지 않았다. 이들의 이름과 같은 발음의 문자조차도 사용하는 것을 피하지 않으면 안되었다. 엔닌은 양주에서 겨우 1개월밖에 머무르지 않았지만 한 중국인 관리가 이덕유에게 보내는 편지에 대하여 피해야 할 일반적인 한자에 대하여 주의를 주었다. 몇 개월 후 엔닌은 피해야 할 열 명의 당나라 선제 이름과 이것을 대용하는 문자를 몇 가지의 오류는 있었지만 정성스레 기록하는 노고를 보이고 있다.[6] 후에 산동에서도 마찬가지로 그는 문등현의 두 고관, 즉 등주의 지방장관[刺史], 청주의 지방사령관[節度使]에 대하여 사용해서는 안되는 한자를 알게 되었다.[7] 절도사는 다행히 그다지 번거로움이 없었지만 자사에 대해서는 피해야 할 세 가지 한자가 있었는데 그중의 하나는 일반적으로 잘 사용하는 명(明)자로서 그 지방의 사람들은 "명일(明日)"이라는 말 대신에 "내일(來日)"이라고 해야 했다.

엔닌은 또한 중국 신화나 역사적인 전설에 흥미를 보여 그 몇 가지를 일기에 기재하였다.[8] 이들 중 몇 가지는 현재의 신화나 전설의 표준적인 형태와는 본질이 상당히 동떨어진 것조차 있었다. 그러나 이들의 변화 형태가 당시 그 지방에서 그렇게 받아들여지고 있었는지 혹은 단지 엔닌의 오류에 기인한 것으로 그의 부족한 중국어 회화 실력에서 유래한 것인지는 판단하기 곤란하다. 엔닌은 당시의 점성술, 자연의 조짐, 그외의 자연현상에 대하여 커다란 관심을 기울였던 인물이었다. 그는 배 위에서 최대의 관심사였던 기후의 여러 가지 양상을 주의 깊게 기록하였을 뿐 아니라 중국 체류기간을 통해서도 눈이나 뇌우에 대하여 주의를 게을리하지 않았다. 더욱이 3회의 월식과 1회의 태양의 부분식(부분일식)을 기록하고 태양의 부분식에 대해서는 표면의 10분의 1을 제외하고 거의 대부분이 가려졌다고 관찰하였다.[9] 월식의 하나는 그가 적산사원에 있을 때 관찰하였다. 거기서 신라 승려들이 "모두 방 밖으로 뛰어나가 소리를 지르며 목탁을 두들겼다"고 한다. 이러한 행위는 바로 제2선의 일본인들이 번개를 막기 위하여 취했던 행동을 생각나게 한다.

엔닌은 또한 어떤 때의 상황을 묘사하여 "달과 금성이 교차하였다"고 기록하고 혜성에 대해서 두 차례 서술하고 있다.[10] 그는 841년 장안에서 이들 혜성 중 하나를 보았다. 이때 정부는 재난을 방지하는 의미로 여러 사원에 명령하여 경전을 송독하게 하였다. 다른 하나의 혜성은 838년 양주에서 보았다. 그것은 837년 봄 지구에 가까워졌던 헬리혜성 직후에 다시 나타났기 때문에 그와 같은 천체의 장관이 중국에서도 보이게 되고 사람들을 흥분의 도가니로 빠뜨렸음에 틀림이 없다. 엔닌은 하루 저녁 동안 그것을 계속 보았다. 지방의 중국인들은 그것이 "빛나는 칼"과 같다고 하였다. 이덕유는 지방의 여러 사원에 명령하여 7명의 승려에게 7일 동안 경전을 송독하게 하였다. 그리고 엔닌의 중국 친구 중 한 사람은 이러한 현상의 의미를 다음과 같이 그에게 말하였다.

……혜성이 나타나면 국가는 매우 쇠퇴해지고 군사상 혼란이 일어난다. 동해의 왕들, 즉 바다의 괴수[鯤]와 경(鯨)이라는 두 고기

는 죽는다. 이 조짐은 극히 불길하다. 피는 흘러 분류(奔流)가 된다. 군사적인 혁명이 전국 도처에서 일어나고 제국은 쇠망할 것이다. 만일 양주가 아니라면 그 조짐은 수도에 해당할 것이다.

이 인물이 엔닌에게 혜성이 나타나 혁명이 일어났던 당나라의 역사적 전례를 말하였으므로 엔닌은 들은 바를 혼돈하여 잘못된 날짜로 그 내용을 기술한 후 다음과 같이 덧붙였다. "사태는 우리 승려에게는 명확하지 않지만 후일에 참고를 위하여 이것을 기록해둔다"고 하였다. 엔닌은 또한 전년의 헬리혜성이 나타났을 때 황제는 "경계하여 그의 궁전에 머무르지 않고 멀리 낮은 장소로 옮겼으며 엷은 베로 몸을 둘렀다"고 하고 더욱이 "제례가 연장되고 특별히 대사면을 명령하였다"라고 썼다.

장기간의 비와 한발은 혜성의 경우와 마찬가지로 사람들을 불안하게 하였다. 장마로 고생을 하는 동안 양주의 일곱 관사(官寺)에서 각각 일곱 명의 승려들에게 7일간 특별히 경전을 송독하도록 명령하였고 그것이 완전히 성공하였으므로 몇 개월 후 다시 마찬가지의 기도를 행할 필요가 있었지만 그때의 결과는 정반대가 되었다고 엔닌은 기록하고 있다. 이때의 응답은 한층 돌발적이고 특별하였다. 기도가 시작된 다음날 비가 내리기 시작하여 거의 일주일 동안 그치지 않고 내렸다.[11] 후에 장안에서 한발이 일어났을 때 엔닌은 수도의 도교사원과 불교사원이 각각 경전을 송독하도록 명령받았던 것을 기록하고 있는데 산동의 청주에서는 지방의 여러 사당에서 기우제를 드렸다는 것을 기록하고 있다.[12] 이 사당들 중 하나는 거리의 동북쪽 2, 3리 되는 언덕 위에 있던 신화적인 고대의 성왕 요(堯) 임금을 제사한 사당이다. 이 사당에서 기원을 하면 언제나 반드시 비가 내린다고 엔닌은 들었다.

양주에서는 엔닌은 비와 한발이 일어나는 일반적인 이론에 대하여 배운 적이 있다. 그것은 요컨대 보통으로 이루어지는 음(陰)과 양(陽)의 개념 중 하나가 나타나는 것에 지나지 않는다. 음과 양은 중국의 우주관에서 서로 보완하는 이원적인 세력이다. 음은 비와 북쪽을 표현하기 때문에 시의 성벽 북문 또는 "여러 도(道)의 북쪽"을 막는 것에 의하여 억제할 수 있다고 엔닌은 설명하고 있다. 반대의 상황이 양에도 해당된다. 즉 양은 태양의 광채와 남쪽을 상징하고 있다. 이러한 중국인의 신앙에 관하여 엔닌은 다음과 같이 설명하고 있다.

……중국의 관습으로는 개인 하늘을 바랄 때는 여러 도(道)의 북쪽을 닫고 비를 바랄 때는 도의 남쪽을 닫는다. 전설에 의하면 "개인 하늘을 바랄 때 북쪽을 막게 되면 음이 물러나고 양이 퍼지기 때문에 날씨가 청명하게 된다. 비를 바래서 남쪽을 막으면 양이 물러나고 음이 펼쳐지기 때문에 비가 내린다"고 하였다.

당나라를 여행하다

엔닌의 중국 체류중 대부분은 여행에 소비되었다. 어떤 때는 연안을 따라 배로, 어떤 때는 강이나 운하를 배로, 더욱이 나라의 국도나 지방도로를 도보로 여행하였다. 물론 그는 중국의 당시 여행 상황에 대하여 일지를 만들려고는 꿈에도 생각하지 않았지만 공교롭게도 그의 일기에 기록된 그 자신의 유랑에 대한 자세한 기록을 모으면 대당제국의 육로와 수로의 매우 상세한 여행도를 만들 수 있다.

아마 이렇게 합성된 여행도에서 찾게 되는 가장 놀랄 만한 일면은 표면적으로 완전히 모습을 감추어버렸던 사실을 발견하는 것이다. 엔닌은 대도시에서 대도시로, 또한 시골 사람들도 간 적이 없는 산이나 해안선을 유랑하며 걸어가는 수개월 동안 산적들에게 위협을 당하여 위험에 빠진 적이 단 한 번도 없었다. 그러나 그의 일기는 그러한 위험이 그를 엄습하였다는 것을 두 번 정도 전하고 있다. 한 번은 그가 해안선을 따라 황폐한 지역을 걷고 있었을 때 신라인 목탄 수송업자를 만나 그들을 해적인지도 모른다고 두려워했던 적이 있었다. 다른 한 번은 산동에서 한 친구가 엔닌이 그 지역을 여행하는 것에 반대하면서 기근으로 도적이 출현할지도 모른다고 경고한 것이다. 그러한 주의에도 불구하고 엔닌과 일행은 기근을 당했던 지역을 과감하게 여행하였다. 그러나 어떤 경우도 신변에 위험을 느끼지 않고 평온한 여행이 이루어진 듯하다. 이러한 사태로써 용이하게 추론할 수 있는 것은 대당제국은 그 정치적인 쇠락과 분열의 시기에 있어서조차 최근 수십 년간의 중국보다도 매우 안전하게 여행할 수 있는 나라였다는 점이다.

당대 중국의 여행자는 얄궂게도 현대의 여행자보다도 한층 관료주의의 적에게 괴롭힘을 당하였다. 엔닌은 관청이 발행한 통행증이 있어야만 여행할 수 있었기 때문이다. 그래서 통행증은 도중의 각 관소(關所)에서 조사받고 그가 통과하는 주요 행정부에서 검열을 받아 갱신되었다. 그러나 단 한 번도 이들 장소에서 무력한 일본인 여행자에게 뇌물을 받는다든지 그들에게 선물을 요구한다든지 한 경우는 없었다. 오히려 반대로 신앙심이 깊은 관리들은 외국 승려에게 여러 가지 선물을 보내주었다.

엔닌이 처음 양주에 머물렀을 당시 그는 천태산행의 당초 계획을 허락해 달라고 이덕유에게 선물을 보냈지만 절도사는 소라고동을 제외한 다른 모든 것을 돌려보내고 대신 승려들에게 상등품의 비단 2필, 무늬 있는 흰 비단 2필을 보시하였다.[13] 엔닌이 산동에서 관료와 절충하였을 때에는 그들에게 선물을 해서는 안된다는 것을 충분히 알고 있었으므로 거꾸로 관료들이 그들에게 여러 가지 선물을 보낸 것을 크게 의아해하지 않고 받아들였다. 마찬가지로 장안에서도 우호적인 관리들은 분명히 그에게 선물을 보내주었다. 그들의 선물은 그의 생활비 중 상당 부분을 채우기에 충분하였음에 틀림없다.

불교탄압이 최고조에 이르러 엔닌이 장안에서 추방되었을 때조차도 지방의 관리들 가운데 여러 명의 후원자들은 그에게 마음을 다한 이별의 선물을 아끼지 않았다. 예를 들면 한 사람은 비단 10필을 보냈고 다른 사람은 고가의 물품을 보냈다.[14] 장안에서 연안으로 가는 도중 엔닌은 장안에서 사귄 친구 한 사람에게서 받은 소개 편지의 수신인인 도시의 관리들을 방문하였다. 여행 도중 불교탄압의 먹구름이 짙게 깔려 있었음에도 불구하고 관리들은 엔닌을 따뜻하고 정중하게 대접하였고 어떤 경우에는 그에게 선물까지 보내주었다.[15] 이들 중 한 사람으로 오늘날의 하남성 북부에 해당하는 정주(鄭州)의 자사는 엔닌을 식사에 초대하고 그에게 비단 2필을 주었다. 이것은 매우 친절한 선물이었다. 그것은 이 관리가 당시 수도와 연안을 연결하는 요로에 주재하였으므로 이 거리를 통과하는 여행자들은 언제나 그의 친절을 얻기 위하여 무언가 부담을 져야 했기 때문이다. 엔닌의 일기는 다음과 같이 말하고 있다.

……사람들은 이구동성으로 우리들에게 말하였다. 이곳은 양경(兩京; 장안과 낙양)을 연결하는 요로이기 때문에 도움을 청하는 사람들이 매우 많았다. 그런데 그는 반드시 그들 모두의 요구를 만족시킬 수 없었다. 만일 관리가 아니고 보통의 일꾼이나 손님이 오면 태도가 대단히 정중한 경우에만 그들에게 1필 내지 2필의 비단을 주었다. 내가 2필을 받았다는 것은 그의 친절이 매우 각별하였음을 보여준다.

근대 중국에서 뇌물이 만연하던 것을 생각한다면 엔닌의 일기가 뇌물에 대하여 전혀라고 말해도 좋을 정도로 그것에 대하여 전하고 있지 않은 것은 주목할 만한 가치가 있다. 엔닌이 장안에 체류하였을 때 시작된 불교탄압 직후 그는 장안에서 연안으로 호송되어 승복을 입은 외국승으로서 국외로 추방될 때가 되어서야 겨우 금전상의 문제로 해결할 필요를 느꼈지만 그때조차도 그다지 심각하지는 않았고 대부분 용이하게 해결되었다. 장안에서는 일본으로 귀국하는 것을 허가받기 위하여 헛되이 뇌물을 바친 적이 있었다. 후에 양주에서 추방되는 도중, 즉 일본으로 귀국하는 도중에 관리를 매수하여 초주에 들를 수 있었다. 그에 대한 추방명령은 그가 지나가야 할 경로를 정확히 지시하고 있지 않았으므로 관리들은 적당한 설명을 붙여 그들의 권한내에서 이 요구를 들어줄 수 있었다. 초주에서 엔닌의 신라인 친구 한 사람은 일본으로 향하는 배를 기다리고 있는 동안 엔닌이 시내에 머무르는 것을 허락해주도록 관리를 매수하려 하였지만 성공하지 못하였다. 그러나 엔닌의 일행이 여행을 재개하기 전에 약간 휴식하기 위하여 일부의 정부 고용인을 설득하여 300문의 동전을 주자 3일간 출발이 늦어져도 좋다고 허락받았다.[16)]

엔닌이 뇌물에 대하여 언급한 것은 단지 그것뿐이었다. 더욱이 뚜렷하게 행정권이 붕괴하고 있었던 시기에 당나라 황실에 의하여 국외 추방이라는 죄목으로 환속된 엔닌은 의지할 수 있는 고관의 보호조차 확보하고 있지 못하였다. 당대 중국 관리의 정직성을 보다 자의식이 강하고 스스로 정직함을 주장하는 현대의 많은 정부 관리들과 비교할 수는 없을 것이다.

엔닌과 일행은 중국을 유랑하는 동안 도로나 거리의 정확한 정보를 얻지 못하여 불편을 느낀 적은 좀처럼 없었다. 엔닌은 때때로 그들의 여정을 상세히 기록하면서[17] 그와 일행이 건넜던 다리나 선착장 등에 대해서도 기재하고 있는데 마치 천 년이나 이전의 여행자들이 현대적 제도에 관한 최고의 지식을 갖고 있었던 듯이 정확하여 그들이 묘사한 내용은 현대의 지도를 작성하는 데도 적합할 정도였다.

일본인들은 뛰어난 도보여행자들이었다. 도중에 하루 평균 60리 정도를 걸어갔다. 어떤 때는 95리도 걸어간 적이 있었다.[18] 중국의 1리는 1마일의 3분의 1을 조금 넘는 거리이다. 그러나 엔닌 자신이 기록한 바로는 "사람들이 사용하는 '리(里)'라는 단어는 반드시 일정하지 않다"고 한다.[19] 그가 기록하였던 거리를 현재의 지도에 맞추어보면 약간의 거리를 도보로 간 것을 과대평가하는 경우도 있었다. 따라서 엔닌이 말한 60리는 아마 20마일 정도에 해당한다고 생각된다. 그가 하루 95리를 걸었다는 기록은 30마일 정도에 해당하며 40대의 승려로서는 결코 과중한 도보는 아니었을 것이다.

아침 일찍 죽으로 아침 식사를 하면 일본인들은 정오의 휴식 전까지 약 30리 정도의 고생스런 발걸음을 옮기는 것이 상례가 되었다. 정오에는 승려들의 식사를 하였다. 그리고 다시 출발하면 숙박하는 곳으로 저녁 늦게까지 계속 걸어갔다. 때로는 오후 차를 마시기 위하여 잠깐 휴식하는 적도 있었다. 그러나 차를 마시는 것은 반드시 오시(五時)에 한정되지는 않았다. 차는 거의 하루의 어떠한 경우나 어떠한 시간에 마셔도 상관이 없었다. 동아시아에서는 지금도 그렇다. 정식의 방문이 이루어지는 동안, 일상의 식사 후 또는 길에서 만난 친구와 대화를 나누는 동안에도 차를 마신다.[20]

당대의 중국은 커다란 중앙집권국가이고 장안에서 변방의 국경에 이르기까지 훌륭한 도로와 수로가 그물눈처럼 설치되어 있고 가장 중요한 지점들은 중앙에서 밖을 향하여 방사선상으로 뻗어 있었다. 엔닌의 일기는 이들의 수로나 도로가 9세기 중반, 즉 당나라가 이미 혈기왕성한 젊음을 잃은 지 오래 되었던 무렵에도 잘 정비되어 있음을 알리고 있다. 단 한 차례 양자강 하구의 북쪽 델타지대에서 그는 수로의 장애를 느낀 적이 있었다고 한다. 그 유일한 경우를 제외하면 대부분 수로의 우수함을 증명하고 그들이 유지하였던 교통량에 끊임없는 경탄을 보내고 있다. 이러한 사정은 양주의 주변이나 하남성 북부 현재의 개봉(開封) 즉 내륙의 도시인 변주(汴州) 주변에 대해서도 해당하였다. 그리고 이곳은 당시 회하를 황하와 연결하던 변하(汴河)의 조직망 중에서 가장 앞쪽에 위치하고 있었다. 엔닌은 또한 회하 자체를 "동해로 나아가는 일대 횡단로"라고 묘사하고 있다. 즉 일본 견당사들이 대운하와 회하가 합치는 지점인 초주에서 바다를 건너가는 9척의 배를 매입할 수 있었던 것도 회하가 당시 중요한 수로의 일부였다는 것을 말한다.[21]

엔닌은 산동반도의 여기저기를 횡단하는 길에 대해 상세한 내력을 기록하고 있지만 그가 지나갔던 수 백 리의 주요 도로에 대해서는 불평을 말한 적이 없다. 그가 만났던 다리는 모두 건널 수 있었고 선착장은 충분히 그 기능을 발휘하고 있었다. 대부분의 육로 여행에서 그는 화물을 한 마리 내지 여러 마리의 당나귀로 운반하였는데 단 한 번 화물의 운반을 위하여 사륜 마차를 빌린 것은 산동에서 연안을 따라 그다지 정비되지 않은 길을 갈 때뿐이었다.[22]

만일 사륜 마차가 그러한 길도 다닐 수 있었다면 마차는 분명히 수도로 올라가는 국도에서는 가장 유효하게 기능을 발휘하였을 것이다. 단 한 차례 엔닌은 주요 도로를 여행하면서 길을 잃었던 경우를 기록하였는데 2리도 가기 전에 잘못을 알아차렸다고 한다.[23] 이것은 기존의 교통망이 매우 완벽하게 정비되어 있었음을 보여주는 것으로 엔닌의 기록은 뜻밖에도 이 점을 잘 말해주고 있다. 그가 그러한 주요 도로를 지난 첫날은 산동반도의 변방인 문등현을 출발하여 서쪽으로 장안을 향하는 여행자가 되었을 때이며 그래서 도중에서 발견하였던 "일리총(一里塚)"은 그의 인상에 강하게 남게 되었다. 그날밤 그는 다음과 같이 기록하고 있다.

중국에서는 5리의 거리마다 표식[候子]을 세우고 10리마다 다시 하나의 표식을 세운다. 표식은 흙을 사각으로 쌓아올려 위를 뾰족하게 하고 아래를 넓힌 모양으로 높이는 여러 가지로 4자, 5자, 때로는 6자에 이르며 그들은 이것을 "리격주(里隔柱)"라고 부르고 있다.[24]

여행중의 음식과 숙박시설

가장 최근에도 중국의 시골을 여행하면 숙박시설이나 양식을 얻는 것이 매우 쉽지 않음을 발견하게 된다. 근대적인 여관이나 호텔의 조직망은 아무리 빨리 잡아도 송대 이전에는 거의 없었다고 생각되기 때문에 엔닌과 일행들이 유랑하는 동안 이 점을 어떻게 해결하였을까라는 의문을 누구나 갖는 것은 당연하다. 실제로 그들은 거의 이 문제로 고생하지는 않았다. 식량과 숙박은 어디를 가든지 언제나 얻을 수 있었다. 정부 관리들이 자주 통과하는 대도시나 주요 도로는 자연히 여행자들을 위하여 가장 좋은 시설을 갖추고 있었다. 물론 장안에 있는 동안 일본 견당사는 외국사절을 위해 특별히 마련된 시설에 머물렀다. 그러나 양주와 초주에서는 일반 여관에 머물렀다. 양주에는 이러한 종류의 여관이 적어도 3채 정도 있었다. 이 중의 한 채는 특히 엔닌이 "관영(官營)"으로 기록하였다.[25] 이러한 여관은 아마 적당한 자격을 가진 공식적인 여행자에게는 누구에게나 개방되었다고 생각된다. 그러나 등주(登州)는 신라와 만주의 발해에서 온 사절단이 장안으로 왕래하기 위하여 상륙하여 정박하는 지점이었으므로 거기에는 신라여관[新羅館]과 발해여관[渤海館]이 각각 한 채씩 있었다. 그것들은 아마 주로 양국에서 온 사절을 대접하기 위하여 설치되었던 것 같다.[26]

대도시 사이나 장안으로부터 방사선 모양으로 펼쳐져 있는 주요 도로를 따라 공식적인 여행자들의 편의를 위한 역(驛)이 설치되어 있었다. 엔닌은 845년 당시 회하의 한 항구였던 후이현(盱胎縣)에서 양주로 가는 내륙횡단의 여행에 대해 언급할 때 이 조직에 관한 어렴풋한 윤곽을 암시하고 있다. 엔닌은 기록하기를 "후이현에서 양주에 이르기까지 역을 지나면서 수로를 지나지는 않았다. 매역마다 나귀를 빌려 문서 보따리를 운반했다"라고 했다.[27] 이보다 10일 전에 변주지방에서 회하까지 변하를 내려가는 동안 그는 이 수로를 따라 마찬가지의 역 조직이 있는 것을 보고 "길을 가면서 매현에 들를 적마다 배를 빌려야 했다"고 기록하였다.

역이나 주요 도로변의 다른 지점에는 다양한 공공 여관이나 호텔이 있었다고 생각된다. 엔닌은 그러한 여관에 대하여 일본사절단의 주요 관리들이 하룻밤을 묵었던 양주 동북쪽 20여리의 수로에 있는 의릉관(宜陵館)이라는 장소를 들고 "이곳은 공무로 오고 가는 여행자[官客]를 위하여 마련된 장소"라고 기록하였다.[28] 이 처소의 이름인 의릉관의 마지막 글자는 "여관"을 의미한다. 현재도 의릉관이라는 이름의 거리가 있다. 아마 이 공식적인 숙소 주위에 형성되었던 부락이 현재의 도시로 성장하였을 것이다. 엔닌은 후에 양주와 초주를 연결하는 대운하 주변의 다른 여관의 이름을 들고 있으며 산동반도의 주요 도로를 따라 여행하였을 때도 "관(館)"으로 끝나는 지명의 다른 두 장소에서 여관에 머물렀다.[29] 엔닌은 숙소의 주인에 대하여 두 차례 다루고 있다. 그들은 자신의 여관에 살았는데 처음의 주인은 "매우 정중하였지만" 다른 주인은 "특별히 착하지도 악하지도 않았다"고 기록하였다. 엔닌은 적어도 산동의 같은 길을 따라 있는 "관"으로 끝나는 서로 다른 지명 다섯 곳을 들고 있지만 그곳을 통과했을 때 지명의 근거가 되었던 여관이 여전히 존재하고 있었는지는 언급하고 있지 않다. 그중 두 곳에서는 여관이 아니라 오히려 개인 가정에서 점심식사를 위해 머물렀음을 기록하고 있다.[30]

엔닌의 일기에서 그가 통과한 주요 도로를 따라 적어도 아홉 번이나 반복되었던 지명의 마지막 글자는, 원래 우편연락소를 의미하였던 "역(驛)"이었다.[31] 이들 "역"이란 글자로 끝나는 지명은 엔닌이 오대산에서 장안으로 향하던, 현재의 산서성을 통과하는 동북쪽에서 서남쪽으로 가로지른 대로를 따라 산재해 있었다. 아쉽게도 그는 이 곳들의 숙박시설에 대해서는 다루고 있지 않다. 이것은 이들 장소에서 엔닌이 개인집에 머무른 경우가 많았기 때문이다.

엔닌이 대로를 따라 지나갔던 지명 가운데 더욱 빈번히 나타나는 지명의 마지막 글자는 "점(店)"이다. 이 글자는 현재 일반적으로 "관"과 구별하기 위하여 "점포"라고 번역하지만 "관"과 마찬가지로 여관을 의미하였다. 엔닌은 적어도 "점"으로 끝나는 17개의 지명을 들고 있다. 그들 대부분은 태원부와 장안 사이에 있었다.32) 이들 중 어느 것은 다리나 관소의 옆에 있었다. 한 차례 엔닌은 명확히 "점"과 "관"이 역의 옆에 위치하였다는 것을 서술하고, 다시 두 곳의 지명은 "역점"이란 숙어를 이루고 있는데 같은 의미를 나타낸다. "점"이 원래 무엇이었는지는 엔닌이 이 단어를 지명이 아닌 경우에 사용하였던 예를 모아보면 분명해진다. 견당사의 고관들이 양주에서 묵었던 "관의 숙소"는 실제로 관의 "점"이었다. 840년 북중국을 여행하였을 때 엔닌은 주청의 거리에 있던 "점"에서 한나절 휴식을 취했던 것을 한 차례 기록하였다. 845년 그는 장안 교외의 "점"에서 하룻밤을 지냈으며 다시 며칠 후에 길가의 "점"에서 차를 마시고 친구와 이야기하였다고 기록하였다.33)

"관" "역" 혹은 "점"으로 끝나는 지명을 가진 곳에도 공무로 여행하는 사람들을 위한 공식적인 숙박시설이 있었다고 생각할 필요는 없다. 그러나 이들 장소의 대부분은 일찍이 존재하였던 이러한 시설 주변에서 성장하였으며, 공식적인 숙소가 존재하였든 아니든 거기에는 여행자가 식량과 숙박의 편의를 제공받을 수 있는 개인 점포나 집이 있었다고 안심하고 결론지을 수 있다.

실제로 엔닌의 일기는 주요 국도를 따라 산재한 도시와 마을이 어떻게 생겨났든 숙박의 편의를 얻는 것이 대개 용이하였음을 알려주고 있다. 그는 몇 차례 인색하고 성미가 까다로운 숙소의 주인에 대하여 언급하였지만 그와 일행이 하룻밤 묵을 숙소를 구하는 데 곤란을 느꼈던 경우는 단지 두 번밖에 기록하고 있지 않다. 한 번은 이미 언급하였듯이 산동에서 한 마을에 들어갔다가 유행병이 만연해 있었으므로 바로 빠져나왔다. 다른 한 번은 수 개월 후 장안 근방에서 "우리들은 묵을 곳을 찾아 30가구를 거쳤지만 찾을 수 없었다. 그래서 억지로 조(趙)씨 집에 들어가 묵었다"라고 기록하였다.34)

엔닌의 중국 내륙 여행의 대부분은 수도로부터 펼쳐진 주요 도로를 따라 이루어졌다. 그러나 북중국 평원을 가로질러 청주의 서쪽 약 50리 이 되는 지점에서 산서성 동북쪽 오대산 지역에 이르는 22일간의 도보여행에서는 그러한 도로를 따라가지 않고 오히려 그것을 가로질러 갔다. 이 모든 여정을 통하여 엔닌은 "관" "역" "점"으로 끝나는 지명을 단 한 번밖에 기록하고 있지 않은데 이것은 공적인 여행자를 위하여 공식적으로 설치되었던 여관이나 역이 그곳에는 거의 존재하지 않았음을 시사하고 있다. 그러나 그곳도 분명 여행하기에 좋은 길이었으므로 일행은 숙박시설이 부족함을 느끼지 못했다. 실제로 엔닌의 일기에서 자료를 모아보면 장안에서 주변으로 펼쳐져 있는 도로에는 정부의 여행자를 위한 역과 공식적인 여관이 설치되어 있고, 국내의 주요 도로를 따라 당시 여행자들을 위해 음식을 마련한다든지 적어도 그들이 요구하는 음식을 제공하는 사설의 숙소나 상점이 많이 존재하였다는 것을 알 수 있다.

당대 중국에서 공식적인 여행자는 합당한 통행증을 갖고 있으면 도중에 무료로 양식, 숙박, 운송의 편의를 제공받을 수 있었다. 단 엔닌이 845년 중국에서 추방되어 장안에서 동쪽의 연안을 향해 여행하였을 때는 "수도에서 발급한 문서에는 우리들을 위한 도중의 지급에 대해서 아무것도 언급한 바가 없었으므로 우리 자신의 여행 식량을 갖고 가야만 했다"고 설명하였다. 그러나 그는 적어도 정부가 변하를 내려가는 여행에 필요한 배를 제공해 주어야 한다고 느끼고 있었다. 아마 이러한 이유 때문에 그는 "길을 가면서 우리들 자신은 매현에서 새로운 배를 빌려야 했다"고 서술한 후 "변주를 지나 강을 따라 길을 내려오는데 인심이 흉하여 마치 변하의 혼탁한 급류를 마시는 것과 같았다"고 격한 비난을 덧붙이고 있다.[35]

840년 봄 산동에서 처음으로 내륙 여행을 하는 동안, 엔닌은 또한 양식과 숙박이 여관에서만이 아니라 길가의 민가에서도 그들에게 무료로 제공되어야 한다고 생각했다. 그것은 이 경우 민가도 어떤 형태의 공식적인 지위를 갖고 있거나 실제로 엔닌이 단지 여관 주인의 개인적인 이름만을 들고 있는 여관임을 의미한다. 엔닌은 아마 이러한 사람들의 호의를 기대하는 두 가지의 근거를 갖고 있었던 것 같다. 하나는 여비를 무료로 한다는 특별한 허락은 없었지만 그가 지방 장관이 발행한 통행증을 지참하고 있었던 점이다. 다른 하나는 그가 승려라는 지위에 있었던 점이다.

엔닌이 산동을 여행하는 동안 기대했던 대로 적어도 한때 식사와 숙박을 무료로 제공받았다는 주요 증거는 그가 때때로 그들의 서비스에 대한 요금을 지불할 필요에 놓였을 때 불만을 털어놓은 사실에서도 알 수 있다. 한 번은 다음과 같이 쓴 적이 있다. "주인은 마음씨가 고약하고 예의를 차릴 줄 몰랐다. 우리들은 주인에게 야채, 간장, 식초, 소금을 부탁했는데 어느 것 하나도 얻지 못하였다. 가까스로 차 1근을 지불하고 간장과 야채를 구입하였지만 먹을 수가 없었다." 며칠 후 엔닌과 일행은 운 나쁜 정오와 저녁의 휴식시간을 맞았다. 엔닌은 그들의 첫번째 주인을 묘사하여 "그는 몹시 인색하여 돈을 주지 않으면 한 덩어리의 소금도 한 숟갈의 간장과 식초도 주지 않았다"고 하고 다른 한 사람에 대해서는 "욕심이 많아 머무는 손님들에게 숙박비를 받았다"고 하였다.[36]

이러한 불평은 반대로 말하면 그러한 것을 언급하지 않은 엔닌의 다른 여행 숙소에서는 숙박이나 양식이 무료였음을 의미한다고 생각된다. 따라서 엔닌이 "주인은 매우 인색하여 채소 한 접시를 두세 번 구걸하고서야 가까스로 얻어 먹을 수 있었다"고 쓴다거나 혹은 다시 "주인은 처음 보는 우리를 달갑게 생각하지 않아 매사가 어려웠으나, 끝내는 소금에 절인 채소를 풍족하게 주었다"고 기록한 때는 비록 주저기는 했지만 음식이 무료로 제공되었다는 것을 말하고 있다. 엔닌이 단순히 주인의 우호적인 태도나 예의를 기록하였을 때나 혹은 그가 특별히 "주인은 매우 정중하여 우리들의 정오식사를 위한 야채를 부족하지 않게 제공해주었다"고 서술한 경우에는 여행자들이 스스럼없이 무료로 접대받았음이 분명하다.[37] 다른 한편 엔닌은 너무 빈궁해서 아무런 음식도 없거나 간장, 식초, 절인 야채 등이 없었던 집을 발견하였으며 또한 반드시 빈궁하지는 않았지만 단지 교활하고 인색한 사람들도 만났다.[38]

일단 산동지방을 벗어나자 엔닌은 단지 종교가로서 지위에 오로지 의존하여 식사와 숙박을 무료로 제공받을 수 있었다. 단 한 차례 북중국 평원을 횡단하는 동안 그는 불친절한 주인을 만났던 일을 기록하고 있다. 엔닌은 그가 "노상강도와 같은 마음씨를 가졌으며 사람들을 교묘하게 속였다"고 하였으나 이때 엔닌의 본심은 무료로 숙박을 기대했던 것이 아니라 좀더 싼 가격을 기대했던 것이었다. 확실히 산서지방을 여행하는 동안 그는 신앙심이 돈독한 불교도의 호의에 크게 의존하였고 북중국 평원을 횡단하는 여행에서는 대부분의 주인들이 신앙인이든 아니든 만약 여행자들이 승려일 경우 양식과 숙박은 무료로 제공하고 그외의 경우에는 요금을 요구하였다는 것을 기록하고 있다.[39] 예를 들면 엔닌이 우리들에게 알려주는 한 사람은 "오래 전에 신자가 되어 이후 오랫 동안 통과하는 승려들에게 사람수에 관계없이 재를 장만하여 대접하였다"고 한다. 그러나 한 가지 예외로 한 사람이 "불법을 이해하지 못하였지만 스스로 우리에게 재를 마련해주었다"고 한다.[40]

엔닌은 그가 머물렀던 숙소나 집의 시설과 외관에 대해서는 아무것도 말하지 않았다. 그러나 양주에서 첫날 밤 그와 엔사이는 공식적인 여관에서 각기 방을 받았고, 그가 북중국 평원의 작은 길가 사원에서 "한 명의 승려가 방과 침대를 배정하는 데 참석하지 않았다"는 불평을 기록한 것은 일본인들이 통상적으로 그들을 위하여 하나 이상의 방을 기대하였음을 의미한다.[41]

엔닌이 여행 도중에 음식에 대해 언급한 것은 당시 여행인들이 일반적으로 쌀과 면류는 가지고 다녔지만 야채, 간장, 식초, 소금 등은 그들이 머무르는 숙소에서 주기를 기대하고 있었음을 시사한다. 그는 장안에서 오래 머무르기 이전에는 그가 받았던 음식량에 대해서 거의 서술하고 있지 않다. 장안에 체류할 무렵이 되면 그는 중국 음식의 맛을 상당히 잘 알게 되었음에 틀림이 없다. 845년 산동에 돌아왔을 때 거기서 제공되었던 식사가 짜고 차가운 것에 불평을 털어놓고 있다.[42] 일본인이 중국요리를 차다고 불평하는 것은 오늘날 대부분의 중국요리가 상당히 뜨거운 것과 비교해보면 기묘한 일이라고 생각된다. 일본 음식은 오히려 차가운 것이 많기 때문에 더욱 그러하다. 그러나 짠 것은 아직까지도 산동요리의 두드러진 특징이라고 여겨진다.

승원과 여행승

여관이나 개인의 집만이 당대 중국의 여행자들이 식사를 한다든지 잠을 잘 수 있는 장소로 한정되지는 않았다. 두 번 정도 엔닌은 식사와 숙박을 위하여 장원(莊園; 庄)에 머물렀다. 한 번은 사원 소유지에 속하였고 다른 한 번은 전직 고관의 묘지 옆이었다.[43] 여행자들에게 보다 빈번하게 이용되었던 안식처는 도시나 시골에 있는 절과 승원(僧院)이었다. 승려로서 엔닌은 당연히 그것들을 발견하면 거기에 머물렀다. 주나 현에 있는 사원에 머무르면서 상당수의 좀 작은 부락은 통과하였다. 간혹 그가 오래 체류하였던 절들에서 그 절의 승려들을 위한 재를 마련하도록 비용을 내기도 하였다. 양주의 개원사에 있던 무렵 그와 엔사이는 두 번 정도 그 절의 승려를 위하여 재의 비용을 부담하였다. 산동의 등주에 있던 개원사에서는 자사가 그에게 주었던 비용의 일부로 거기에 사는 승려들을 위한 재를 마련하였다.[44]

그러나 대부분의 경우 엔닌은 절이나 승원에서 식사와 숙박에 대한 비용을 지불하라고 요구받지는 않았으며 또 지불하려고도 하지 않았다. 따라서 그와 일행이 머물렀던 더 작고 궁핍한 종교시설에서는 그다지 환영을 받지 못하였다는 것도 이상한 일은 아니다. 산서에서 일행은 한 절의 주지[院主]가 있는 곳에 갔는데 그 주지는 "주인과 손님의 예의를 알지 못했다"고 하며, 다른 곳에서는 주지가 "손님을 보고서도 기뻐하지 않았다"고 한다. 며칠 후 도시의 한 절의 주지는 처음 그들과 만났을 때는 기뻐하지 않았지만 학식이 있는 사람이었으므로 즉시 학자인 일본 손님들을 친절히 맞이하였다.[45] 북중국 평원의 어느 마을에서 여행자들은 두 명의 승려에게 그다지 우호적이지 못한 대접을 받았다. 두 명의 승려는 "우리들을 나그네로 보아 욕설을 퍼부으며 몇 번이나 쫓아내려 하였지만 우리들은 억지로 승원(僧院)에 들어가 식사를 준비하였다. 그러자 주지[主僧]는 마음을 바꾸어 몸소 손님 승려[客僧]를 위하여 수제비를 만들어주었다"고 한다.[46]

사원의 시설은 객승만을 받아들였던 것이 아니라 그것을 필요로 하는 모든 사람에게 개방되었다. 그 때문에 예를 들면 일본 견당사의 고관들은 양자강 하구의 북쪽 델타지대에 있을 때, 후에 합류한 엔닌과 병이 든 엔사이를 남겨 두고 처음으로 가까운 승원에 이주할 수 있었다. 그리고 양주로의 운하 여행에서는 해릉현의 현청 소재 마을에 배로 상륙하여 그날밤 지방의 한 절에서 지냈던 것은 승려들보다는 관리들이었다.⁴⁷⁾ 마찬가지로 해주에서 견당사의 원래 제2선 관리들 중 일부가 불교사원이 아니라 해룡왕묘(海龍王廟)라고 하는 도교사원에 머물렀던 사실을 엔닌은 전하고 있다.⁴⁸⁾

산동에서는 등주로부터 장안으로 향하는 도중 엔닌은 신라승원을 아우르고 있는 두 개의 대사원을 지나갔다. 아마 신라에서 온 사절들이 장안으로 왕래하는 도중에 이곳을 사용하였다고 생각된다. 한 사원은 청주에 있고 다른 사원은 상주(常州)에서 50리 정도 서쪽에 있는 장산(長山; 예전의 장백산[長白山])에 위치한 예천사(醴泉寺)였다. 어떠한 경우에나 엔닌은 스스로 신라승원에 숙박했다. 왜냐하면 그는 동방에서 온 외국인이었기 때문이고 또한 그 사원은 손님을 수용하는 절의 시설로서 통상 사용되었기 때문이다.⁴⁹⁾

이들 일련의 예들은 절이 일반 여행자에게도 숙박시설로 제공되었음을 명확히 알려준다. 실제로 어떤 절들은 종교 시설보다는 오히려 공식적인 숙소로 그러한 목적에 사용되는 경우가 많았다. 등주에서 엔닌이 말한 바에 의하면 신라관과 발해관이 각각 한 채씩 있었지만 그 지방의 개원사도 역시 관용 숙소로 사용되었다. 엔닌은 자신이 그곳에 머물렀던 상황을 약간 분개하면서 다음과 같이 말한다. "개원사에는 승방이 다소 있지만 모두 관객(官客)이 차지하고 있어 빈 방이 없으며 다른 곳에서 승려가 오더라도 머물 곳이 없다." 아마 엔닌이 등주를 방문하기 이전부터 개원사는 관의 여관으로서 여러 해 동안 사용되었다고 생각된다. 엔닌이 그 절의 벽에서 발견한 벽화나 조각을 만든, 연도가 분명치 않은 일본 사절단도 아마 중국의 수도로 왕래하는 도중에 그곳에 머물렀음에 틀림이 없다.⁵⁰⁾

등주의 개원사만이 여관과 사원을 겸하였던 것은 아니다. 문등현과 등주 사이의 현청 소재 마을에서 엔닌은 단지 다섯 명의 승려만이 기거하는 사원에 이르러 다음과 같이 쓰고 있다. "불당은 허물어지고 승방에는 모두 속인들이 가득 차 속세의 생활 장소와 같았다."⁵¹⁾ 며칠 후 등주를 뒤로 하고 엔닌은 법운사(法雲寺)라고 불리는 이전의 사원에서 밤을 보냈는데 그것은 명확히 사원과 여관 사이의 구분을 넘어 이제는 일반적으로 대관(臺館)이라 알려지게 되었으며 그것이 위치했던 마을이 대촌(臺村)이라 불리었다. 여관의 앞에는 여전히 두 개의 불탑이 세워져 있었지만 그것들은 승려가 아니라 여관의 주인이 관리하고 있었으며 엔닌에 의하면 "그는 직무를 충실히 다하고 있었다"고 한다.52)

중국의 주요 도로에서 발견하였던 사원의 숙박시설에 덧붙여 엔닌은 오대산의 성지로 가는 길에서 잘 정돈된 종교적인 숙박시설을 발견하였다. 그리고 그 시설은 승려나 순례 이외에는 함부로 사용되지 않았다. 엔닌이 처음에 이들 숙소들 중 하나에 갔을 때, 그것 보통원(普通院)이라고 불려지고 있었는데 그 이름과 기능을 다음과 같이 설명하고 있다. "오래 전부터 밥과 죽을 대접하면서도 승려와 속인을 가리지 않았고, 찾아오는 승려들을 재워 주었는데 밥이 있으면 함께 먹고 밥이 없으면 함께 굶으면서 승려와 속인이 머무르는 것을 막지 않았기 때문에 예로부터 이 절을 보통원이라고 불렀다." 엔닌은 이 특수한 숙소에 대하여 다시 다음과 같이 그다지 중요하지 않은 설명을 덧붙이고 있다. "절에는 2명의 승려가 있는데 한 사람은 마음이 활달하고 다른 한 사람은 음울했다. 또한 절에는 누런 털을 가진 개가 한 마리 있는데 일반인을 보면 마구 짖어대며 몽둥이로 때려도 그치지 않지만 승려를 보면 그 절의 중이든 객승이든 가리지 않고 꼬리를 흔들면서 매우 양순하게 따랐다."53)

이 처음의 보통원은 오대산으로 가는 순례의 발길이 인적 드문 골짜기 사이로 들어가기 직전의 산 기슭에 있었다. 엔닌과 일행은 6일간 이 산중의 오솔길을 따라 겨우 성스러운 산의 대사원에 도착하였다. 그들은 3리 내지 10리 정도씩 떨어져 순례자들이 휴식처나 음식을 구하기에 편리하도록 띄엄띄엄 있는 11개 이상의 보통원을 지나갔다. 그러나 적어도 이들 보통원 중 두 곳은 그 지방을 급습하였던 기근 때문에 준비된 음식이 거의 없었다. 그리고 그 중의 한 사원은 기거하던 승려들이 임시로 떠나고 없었다. 그러나 이외의 다른 승원은 크고 번성해 있었다. 즉 한 승원에서는 "오대산으로 순례하는 승려, 비구니, 남녀 등 100명 이상의 무리가 일본인들과 함께 머물렀으며" 다른 한 승원에서는 일본인들도 100명의 승려들을 위하여 마련된 재에 참가하도록 초대되었다.

엔닌은 오대산의 다섯 봉우리를 순회하는 순례의 오솔길을 따라 있는 다른 하나의 보통원을 발견하였다. 그리고 산에서 내려와 수도로 향하는 도중 그는 태원부로 가는 길을 따라 있는 다른 여러 승원들을 지나 갔다. 오대산과 태원부 사이에서 일본인들이 정오의 휴식이나 숙박을 위하여 머물렀던 11개 장소는 약 6리에서 11리 정도씩 떨어져 있었다. 이 중 8개는 보통원이고 다른 2개는 아마 순례를 위한 숙소와 같은 조직에 속하는 승원이었을 것이다. 그리고 나머지 하나만은 전혀 종교적 시설이 아니었다.[54] 엔닌은 태원부의 남쪽에도 길을 따라 3개의 다른 보통원이 산재하고 있다는 것을 알리고 있다. 그러나 이 중 하나는 현청의 마을에 있고 다른 하나는 주청의 시내에 있으며 세번째의 원은 주지가 여행자들을 환영하지 않았기 때문에 이들 세 보통원은 순례를 위한 숙소의 조직망에는 속하지 않았으리라 추정된다.[55]

경제·지리적 관찰

엔닌이 간장과 식초을 사기 위해 1근의 차를 지불하였다는 기록이 산동을 여행하는 동안에 나타나지만 여행자로서 음식이나 숙박의 값을 언급한 것은 그것뿐이다. 그러나 그는 자주 다른 물가에 대해서 일기에 기록해놓았다. 그외에 때에 따라 알게 된 경제적인 사정을 전하는 기술도 있다. 예를 들면 양주에서 철이나 동의 매매가 금지되었다는 기록 등이 그것이다. 이들을 종합하면 당시 경제생활의 실상을 상당히 명확하게 할 수 있다.

엔닌은 중국의 여러 곳에서 생산되는 진귀한 물품에 대해서도 자주 다루고 있다. 그가 양자강 하구의 북쪽 델타지대에 위치한 "소금전매국"에 대하여 언급하고 양주에 이르는 운하에서 소금을 실은 나룻배의 긴 행렬을 묘사하고 있는 것은 이 습기가 많은 연안지대가 최대의 소금 산지였음을 시사하고 있다. 해주의 동쪽 연안지대에서 북쪽까지 "소금이 모여 있는 장소를 겨우 빠져나갔다"고 자신의 힘든 여로를 묘사하고 있다. 엔닌은 또한 델타지대에 오리가 대규모로 무리지어 있는데 2천 마리도 넘을 것이라고 했다.[56]

엔닌이 처음으로 산동연안에 도착한 다음날, 북중국 전역에 마찬가지로 적용되는 다음과 같은 기사를 일기에 기록하였다. "이 주는 조를 생산하기 때문에 쌀은 매우 귀하다고 한다."[57] 일기가 전하는 더욱 흥미로운 사실은 당시 적어도 산동의 각지는 나무가 많아 중국의 다른 지방으로 목탄을 판매하였다는 것이다. 그가 839년 봄 해주의 황폐한 동쪽 해안에서 만났던 신라 선원들은 산동반도의 남안에서부터 강소성(江蘇省) 북부의 나무가 없는 충적층의 평원을 지나 초주까지 목탄을 수송하는 일에 종사하고 있었다. 8년 후 엔닌은 실제로 산동의 남쪽 해안에서 초주까지 다른 목탄선을 타고 여행하였다.[58] 귀국하는 일본 견당사와 행동을 같이 했던 신라 선원들이 일본으로 건너가기 전에 배를 수선하기 위하여 산동 남안의 대주산(大珠山) 지역으로 배를 몰고 가야 한다고 주장하였던 것도 산동에 수목이 있었음을 의미한다. 그러나 엔닌이 타고 있던 배의 돛이 이 연안에서 파손되었을 때 일본인들은 그것을 대신할 만한 좋은 재목을 얻지 못하였음을 불평하고 있기 때문에 산동연안의 수목은 결코 원시림이 아니었음을 알 수 있다.[59]

엔닌의 일기는 또한 산동의 구릉과 북중국의 연안지대 전역의 인구가 오늘날과 비교하면 매우 적었음을 분명히 하고 있다. 일본 견당사가 최초로 양자강 델타지대에 상륙하였을 때 그들은 주민들과 연락을 취하는 것이 매우 곤란했다. 또한 양주로 가는 운하 여행에서도 가는 곳마다 양쪽 연안에는 인적이 없는 황량한 광경이 계속되었다. 후에 해주의 동쪽 구릉진 해안을 따라 견당사의 배들이 황폐한 하구에 정박하고 엔닌과 일행이 이 지점에서 내륙으로 들어갔을 때 인적이 있는 촌락에 도달하기 전까지 구릉을 넘어 6, 7리 정도를 걷지 않으면 안되었다. 엔닌은 845년 해주에서 등주까지 가는 육로 여행에서 산동의 황폐하고 인적이 드물어 침침한 모습을 다음과 같이 묘사하고 있다.

  해주에서 등주로 가는 길은 좀체로 통과할 수 없었다. 황량한 땅이 펼쳐지고 길은 좁아 풀과 나무가 무성하게 있었다. 몇 걸음 갈 때마다 우리들은 진흙에 빠졌고 수없이 길을 잃고 말았다. 만일 길 안내원이 없었다면 한 걸음도 나아갈 수 없었을 것이다. 황량한 들판을 나서면 산이고, 산을 나서면 황량한 들판이었다. 언덕은 가파르고 계곡은 깊어 흐르는 물은 얼음처럼 차가왔으며 걸어서 건너면

뼈 속까지 시렸다. 산지에 들어가면 하루에 백 번이나 산을 넘어야 하고 백 번이나 골짜기의 물결을 건너야 했다. 거치른 들판에 들어서면 나무가 울창하게 무성하고 풀은 빽빽하여 조금밖에 나아갈 수 없었으며 앞의 것을 보는 것조차 곤란하였다. 풀이 움직이는 것을 보아 거기에 사람이 걷고 있는 것을 알았다. 모기와 등에는 비오듯이 날아들어 아무리 때려도 물리칠 수 없었다. 풀 밑의 진창은 우리들의 무릎과 허리까지 올라왔다.
　도중의 주나 현의 마을은 들판 가운데 솟은 하나의 언덕배기처럼 보였다.……우리들은 북쪽으로 한결같이 1,300리 갔지만 가도가도 산과 들판만 있었다. 비록 바닷가 가까이를 지나고 있을 때에도 바다는 볼 수조차 없었다. 등주에 도착하여 겨우 바다를 볼 수 있었다.[60]

　오대산을 둘러싼 산악지역도 당연히 당시에는 인구가 적었다. 엔닌의 일기를 통해 현재에는 벌거벗은 산들이지만 당시는 울창한 처녀림으로 덮여 있었다는 것을 알 수 있다. 엔닌은 오대산의 다섯 봉우리 중 가운데 봉우리[中台]에서 본 풍경을 다음과 같이 묘사하고 있다.

　……오대(五臺)는 높고 험하여 뭇 등성이 위에 우뚝 솟아 있다. 오대 주위는 오백리이다. 그들 밖으로는 높은 봉우리들이 겹겹이 계곡을 이루며 높이 솟아 있다. 그들은 오대를 둘러싼 성벽과 같은 모습을 하고 있다. 봉우리들의 높낮이는 차이가 많고 수목은 울창하다. 그러나 오대의 정상 부분만은 산의 중턱에서 위까지 수목이 없다.

　수목 자체에 대해서 엔닌은 "산봉우리 위에는 소나무가 우거져 있고 계곡에는 수목이 곧고 길게 뻗어 있으며 대나무 숲과 삼의 들판이 말로 표현하기 어려울 정도이다"고 기록하고 있다.[61]
　그 지역 전체는 오늘날의 양상과 전혀 달랐을 뿐 아니라 기후도 어느 정도 더 습윤했던 것 같다. 엔닌에 의하면 얼음같이 찬 물이 봉우리의 평탄한 곳에서 분출되었다고 한다. 깊은 계곡에는 작은 빙하조차 흩어져 있었는데 마지막 빙하시대가 급속히 사라져 가는 흔적이었다고 생각된다. 엔닌은 두 개의 얼음덩어리를 보고 그 하나에 대하여 다음과 같이 묘사하고 있다.

······우리들이 동북쪽을 향하여 멀리 아래를 내려다보니 계곡 깊은 곳에 수십 정(町)의 땅이 있는데 은빛으로 보였다. 사람들은 이것은 천 년 동안 매년 눈이 녹지 않고 얼어붙어서 층층이 쌓여 있는 모양을 이룬 것이라고 한다. 계곡은 깊어서 언제나 그늘이 졌으며 햇볕은 앞에 있는 절벽에 의하여 차단되어 결코 눈을 비춘 적이 없다. 그 결과 예로부터 눈이 녹은 적이 없었다.[62]

이 산지는 인구도 희박하고, 농경의 중국과 유목의 몽고 사이의 경계에 가까웠으므로 대단히 목가적이었다고 생각된다. 북중국 평야 근처의 오대산 동쪽 산기슭에서 엔닌은 5백 마리 정도의 양떼를 모는 목동을 만났다. 그 전날 그는 오대산의 승원들 중 한 곳에서 귀로에 있던 몇 명의 승려를 만났다. 그들은 평원의 바깥 마을에서 구입한 "삼베 열매의 기름을 50마리의 나귀에 싣고" 돌아가고 있었다.[63] 의심할 바 없이 성지에 있는 대규모 승려 집단은 그 양식의 대부분을 서남쪽 계곡 사이의 농업인구와 멀리 떨어져 있는 동쪽 대평원에 의존하고 있었다.

그외의 경제적인 생산에 관한 엔닌의 기술은 매우 드물고 흩어져 있다. 그는 지금도 여전히 철의 생산지로 알려져 있는 산동 서쪽의 한 지역에서 금속제조업자의 집에 하룻밤을 머물렀다. 또한 태원부 북쪽으로 몇 마일 떨어져 있는 사원 소유지[莊園]에 있는 물방아간을 방문한 기록은 그러한 수력 이용의 제분기가 적어도 중국의 그 지방에서는 진귀하였던 것임을 시사하고 있다. 며칠 후 그는 석탄이 산출되던 시의 동쪽 1리 내지 2리 되는 곳의 언덕을 방문하였다. 석탄은 4세기 후에 중국에 왔던 마르코 폴로에게도 놀라운 것이었다. 엔닌은 "산 주위에는 석탄이 많아 멀고 가까운 곳의 여러 주민(州民)들은 이것으로 불을 지폈다. 음식을 요리하는 경우에는 놀랄 만한 열량을 발휘하였다"고 기술하고 있다. 그 지방의 중국인이 말한 자연현상의 설명을 납득할 수 없었던 엔닌은 결국 신의 은총으로 돌려버리고 기록하기를 "우리들은 벼

량의 암석이 검게 그을려 연료가 되는 것을 보았다. 사람들은 우리들에게 말하기를 그것은 번개로 탄 것이라고 한다. 그러나 나 자신이 생각해보건대 반드시 그런 것 같지는 않다. 이것은 이곳의 중생들에 대하여 부처님이 보상으로 주신 것임에 틀림없다"고 하였다.[64]

승려에 대한 관급(官給)

우리들의 경제적인 관심 중의 하나는 어떻게 엔닌이 중국에서 9년 이상이나 그 자신과 세 수행자의 생활을 유지하였는가라는 점이다. 분명히 처음 자금의 출처는 일본 정부였다. 일본 정부는 견당사의 일원으로 그에게 자금을 지급하였을 뿐 아니라 그가 원래 중국에 체류하려고 예정하였던 기간에도 특별히 종교적인 비용을 위하여 상당량의 사금(砂金)을 그에게 주었다고 생각된다. 예를 들면 그의 체류 초기에 이 자금에서 두 번 1냥(兩) 정도의 금을 그가 사용하고 있음을 발견한다. 후에 그가 대륙에서 체류하는 것을 연장하려고 결정하였을 때 대사는 그에게 다시 20냥 이상의 금을 주었다. 마찬가지로 엔사이가 초주에서 오대산으로 향하여 출발하였을 때에도 일본의 관리에게 25냥의 금과 비단 35필과 견릉 75둔(屯)을 받았다.[65] 엔사이에 대한 대우가 좀더 관대하였던 이유는 그는 유학승으로서 견당사가 귀국한 후에도 중국에 남을 것으로 예상되고 그 때문에 더 충분한 자금을 그의 생활 유지를 위해 제공해야 한다고 생각되었기 때문이다.

일본 정부는 엔닌의 중국 체류가 연장되고 나서 적어도 2회 정도 그에게 자금을 지급하려고 시도하였다. 847년 말엽 엔닌이 일본에 귀국하기 직전 그를 찾기 위하여 파견된 쇼카이(性海)는 일본 천황으로부터 약간의 금을 그에게 가져왔다. 그러나 일본에서 그에게 금을 지급하려던 이전의 시도는 그다지 성공하지 못하였다. 842년 여름 엔닌은 초주에서 신라인 친구 유신언(劉愼言)을 통하여 고국으로부터 그에게 금 24냥이 보내져왔다는 것을 알았다. 금을 지참한 자는 분명히 840년 후반 혹은 841년에 일본을 출발하였다고 하는데 엔닌에게는 불행하게도 금은 초주보다 먼 곳으로는 도달하지 못하였다. 그것을 받기 위하여 엔닌은 이쇼오을 보냈지만 가을 늦게서야 겨우 돌아온 이쇼오는 유신언이 엔사이에게 꼬드김을 당하여 그것을 써버렸다고 하는 불유쾌한 소식을 가져왔다.66)

엔닌은 고국으로부터 그에게 보내진 자금에 대해서는 다른 언급이 없지만 일본 정부가 중개인을 통하여 중국에서 수학중인 승려들에게 금을 보내려고 시도하였던 것은 일반적인 통례였으므로 엔닌에게도 그 이상의 금이 보내졌을 가능성이 있다. 예를 들면 일본의 역사는 842년에 교토의 조정이 804년의 견당사와 함께 중국에 건너갔던 레이센(靈仙)에게 발해 사절을 통하여 보냈던 금 100냥에 대하여 걱정하고 있는 상황을 우리에게 전하고 있다. 레이센은 자금이 도착하기 전에 이미 사망하였다고 한다.67)

엔닌은 이따금 오대산에서 이 인물의 여러 행적을 발견하였다. 하나는 820년 레이센 자신이 성지에 도착하였음을 기록하기 위하여 보통원의 벽에 새겨놓은 조각이었다. 다른 하나는 레이센의 팔에서 잘라낸 길이 4치[寸], 폭 3촌의 피부였다. 그것은 신앙심 깊은 일본 순례자가 그 위에 부처의 모습을 그린 후 작고 빛나는 금동탑(金銅塔) 안에 넣어 오대산의 대사원 중 한 절에 성스러운 유품으로서 안치했던 것이다.68) 그러나 레이센에 대한 가장 흥미있는 유적은 그에게 바쳐졌던 부분적으로 의미가 통하지 않는 긴 시의 조각이었다. 그리고 그것은 레이센이 일찍이 머물렀던 폐허가 된 한 사원의 벽에 기록되어 있었다. 시를 짓고 글을 새긴 사람은 발해승으로 레이센의 제자였다.

새겨진 문구에 의하면 발해승은 825년 일본에서 도착한 금 100냥을 가지고 장안으로 갔고 계속해서 레이센에 의하여 일본 천황에게 답례의 영보(靈寶) 선물을 바치기 위하여 일본으로 파견되었다. 그리고 828년 일본의 조정으로부터 별도의 금 100냥을 부탁받고 돌아왔으나 그의 스승은 이미 죽은 사람이 되어 있었다. 이 문구는 일본 역사에 기록된 것보다도 상세하게 레이센에게 보내졌던 자금의 내력을 명확히 하고 있는데 엔닌은 잃어버렸던 자금에 대해서보다는 오히려 이 인물을 둘러싼 더 중요한 의혹이 있음을 발견하였다. 레이센의 임종을 보았던 그 절의 몇몇 주재 승려가 말한 바에 의하면 일본승은 "누군가가 독을 먹여 죽였다. 주재 승려들은 그의 제자들이 스승의 유체를 어디에 매장하였는지 알지 못하였다."69)

레이센에게 보내진 금의 양은 아마 그다지 많지 않았을 것이다. 그 이유는 일본 황실은 그때에도 아직 구식의 "소량(小兩)" 단위를 사용하고 있었기 때문이다. 그리고 그것은 새로운 "대량(大兩)"의 3분의 1을 조금 못 미치는 단위였다. 새로운 단위는 당대 이래 현재에 이르기까지 표준적인 단위로 남아 있다. 따라서 엔닌은 중국에서 견당사가 그와 엔사이에게 주었던 금의 양이 "대량"에 의한 것임을 분명히 하고 있지만 일본 842년에 그에게 보내졌던 24냥은 소량에 의한 것임을 기록하고 있다. 더욱이 그가 처음으로 중국에서 금을 지불한 것은 그와 엔사이가 함께 양주의 개원사 승려들을 위하여 재를 마련하였을 때 그때에 "소량"의 단위로 이루어졌다. 이때 그들이 보시하였던 4소량은 대량으로 1냥과 4분의 1에 상당한다고 판명하였다. 엔닌이 후에 약간의 사금을 동전으로 교환할 때 1대량과 4분의 3은 9,400문(文)의 가격에 해당했다. 1대량은 5,371문, 1소량은 겨우 1,700문의 가격으로 환산되었다.70)

엔닌의 비용 출처

귀국하는 대사가 엔닌에게 주었던 금 20대량이 그와 수행자를 얼마 동안 지탱하였는가는 확언하기 곤란하다. 그러나 어쨌든 그다지 장기간 그들을 유지시킬 수 없었음에는 틀림이 없다. 엔닌이 장안에 체류하는 동안 그의 지출 중 한 항목은 이 전액보다 매우 많았다. 이것은 그의 중요한 스승 중의 한 사람인 승려 원정(元政)에게 가르침을 전수받기 위하여 지불하였던 수업료였다. 엔닌에 따르면 이 사람에게 총계 25냥의 금과 다른 물품을 지불하였다고 한다. 아마 이 액수의 대부분은 매달 사례비의 형태로 지불되었을 것이다. 예를 들면 엔닌이 그러한 선물을 바쳤다는 두 개의 편지가 있다. 그것들은 수도에서 다른 한 명의 종교적인 스승인 의진(義眞)에게 보냈던 것이다. 하나는 비단 3필을 기록하고 다른 하나는 현금 10연, 즉 10관(貫; 1만 문)을 기록하였다.71)

명확히 그 자신과 일행의 일상적인 생활비 외에 이러한 여러 지출을 충당하기 위해 엔닌은 사원 시설들의 호의와 신앙심 깊은 일반인들의 개인적인 원조와 많은 중국인 후원자들로부터의 선물에 크게 의존하지 않을 수 없었다.

  종교적인 지도에 대한 수업료와 더불어 엔닌은 그가 결국 일본에 갖고 돌아갈 수많은 불교경전이나 종교화 등에 대해서도 거액의 대금을 지불하였음에 틀림이 없다. 그가 일본에 가져갔던 이러한 것들이야말로 마침내 일본불교에 새롭게 소개된 밀교가 학문적으로 다채롭게 전개되는 데 초석이 되었다. 일기에 기록되었던 단 하나의 책값은 양주에서 구입한 불교의 어떤 경전에 관한 주역서 4권에 대하여 지불하였던 450문이었다.[72] 후에 장안에서 화가 왕혜(王惠)에게 명령하여 금강계(金剛界) 만다라(曼茶羅)와 태장계(胎藏界) 만다라 각각 다섯 장씩을 그리게 하였을 때 지불하였던 금액을 서술하고 있다. 이 두 가지 만다라는 제존(諸尊)의 거대한 일람표식으로 된 초상화이며 각 존(尊)은 각각 밀교의 근저에 깔려 있는 형이상학적인 여러 원리를 대표하는 것처럼 배열되어 있다. 아쉽게도 그들의 가격은 일기에 나타나 있는 현재의 형태로는 계산이 딱 들어맞지 않는다. 왜냐하면 처음 다섯 장의 그림에 대하여 현금 50관을 주었다거나 혹은 한 장에 10관씩 지불하였다고 주장한다. 그림이 그려졌던 비단의 가격을 제하고 다른 다섯 장에 대해서는 겨우 60문 혹은 6,000문을 지불하였다고 한다. 두번째의 숫자는 아마 "60관"으로 정정되어야 할 것이다. 더욱이 그 가격은 비단값이 포함되지 않았다면 약간 높다고 생각된다. 혹은 한 장에 6,000문씩으로 정정해야 할지도 모르겠다.[73]

  어쨌든 엔닌은 주로 이러한 그림들에 자금을 지출하였으며 이것이 그의 마음을 무겁게 눌렀을 것이 확실하다. 그는 왕혜와 가격 교섭을 하고 있는 동안 이들 가격을 지불하기에 충분한 자금을 후원자들이 보내주는 꿈을 두 번 정도 꾸었다. 그리고 그의 스승 의진의 일반 제자가 금강계 만다라를 위하여 비단 46필을 주었을 때 그는 의진에게 답장을 써 "지극히 감사하였다"고 전했다. 지금 남아 있는 당시의 만다라는 동아시아의 엄청난 그림으로 어떤 것은 사방 10자이거나 그 이상의 규모를 나타낸다. 이들의 만다라에 묘사되었던 여러 가지 신들의 초상과 각각의 많은 부속품 때문에 이 그림들은 초상화의 정확함을 위해 많은 섬세한 작업을 필요로 했다. 왕혜는 의심할 바 없이 능력 있는 제자를 동원할 수 있는 화랑을 갖고 있었지만 이러한 작업을 완성하기에는 긴 시간이 걸렸다. 이전에 왕혜는 엔닌의 부탁으로 다른 금강계 만다라 4부를 그렸을 때 46일이 걸렸다.[74]

엔닌이 일기에 기록한 다른 종교적인 지출은 그의 두 제자인 이쇼오와 이교오의 의복을 위하여 바느질집에 지불하였던 금액이다. 양주에서 엔닌은 그들을 위하여 "앉을 때 사용하는 자리[坐具]"를 주문하였다. 그것은 누울 때에도 사용되었다. 동시에 3명이 각각 입을 가사 3벌을 마련하였다. 가사는 베조각을 모아 만들었다. 그것은 원래 누더기 옷을 의미하며 청빈한 승려들이 입기에 어울리는 자투리 헝겊을 모아서 만든 피복이었다. 가장 간단한 가사는 전통적으로는 다섯 개의 작은 조각[五條]으로 만들고 다음으로는 7개의 작은 조각으로 만들며 가장 복잡한 가사는 9개 혹은 그 이상으로 만들어 특수한 경우 25개의 작은 조각으로 만들어진다. 5조가사는 비단 28자[尺] 반을 필요로 하며 7조가사는 47자반, 25조가사는 40자가 든다. 바느질집의 공임은 물론 비단의 가격을 제하고 각각 300, 400, 1,000문이었다. 이들의 공임은 좌구 한 개에 250문이라는 바느질집의 계산서에 비하면 잘 이해될 것이다. 이들의 좌구는 각각 실 21자로 만들고 껍데기가 8자 4치, 안감도 마찬가지이며 나머지의 4자 2치는 모서리가 되었으므로 5조가사를 만드는 것보다는 조금 싼 바느질삯이었음에 틀림이 없다.[75]

가사나 좌구를 만드는 데 비단의 가격이 어느 정도 들었는지는 엔닌이 대개 40자씩의 흰 비단을 2필 사면서 2관문(2,000문)을 지불하고 그것으로 그의 5조가사와 7조가사를 만들도록 한 것으로도 알 수 있다. 이 가격은 엔닌과 엔사이가 개원사에서 재를 마련하였을 때 지불하였던 비단 4필과 단자(緞子) 3둔을 팔아 얻은 동전 6관보다도 많다.[76]

이 최후의 매매는 재의 가격과 동시에 비단의 필수도 명확히 하고 있다. 6,000문 이상의 금액은 60명 이상의 승려를 꾸려나갈 수 있다. 이 계산은 엔닌이 말한 다른 재의 가격과도 맞아떨어진다. 그와 엔사이는 이전에 금 1대량과 4분의 1을 개원사에 기부하였던 적이 있는데 아마 이것은 원래 100명의 승려를 위하여 마련된 재에 대하여 지불되었던

7,000문보다 약간 못 미치는 가격으로 환산할 수 있을 것이다. 견당사의 다른 한 사람은 60명 이상의 승려를 위하여 재를 공양하는 데 5,600문을 지불하였다. 또한 초주에서는 일본 대사가 같은 수의 승려에 대하여 재와 보시를 위하여 7,500문을 제공하였다.[77] 이들 숫자는 당시 재의 가격이 한 사람당 평균 100문에 가까웠음을 보여주고 있다. 이것은 명확히 양주에서 838년 12월 8일 전 황제의 붕어 기념일에 일대 재에 참가한 500명의 승려를 위하여 50관의 동전이 할당되었다는 계산의 기초가 되었던 가격일 것이다.

그외·엔닌이 기록한 잡다한 가격은 예를 들면 해주지방에서는 20리 즉 약 6마일 정도 나귀를 사용하는 데 20문에서 50문이 들고 북중국 평원에서 황하를 건너는 뱃삯은 한 사람당 5문, 나귀는 한 마리당 15문이고, 산동의 남안에서 초주에 이르는 배의 임대료는 비단 5필이며 이것은 아마 현금 5관문에 상당하였을 것이다. 마지막으로 산동반도의 끝에서 초주로 여행하기 위해서 사륜마차를 빌리면 베 17단이 든다고 하여 보다 고액의 운임이 된다.[78]

엔닌은 산동이나 북중국 평원의 각지에서 곡물 가격에 대해서도 어느 정도 다루고 있다. 그는 등주와 청주 사이의 4개소에서 곡물 1두당의 가격을 서술하고 있다. 두는 석의 10분의 1에 상당한다. 산동의 이 지방에는 당시 기근이 들었으므로 조가 1두당 30문에서 80문 하고 있었음을 알리고 있다. 쌀은 60문에서 100문이었다고 한다. 그가 언급한 가축의 사료로 사용되는 경우가 있는 "소두(小豆)"의 가격은 비교적 높은데 1두당 35문이라고 한다. 북중국 평원에서는 한 마을의 가격밖에 거론되어 있지 않다. 거기서는 소두가 1두당 겨우 15문, 조 45문, 쌀 100문, 소맥분 70문에서 85문이었다고 한다.[79]

당대 초기의 가격 체계는 예를 들면 현금, 금, 베, 쌀 등의 주요한 단위는 모두 대체로 동등한 가격이었지만 적어도 그 체계가 부분적으로 당시(당대 후기)까지도 아직 유효하였음을 명확히 한 것은 흥미있는 점이다. 따라서 비단 1필은 아직 동전 1관 정도의 가치가 있고 엔닌이 쌀의 최고 가격을 인용하여 1두당 100문이라고 한 것은 쌀 1석이 매매상 동전 1관과 동등하였던 것을 의미한다. 단 금만이 다른 물가의 경우와는 체계가 달랐다. 왜냐하면 1소량으로도 표준의 1,000문 대신에 1,700

문 가까운 가치가 있었기 때문이다.

엔닌의 일기에 나타났던 가장 특수한 가격은 양주의 개원사에서 한 건조물을 재건하는 데 든 비용이다. 그것은 아마 절의 입구 위쪽에 걸쳐 있던 몇 가지 불상을 갖춘 노대였던 것 같다. 총공사비 1만 관, 다시 말하면 동전 1천만 매로 계산되며 적어도 500관은 재목을 위하여 사용되었다. 이덕유 자신이 1,000관을 기부하였다. 그외의 비용은 일련의 종교적인 모금을 계속하는 것으로 모았다. 양주에서 외국 상인의 사회도 기부금을 내었다. 아마 이덕유의 지시에 의한 것이리라. 몇 명의 페르시아 사람과 현재의 남인도지나에 일찍이 있었던 참파국(占婆國)의 시민들이 각각 1,000관 및 200관을 기부하였다. 절도사는 일본 견당사에게는 50관밖에 요구하지 않았다. 이 숫자는 상당히 배려를 한 액수였다고 엔닌은 느끼고 있었지만 과연 실제로 일본인들이 지불하였는지 어떴는지에 대해서는 기술하고 있지 않다.[80]

이 점에 대해서도 다른 경제문제에 관한 경우와 마찬가지로 엔닌의 기록은 결론을 명확히 하기보다는 오히려 흥미를 유발시키게 하는 필법이었다. 어쩌면 종교가로서 그러한 세속적인 사안에 그다지 관심이 없었던 것이리라. 그러나 그는 결코 경제평론가로서도 낙제였던 것은 아니다. 특히 그가 가졌던 당시에 대한 다른 세속적인 관심의 대부분과 비교할 때 대체적인 것만을 파악하고 있었으면서도 매우 귀중한 기록을 일기에 포함할 정도로 폭넓은 관심이 있었던 점은 존경할 만한 가치가 있다.

제6장
대중의 불교

　이들 일본 견당사절단과 중국정부의 실체, 일반적인 풍습, 그리고 여행의 상황에 대한 장문의 기술을 통하여 엔닌의 일기가 이처럼 다양한 세계의 모습으로 우리들을 안내함에도 불구하고 우리들은 그것이 결국 "불법을 구하여 중국을 순례하였던 기록"이라는 것을 인식하지 않을 수 없다. 왜냐하면 엔닌이나 몇 세기에 걸쳐 이 문헌을 보존하였던 신앙심 깊은 사람들에게도 그것은 불교의 영광과 열정적인 순례의 고난과 동시에 기쁨을 전하는 종교서적이기 때문이다. 엔닌이 세속적인 세계에 대하여 많이 언급하였던 것은 단지 더욱 정신적인 미식의 식단에서 흘러나온 빵부스러기에 지나지 않는다.
　그러나 오늘날 이들 맛있는 주요리를 완벽하게 소화할 수 있다고 기대되는 엔닌의 독자는 그다지 많지 않다. 철학이나 종교로서 불교는 고기가 없는 불교도의 식탁이 소박한 것만큼 풍요로운 것이다. 또한 모든 종교 가운데 가장 다양하고 복잡한 것의 하나로 불교의 경전, 의식, 신학적·철학적 다양함 그리고 심원함은 거의 끝이 없다고 생각된다. 엔닌은 불교가 1천 년 이상이나 문명세계의 동쪽 반 정도를 포괄하면서 번성하였던 후에 세상에 나타났다. 그리고 그는 절충적이고 종합적인 천태종의 철학을 고도로 포용적인 진언(眞言) 밀교의 실천과 결합하는 데 최대 관심을 기울였다. 따라서 그는 아마 불교가 가장 복잡한 국면에 처했을 때 불교를 대표하였던 것이다. 즉 그때 중국에서는 불교에 대한 지적 관심이 차츰 사라져가기 시작하고 일본에서는 불교를 더 이해하기 쉽고 대중적인 것으로 만들려는 단순한 신앙이 성장해가는 전야였다.

엔닌의 일기 여기저기에 나타나는 그의 연구, 그가 참가하였던 불교행사 그리고 그가 얻었던 경전과 그림에 관한 기록들은 의심할 바 없이 인물의 사상과 신앙에 대하여 명확한 이미지를 제공한다. 그러한 이미지는 그가 중국에서 가져온 방대한 문헌의 세세한 목록과 일본에서 그가 수행했던 종교적 개혁에 대한 기록 그리고 만년의 저술에 의하여 그 주위를 장식할 수 있다. 그러나 그러한 업적은 저자가 일생을 통하여 열심히 연구했기 때문에 비로소 가능했다. 그런데 독자에게 그것을 이해시키기 위해서는 그 배경을 설명하는 별도의 책 한 권을 마련하지 않으면 안될 것이다. 독자의 편의를 고려하여 나는 이를 가장 풍요로운 진미를 정확히 감상할 수 있을 만한 사람들을 위하여 남겨두겠다. 나는 분명 양심에 기초하여 이렇게 하는 것이다. 왜냐하면 이러한 풍요로움 때문에 그것은 모든 불교문학 가운데 가장 대중적인 것이 될 수 있다고 믿기 때문이다. 다른 수백 수천의 서적이 불교경전이나 사상에 대하여 마찬가지의 혹은 그 이상의 정보를 제공해준다. 그러나 엔닌의 일기야말로 동적이고 생생한 종교로서 중국에서 광휘의 절정에 있었던 불교의 상세한 모습을 전하는 유일한 것이다. 그리고 그것은 민중의 일상생활에 커다란 부분을 할애하고 있다. 나는 일기가 제공하는 이야기의 더 소박한 측면에 대해서만 나 자신의 관심을 맞추어 서술하여 보겠다.

사원의 시설

불교가 당대 중국에 보편적으로 알려져 있던 것은 이미 이 책의 앞부분에서 몇 번이나 서술하였던 것처럼 ― 대중적인 제례, 국가적인 의식 그리고 엔닌의 여행길을 따라 ― 명확하다. 엔닌이 방문하였던 모든 도시와 마을에 불교사원이 세워져 있었을 뿐 아니라 멀리 떨어진 변경의 촌사에도 각각 불교 시설이 있었던 것은 이미 서술한 대로이다. 엔닌은 때때로 어떤 지방의 사원과 승려의 총수를 분명히 기록하고 있다. 즉 그는 산동에 있는 등주의 주청 소재시에는 겨우 3개의 절밖에 없는

데 그 중 한 절은 쇠락하여 10명 정도의 승려들밖에 없었다는 것을 우리들에게 알리고 있다.[1] 다른 한편 당시 중국 최대의 도시 중 하나였던 양주에는 40개 이상의 사원이 있으며 그 중 7개의 사원은 관사(官寺)로 지정되어 거기서 국가를 위한 의식이 정부 명령으로 이루어졌다. 이것은 상당한 규모의 승려인구를 말해준다. 왜냐하면 개원사에만 적어도 100명의 승려가 있었기 때문이다.[2] 엔닌은 어느 때 500명의 양주 승려들이 하나의 절에서 30명을 넘지 못한다는 선발 기준에 따라 모였던 것을 기록하고 있다.

양주지방에는 수많은 사원이 있었기 때문에, 엔닌이 장안의 시내에만도 33개의 작은 절과 불특정한 수의 대사원 외에 300개의 이른바 "불당(佛堂)"이 있었다고 기록한 것을 믿을 수 있다. 이들 모두는 질적으로나 양적으로 두드러진 것이라고 생각된다. 왜냐하면 엔닌은 사원의 경내에 있는 건물과 그 안에 안치된 불상이 모두 훌륭하며, 유명한 예술가의 작품이라고 주장하고 있기 때문이다. 수도의 한 작은 승원 또는 "불당"은 "지방의 대사원에 필적하였다"고 서술하고 있다. 그러나 수도의 승려 인구는 아마 엄청났음에 틀림이 없지만 이에 대해 엔닌은 겨우 암시만 하고 있을 뿐이다. 엔닌이 머무르고 있던 자성사(資聖寺)는 수도의 사원 중에서 그다지 유명한 사원도 아니며 아마 대사원에 속하지도 않았던 것 같다. 그럼에도 100여 명 혹은 그 이상의 승려가 머무르고 있었다고 생각된다. 왜냐하면 엔닌은 37명의 자성사 승려가 불교 탄압의 초기단계에 환속되었으며 다시 1년 반 후에는 여러 차례의 후속조치에 의해 39명이 환속되었음을 기록하고 있기 때문이다. 장안에 많은 승려가 있었다는 것을 보여주는 다른 기록에는 수도에 머물렀던 3,400명 이상의 승려가 불교 대탄압이 시작되었을 때쯤 환속했다는 기술이 있다.[3]

엔닌은 신앙의 중심이 되었던 천태산이나 오대산과 같은 큰 산에 있던 승려사회의 크기에 대해서도 약간의 정보를 제공하고 있다. 그가 양주에 있던 무렵 한 승려가 천태산에서 와서 천태산의 국청사(國清寺)에는 보통 150명의 승려가 머무르고 있음을 그에게 알려주었다. 그러나 여름의 안거(安居)기간에는 300명이 넘는 승려가 모였다고 한다. 그런데 조금 작은 선림사(禪林寺)에는 보통 40명의 승려가 머무르고 여름철에는 70명 이상이 머물렀다고 한다.[4] 3개월 걸리는 여름 안거는 원래 인도에서 시작되었던 것으로 인도에서는 장마철에 승려들이 탁발을 하면서 나라 안을 돌아다니기에는 상황이 좋지 않아 승원에 머물면서 공부하였다. 그러나 엔닌 자신은 중국에 있는 동안 이 전통에 대해서는 별다른 관심을 보이지 않았다.

엔닌은 오대산의 시설 규모에 대해서 거기에 체류하였기 때문에 당연히 잘 알고 있었다. 이들 12 시설은 "12 대사원"이라고 불렸는데 물론 그외의 더 작은 시설이 수많이 산재하고 그 중에는 보통원도 포함되었다. 엔닌이 가장 오랫 동안 머물러 있었던 곳은 대화엄사(大華嚴寺)였다. 그곳에 얼마나 많은 승려가 머무르고 있었는지 그는 우리에게 명확히 알리고 있지는 않지만 그 사원이 12개(엔닌의 다른 기록에 의하면 15개)의 승원을 아우르고 있다고 언급함으로써 그 규모를 시사하고 있다. 12개 혹은 15개의 승원은 각각 별채이고 행정적으로도 나뉘어 있었다고 생각된다. 12개의 승원이 모여 대화엄사라는 하나의 대사원을 형성하였다. 죽림사(竹林寺)는 오대산 지역에 있었지만 오대산 승려사회의 행정에는 속하지 않았으며 스스로 6승원을 갖고 40여 명의 승려가 머무르고 있었다. 오대산 지역의 승려 총수는 상당한 수에 달하고 있었음에 틀림없다. 왜냐하면 적어도 순례가 많은 여름철에는 재(齋)가 있을 때 1,000명의 승려를 위하여 채식요리가 제공되었다고 엔닌이 기록하고 있기 때문이다.[5]

중국의 많은 사원 가운데는 재정적으로 국가의 원조에 일부 의존하는 곳도 있었지만 그들은 모두 신도의 헌금을 기대하고 어떤 사원은 그들이 소유한 토지에서의 수입으로 경제적으로 독립해 있었다. 엔닌은 산서성 태원부 근처에서 그러한 사원의 장원을 방문하였다. 그리고 산동의 청주 서쪽 예천사를 지나갈 때 그 사원의 동쪽 약 1리 되는 곳에서 사원의 "과수원"을 발견하고 다시 그 5리쯤 북쪽에서 다른 하나의 장원을 발견하였다. 그는 또한 예천사가 더욱 번창하였을 때는 15개 이상의 장원을 소유하고 있었다는 것을 알았다. 이전에 산동반도의 끝 적산의 신라승원에서 그는 이러한 시설을 발견하였다. 그곳은 24명의 승려와 견습승, 3명의 비구니, 2명의 노부인을 수용하고, 그 건립자에 의하여 기부된 장원의 수입으로 살아갔다. 그 수입은 연간 쌀 500석에 달

하였다.[6]

여러 사원의 직책과 관련된 매우 귀찮은 이름이나 기능은 상당히 변화가 심하고 복잡하므로 그 문제에 대해서는 불교백과사전 학자에게 위임하는 편이 좋다고 생각한다. 여러 사원에서 발견한 많은 이상한 행정상의 직책에 관한 엔닌의 기술을 보면 이 문제의 복잡함은 충분히 이해할 수 있다. 그러나 엔닌이 지적한 적산승원의 경우는 주목할 만한 가치가 있다. 이 승원의 직책은 아마 매년 차례로 돌아가면서 담당하게 되어 있어서 저마다 직책이 변하였다. 그는 직책의 하나가 견습승에게도 할당되었던 것을 우리에게 알리고 있다. 이것은 이 승원의 평등주의 정신을 구현한 것으로 볼 수 있다. 왜냐하면 엔닌은 장로라 해도 다른 자와 함께 부엌에서 일하고 게다가 "승원의 생활물자 창고에 땔감이 떨어지자 늙은이나 젊은이나 땔감을 모으러 나갔다"고 기록하고 있기 때문이다.[7]

엔닌은 승려에게 주어졌던 경칭에 대하여 예를 들면 대덕(大德)이라든가 때로는 직능을 표시하는 칭호로서 좌주(座主) 등을 들고 있다. 그는 특히 계율을 지키는 것에 철저한 사람들을 "율대덕(律大德)"이라 부르고 계율을 설파하는 것에 숙달된 승려를 "율좌주(律座主)"라고 경칭하였다고 한다. 이러한 칭호를 가진 승려의 이름은 일기의 여기저기에 나타나고 있지만 그러나 엔닌은 선교를 위한 포교사에게 주어졌던 "속세 사람을 개종시키는 선교사[化俗法師]"라는 매우 이상한 칭호를 가졌던 인물보다 흥미로운 경우를 만났던 것을 서술한 적이 없다.[8]

국가적인 사원

엔닌은 또한 불교교단의 국가적인 조직에 대하여 배운 바가 있다. 839년 이른 봄 이덕유는 새로운 승정(僧正)을 양주로 데리고 왔다. 그의 역할은 그 지방의 "사원이나 승려를 감독하는 것"이고 양자강 남쪽의 한 사원에서 온 인물이었다. 양자강의 남쪽은 이덕유의 관할범위 밖에 있었음에도 불구하고 그를 불렀왔던 것이다. 엔닌은 곧 율대덕의 칭호를 가졌던 이 새로운 승정을 만났을 뿐 아니라 원칙적으로 3가지의 범주로 나뉜 불교 감독관이 있다는 것을 알았다. 즉 승록(僧錄)은 "나라 안의 사원을 통제하고 불교를 규제하는" 역할이고 승정은 "단지 한 행정구[都督府]에서 그러한 일을 하는 것에 한정된다"는 것이다. 더욱이 세번째로는 각 사원마다 감사(監寺)가 배속되었다.[9] 그러나 이론적으로는 그러했을지 모르나 승록과 승정은 실제로 적어도 당시에는 그다지 불교교단을 통제하는 데 권한이 있었다고 생각되지는 않는다. 엔닌의 일기는 그러한 통제력의 흔적을 아무것도 남겨놓지 않았다. 그러나 두 번 정도 그는 수도의 왼쪽 거리[西街]를 묘사하면서 승록의 이름을 언급하고 있다. 다른 한편 지방의 사원과 승려를 통제하였던 것은 실제로 지방의 일반 행정관이었음을 명확하게 하는 충분한 실례를 들고 있다. 수도에서 장안의 모든 종교시설과 거기에 거주하는 자에 대한 절대적인 통제권을 행사했던 것은 두 명의 대공덕사(大功德使)였다고 한다.

이러한 상황은 교단과 정부가 분리되어야 한다는 관념이 아직 없었던 나라에서는 그다지 놀랄 만한 일이 아니다. 그래서 종교를 정부의 도구로 여겨 그 자체의 권한을 인정하지 않았던 경향이 있었다. 양주의 7사원과 같은 관사(官寺)는 어느 의미에서 관의 청사와 거의 구별하기 곤란했다. 그들은 정부의 정신계에 대한 관계를 대변하는 특별한 기능을 갖고 있었다. 예를 들면 죽은 황제의 영혼을 위해서 때로는 살아 있는 황제를 위해서도 의식을 집행한다든지, 비를 내리게 하기 위하여 필요한 기도나 정해진 기간내에 비나 쾌청함이 계속되도록 기도를 바친다든지, 그외 일반 정부관료에게는 적합치 않은 정신적인 여러 의식을 집행한다든지 하였다. 승려의 이러한 준관료적인 지위는 엔닌이 매년 연중행사로서 양주의 쌀을 고르는 일을 말하고 있는 것으로도 잘 알 수 있다. 이 경우 승려들은 일반 행정관료의 사이에 포함되었고 군대의 관료조직에 속하는 군관들과 같은 양의 쌀이 할당되어 쌀을 골랐다.

장안에서 교단과 정부의 불가분한 관계는 더욱 명료하다. 예를 들면 엔닌은 장안에 있는 정부의 심장부인 황성 가운데에도 절 하나가 있는데 그곳에서 7명씩의 승려가 교대로 끊임없이 정치에 악령의 재난이 미치지 않도록 독경하고 있는 것을 발견하였다. 마찬가지로 불상과 경전이 예전부터 수도 동쪽 몇 마일 떨어진 구릉에 있는 온천장의 황실 중

한 건물[長生殿]에 안치되고 "수도 양쪽 거리의 여러 사원으로부터 수련이 쌓인 승려를 선출하여 7명씩 3교대로 낮과 밤을 가리지 않고 매일 경전을 읽게 하였다"고 한다.[10] 황제는 총애하는 불교 승려에게 마치 궁중의 관리와 같이 칭호와 명예를 주었다. 어떤 자에게는 "자주색의 옷을 허락하였다." 자주색은 5위의 궁정인에게만 허락되었던 색깔이었다. 황제는 또한 공식적으로 임명된 궁중의 승려[内供奉]들을 마음대로 해고할 수 있었고 그리고 실제로 해고하였다. 따라서 사원이나 승려들은 분명히 황제의 명령에 따랐으며 황제는 반복하여 여러 가지 종교적인 의식을 집행하도록 제멋대로 명령을 내렸고 또한 일반민중을 위해서 법회를 열도록 명령하기도 하였다.[11]

정부의 불교교단에 대한 엄중한 통제는 엔닌이 직접 경험한 승려가 불가에 들어가는 절차에 대한 규제에서도 찾아볼 수 있다. 그는 이쇼오과 이교오 두 사람의 수행자를 제자로 삼고 있었으므로 당연히 그들의 적당한 종교적인 수련만이 아니라 한 사람의 승려로서 승원사회에 소속되었음을 확인하는 입교의식에 관심을 기울였다. 양주에서 엔닌은 이교오의 머리를 깎아주었다. 그는 이쇼오과는 달리 아직 머리를 기르고 있었기 때문이다. 그런 후에 일본사절단을 통하여 두 사람의 입교 허가를 신청하였다. 엔닌이 공식적인 신청을 하였던 이유는 "많은 비공식적인 입교가 이루어졌으므로" 828년 이래 매년 "사람들이 마음대로 머리를 깎고 승려가 되는 것을 금지하는" 법령이 반포되었기 때문이었다. 그리고 오대산과 다른 한 장소만이 공식적인 입교의 장소로 인정되었다.[12]

이처럼 입교를 제한하였던 것은 많은 건장한 젊은이들이 승려라는 면세의 직업에 들어가는 것을 정부가 좋아하지 않았던 결과였다. 일정한 수의 사원과 승려는 당시의 통치자가 정신적인 안녕을 보장하는 데 필요하다고 느꼈지만 너무나 많은 면세의 사원 소유 장원과 승려가 증가하면 정부의 재정은 어려워지기 때문이었다. 그 결과 당국은 승려가 되는 사람 수를 제한하고 국가에서 필요로 하는 정신적인 것과 세속적인 인원의 균형을 유지하려 했다.

입교의 금령은 엄격하게 실행되었다고 생각된다. 일본인 관리가 신청한 두 사람의 견습승을 입교시키려는 최초의 청원은 중국측 일본사절 담당관[勾當日本國使]을 당혹하게 만들었다. 그는 이덕유와 절충하는 역할을 맡고 있었는데 운좋게도 문서를 잃어버렸다. 그러나 엔닌은 그러한 방해 구실에 체념할 인물은 아니었다. 청원은 2개월 후에도 반복되었는데 이번에는 절도사에게까지 도달하였지만 그는 특별한 칙령의 허락이 없는 한 허가는 어렵다고 대답하였다.[13]

후에 엔닌은 지방에서 입교의식을 위해서는 특별한 조치를 쓰지 않으면 안된다는 것을 알게 되었다. 북중국 평원을 가로질러 여행하는 동안, 그와 일행은 구주(具州)에 도착하였다. 거기서는 바로 전날 입교의식이 막 끝나 있었다. 엔닌은 지방장관[刺史]이 지방사령관[節度使]에게 "마을의 모퉁이나 교차로에 고시를 내다붙여 사람들이 널리 알도록" 지시하였다고 기록했다. "400명을 넘는 승려가 각지에서 와서 입교를 하였다. 어제 식은 끝나고 새롭게 입교한 승려들은 모두 흩어져 갔다"고 한다. 엔닌은 스스로 계단(戒壇; 한 사람의 승려가 되는 계율을 받는 장소)을 관찰하고 다음과 같이 묘사하였다.

……그것은 구운 기와로 덮씌워져 이중이 되어 있고 하층은 사방 25자이며 상층은 사방 15자이다. 하층은 2자 반의 높이이고 상층은 그 위에 2자 반의 높이가 된다. 단은 하늘빛이 드리워 녹색이었다. 오늘날의 사람들은 그것을 유리빛깔이라고 말하였다.[14]

새로운 승려를 위해 이루어졌던 입교의식이 끝나고 나흘이 경과하자 구주에서도 마찬가지 의식이 새로운 비구니를 위하여 다른 불교 시설인 니승원(尼僧院)에서 집행되었다. 엔닌은 상당히 일찍 떠나버렸기 때문에 그것을 관찰할 수 없었다. 그러나 그는 이른바 계단에 대해서 다음과 같이 묘사하고 있다. "깃발이 강당 안에 걸리고 앉기 위한 자리가 펼쳐졌다. 땅 위는 밧줄로 구역이 나뉘어져 있었으며 다른 단을 세우지 않고 평평한 지면을 그대로 계단으로 사용하였다."

이쇼오과 이교오는 단지 하루 차이로 구주에서 입교할 수 있는 기회를 잃었지만 마침내 오대산에서 한 사람의 승려가 될 수 있었다. 그곳에는 수십 명의 견습승이 먼 곳에서 모여 여러 주일 동안 수련을 쌓은 후 어느날 밤에 죽림사의 흰 비취 계단(戒壇)에서 정결(淨潔)하게 되었다. 엔닌은 이것이 바로 공식적으로 알려진 "만성계단(萬聖戒壇)"이라고 말하고 있다. 그리고 100세의 노승이 그것을 지키고 있었는데 그의 모습은 매우 "비범한" 것이었다. 엔닌은 단의 모양을 다음과 같이 기록한다. "그것은 전부 순백의 옥도로 3자 높이의 팔각형이다. 바닥에는 향내 나는 진흙을 다져 놓았다. 단상에는 오색의 비단 모피가 펼쳐져 있고, 팔각형으로 단에 꼭 맞게 되어 있다."[15]

정부의 통제는 입교에 그치지 않았다. 관리들은 선발된 승려와 사원에 마음대로 간섭하면서도 아무런 불합리함을 느끼지 않았다. 이미 서술한 바대로 일본인들이 중국 체류 초기에 양주의 사원에서 쫓겨나 당혹했던 것은 "규칙에 따라 외국인이 마음대로 사원 안으로 들어가는 것이 허락되지 않는다"는 이유 때문이었다. 양주에서 엔닌을 따라왔던 두 명의 중국 승려는 초주에서 각각 개원사에 머무르는 것을 거부당하였다. 아마 일본인이 있었기 때문에 다른 사원에서 숙소를 찾아야만 했을 것이다. 승려에 대한 정부의 통제가 엄격하였음을 가장 잘 전하는 예는 학식이 매우 뛰어난 남인도의 학승 라트나칸드라(Ratnacandra) 박사[寶月三藏]에 관한 사건이다. 이 학승인 외국승은 먼저 그를 직접 담당하고 있던 좌가공덕사(佐街功德寺)인 구사량에게 상담하지 않고, 느닷없이 황제에게 고국에 돌아가는 것을 허락해 달라는 탄원서를 제출하였다. 운이 나쁜 이 인도승은 "군에 의하여 5일간 갇히고 관권을 무시한 죄[越官罪]로 심문받았다. 이 결과 라트나칸드라의 제자 3명은 각각 7대의 곤장을 맞고 그의 통역승은 10대의 곤장을 맞았다. 그러나 삼장은 곤장을 맞지도 않았고 귀국도 허락되지 않았다"라고 한다.[16]

중국의 불교 종파

중국의 불교교단은 정부가 한결같은 통제를 실시하고 있는 한은 단일한 국가적 조직이었기 때문에 그 내부에서 종파를 구분한다는 것은 동시에 매우 모호하게 되었다. 이에 비하여 일본에서는 처음부터 교리적인 내용보다는 외관적인 형식이 중요시되었으므로 이들의 구분은 바로 엄격하게 갈라져 때로 후대가 되면 상쟁하는 종파가 되었다. 중국에서 종파란 일정한 조직적 독립을 의미하기보다는 오히려 철학적인 음영을 대표하는 것이었다. 종파의 구별이 중국 역사의 다른 어떠한 시기보다도 가장 심하였던 엔닌의 시대조차 종파 구별은 결코 일본이나 구미와 같은 의미는 아니었다. 엔닌은 그와 동행하여 중국에 왔던 일본 승려에 대해서는 주의 깊게 그들의 소속 종파를 명확히 밝히고 있지만 그가 만났던 중국 승려에 관해서는 거의 종파의 구분을 다루고 있지 않다. 그가 서술한 중국 승려와 관계된 단 두 가지의 종파 구분은 천태종(天台宗)과 선종(禪宗)이다. 이 양자는 어떤 의미에서 불교의 철학적인 양극단을 대표하였다. 즉 천태종은 엄격히 단계가 구분된 경전의 순서[敎相判釋 또는 敎判]와 고도로 조직화된 절충주의적 철학을 강조하였다. 선종은 경전의 권위를 부정하고 어떤 의미에서는 비철학적이며 개인의 성격이나 돈오(頓悟)에 그 강조점을 두었다.

선종의 전통을 따르는 승려들의 호방하고 직설적인 생활방식은 엔닌의 눈에는 매우 기묘한 것으로 충격을 주었음에 틀림없다. 이것이 아마 북중국 평원의 어떤 마을에서 만났던 선승들 한 무리의 성격을 묘사할 때 반영되어 "극히 마음이 방자한 사람들"이라고 규정하고 있다. 적산사원에서 4명의 신라 승려는 선종에 속하였다고 엔닌은 기술하고 있으면서도 그 이상의 특별한 기술은 없다. 양주에서 그는 선승 12명의 정중한 방문을 받았는데 그들은 천태종의 한 동료가 이끄는 일행으로 천태산으로 가는 도중이었다. 또한 오대산의 대화엄사에서 50명 이상의 선승 한 무리를 기록하고 있는데 그들은 모두 "양털 옷과 승려의 지팡이"를 갖추고 있었다. 그리고 그들은 성스러운 산을 순례하는 동안 한 승원에서 머무르고 있었다.[17]

천태산은 천태종의 가르침이 발생한 근원이기 때문에 당연히 엔닌 자신 종파의 최대 중심지였다. 그러나 그는 결국 그곳을 방문할 수 없었다. 그러나 그는 적산사원과 양주의 한 사원인 용흥사(龍興寺)에서 천태종의 가르침에 관하여 배울 수 있었다. 적산사원에서 천태종의 영향은 주로 그 종파가 가장 중요시하던 『법화경(法華經)』에 대한 강의가 겨울철에 이루어진 것으로도 알 수 있다. 또한 이 승원의 다른 명칭이 법화원(法華院)이라고 일컬어졌다는 것으로도 수긍될 것이다. 용흥사에서도 천태종의 영향이 어느 정도 보였다. 예를 들면 법화원이라고 불리는 한 승원의 벽화에 천태대사가 그려져 있었다. 천태대사란 종파의 시조인 지의(智顗)에게 주어졌던 시호였다. 이 승원에는 "법화도량"으로 알려진 천태종의 특별한 종교의식을 위하여 사용되던 건물이 있고 그 회랑의 벽에 "법화경을 외운다[誦法華經]"는 벽화가 그려져 있었다.[18]

엔닌이 방문하였던 유일한 천태종의 중심지는 오대산의 대화엄사였다. 여기서 그는 두 명의 승려를 만났다. 그 중의 한 사람은 최근 장안에서 왔는데 법화경과 지의의 많은 저술과 그외 천태종의 경전에 대하여 때때로 이 사원에 소속된 천태승려 40여 명의 대중에게 강의하였다. 이 절의 학승 중 한 사람인 문감(文鑒) 좌주(座主)는 엔닌에게 소개되었을 때 "이 절은 천태종의 가르침을 널리 전파하기 위하여 두 가지의 강의를 열고 있습니다. 나는 먼 나라에서 천태종의 가르침을 구하여 여기에 오신 승려들을 만나볼지도 모른다는 예감을 갖고 있었습니다. 과연 나의 예감은 크게 적중하였습니다"라고 말하였다. 엔닌은 모든 본 것이나 들은 것에 감동되어 그의 일기에 열정적으로 기록하였다. "오대산의 대화엄사야말로 진실로 천태종의 전통을 계승한 곳이라 할 수 있다."[19]

대화엄사에 천태종의 영향이 컸던 것은 아마 문감과 지원(志遠)이라 불리는 다른 한 승려의 역할에 기인한 것이었다. 지원은 절에 있는 모든 사람에게 "사주(師主)"라고 받들어지고 오대산 전역에 걸쳐 명성이 자자했다. 엔닌은 이 독실한 인물을 기록하여 그는 "보시[施利]를 받지 않고 하루에 오로지 한 끼만 먹었다. 그가 계율을 지키는 것은 순수하고 고귀하다. 그는 단 한 번도 여섯 번의 예불과 참회[禮懺]를 거른 적이 없다"고 하였다. 산동의 적산사원에서도 엔닌은 천태산에서 왔다고 하는 이들 두 사람의 천태학자에 대하여 이미 듣고 있었다. 지원은 이러한 소문이 당연한 것임을 바로 확인시켰다. 이것은 그가 엔닌에게 804년에 일본에서 천태산에 왔던 사이쵸를 만났을 때의 일을 말해주었기 때문이다. 엔닌은 지원과 문감이 머무르던 승원에 "천태종의 가르침에 대한 서적이 가득 차 있는" 것을 발견하였다. 거기서 그는 1개월 이상이나 "일본에서 아직껏 보지 못했던 천태종의 서적을 베껴 적는 일"에 소비하였다. 그후 필사한 서적의 목록을 만들어 지원이 있는 곳에 갖고 가서 "거기에 그의 법명[法諱]을 쓰게 했다."[20]

그러나 엔닌은 천태산과 대화엄사가 밀접한 정신적 관계로 결합되어 있는 것이 어떤 행정적인 통제에 따른 것이었는지에 대해서는 아무런 언급도 하고 있지 않다. 대화엄사는 오대산의 다른 사원들과는 단지 행정적인 관계를 가졌던 것 같다. 동시에 교리상의 문제로는 천태산과 접촉이 있었다. 따라서 엔닌이 지원에게 일본에서 그의 출신 사원인 엔랴쿠지로부터 가져 왔던 교리상의 의문을 해결해 줄 것을 부탁했을 때 지원은 단호히 거절하면서 "나는 이미 천태산에서 이 의문을 해결하였다고 들었기 때문에 다시 그것들을 해결하는 것은 합당하지 않다고 생각한다"고 말했다. 엔닌은 다음날 이 정보를 전한 천태산의 국청사에서 보내온 문서를 보았다. 여기서 기억나는 것은 엔닌이 초주에 있던 무렵 이들의 의문을 천태산으로 가는 엔사이에게 부탁하였던 사실이다. 천태산의 승려들은 일본인들이 오대산으로 가리라는 것은 알지도 못했기 때문에 아마 이들 교리상의 결정문서를 여러 지방의 사원에 회람하고 이러한 경로를 통하여 대화엄사에도 이 문서가 이르렀다고 생각된다. 혹은 엔닌의 표현을 빌리자면 "천태종의 효능을 널리 퍼뜨렸던" 것이다. 매우 흥미로운 것은 문서 전달의 정확함이 이 문서에 붙여진 천태지방의 지방장관이 기록한 송장에 의하여 증명된다. 그것에는 그의 관인이 찍혀 있고 특별히 회답문서의 원고를 작성하였던 고승의 이름이 덧붙여져 있다.[21]

수도에서 엔닌의 연구내용이 명확하게 한 것처럼 중국 불교의 종파적 구별은 본질적으로 미약하다. 그는 스승으로 선택할 인물에 대하여 세심하게 조사하고 그에게 추천되었던 사람들의 학식을 점검하였다. 그러나 엔닌에게 최대의 관심사가 되었던 것은 그들의 불교 교리에 대한 전공분야이고 결코 그들의 소속 종파는 아니었다. 소속 종파에 대해서는 다룬 적조차 없었다.

장안에 도착하여 겨우 2주밖에 지나지 않은 무렵 약간의 예비적인 자기소개와 예불이 끝나자, 엔닌은 그가 배우려고 하는 주제들에 대한 그 지방의 일류 권위자들의 이름을 한 중국 승려에게 듣게 되었다. 연구 주제는 예를 들면 대부분의 대승불교 경전의 원어인 산스크리트어나, 불교철학과 세계관의 두 가지 큰 일람표적인 표상인 금강계 만다라와 태장계 만다라를 중심으로 한 여러 신학적인 학문[敎相; 밀교의 이론면을 가리킨다]과 마술적 학문[事相; 밀교의 행동법에 관한 면을 가리킨다] 등이었다. 엔닌의 상담 상대자는 네 개의 다른 사원에 속한 8명의 장안에 있던 숭려를 추천하였다. 그러나 이들 학자 중 두 명은 서쪽의 나라에서 온 인물이었는데 그들은 인도 사람이거나 중앙아시아 사람이었다. 따라서 교사로서 가르치기에 충분히 중국어를 알지 못하였다. 엔닌은 그의 상담 상대자와 함께 제자 이쇼오을 보내어 나머지 6명 중 스숭으로 삼을 만한 인물을 조사하게 하였다. 그들은 돌아와 보고하기를 이들 6명 중 한 명은 "73세로 늙고 반신불수인 데다가 기력이 없다"고 하고 다른 한 사람은 다른 인물들에 비하여 뒤떨어져 보인다고 하였다.

엔닌은 이 보고에 만족하였음이 틀림없다. 왜냐하면 그는 마침내 나머지 4명 모두에게 가르침을 받았기 때문이다. 그리고 바로 그들 중 한 명인 원정(元政)에게 서적을 빌리기 시작했다. 그리고 여러 날 후 그는 원정을 방문하여 그의 밑에서 금강계 연구를 시작할 준비를 하였다. 엔닌은 공부를 시작하게 되었을 때 관정을 포함한 여러 가지 의식을 받았다. 원정의 밑에서 3개월 반의 학업을 마쳤을 때 또한 일련의 의식을 받았다. 그 가운데는 "법을 전하는 자가 되는 세례[傳法灌頂]"가 포함되었다. 이 의식은 물에 들어가는 것이 아니라 엔닌의 머리 위에 다섯 개의 항아리로 물을 붓는 것이었다. 이것은 아마 이 연구과정을 마쳤다는 축하의식이었으며 엔닌은 또한 같은 날 원래 위대한 현장에 의하여 축조되어 당시 시내의 동남부에 있던 높은 탑에 올라갔다. 오늘날에는 대안탑(大雁塔)으로 알려져 있고 크게 파손된 서안시 성벽 밖 남쪽으로 약 2마일 되는 장소에 세워져 있다.[22]

금강계의 연구를 마치자 엔닌은 의진(義眞)에게 태장계를 배우기 시작하였다. 다시 계속해서 추천된 세번째의 스숭에게도 그에 관한 가르침을 받았다. 그는 또한 네번째의 스숭으로부터 "산스크리트어 문장의 문법"을 배웠다. 엔닌의 정식 연구에 대한 마지막 기록은 수도에 도착한 지 2년 후에 보이고 있다. 즉 인도인 라트나칸드라(그는 구사량과 평소 친했기 때문에 재난을 피하였다)로부터 "개인적으로 산스크리트어의 정확한 발음을 입모양을 통하여 배웠다"는 것이 그것이다.[23]

재(齋)

엔닌은 불교교단의 조직에 대해서 대부분 간접적인 언급을 하였지만 그가 중국에서 눈으로 직접 보았던 신앙의식을 묘사하는 데는 더 관심을 나타냈다. 그 가운데서 눈에 띄는 것은 재(齋; 이해를 돕기 위해 때에 따라 '채식요리'라고도 번역했다)이다. 재란 승려나 때로는 일반 사람을 위해서 마련되었던 연회이다. 대개 정오 전이나 그 가까이에 이루어지고 불교도의 식사 법도에 따라 고기 없는 요리로 제한되었다. 재 그 자체는 언제나 예불의 공양 전이나 때로는 후에 이루어졌다.

이미 본 바대로 엔닌 자신은 사원에서 제공받은 식사와 숙박의 일부 대금으로 때때로 재를 마련하였다. 발해에서 온 사절이 산동의 청주시에서 엔닌을 포함하여 약 50명의 승려를 위하여 재를 마련하였던 것도 아마 같은 이유에서일 것이다. 엔닌은 또한 그의 일본인 동료 한 사람이 일본사절단과 함께 장안에 가서 15일 동안 후에 엔닌의 스승이 된 의진에게 배우고 그 사례비의 명목으로 100명의 승려를 위하여 재를 마련하였던 것을 우리에게 전하고 있다.[24]

또한 일본견당사의 일행이 불화(佛畵)를 그려 받은 후 재를 제공하였다는 것을 우리들은 알고 있다. 이러한 그림은 통상 어떤 절에 실재하는 성상(聖像)에서 모사되었으므로 이러한 재는 어떤 의미로는 편의를 제공한 절에 대한 공양의 의미도 있었다. 따라서 일본 대사는 그 사원의 그림을 모델로 사용하였던 답례로 초주의 개원사에서 60명 이상의 승려를 위한 재를 제공하였다. 양주에서 판관 후지와라 사다토시가 위독할 때 불화를 그리게 할 것을 약속하였는데 이들의 그림이 양주의 개원사에서 다 그려졌을 때 그도 또한 60명 이상의 사원 승려를 위하여 재를 마련하였다.[25]

우리들이 본 바로는 재란 예를 들면 당시 황제의 탄생일이나 이전 황제의 제사날에 이루어지는 종교의식의 일부분이다. 엔닌은 또한 그가 마련하였던 재의 하나가 천태종의 시조 지의의 기일에 이루어졌다는 것을 서술하고 있으며 청주에서는 지방의 절도사가 그 자식의 생일에 "만세"를 기원하는 재를 제공하였다고 전하고 있다.[26]

재는 오늘날의 저녁 만찬모임과 같은 것으로 환영이나 송별의 간단한 의식으로도 때때로 이용되었다. 따라서 이덕유는 양주로 데리고 온 승정(僧正)을 환영하기 위해서 채식요리[空飯], 잎차[空茶]와 음악회를 마련하였다. 후에 엔닌이 오대산의 대화엄사를 떠날 때에도 그곳 중국인 동료들은 그를 위하여 송별의 재를 마련해 주었다. 엔닌은 마찬가지로 산동에 있는 등주의 행정구에 속하는 작은 사원에서 등주 자사가 주관한 재에 초대되었는데 사원의 관리 2명과 3명의 일본 승려가 참석하였다. 이 상황에 대해 엔닌은 기록하기를 "20명 이상의 마을 사람들이 그들의 각자 능력에 따라 그들 자신의 집에서 음식을 준비하여 우리들에게 가져다 주었고" 그들 자신도 함께 그것을 먹었다고 한다. 이처럼 일반인이 참가한 것은 결코 특별한 경우가 아니었다. 왜냐하면 엔닌은 오대산에서 이루어졌던 재의 경우에도 그러한 것을 언급하고 있으며 양주의 개원사로 갔던 원래의 일본견당사 배들 중 하나의 짐꾼이나 예술가나 사수들이 재에 참가하여 불경의 송독을 들었던 것을 기록하고 있기 때문이다. 엔닌은 또한 적산사원에서 재에 참가하였던 것을 서술하면서 그것은 "참가인원의 제한이 없었다"고 하였으므로 아마 온 사람은 일반인을 포함하여 누구나 환영받았던 것을 의미하였다.[27]

채식요리는 때에 따라서는 정부나 개인 기부자에 의하여 어떠한 특별한 기념의 의미를 포함하지 않거나 혹은 특별한 대상을 위한 답례라는 생각도 없이 단지 신앙심이 깊은 공덕의 행위로서 주관되었다. 엔닌은 매년 오대산의 12 대사원에 선물을 가지고 오는 칙사가 대규모의 재를 마련하였는데 어떤 경우에는 1,000명의 승려가 참가하였다는 것을 전하고 있다. 또한 개인에 의하여 제공되었던 다른 대규모 재가 오대산에서 이루어졌다는 것도 서술하고 있다. 이들 중 하나는 죽림사에서 750명의 참가자를 위하여 멀리 산동에서 온 인물이 주관하였다. 엔닌은 이 특별한 의식을 다음과 같이 묘사하고 있다.

정오에 종을 치면 승려들은 법당 안으로 들어갔다. 대승(大僧), 견습승, 일반인, 아이들, 부인들이 각각 차례에 따라 자리에 앉았다. 예불의 지휘자[表敎師]가 북을 치며 "일체를 공경하고 세 가지의 영원한 보물에 정성되이 예배하라. 일체를 두루 생각하라"고 읊조렸다. 그러자 이 절의 후생승(後生僧) 두 명이 손에 금빛 나는 연꽃을 갖고 나발을 두드리며 3, 4명이 같은 목소리로 산스크리트어를 읊었다. 시주(施主)는 향을 피우고 그 뒤를 이어 모든 사람이 승려나 일반 남녀를 불문하고 두루 향을 피웠다. 그것이 끝나자 예배의 지휘자가 먼저 시주의 공양 취지문[設供書]을 읽어 올리고 그런 후 찬불을 하였다. 거기서 그는 소리쳐 "일체를 두루 생각하라"고 읊었다. 그러면 승려 전원은 소리를 높여 "마까 한냐 하라미쯔(摩訶般若波羅密)"라고 외쳤다.[28]

다음으로 불교의 제존(諸尊)의 이름이 예배의 지휘자와 승려들 사이에 응답하여 읊어졌다. 그리고 다음과 같은 문구를 외우고 끝났다.

…… "성스러운 통치가 오래도록 번영하기 위하여 세 가지 영원한 보물에 존경을 바칩니다. 오늘 시주의 다방면에 걸친 영광을 위하여 세 가지 보물에 존경을 바칩니다. 뭇 승려와 우리들의 부모, 법계(法界)의 중생을 위하여 세 가지 보물에 존경을 바칩니다"라고 하였다.

거기서 표탄사가 북을 두드리며 읊었다. "음식을 제공한 사람을 위하여 기도를 바치자." 상좌승이 기도를 하였다. 그것이 끝나자 식사가 베풀어졌다. 귀족도 천민도 늙은이도 젊은이도 승려도 일반인도 남자도 여자도 모두 평등하게 공양하였다.

승려들이 재를 마친 후 입을 헹궜다. 그런 다음 목탁을 두드리며 염불하였다. 예배의 지휘자는 또한 북을 치며 "오늘의 시주와 법계의 중생을 위하여 우리들은 '마까 한냐 하라미쯔'를 외웁시다"라고 하였다.

이것이 끝나자 또한 다른 여러 부처의 이름을 서로 부르는 암송이 시작되었다. 그리고 나서 북을 쳐서 끝을 알렸고 "대중들은 뜻에 따라 흩어졌다."

양주에서는 엔닌과 엔사이가 11월 24일 지의의 기일에 60명 이상의 승려를 위하여 마련하였던 재에 참가하였는데, 엔닌은 그 절차를 상세히 기록하고 있다.

제6장 대중의 불교 179

……승려들은 함께 법당으로 들어가 차례대로 앉았다. 한 사람이 물로 씻는 예법을 하였다. 우리들 시주승이 법당의 앞에 섰다. 승려들 중 한 사람이 북을 쳤다. 그러자 다른 한 승려가 산스크리트어의 찬가를 읊었다. 산스크리트어의 찬가는 "이 경전을 통하여 어떻게 하면 피안(彼岸)에 도착할 수 있습니까? 부처께서 미묘함과 비밀스러움을 우리에게 열어 모든 중생을 위하여 상세히 그것을 설명해 주시기를 기원합니다"라는 것이었다. 그것은 언제나 절묘하게 들렸다.

산스크리트어의 찬가가 불리는 동안 한 사람이 불경을 나누어 주었다. 산스크리트어가 끝나자 일동은 불경을 각각 두 매(枚) 정도씩 소리를 높여 송독하였다. 그리고 목탁을 치자 경전의 송독이 끝났다. 다음으로 한 승려가 외쳤다. "세 가지의 영원한 보물[常住三寶]을 경배하라." 그러자 모여 있던 승려는 전원 그들의 자리에서 내려와 섰다. 그러자 으뜸되는 범음사(梵音師)가 산스크리트어로 문장 한 행(行)을 외웠다. "여래의 신체는 다하지 않는다[如來包無書]" 등등.

엔닌과 엔사이는 거기서 불당에 들어가 불상의 좌측에 향을 피우고 뒤를 이어 이 의식에 참가하였던 승려들이 각각 분향하였다.

그후에 그들은 부처를 찬미[歎佛]하였다. 부처를 찬미하는 말은 우리나라에서 기도를 하는 첫머리에 탄불을 하는 글과 전혀 차이가 없었다. 부처를 찬양하고 나서 그들은 우리들이 시주가 되어 처음에 재를 마련하도록 요청하였던 취지의 문서를 대중에게 읽어 주었다. 그러자 그들은 재에서 부처를 찬미하는 단문을 읽어 올렸다. 재의 단문을 읽어 올린 후 그들은 "부처 샤카모니"라고 외쳤다. 대중은 모두 부처의 이름을 이구동성으로 합창하였다. 그리고 또한 예(禮)를 외쳤다.……서서 합창하고 일제히 그들의 자리에 올라 앉았다.

이것으로 의식의 종교적 부분을 끝내고 엔닌과 엔사이, 재의 단문을 읽어 올린 승려, 그외의 사원 관리를 포함하여 주요 참석자 10명만이 건물의 거실에서 연회를 열고 그외의 대중은 식당으로 갔다. 의식의 마지막 일은 각각의 참가자에게 이때에 바쳐진 얼마간의 현금을 지급하는 것이었다. 이 관습은 중국 승려들에게는 최대의 현금수입원이었음에 틀림없는 것으로 엔닌은 그것을 다음과 같이 묘사하고 있다.

……중국의 관습은 재가 이루어질 때마다 음식을 마련하는 외에 어느 정도의 금전을 남겨두었다가 채식요리가 끝날 무렵에 모여 있던 승려의 수에 따라 현금을 균등히 분배하였다. 그러나 예를 들면 재의 단문을 만든 승려에 대해서는 특별히 많은 액수가 주어졌다. 가령 일반 승려들에게는 30문씩 분배하였으면 재의 단문을 만든 승려에게는 400문을 주었다. 두 가지가 모두 현금의 보시라고 불리며 일본에서 일반적으로 "보시(布施)"라고 하는 것과 마찬가지라고 생각한다.

엔닌은 이때 또한 지주에 의하여 죽으로 된 아침식사가 승려들에게 제공될 경우 전날 일몰 때 고시가 돌려지지만 정오의 재에 대해서는 그날 아침이 될 때까지 고시가 돌려지지 않는다는 것을 알게 되었다. 그는 또한 양주의 40개 절 이상의 승려들 사이에 돌아가며 재에 초대하는 조직이 있는 것을 알게 되었다. 아마 각각의 사원은 다른 사원에 소속된 모든 승려의 명단을 보관하였고 대규모의 재가 마련되는 경우에는 그 절에 주재하지 않는 승려까지 초대하였으며 외부에서 초대하는 승려는 당연히 이 명단에서 선발되었다고 생각된다. 이것은 양주의 모든 승려가 동등하게 재에 초대되고 보시의 배당에 참여하였던 것을 의미한다.

그러나 이처럼 돌아가며 이루어지던 재는 고정된 순서를 따르지는 않았다. 500명의 승려가 양주의 개원사에서 전 황제의 기일에 정부에 의하여 주관되었던 재에 참석하도록 초대받았을 때는 시내의 사원은 각각 규모에 따른 숫자만큼 승려를 보냈다. 엔닌은 다음과 같이 기록하였다.

……큰 절에서는 30명, 중간 크기의 절에서는 25명, 작은 절에서

는 20명이 초대되었다. 전원은 각기 한곳에 모여 줄을 지어 앉았다. 각각의 사원에서 담당자를 뽑아 그들로 하여금 공양을 맡게 하였다. 담당자는 각자가 스스로 공양하였다. 재는 한 장소에서 이루어졌던 것이 아니었지만, 모든 장소에서 동시에 밥을 먹었다. 그런 다음 승려들은 일어서서 각자의 사원으로 돌아갔다.[29]

종교강의

재 다음으로 엔닌이 그의 일기에서 가장 자주 다루고 있는 종교행사는 개인의 강의나 혹은 더 일반적으로 어떤 특별한 불교경전에 관한 연속강의였다. 엔닌은 때때로 유명한 승려의 이름을 그들이 각자 번역을 했거나 자주 강의한 경전의 이름으로 부르는 경우가 있었다. 어떤 특정한 경전에 대하여 이처럼 전문이 나뉘고 해석의 전통이 생겼던 것은 불교 이전 시대의 중국 학자나 철학자의 경향을 반영한다. 즉 불교 승려 사이에서 경전에 대한 전문이 확립되었던 관습은 전부라고는 말할 수 없지만 다분히 중국의 세속적인 학문 전통에서 유래하는 것이라고 말할 수 있다.

적산신라원에 있을 무렵 엔닌은 "신라원의 하루 강의 의식[新羅一日講儀式]"이라고 그가 부르던 것을 소개하고 있다. 그것은 분명히 고인(故人)의 친척에 의하여 주관되고 지불되었던 추모의 행사였다.

오전 8시[辰時]경 종이 울렸다. 길게 울려 퍼진 후 강사와 선도자[都講]가 법당에 들어왔다. 대중은 이미 그 전에 당내에 들어와 줄을 지어 앉아 있었다. 강사와 독사(讀師)가 들어오자 대중은 한 목소리로 길게 찬불했다. 강사가 북쪽의 자리[北座]에 올라가고 선도자가 남쪽의 자리[南座]에 앉자 부처를 찬미하는 것이 그쳤다. 이때 아랫자리의 한 승려가 산스크리트어로 한 행의 시(詩)를 읊었다. "이 불경을 어찌할 것인가" 등등으로. 산스크리트어의 암송이 끝나자 남쪽에 앉았던 독사가 경전의 제목을 발표하고 그 불경을 길게 읊었는데 그의 목소리는 상당히 떨렸다. 불경을 읊는 동안 대중들은 꽃을 세 번 뿌렸다. 꽃을 뿌릴 때마다 저마다 다른 찬가를 외웠다. 불경을 암송한 후 다시 제목을 짧게 읽었다. 강사는 불경의 제목을 펴들고 불경을 세 부분[三門]으로 나누어 대의를 말하였다. 불경의 내용을 다 설명하자 사무담당의 승려인 유나사(維那師)가 이 행사가 있게 된 이유를 읽었다. 그 글에는 생명의 무상함과 고인의 선행과 그의 죽은 날짜가 기록되어 있었다.[30]

이것이 엔닌의 일기에서 다루었던 "일일강의"의 유일한 예이다. 그러나 연속강의에 대해서는 많이 서술하고 있다. 예를 들면 황제가 수도에서 주관하였던 일반 시민을 위한 강의가 있다. 이들은 엔닌이 기록한 바에 의하면 835년 이래 중지되었다. 그러나 새로운 황제 무제에 의하여 다시 부활되었다. 엔닌은 그러한 일반 시민을 위한 강의가 841년부터 842년에 걸쳐 4차례 이루어졌음을 기술하고 있다. 첫번째는 841년 이른 봄, 개원(改元)을 축하하기 위하여 이루어졌다고 생각되는데 1개월 동안 계속되고 장안의 7개 절에서 이루어졌다. 엔닌은 때때로 4차례의 강의에서 사용하였던 경전에 대하여 다루고 있는데 그 중 두 번은 대중에게 인기 있는 『법화경』이었다. 다른 두 번의 경우에는 10개의 불교사원이 강의에 동원되었다고 한다. 그리고 엔닌은 두 곳의 도교사원이 마찬가지의 강의를 도교경전에 대하여 행하도록 명령받았다는 것을 알리고 있다. 그 경전 중 하나는 장자(莊子)의 초기 철학적 저작이었다.[31]

그러나 그러한 조칙에 의한 강의는 장안에만 한정되었던 듯하고 중국 전역의 사원에서는 그들 자신의 발의에 의하여 연속강의를 정기적으로 열었는데 그들은 종종 1개월 혹은 그 이상 계속하였다. 엔닌은 적산사원도 정기적으로 겨울에는 『법화경』 강의를 열고, 여름에는 다른 경전의 연속강의를 주최하였다고 우리에게 전한다. 겨울의 강의는 12월 16일부터 이듬해 1월 15일까지 계속되었다.(혹은 11월 같은 날부터인지도 모른다. 이것은 이 점에 대하여 엔닌이 달을 명확히 기록하는 것을 잊고 있기 때문이다.) 엔닌이 오대산의 대화엄사에 도착하였을 때 그는 적어도 두 종류의 강의 중 하나가 1개월 전부터 시작되어 진행중임을 발견하였다. 다른 하나는 그보다 늦게 개강되었는데 엔닌은 강사가 겨우 강의의 대상이 되었던 불경의 제4권까지밖에 진행하지 않았다는 얘기를 들었다.

대화엄사에서 각각의 강좌에는 각기 40여 명의 승려가 참석하였다. 양주에 있을 무렵 엔닌이 들었던 바에 의하면 70세 가까운 절의 승려가 하였던 연속강의에 38명의 승려가 청강하였다고 한다. 적산사원에서는 그러나 일반 시민도 승려에 섞여 강의의식에 참여하였다. 청중은 처음에는 40여 명이었지만 마지막 이틀간은 각각 250여 명과 200명으로 늘었다. 종강의식은 축복을 주는 것과 소위 보살계(菩薩戒)를 수여하는 것으로 끝났다. 보살계는 후에 엔닌 자신이 일본의 천황에게 수여하게 된다.[32]

한 달여에 걸친 적산사원의 강의의식은 "낮에는 강의, 밤에는 예불, 참회, 청경(聽經), 예불의 순서"로 구성되었다. "해가 질 무렵이나 동 트기 전에 예불과 참회를 한다"는 중국식의 의식을 제외하고 다른 모든 의식은 신라어로 "신라의 관습에 따라" 이루어졌다. 이것은 엔닌과 일행을 제외하고 참여자들이 신라 출신의 승려와 일반민에 한정되어 있었기 때문이었다. 엔닌은 연속강의의 모습을 다음과 같이 묘사하였다.

오전 8시[辰時]경 그들은 경전강의를 위하여 종을 쳐서 사람들에게 알렸다. 얼마 후 대중은 모여서 강당으로 들어갔다. 다시 대중에게 자리를 잡도록 알리는 종을 치면 강사가 법당에 들어와 높은 자리[高座]에 앉았다. 그러는 동안 대중은 한목소리로 부처의 이름을 합창[歎佛]하였다. 그들의 발음은 완전히 신라식이고 중국음과는 유사하지 않았다. 강사가 자리에 오른 후 부처의 이름을 외치던 소리가 멈췄다. 이때 아랫자리에 있던 한 승려가 산스크리트어로, 완전히 중국식으로 한 행의 시를 "이 불경을 어찌할 것인가" 등등으로 외웠다. 그가 "바라옵건대 부처께서는 미묘함과 비밀스러움을 열어주소서"라는 구절에 도달하면 대중은 일제히 "계율의 향기로운 향기[戒香], 해탈의 향기로운 향기[解脫香]" 등을 합창하였다. 산스크리트어의 성가를 다 읊자 강사는 불경의 제목을 외우고 불경을 세 부분으로 나누어 해설하였다. 그후 유나사가 앞으로 나와 고좌에서 모임을 주최한 이유를 설명하고 시주의 이름을 각각 읽어 올리며 다시 그들이 기부한 품목을 밝혔다. 그것이 끝나자 그는 이 문서를 강사에게 넘겨주고 강사는 불자(佛子; 얼룩소의 긴 꼬리를 묶어 만든 지휘자의 상징으로 총채 같은 모양을 하였던 것. 혹은 세상의 잡초를 제거하는 상징으로 붓의 형태를 하였던 것)를 쥐고 여러 시주한 사람의 이름을 들면서 기도를 드렸다. 그후 논의자들이 문제를 제기하고 질문하였다. 문제가 제기되는 동안 강사는 불자를 들어올려 질문자의 말을 들었다. 질문자가 질문을 마치면 그는 그것을 내렸다. 그리고 다시 들어올려 질문에 감사의 뜻을 표하고 그에 답하였다. 질문하고 그에 답하는 방법은 일본과 마찬가지였다. 그러나 교리상의 난점을 지적하는 방법은 약간 달랐다. 강사가 손을 세 번 올리고 내린 후 질문에 답하기 전에 어떤 의논자가 마치 성난 사람과 같이 온몸의 힘을 쥐어짜 갑자기 질문을 큰소리로 외쳤다. 강사는 문제를 받고 다시 그것을 반복하지 않은 채 다만 대답하였다.

논의를 마치면 강사는 불경을 들어올려 읽었다. 강의를 마치면 대중은 길게 한목소리로 찬불하였다. 가운데는 기원의 말도 있었다. 강사가 자리에서 내려오는 동안 한 승려가 "이 세상에 있는 것은 마치 잡히지 않는 공허함 같은 것이다"라고 외쳤다. 이들의 음세는 일본의 경우와 매우 비슷하게 들렸다. 강사가 제존 앞의 예불단을 오르면 한 명의 승려가 삼례(三禮)를 외웠다. 다시 강사와 대중이 한목소리로 삼례를 따라 외운 뒤 법당을 나와 그들의 숙소로 돌아갔다.

다시 강의를 반복해 주는 강사[覆講師] 한 명이 높은 자리의 남쪽 아래에 앉아 강사가 전날 설명하였던 불경을 논하였다. 복강사가 중대한 의미가 있다고 여겨지는 구절에 이르면 강사는 흑판에 하나하나 그 단어를 쓰고 복강사가 이것을 읽었다. 그가 전날 강의된 문장을 읽어올리면 강사가 다음 문장을 읽었다. 이렇게 하여 같은 것이 매일 반복되었다.

의례와 제례

　엔닌은 또한 다른 불교도의 공양과 의식에 대해서도 자주 다루고 있다. 그는 "국가를 위하여" 관정의 의식을 행하는 수도의 두 대사원에 대해 우리들에게 말하고 있다. 이것은 23일 동안 이루어졌는데 하나는 3월 15일부터 4월 8일 즉 전통적인 부처탄생의 기념일까지 계속되었고, 다른 것은 4월 1일부터 23일까지였다. 엔닌이 장안의 자성사에 체류하고 있던 무렵 그는 한 명의 승려가 3일 동안 거기에 머무르며 "아미타불(阿彌陀佛)의 정토(淨土)의 가르침, 즉 염불의 가르침"을 전하였던 것을 기록하고 있다. 이것은 명백히 아미타불의 정토 또는 천국으로 쉽게 구제되기 위한 가르침이다. 아미타불은 자비의 구세주로서 그의 이름을 다만 반복하는 염불이라는 단순한 신앙의 외적 표현만으로 구제를 달성할 수 있다는 교의는 엔닌의 시대에는 단지 불교의 한 국면에 지나지 않았지만, 일본에서는 12, 13세기의 위대한 종교적 각성의 시대가 되자 이윽고 국내에 풍미하기에 이르렀다. 엔닌은 이 염불의 교사가 칙명에 따라 절에서 절로 "다달이 쉬지 않고" 각 절에서 3일 동안씩 이 가르침을 계속 전하였음을 알게 되었다.[33]

　자성사에 있는 동안 엔닌은 우연히 장례에 참가하게 되었다. 의식은 이 무렵 실시되고 있었던 불교탄압의 영향을 받아 어느 정도 간소화되었던 것 같다. 엔닌의 두 제자 중 연장자인 이교오는 8개월 동안을 앓다가 843년 7월 24일 저녁 늦게 마침내 죽었다. 다음날 엔닌은 필요한 서류를 정리하였는데 하나의 서류는 그의 사망시간을 알리며 다른 하나는 "이교오가 그의 개인의 의류 외에는 아무런 금전, 의류 혹은 곡물을 갖고 있지 않았다"는 것을 기술한 것이었다. 그리고 만일 이 진술에서 잘못된 것이 발견된다면 엔닌과 이쇼오를 벌해도 좋다고 했으며 마지막으로 사원의 관리가 일본인에게 그들의 죽은 친구를 매장하는 편의를 제공해 주도록 간청하였다. 성벽 바깥 사원의 묘지 한귀퉁이가 주어지자 27일 가매장을 하였다가 2일 후에 이교오를 영구히 장사지내게 되었다. 엔닌은 이쇼오와 장례에 참가하였던 6명의 중국승에게 부처의 이름을 10회 외치고, 기원의 말을 해주도록 부탁하였다. 이교오의 사후 21일째에 "삼칠일기(三七日忌)"의 재가 고인을 위하여 마련되었다. 14일

간격을 두고 "오칠(五七)일기"와 "칠칠(七七)일기"의 재가 이루어졌다. 다시 51일 후 "백일기"의 재가 마련되었다. 이것이 이교오에 대하여 엔닌의 일기에 나타난 마지막 기사이다.[34]

오대산 죽림사에 체류하던 무렵 엔닌은 72명의 성자들을 찬양하고 공양을 바치는 의식에 초대되었다. 당시에 대한 그의 묘사는 다음과 같이 기록되었다.

……초청을 받아 우리들은 의식장소에 들어가서 예불을 위한 종교적인 설비를 보았다. 법당의 내부벽에는 72현성의 초상이 차례대로 걸려 있었다. 보배스러운 깃발과 구슬은 모두 대중의 눈길을 모았다. 여러 색의 융단이 바닥에 깔려 있었다. 꽃등, 이름 있는 향, 차, 약식이 현성들의 앞에 공물로서 나란히 놓여졌다.

황혼이 진 후에 모든 승려가 모이고 그 가운데 한 승려가 예불의 자리에 앉아 먼저 나발을 울리고 이 법회를 주최하는 이유를 설명하였다. 그는 시주의 이름과 그들이 바친 물품을 하나하나 외쳤다. 그리고 그는 시주를 위하여 여러 부처와 모든 보살의 이름을 불렀다. 그 다음으로 72명의 현자들을 떠받들며 각각의 이름을 불렀다. 그가 성자의 이름을 부를 때마다 승려들은 함께 소리를 높여 "존자(尊者)여 오로지 우리들을 가련히 여겨 은혜를 주시고 우리들의 의식 장소에 내려오셔서 우리들이 바치는 것을 받아주소서"라고 합창하였다. 그들은 72번 절을 반복하였다. 그런 후 그들은 바로 아랫자리로 내려왔다.

다시 다른 승려가 예불의 자리에 올라 염불을 하면서 부처와 보살에게 다음과 같이 청하도록 권하였다. "우리들 모두의 마음을 담아 우리들은 위대한 스승[大師] 석가모니불께 청합니다. 우리들 모두의 마음을 담아 우리들은 세상에 내려오시게 된 미륵불, 유리와 같이 빛나는 약사불(藥師佛), 위대한 문수사리보살(文殊師利菩薩), 위대한 보현보살(普賢菩薩) 및 일만의 보살들께 기원을 합니다." 말머리에는 "모두의 마음을 담아 청합니다"라는 말을 붙였다. 그런 다음 일동은 소리를 높여 공양의 꽃을 바치기 위한 글을 합창하였다. 음악의 가락은 수없이 변화하였다.

다음으로 한 명의 비구니 법사가 나아가자 마찬가지의 찬불을 올렸다. 그 다음으로 한 명의 승려가 다른 승려들과 함께 찬불을 합창하고 곧이어 나발을 치고 소리를 높여 "아미타불을 외웠다." 그 다음 비구니들 무리가 교대하여 똑같이 행하였다. 이처럼 교대로 여러 부처를 찬미하였다. 정확히 한밤중에 그들은 의식을 마치고 줄을 지어 의식의 장소를 나가 흩어졌다.35)

앞 장에서 우리는 이미 입춘에 양주에서 있었던 연등축제와 7월 15일의 정영제 등으로 불교의 대중적인 행사 몇 가지를 다룬 바 있다. 바로 그것과 유사한 제례로 장안의 많은 사원에 비장되었던 역사적인 부처, 석가모니의 네 치아를 위하여 이루어졌던 연중행사가 있다. 엔닌의 일기는 이 제사가 이루어진 시기에 대하여 서로 모순된 기록을 남기고 있다. 그러나 적어도 원칙적으로는 3월 8일부터 15일까지 이루어졌다고 생각된다. 그러나 네 치아가 각각 어떻게 중국으로 전해졌는지에 대한 그의 기술은 보다 명확하다. 하나는 중앙아시아의 코탄국으로부터 왔고 다른 하나는 티베트로부터, 세번째는 인도로부터 사람의 무릎살 속에 숨겨 신성한 보호를 받으며 왔고, 네번째는 보다 편리하게 하늘로부터 가져왔다. 계속해서 2년 동안 엔닌은 이들 부처의 두 개의 치아 앞에 존경을 바치기 위하여 참례하였다. 그리고 그는 몸소 그 하나를 배알하고 공손히 예불하였던 모습을 전하고 있다. 첫해에 좌가(左街)의 승록(僧錄)이 "제례의 주관자가 되어 봉사하였다"는 것을 알린 후에 엔닌은 다음과 같이 계속하였다.

……여러 절이 참가하고 온갖 희귀한 공양을 마련하였다. 모든 종류의 약식, 희귀한 과일이나 꽃, 많은 종류의 향을 정성되이 준비하여 부처의 치아에 바쳤다. 그것들은 공양루(供養樓)의 복도까지 차려져서 얼마나 되는지 헤아릴 수 없었다. 부처 치아는 수많은 계단으로 되어있는 누각의 가운데에……안치되었다. 성안의 모든 성직자들은 누각에 모여 그것을 경배하고 찬양하였다. 모든 시민은 찾아와서 공양하였다. 어떤 사람은 100석의 쌀과 20석의 조를 보시하였다. 어떤 사람은 누구나 먹을 수 있는 과자를 넉넉히 보시하였

다. 다른 사람은 제한을 두지 않고 식사에 필요한 여러 비용을 기부하였다. 또 다른 사람은 누구나 충분히 먹을 만큼만 제한을 두어 얇은 떡을 보시하였다. 다시 다른 사람은 여러 사원에서 모였던 성직자와 노스승들에게 충분한 식사를 기부하였다. 이렇게 해서 각 사람은 각각 스스로 발원을 하고 그의 보시를 바치며 부처 치아에 대한 제례를 더욱 찬란한 것으로 만들었다. 사람들은 부처의 치아를 기념하는 몇 계단으로 된 당[佛牙樓]을 향하여 빗줄기처럼 동전을 던졌다.[36]

신화와 기적

엔닌은 그의 유랑을 통하여 그가 방문하였던 절들의 전설이나 불가사의한 것에 대하여 많은 것을 알게 되었다. 청주의 서쪽 예천사(醴泉寺)에서 그는 대문의 부목에서 계단에 이르기까지 청록의 유리로 되어 있는 유리전(瑠璃殿)을 보았다. 여기서 그는 11면 관음의 화신이라고 하는 5세기의 중국 승려상을 보았다. 그의 혼은 죽은 후 이 절에 내려왔다고 믿어지고 있었다. 엔닌은 또한 예천사라는 이름의 유래가 된, 당시에는 바싹 마른 연못을 방문하였다. 예천사란 "청아한 물의 연못을 가진 절"이라는 의미이다. 엔닌은 물이 예전에는 "여기저기로 끓어넘쳐 향기가 나고 그 맛은 감미로웠으며" 또한 "이것을 마신 사람들은 병에 걸리지 않고 장수하였다"는 것을 들었다. 그는 또한 가까이에 있는 "용의 봉우리"라고 불리는 구릉을 보았다. 그곳의 지도가 알려주는 바에 의하면 그 사연은 다음과 같다. 일찍이 한 마리의 용이 날아가고 있는 것이 보였다. 이 일이 황제의 귀에 들어가자 절의 이름을 바꿔 "용 봉우리의 절[龍臺寺]"이라고 부르게 되었다.[37]

양주의 용흥사에서 엔닌은 돌기둥의 비문에 1세기 전의 위대한 중국 선교사 감진(鑑眞)이 일본으로 건너가는 여행 모습을 가히 환상적으로 전하고 있는 것을 발견하였다. "바다를 건너는 승려"라는 표제 아래에 부분적으로 다음과 같이 기록되어 있었다. "바다를 건널 때에 승려는 거센 바람을 만났다. 처음에 뱀의 바다[蛇海]에 이르렀다. 뱀들은 길이가 수십 장(丈)이나 되었다. 하루종일 나아가자 그것이 끝났고 다음으로 검은 바다[黑海]에 도착하였다. 여기서는 바다의 색이 묵칠을 한 듯 하였다."38)

같은 일기의 날짜 아래에서 엔닌은 보현보살(普賢菩薩)에 얽힌 신비스러운 이야기를 전하고 있다. 그것은 용흥사의 "보현이 바람을 변화시킨 묘당[普賢廻風堂]"으로 알려진 한 건조물 이름의 유래에 대해서였다. 전설은 다음과 같이 말한다. 옛날 화재가 일어나 절을 태워버렸다. 그러나 불길이 이 건물이 세워져 있던 승원에 이르자 묘당 안의 한 승려가 『법화경』을 외웠다. "그러자 바로 큰 바람이 이 승원에서 일어나 불을 쫓아내었으므로 묘당은 소실을 면하였다."

적산사원 가까이에서 엔닌은 다른 기묘한 종교적인 경이함을 목격하였다. 그는 7개의 석상과 부처의 사리를 모아둔 한 개의 쇠로 된 상자가 최근 불가사의한 사건 직후 땅 속에서 발굴된 장소를 방문하였다. 석상은 보현, 문수(文殊), 관음, 미륵 그외의 존상이었다. 엔닌이 전하는 이야기는 다음과 같다.

> ……이곳에 한 명의 신라인이 있었다.……어느날 밤 꿈속에 승려가 나타나 그에게 말하였다. "나는 문수사리(文殊師利)이다. 예전에 불당이 무너져버렸지만 몇 해가 지나도 누구 하나 바로 세우려 하지 않아서 그 부처와 보살이 땅 속에 묻히게 되었다. 나는 너의 신앙이 돈독함을 보아 그것을 알려주기 위하여 왔다. 만일 네가 사실을 알고자 한다면 너의 집 동남쪽에 있는 불탑의 주위를 파보아라. 그러면 너는 알게 될 것이다." 그는 잠에서 깨어 두려워 하면서 그의 꿈을 승려들과 일반 사람들에게 말했다. 그리고 옛날 불탑이 있던 곳에 가서 삽으로 땅을 파들어갔다. 그의 가슴 높이까지 파니 부처님과 보살님이 발견되었다.

엔닌이 그의 이야기를 다음과 같은 말로 끝맺은 것도 무리는 아니다. "우리들 모두는 이것을 발견하였을 때 적지않이 경탄하였다. 그날밤 우리들은 예불을 하고 승려와 일반 사람이 모여 밤새도록 공양을 하였다."39)

엔닌은 산서의 태원부 가까이에 있던 동자사(童子寺) 또는 "아이들의 절"로 알려진 한 절에 전해지는 더욱 전설적인 내용으로 꾸며진 유사한 이야기를 기록하고 있다. 엔닌은 그곳에서 일찍이 살았던 신앙심 깊은 승려에 얽힌 다음과 같은 이야기를 전해주는 돌비석의 비문을 기록하고 있다.

……그는 돌연 오색의 찬란한 구름이 땅에서 공중으로 피어오르다가 일순 찬란하게 빛나는 것을 보았다. 이 찬란한 구름 가운데는 4명의 동자(童子)가 녹색의 연꽃 자리에 앉아 노닐고 있었다. 그 소리는 대지를 뒤흔들고 바위를 굴러 떨어뜨렸다. 절벽이 떨어져 나간 자리에 아미타불의 모습이 나타났다. 사람들은 여기저기서 모여와 참례하였다.……많은 기적이 있었다.

동자사는 이 기적을 기념하여 만들어졌다. 그리고 장대한 높이 170자 [尺], 폭 100자의 아미타불 좌상과 양편에 높이 120자의 관음과 위엄 있는 두 보살의 상이 새겨져 있었다. 아마 이 낭떠러지의 표면에 조각한 것이리라. 그러나 각각의 상은 실제로 엔닌이 기록한 것처럼 높지는 않다. 그것은 좌상의 높이를 말할 경우 일반적으로 서 있을 때의 높이를 말하는 것이 관례로 되어 있었기 때문이다.40)

같은 날 엔닌은 이 옛날의 기적 이야기를 기록하고 다음으로 흥분한 군중이 바로 최근에 일어났던 기적에 모여들었던 모습을 직접 눈으로 관찰하였다. 그것은 가까운 작은 사원에서 일어난 사건이었다. 엔닌은 우리에게 다음과 같이 알리고 있다.

……오랫 동안 『법화경』을 송독하고 있던 한 승려가 있었다. 최근 그가 사리(舍利)를 찾았는데 마을 사람들이 와서 공양을 하였다. 절 안에는 절의 승려와 일반인들이 가득하여 어느 정도의 사람이 왔는지 알 수 없을 정도였다.

유품을 발견하였던 유래는 승려가 밤중에 그의 방에 앉아 불경을 외우고 있는데 세 가닥의 빛이 흘러들어와 방 전체를 비추고 절 전체를 밝게 하였다. 빛이 나오는 곳을 조사해보니 그것은 사원의 서쪽 낭떠러지의……바위 밑에서 온 것이었다. 매일 밤 빛은 그의 방과 절을 비췄다. 수일 후 승려는 빛을 따라 바위로 가서 지면을 10자 이상이나 파들어가자 거기에는 부처의 유품을 담은 세 개의 항아리가 있었다. 파란 유리의 항아리 가운데에서는 7개의 사리가 있고, 흰 유리 항아리에는 5개, 금항아리에는 3개가 있었다. 그는 그것을 가지고 와서 불당에 안치하고 공양을 드렸다. 태원부와 근교의 남녀나 관리들은 지위가 높든지 낮든지 구별없이 모두 와서 존경을 바치고 공양하였다. 누군가가 말하였다. "이것이야말로 승려의 『법화경』에 대한 열심이 가져온 불가사의한 힘에 의한 것이다." 마을에서 절에 이르기까지 왕래하는 사람들이 길에 가득하고 대군중은 그에 참례하였다.

오대산과 문수보살의 신앙

엔닌의 "순례의 기록"은 당연히 그의 중국여행 모두에 관한 것이었지만 이 광대한 여행의 범위에서 진정한 순례지는 오대산 즉 현재 산서성 동북부 변두리에 해당하는 성스러운 "오대(五臺)"였다. 이곳은 중요한 사원의 중심지였을 뿐 아니라 문수사리보살을 중심으로 번영하였던 밀교의 중심지이기도 하였다. 이 밀교의 기원과 발상지가 어디에 있었는지는 거의 알려지지 않는다. 그러나 엔닌이 오대산에 대하여 반복하여 기록하였던 신화가 그 초기의 역사를 어느 정도 시사하며 적어도 이 성스러운 지역에 대하여 열심한 순례자들이 느끼고 있던 순수한 존경의 생각을 전하고 있다. 엔닌은 신성한 봉우리의 하나가 눈에 들어오자마자 땅에 머리를 대고 그것을 예배하였다. "문수보살이 우리들을 위하여 모습을 나타냈다……금색의 세계"의 이 광경을 직접 눈으로 보고 "눈물이 넘쳐 억제할 수 없었다"고 하였다.[41]

이 지역의 자연적인 아름다움에 특히 봉우리들의 비탈길이나 정상을 덮은 고산식물의 아름다운 꽃들에 엔닌은 강한 인상을 받았다. 이들은

"비단처럼 꽃이 퍼져 있어" 짙은 향기가 "사람들의 옷에 배었다." 이러한 향기는 확실히 놀랄 만하였다. 왜냐하면 오대는 선량한 불교도들이 전통적으로 식단에서 피하고 있는 강한 냄새가 나는 부추 종류로 덮여 있었기 때문이다. 그러나 꽃들의 진한 향기가 이상할 정도로 풍겼던 것은 결코 단순한 자연현상은 아니었다. 엔닌은 꽃과 부추가 471년부터 499년까지 중국을 다스렸던 이민족 북위(北魏)의 효문제(孝文帝) 때에 오대산이 불교의 중심지로서 비로소 형성되었던 이야기의 일부를 이루고 있다는 것을 알게 되었다. 엔닌에 의하면 전설은 다음과 같다.

……예전 효문제는 오대산에 머무르면서 소요하고 경치를 즐겼다. 문수보살이 한 사람의 승려로 변하여 황제에게 하나의 좌구(座具)로 덮을 만한 토지를 요구하였다. 황제는 이것을 그에게 허락하였다. 승려는 이 청원이 허락되자 한 장의 좌구를 넓혀 500리의 대지를 덮었다. 황제는 놀라 말하였다. "짐은 한 장의 좌구가 덮을 만한 토지를 그에게 주었음에 지나지 않는다. 그러나 이 승려는 한 장의 좌구로 오대 모두를 덮어씌웠다. 이것은 정말 놀라운 일이다. 그와 함께 여기에 머무르고 싶지 않다." 거기서 그는 오대 주위에 부추를 심어놓고 산을 떠났다. 남아 있던 승려는 난초와 같은 꽃을 심어서 부추의 냄새를 없앴다. 오늘날 부추가 각 대의 주위에 가득 자라고 있지만 전혀 냄새가 없다. 그리고 난초와 같은 꽃이 대 위에 활짝 피어 있다. 그 향기는 강렬하다. 오대산의 500리 토지야말로 한 폭의 좌구가 깔려진 곳이라고 한다.[42]

오대산의 다른 하나의 현상은 추위와 서리가 많은 기후였다. 이것 또한 분명한 유래를 갖고 있다. 이러한 악천후는 그 지방에 살았다는 500의 독용(毒龍)에게 돌려진다. 오대의 각각에 100마리씩의 용이 있었다고 한다. 용은 물과 인연이 있기 때문에 그들은 끊임없이 바람과 구름을 뿜어내어 여행자들은 결국 "좋은 날씨가 계속되는" 것을 볼 수 없었다. 500의 독용들은 한 마리 용왕의 지배를 받고 있었다. 그러나 그도 "그의 신하들도 문수에 의하여 정복되고 불교도가 되었으므로 악한 짓을 감히 하지 못했다"고 한다.

오대산에서 문수신앙의 발전에 대한 다른 하나의 중요한 사건은 부다파라(佛陀波利) 또는 부다파리라고 불리는 승려의 방문이었다고 생각된다. 그는 676년 멀리 떨어진 인도에서 이 산의 소문을 듣고 그것을 동경하고 있었다. 손에 아무것도 잡지 않고 왔던 이 인도인은 노인이 되어 있던 문수보살을 오대산에 이르는 남쪽 길에서 마주쳤다. 이 노인은 그에게 인도로 돌아가 밀교의 어떤 경전을 가지고 오라고 당부하였다. 엔닌은 이 사건이 일어났던 장소, 즉 성지의 남산문(南山門)에서 4리 정도 떨어진 지점에서 이 유명한 사건을 기념하는 비문을 발견하였다. 그보다 앞서 죽림사에서 그는 이 성자와 변장한 보살의 만남을 묘사한 그림을 보았다. 엔닌은 또한 오대의 깊은 계곡 하나에 있는 동굴[金剛窟]을 방문하였다. 그곳은 부다파리가 인도에서 부탁받은 경전을 갖고 돌아왔을 때 문수에게 안내되었던 곳이다. 엔닌에 의하면 인도승이 동굴에 들어가자 "동굴의 입구는 자연히 닫히고 오늘날까지도 열리지 않았다." 실제로 엔닌이 보았던 이 역사적인 동굴이란 딱딱한 황색의 절벽에 지나지 않으며 그것을 바라보며 높은 탑이 세워져 "거기에 동굴의 입구가 있다"고 하였던 것이다.

탑은 6각형의 빙빙 둘려진 불교경전을 넣은 서가[轉輪藏]를 그 안에 갖추고 있었다. 엔닌의 덕택으로 이 회전식의 서가는 일찍이 세계에 존재하였던 최초의 것 중 하나라고 알려졌다. 밀교에서는 이 무렵 이미 이 서가를 돌리면 거기에 수장된 방대한 경전을 모두 읽는 것과 마찬가지의 공덕이 주어진다는 신앙이 발전하고 있었다. 그러나 빙빙 돌아가는 서가는, 기적적으로 봉인되었던 동굴의 숨겨진 비밀에 비하면 그다지 대단한 것은 아니었다. 엔닌이 보았던 그 장소에 대한 기록에 의하면 문수가 이곳에서 불교의 모든 신들과 성자들에게 모은 귀중한 유품을 비장하였다고 한다. 예를 들면 한 성자의 물품인 "칠보로 만들었던 3,000종류의 악기"가 있었다. "120섬을 담을 수 있는 종"을 울리면 그것을 듣는 사람에게 여러 단계의 깨달음을 주었다. "8만 4천의 음계를 갖고 있었던" 비파는 각각의 음계가 "이 세상의 번뇌를 하나씩" 없앤다고 한다. 1,300층의 불탑은 미래의 모든 부처 중 한 사람의 몸을 위하여 준비되었다. 그리고 마지막으로 "사천하(四天下)의 백억의 문자"는 불경을 번역하였던 지리적인 구분으로 분류하기 어려울 정도로 한없이

많은 언어들이었다.[43]

이러한 눈으로 확인할 수 없는 불가사의한 내력을 가졌던 장소에서 엔닌이 그곳의 분위기에 이끌려 일기에 다음과 같이 기록하였다고 해도 놀랄 만한 일은 아니다. "이 문수의 성스러운 장소에 다서 들어가자 매우 천박한 사람의 모습을 보아도 경멸하는 생각은 생기지 않고 나귀를 보아도 그것이 문수보살의 화신일지 모른다고 생각되었다. 눈 앞에 있는 모든 것이 문수보살이 변한 모습이라고 생각되었기 때문이다. 성지는 저절로 그곳을 방문한 사람들에게 존경의 마음을 불러일으켰다." 후에 엔닌은 다시 일기에 성역에서 이루어진 "평등의 정신"에 대하여 기록하고 오대산에서 이루어진 재의 장소에 대하여 다음과 같이 구체적으로 지적하고 있다.

……재가 이들의 대에서 마련되었을 때 승려와 일반 남녀, 어버이와 자식을 구별하지 않고 식사는 모두 평등하게 제공되었다. 계급이나 직책에도 불구하고 모든 사람들은 여기에서 문수보살을 생각하였다. 옛날 대화엄사에서 대규모 재가 개최되었다. 평민 남녀, 거지나 빈민이 모두 와서 식사를 제공받았다. 그러나 시주는 불유쾌해 있었다. "내가 멀리 산을 넘어 여기까지 와서 재를 주관한 의도는 산의 승려들에게 공양하기 위해서였다. 이처럼 세속적인 일반 사람이나 거지가 와서 나의 음식을 받는 것은 나의 뜻한 바가 아니다. 만일 이처럼 거지들에게까지 식사를 제공하고자 한다면 그들의 고향에서 재를 주관할 수도 있을 것이다. 왜 내가 그들을 공양하기 위하여 멀리 이 산까지 올 필요가 있겠는가?" 승려들은 시주를 달래고 모든 사람들에게 음식을 주게 하였다. 거지 가운데에 배가 불룩해 있는 임산부가 있었는데 그녀의 순서가 되어 그녀 한 사람 몫을 받았다. 그녀는 배 안의 자식을 위해서도 배당 몫을 요구하였다. 시주는 그녀를 욕하면서 주려고 하지 않았다. 임산부는 몇번이고 말하였다. "내 배 안의 자식은 아직 태어나지 않았지만 그를 한 명으로 셀 수 있다. 어째서 당신은 그에게 먹을 것을 주지 않는가?"라고 하였다. 시주는 말하기를 "너는 바보다. 가령 네 배 안의 자식을 한 명으로 세야 한다고 해도 그가 나와서 그것을 요구하지

않을 것이다. 만일 그가 먹을 것을 얻는다면 우리들은 누구에게 주어 먹게 하겠는가?"라고 하였다. 임산부는 대답하였다. "만일 내 배 안의 자식이 먹을 것을 얻지 못하면 나도 먹지 않겠다." 그리고 일어서서 식당을 나가버렸다. 그녀는 불당의 문에서 나가는 도중에 문수사리로 변하여 빛을 발하고 눈도 못뜰 정도로 밝게 불당을 가득 채웠다. 비취와 같은 얼굴색을 나타내며 금빛 털을 한 사자를 타고 여러 보살들에게 둘러싸여 공중으로 높이 올라갔다.

수천 명의 대군중은 일시에 밖으로 나와 망연히 땅에 꿇어 엎드렸다. 그들은 참회의 소리를 높이고 격정적으로 울면서 비오듯이 눈물을 흘리고 소리를 높여 부르짖었다. "지극히 성스럽도다, 문수사리보살이여!." 그들의 소리가 작아지고 목구멍이 막힐 때까지 울부짖음이 계속되었는데 보살은 다시 돌아와주지 않았다. 마침내 그 그림자도 희미해지면서 사라져버렸다. 모였던 사람들은 식욕을 잃고 그들 각자의 발원을 하였다. 이후 공양이 바쳐지고 재가 마련되었을 때 승려, 일반 남녀, 어버이, 자식, 귀천, 빈부를 묻지 않고 평등하게 모든 사람에게 공급되도록 하였다. 따라서 산의 관습은 평등을 취지로 하게 되었다. 이 이외에도 성자의 많은 화신에 대한 기적이 이야기된다. 그것들은 천하에 알려져 있었다.

현재 재의 모임에서는 식당에 남자의 줄, 여자의 줄, 배당 몫을 취해야 하는 아이를 가진 여자의 줄, 아이들의 줄, 견습승의 줄, 승려의 줄, 비구니의 줄이 나란히 있으며 모두 그들의 식사를 각각 받게 되었다. 시주는 음식을 평등하게 나누어 주었다. 사람들이 그들의 몫 이상을 원할 때 시주들은 그들을 비난하지 않고 어떻든 원하는 대로 주었다.[44]

오대산의 승원

엔닌은 오대산에 도착한 후 처음 15일간을 죽림사에서 지냈다. 거기서 제자인 이쇼오과 이교오는 구족계(具足戒)를 받고 한 사람의 승려가 되었다. 일본인들은 750명의 승려를 위한 대규모 재에 참가하고 72현성들의 초상 앞에서 이루어진 의식을 직접 참관하였다. 그리고 나서 그들은 대화엄사로 옮겨 다음의 1개월 반을 거기서 보냈는데 그때 나흘간 오대를 두루 돌아보았다. 대화엄사에서는 천태종의 불경에 대하여 두 가지의 강의가 열리고 있는 것을 발견하였을 뿐 아니라 불교미술의 뛰어난 유품과 훌륭한 작품들을 보았다.

이들의 예술품 중 하나는 16자[尺] 열반상으로 "열반도량(涅槃道場)"으로 알려진 건물에 안치되어 있었다. 16자의 상은 "두 그루의 나무 아래 오른쪽으로 누워 있는" 모습을 하고 있었다. 그의 어머니는 "슬픔에 젖어 땅에 쓰러진 모습"이었다. 그 주위에 성현들과 신분이 낮은 신들의 무리가 서 있었다. "어떤 것은 손을 쳐들고 슬피 우는 모습이었고 어떤 것은 눈을 감고 생각에 잠긴 모습을 하고 있었다. 그 모두가 불경에 서술되었던 사실들을 그린 모습이었다."[45]

엔닌이 서술한 다른 작품은 "커다란 신발의 화상(和尙)"이라는 의미의 대혜화상(大鞋和上)의 영정이었다. 이 승려는 "오대산을 순례한 것이 50회, 중대(中臺)의 정상에서 3년간 여름과 겨울에도 산을 내려오지 않고 머물렀다." 드디어 문수의 도움으로 거대한 신발 한 짝을 신었는데 그로 인하여 그의 이름이 유래하게 되었다. 엔닌은 그의 영정 앞에서 신의 실물을 보았다. 이것은 한 걸음에 7리를 갈 수 있는 신발이었을 것이다. 왜냐하면 분명히 이들의 도움에 의하여 대혜화상은 위대한 임무를 바삐 뛰어다니면서 완수할 수 있었기 때문이다. 예를 들면 1만 5천의 법옷을 만들었다거나 그의 동료 승려들을 위하여 7만5천 명의 식사를 마련할 수 있었다.

사원의 다른 보물 가운데는 『법화경』 3부가 있었는데 하나는 불교의 고국에서 가져온 인도식의 체제이고 다른 하나는 금문자로 쓰여졌고 세 번째는 작은 글자로 쓰여졌다. 또한 2층으로 된 8각형의 탑이 있는데 그 아래에 3세기 인도불교의 공헌자인 아쇼카왕에 의하여 만들어졌던 유명한 8만 4천의 소형 탑 가운데 하나가 묻혀 있었다고 한다. 다른 하나의 보물은 부처의 사리를 넣은 유리 항아리였다. 또한 627년과 650년 사이의 어느 때 "서쪽의 나라에서 한 명의 승려가 가져 왔던" 작은 부처의 두개골 윗부분이 있었다. 이 왠지 기분이 나쁜 유품은 "대개 2승

(升) 정도를 넣을 수 있는 사발처럼 커다란" 것이었다. 그것은 "흰색과 검은 색을 띠고 있고 형태는 일본의 가벼운 돌과 유사하였다"고 한다. 그 윗부분에는 "흰 머리털이 5치 정도 남아 있고 마치 깎고 나서 자라난 모습이었다."

대화엄사의 예술적인 보물 중 가장 인상적인 것은 문수의 "엄숙하고 위엄이 있는" 존상으로 전통에 따라 사자를 탄 형태로 다섯 칸의 불당 전체를 가득 채우고 있었다. 엔닌은 사자를 "초자연적"인 것으로 묘사하고 부언하여 "그것은 걷고 있는 것 같으며 증기가 입에서 나오고 있다. 우리들은 자주 그것을 보았지만 그것은 마치 움직이는 듯이 보였다"고 하였다. 다음과 같은 이 불상과 관련된 기적의 이야기를 70세 노승이 엔닌에게 들려주었다. 노승은 "언뜻 보면 40세 정도로 보였다." 또한 "정정하고 마음이 너그러웠다." 왜냐하면 그는 "신앙의 힘"을 갖고 있었기 때문이다.

······처음에 이 보살상을 만들었을 때 그것은 부서져버렸다. 여섯 차례 불상을 제조하였으나 그때마다 번번히 깨어져버렸다. 그 박사(博士)가 실망하여 이렇게 말했다. "보살을 만드는 나의 재주는 천하가 다 알아주는 바이다. 나는 전생애를 불상을 주조하는 데 바쳐왔지만 지금까지 이러한 경우는 전혀 없었다. 이번에는 불상을 만들면서 전심전력을 다해 일에 몰두하였을 뿐 아니라 스스로 몸을 정결히 하고 극진한 마음으로 일에 매달렸으며 천하의 사람들이 불상을 앙모하여 예배하고 특히 신앙심이 깊어지게 되기를 원하였다. 그런데 나는 이제까지 여섯차례나 주조하였지만 모두 완전히 깨져버렸으니 분명히 문수보살의 뜻에 위배된 것이다. 만일 사실이 그렇다면 나는 공손히 문수보살의 위대한 성스러움에 기원을 드려 그 참모습을 나에게 보여주시기를 기원한다. 만일 내가 직접 성스러운 금빛의 얼굴을 보게 된다면 나는 그대로 그 모습을 만들 수 있을 것이다." 그가 이 기도를 마치고 눈을 뜨자 문수보살이 금빛의 사자를 타고 있는 것이 오랫 동안 보였다. 그런 후 문수는 오색의 구름을 타고 하늘 높이 날아가 버렸다. 박사는 보살의 참모습을 볼 수 있었으므로 기쁨에 눈물을 흘리고 그가 지금까지 만들었던 불상

이 잘못되었음을 깨달았다. 그리하여 그는 처음의 구상을 근본적으로 변경하여 그가 직접 본 대로 각각의 부분을 길게 한다든지 짧게 한다든지 확대한다든지 축소한다든지 하였다. 이제 그 모습은 그가 보았던 대로 만들어져 일곱번째에 만든 불상은 깨어지지 않고 모든 것은 무리없이 이루어져 그의 소원은 여기서 겨우 달성되게 되었다. 그는 이 보살상을 다 만들고 불당에 안치하자 눈물이 끊임없이 흘러 다음과 같이 말하였다. "정말로 불가사의하도다! 지금까지 볼 수 없었던 것을 이제는 볼 수 있게 되었구나. 영원토록 환생할 때마다 문수사리의 제자로서 정성을 다할 것을 원한다." 그렇게 말하고 그는 숨을 거두었다.

후에 이 불상은 때때로 빛을 발하고 영험한 기운을 나타내는 일이 빈번히 있었다. 그러한 기적이 나타날 때마다 상세히 기록하여 조정에 보고하였다. 칙명에 의하여 가사가 주어졌다. 지금도 보살의 신체를 싸고 있는 가사의 하나는 이러한 유래를 갖는 것이다. 이러한 이유로 매년 칙사가 백 벌의 가사를 가지고 와서 이 산의 승려들에게 주고 또한 매년 별도로 향, 꽃, 진기한 덮개, 진주를 장식한 깃발과 덮개, 비취, 보석류, "칠보"로 만든 보관(寶冠), 금을 입힌 향로, 크고 작은 거울, 꽃무늬가 있는 흰 융단, 진귀한 조화나 과일 등도 가져왔다. 이들 많은 물품들은 모두 모아져 불당내에 전시되었다. 그러나 이것만이 모두는 아니다. 나머지는 창고에 넣어두고 일반의 참관에서 멀리하였다. 해마다 그밖의 여러 관청과 개인 기부자가 보내온 물품들이 수없이 도착하였다. 오대산의 여러 원은 각각 문수보살의 존상을 반드시 주조하였는데 이 존상 모두는 아무리 훌륭하다 해도 이 보살상의 백분의 일밖에 지나지 않았다.

엔닌은 그의 일본인 선배 레이센이 "천길 낭떠러지"가 바라다 보이는 대황법사의 누각에서 "1만 보살"의 모습을 보았다는 얘기를 들었다. 그러므로 엔닌의 조심스러운 세 가지 기적 중 하나가 이 사원에서 일어났던 것도 놀랄 만한 일은 아니다. 그러나 그는 오대산의 다른 사원에서 더 분명한 고국 사람의 행적을 발견하였다. 즉 레이센 자신의 팔목에서 잘라낸 피부에 부처가 그려지고 그것이 "금각사(金閣寺)"의 보물 중 하나로서 비장되어 있었다. 그곳에서 엔닌은 순례의 마지막 밤을 보내고 마침내 장안을 향하여 출발하였다.

레이센의 잘라낸 피부는 금각사라는 이름의 유래가 되었던 금색 누각 아래의 금동탑(金銅塔) 안에 안치되어 있었다. 이 누각은 탑과 같은 구조로 당시 중국의 건축기술상 혁신이라 할 수 있다. 엔닌의 묘사에 의하면 그것은 9칸 폭으로 3층인데 높이는 "100자[尺]를 넘어" "삼림 가운데 외롭게 우뚝 솟아올라 장려함을 과시하고 흰 구름이 그 아래에 펼쳐져 있었다"고 한다. 엔닌은 건물의 내부나 외관도 극히 인상적이었다고 기록하고 "벽, 문지방, 기둥 등에는 어디나 그림이 그려져 있었다"고 한다.[46]

금 누각의 일층에는 레이센의 피부에 그려진 성화가 있는데, 작은 부처의 치아와 "청록의 털을 가진 사자의 등에 탄" 문수보살 상과 그외의 성스러운 유품 등과 함께 황제가 하사한 칠보의 천개(天蓋) 아래에 안치되어 있었다. 이층에는 다섯 불상이 각각 두 보살의 호위를 받으며 안치되어 있었다. 이것은 바로 중국에 밀교를 전한 인물로 유명한 8세기의 세이론 선교승 아모가바쥬라(Amoghavajra; 불공삼장[不空三藏])의 지휘로 만들어졌다. 이들 여러 불상은 북인도의 유명한 나란다(Nalanda) 사원의 화려한 신상들의 모양을 본떠서 만들었다. 금각(金閣)의 3층도 아모가바쥬라에 의하여 만들어진 마찬가지의 5개 불상과 그것을 호위하는 다른 보살상에 의하여 채워져 있었다. 이들 부처와 보살의 두 무리는 두 종류의 다른 밀교경전의 제존(諸尊)을 대표하는 것이었다. 그 때문에 엔닌은 모든 부처, 보살들이 특징 있는 얼굴과 수인(手印; 산스크리트의 원어는 mudra로, 상징적인 의미를 가진 여러 가지 손의 모양을 의미한다)을 보이고 있는 것을 발견하였다. 금각은 아모가바쥬라가 774년 죽기 전에 세웠던 것임에 틀림이 없지만 세이론 승려가 건물의 3층 안쪽 백색벽에 그렸던 만다라는 색칠이 끝나지 않은 것을 엔닌은 발견하였다.

금각사에는 금각과 거기에 수장된 보물 외에도 근사한 것이 있었다. 그 하나는 "팔뚝 길이 3개" 정도 넓이의 작은 단(壇)인데 그곳에서 아모가바쥬라의 한 중국인 제자가 칙령에 따라 당나라를 위하여 의식을 집행하였다. 단은 "흰 박달나무의 즙을 진흙에 섞어서" 만들었다. 엔닌은 "바람이 불 때마다 향내가 멀리까지 퍼졌다"고 기록하였다. 그는 또 역사상의 부처(석가모니)에게 갖춰진 32상(相; 32가지의 뛰어난 신체적 특징)의 하나인 천폭윤상(千幅輪相; 천의 바퀴를 가진 마차와 같은 모양)을 그린 부처의 발자국 그림을 보았다. 오늘날에는 이 형상이 인도의 국기에 채용되고 그 중심 심볼이 되어 있다. 엔닌은 일기에 어떻게 하여 그것이 인도의 원래 발자국에서 복사되고 649년 중국인 사절에 의하여 장안에 들어오게 되었는지를 밝힌 그림 아래에 있는 글을 기록하였다. 다른 보물은 "흰 박달나무와 비취와 상아로 만든 축(軸)에 말려 있는 짙푸른 종이에 금은으로 쓴 6천 권을 넘는" 경전다발이었다. 그것은 장안에서 온 인물에 의하여 제작되었다. 그는 779년 오대산을 순례하였을 때 문수와 "일만 보살"의 모습을 본 후 감격하여 이 대사업을 발원하였다. 마지막으로 보현당이 있는데 당내에는 다른 진귀한 물품들 중에 "진주로 수를 놓은 근사한 모양새의" 불상이 있었다. 물론 불당내에는 훌륭한 보현의 불상이 있었다. 보통 보현은 코끼리를 타고 있는 것처럼 묘사되었는데 이 존상에는 특별히 보살이 가로로 나란히 서 있는 세 마리의 동물 위에 앉아 있었다.

엔닌은 오대산을 떠나면서 산내의 여러 다른 사원을 방문하였다.[47] 이들 중 한 절이 영경사(靈境寺)인데 그곳에서 레이센은 불가사의한 그의 운명을 만났던 것이다. 여기서 엔닌은 때때로 "산의 정상을 진동시킬 듯한" 종의 울림이 들려오는 느릅나무 아래에 있는 작은 동굴[聖鐘窟]을 발견하였다. 이 절의 정문 양쪽에는 무서운 얼굴을 한 인왕(仁王)상이 서 있었다. 그것은 그다지 특별한 것은 아니었다. 왜냐하면 동아시아에서는 오늘날에도 절 문의 양쪽에 인왕이 서 있는 것이 일반적인 광경이기 때문이다. 그러나 이들의 특이한 모습은 그들과 관계된 불가사의한 이야기를 담고 있는데 엔닌은 그것을 돌기둥의 비문에서 베껴놓았다. 예전에 인왕들은 돌연 3개의 다른 도독부에 나타났으며 그 자신이 "불법을 수호하기 위하여 지방 신들의 모습을 한" 어떤 부처의 현신(顯神)이라고 자기 이름을 대고 다음과 같이 말하였다.

"……나는 땅에 묻혀 있는 동안 세월이 흘러 먼지가 되었다. 이제 나는 다시 출현해 오대산 영경사의 문 안에 있다"고 하였다. 세

도독부의 절도사들은 깜짝 놀라서 상세하게 그들의 모습을 기록하였다. 각각 사신을 파견하여 찾아보게 하였다. 어느 절의 문 좌우에서 그들 자신의 도독부에 나타났던 것과 조금도 다르지 않은 인왕들을 발견하였다. 사신들은 그들의 고향으로 돌아와 이것을 보고하였다. 이에 3명의 절도사들은 다시 사신을 보내어 옛 불상을 특별히 수리하게 하였던바, 많은 불가사의한 기적이 나타났다.

오대(五臺)

오대산 사원들의 경이로움은 진실로 주목할 만한 것이었지만 오대 자체도 물론 매우 성스러운 장소였다. 전형적인 중국의 관습에 의하면 "오(五)"란 사방(동서남북)과 가운데를 가리킨다. 엔닌은 대화엄사에 체류하고 있는 동안 그 중 4대를 방문하였다. 그러나 이 4대로부터 상당히 떨어진 곳에 있던 다른 하나의 남대에는 그가 수도를 향하여 오대산을 떠날 때까지 결국 오르지 못하였다.[48]

엔닌은 대에서 대로 가는 길을 기록하고 그들 정상에서 주위의 가지 못한 산들을 두루 조망하고, 새들이 낮게 원을 그리며 날아 다니는 것, "깊은 골짜기 사이와 먼 여울"의 눈에 보이지 않을 정도로 깊은 물가에서 들려오는 물 흐르는 소리 등을 묘사하고 있다. 봉우리들의 정상에는 상당히 평탄한 장소가 있고 그 가운데 3개의 정상에는 용의 연못으로 알려진 커다란 연못이 있었다. 이들 고인 물이 있는 정상을 중대의 경우에 엔닌은 다음과 같이 묘사하고 있다.

　　……대 가운데에 부드러운 풀이 땅에서 솟아나와 1치[寸] 정도의 높이로 뻗어 있고 한 쪽으로 두터운 지면을 덮고 있다. 그 위를 걸으면 풀이 넘어지지만 발을 들어올리면 다시 일어선다. 걷는 곳마다 발에 물이 차고 얼음처럼 차다. 여기저기 작은 동굴이 있고 물이 차 있다. 대 가운데에는 모래와 돌이 있고 셀 수 없을 정도의 돌탑이 여기저기 산재해 있다. 아름답고 부드러운 풀이 이끼 사이

에 살고 있다. 지면은 습하면서도 진창이 되어 있지는 않다. 이끼나 부드러운 풀의 뿌리가 한편으로 널리 퍼져 있기 때문에 여행자들의 신발과 발이 진흙에 빠지지 않는 것이다.

중대의 남단 가까이에는 문수와 부처의 상을 모신 건물이 세워져 있었다. 그리고 대의 중앙에는 약 3자 깊이에 사방 4자인 수정과 같이 투명한 연못이 있었다. 이 연못의 가운데에 있는 작은 섬에 용의 불당이 있고 그 안에는 다른 문수상이 안치되어 있었다. 그것보다 약간 커다란 연못이 서대의 중앙에 있고 이 연못 중앙에도 다른 문수상을 제사한 용의 불당이 세워져 있었다. 그러나 북대는 배치가 달랐다. 즉 대의 남단 가까이에 용의 불당이 있고 그 안에는 고인 물이 있었으며 세 부분으로 분할되어 있었다. 중앙 부분에는 오대산의 용왕상이 있고 그 양쪽에는 문수상이 세워져 있었다. 아마 보살들이 산에 사는 비늘이 있는 생물 가운데 왕(용왕)을 감독하는 것을 의미할 것이다. 동대에는 연못이 없고 그 대신에 문수상을 제사지낸 3칸의 불당이 세워져 있고 그 주위를 약 10자 높이로 쌓아올린 돌벽이 둘러싸 아마 연못을 상징하였던 것같다. 남대에는 다른 3칸의 불당이 있고 그 가운데에는 "흰 비취사자를 탄 흰 비취로 만든" 문수상이 세워져 있다.

엔닌은 반복하여 작은 돌탑이 대의 정상 주위에 산재하였다는 것을 알리고 있지만 남대를 제외하고는 모든 장소에 철탑이 있었던 것도 기록하고 있다. 그가 우리들에게 알려준 바에 의하면 이것은 측천무후에 의하여 세워졌다고 한다. 그녀는 여러 해 당 왕실을 지배한 후, 690년부터 705년 그녀가 죽기 직전까지 짧은 동안 왕위를 찬탈하여 그녀 자신의 이름으로 통치를 하였다. 엔닌은 오대산의 세 철탑을 묘사하여 "모두 층이 없고, 꼭대기에 테도 없으며 그와 유사한 아무런 장식도 없다. 형태상으로 그것은 마치 거꾸로 만들어진 종과 같다. 둘레는 네 사람이 둘러쌀 정도이다. 중앙의 탑은 사각으로 약 10자 높이이고 둘레가 약 20자"라고 하였다. 다른 하나는 북대에 세워져 있었고 특히 세 개가 동대에 있었다.

오대를 순례하는 산등성이 길은 잘 정비되어 있었고 도중에 숙박시설과 작은 사원들이 산재하였다. 여름철에는 거기에서 순례자들에게 식사와 숙박의 편의가 제공되었다. 북대, 동대 및 남대의 정상이나 그 가까이에는 각각 공양원(供養院)이 세워져 있었다. 이 중 엔닌이 처음으로 방문한 공양원에서 "한 승려가 3년간 쌀을 먹지 않고 하루에 한 번밖에 식사하지 않으며 저녁식사로 진흙을 먹고 있는 것을 보았다. 그는 3년간 산의 정상에서 내려가지 않는다는 맹서를 하였다"고 한다. 서대에 있는 공양원은 정상과 중대를 연결하는 산등성이 길에, 정상에서 동쪽으로 약 2리 정도 떨어져 세워져 있었다. 중대에는 공양원이 없고 그 대신에 "비를 구하는 사원[求雨院]"이 있었다. 그것은 정상에서 남쪽으로 조금 떨어진 곳에 있었고, 또 동쪽을 향하여 조금 가면 보제사(菩提寺)가 있었다. 엔닌은 다시 대화엄사에서 중대에 이르는 작은 사잇길에서 두 개의 작은 사원을 만났다. 특히 하나의 보통원이 편리하게도 북대와 동대를 연결하는 도중에 위치하고 있었다. 거기서 그는 식사를 하기 위하여 휴식하다가 기적적인 광경을 직접 눈으로 보았다.

가장 중심이 되었던 장소는 정상이었지만 많은 불가사의함이 그것을 둘러싼 길이나 골짜기 사이에도 있었다. 북대 부근에서 엔닌은 다음과 같이 묘사되고 있는 장소에 갔다.

……길 주위에는 불에 타버린 많은 암석들이 지면을 덮고 있었다. 사각인 것도 있고 둥근 것도 있는데 타버린 암석은 높이 쌓아 올려져 돌벽과 같은 모양을 하고 있었다. 이곳은 일찍이 지옥이 되었던 장소이다. 옛날 대주(代州) 장관[刺史]이 있었는데 난폭하고 인과(因果)의 도리를 믿지 않았다. 그는 거기에 지옥이 있다는 말을 들었지만 믿지 않았다. 어느날 그는 대를 돌며 경치의 아름다움에 정처없이 걷다가 문득 이 장소에 오게 되었다. 그는 갑자기 무서운 불길이 절벽과 암석에서 타오르고 검은 연기가 하늘에 피어오르는 것을 보았다. 타버린 바위와 붉게 된 석탄이 밝게 빛나면서 그의 주위를 벽처럼 둘러쌌다. 악마가 그의 앞에 나타나 분노하며 괴성을 질렀다. 장관은 두려워 떨며 성스러운 문수사리보살의 구원을 청하였다. 그러자 격렬한 불꽃은 사그라들었는데 그 흔적은 아직도 오늘날까지 거기에 남아 있다. 불에 타버린 암석이 쌓여 벽을 만들었는데 그 주위는 약 50자가 되며 검은 돌로 채워져 있다.

서대의 정상에서 서쪽으로 약 2리 되는 지점에서 문수는 옛날 인도의 거사, 산스크리트어로는 비마라키르티(Vimalakirti)라고 알려진 유마(維摩)와 만났다. 그에 의하여 유명한 불교경전[『維摩經』]이 쓰여졌다. 이 곳에서는 30자의 절벽이 마주 바라보고 있었다. 각각의 평탄한 정상에는 "커다란 돌 자리"가 있는데 성자[維摩居士]와 보살이 거기에 앉았다고 한다. 문수가 탄 사자는 절벽 아래 암석에 자취를 남겼다. 거기서 엔닌은 "사자의 자취가 암석 표면에 약 1치의 깊이로 패어져" 있는 것을 보았다. 절벽 아래에는 또 하나의 불당이 있고 두 마리 사자에 탄 문수상과 유마상이 안치되어 있는데 엔닌은 상세히 그 모양을 묘사하고 있다.

동대의 정상에서 그다지 멀지 않은 곳에 물과 진흙이 떨어지는 성스러운 동굴[那羅延窟]이 있는데 한밤중에 그곳을 방문하였던 엔닌은 "용이 숨을 만한 집이다"라고 묘사하였다. 그러나 그는 이 산 정상에서 기이하게 피어오르는 어떤 기운을 보고 더 깊은 인상을 받은 듯하다.

……석양이 지기 직전에 하늘에 갑자기 구름이 펼쳐지고 흰 구름들이 덩어리가 되어 동쪽 방향을 향해 골짜기 아래로 퍼져 나갔다. 구름들이 문득 붉어지다가 희게 되어 그 위를 덮었다. 번개가 번쩍하며 크게 울렸다. 큰 소란이 깊은 골짜기 아래에서 일어나고 있었지만 우리들은 높은 봉우리에서 머리를 수그려 그것을 보았다.

순례와 후원자

여름철에는 오대와 그것을 둘러싼 사원들의 많은 불가사의가 당연히 순례자들을 끌어들였다. 이미 서술한 바와 같이 엔닌은 성지에 이르는 주위의 산들을 지나 여행할 때 한 보원사에서 "100명이 넘는 승려, 비구니, 남녀 일행이 오대산으로 순례하러 가는" 것을 보았다. 그는 또한 대화엄사에 체류하는 동안 발견하였던 50여 명의 선승 일행과 죽림사에 모였던 수십 명의 견습승에 대해서도 서술하고 있다. 동쪽에서 오대산으로 가는 길에 있는 마지막 보통원에서 엔닌은 수십 명의 순례승이 기후가 좋은 날 오후 일찍 중대를 향하여 출발했다가 그날 밤 "밀짚모자가 우박으로 엉망이 되고 전신이 온통 젖어서" 돌아온 것을 보았다. 이 사람들은 아마 다음날 이 보통원에서 마련한 재에 초대를 받은 100명의 승려 중 일부였을 것이다. 엔닌은 순례자들 중에서 매우 먼 곳에서 온 사람들도 보았다. 어느날 그는 남쪽의 오대산에서 온 4명의 승려를 만났는데 그들은 엔닌이 이전에 함께 여행했던 동료 엔사이에 관한 얘기를 그에게 해주었다. 또 전년에는 3명의 승려가 멀리 인도에 있는 유명한 나란다절에서 죽림사를 방문했던 사실을 알게 되었다.[49]

많은 순례자들이 의심할 바 없이 여러 선물과 공양을 오대산에 남겼다. 돈 많은 신자들은 성지의 여러 시설 유지비를 기부하였음에 틀림없다. 750명의 승려들을 위하여 재를 마련하였던 멀리 산동에서 온 시주에 대해서는 이미 서술한 바대로이다. 오대산의 여러 사원에서 엔닌은 속세의 신자들이 기부한 많은 보물들을 보았다. 황실도 또한 오대산의 종교적인 여러 시설의 주요 후원자였다. 엔닌이 보았던 많은 보물 가운데는 직접 황실이 내린 막대한 물품이 있었다. 대화엄사에 체류하고 있을 무렵 그는 다음과 같이 기록하고 있다.

> 칙사가 절에 왔다. 승려의 무리는 모두 밖으로 나가 그를 환영하였다. 상례로서 매년 의류, 바리, 향, 꽃 등이 칙명에 의하여 사여되었다. 칙사가 오대산에 파견되어 12개의 대사원에 고급스러운 옷 500벌, 비단 500필, 청록색으로 염색한 가사용의 베 1,000단, 향 1,000근, 차 1,000근, 수건 1,000장 등을 주고 또한 그는 12개의 대사원을 돌며 칙명에 의하여 재를 마련하였다.……칙사는 천 명의 승려를 위하여 재를 주최하였다.[50]

오대산 사원들에 바쳐진 많은 사여물들은 아마 기대되지 않았던 은혜였음에 틀림없지만 성산의 기업적인 승려들은 이에 더해 실적을 쌓기 위하여 산을 내려가 자금을 구하는 데 주저하지 않았다. 엔닌은 몇해 후에 에가쿠(惠蕚)가 842년 오대산을 방문한 후 "오대산을 위한 비용을 조달하기 위하여" 일본에 돌아가 "매년 비용을 가져오고" 845년 불교

대탄압으로 환속될 때까지 그것을 계속했다는 말을 듣고 이에 관해 알게 되었다.[51]

에가쿠는 864년 일본으로 아주 돌아갈 때까지 중국을 정기적으로 방문하며 여행하였는데 성산의 여러 사원을 위한 유지비 기부를 권유하는 사람으로서는 이례적인 경우라 할 수 있다. 그러나 엔닌은 우연히 오대산에서는 오히려 전형적인 다른 한 명의 재정대리인을 만났다. 이 인물은 의원(義圓)이라 하는데 엔닌은 그를 "10년 이상 오대에 있는 12사원과 여러 보통원들에 공양을 바치도록 권유한 사람"이었다고 기록하였다. 엔닌은 또한 그를 "탁발승"이라 부르는데, 의원은 오대산의 서남쪽으로 직선 거리로 160리 정도 떨어진 산서성 중앙부 분주(汾州)의 시내에 그가 주지로 있는 절을 갖고 있었기 때문에 여기저기 두루 다닐 수 있었다고 했다.

의원은 매년 그가 모았던 노력의 결정을 오대산에 운반하였던 것 같다. 그는 또한 그와 함께 성지를 순례하는 참배단을 이끌고 왔다. 분주와 오대산의 중간에 위치한 태원부에서 엔닌은 오찬에 여러 차례 초대받았는데 그 중 두 번은 어떤 부인에게, 한 번은 3명의 비구승에게였다. 이들 5명의 여성들은 의원이 조직하였던 순례단에 참가했던 사람들이다. 마찬가지로 수도로 향하는 일본인 일행과 동행하였던 한 승려도 의원이 이끄는 성지참배단의 일원이었다. 또한 엔닌과 친구가 되었던 3명의 중국인도 그러하였다고 생각된다. 그들 중 두 사람은 의원의 제자였다고 전해진다. 이중 한 사람은 엔닌을 태원부로 데려갔던 관리였다. 다른 한 사람의 관리는 분주에서 엔닌을 손님으로 맞아주었던 주인이었다. 세번째 인물은 두 개의 시 사이에 있는 마을에서 그와 일행에게 숙소를 제공하고 음식을 제공한 남자였다.[52]

엔닌과 의원의 교제는 친밀하여 종교적으로도 의미 깊은 것이었다. 일본인들이 대화엄사를 떠나기 며칠 전에 의원은 그들과 함께 휘황한 구름이 맑은 하늘에 나타나는 불가사의한 광경을 보았다. 이 조짐을 엔닌과 관련지어 이 신앙심 깊은 공양의 권유자는 법열의 눈물을 흘리면서 절규하였다.

......10년 동안 나 의원은 신앙을 넓히고 매년 부족하지 않게 모

든 산에서 공양의 물품을 운반하였습니다. 그러나 지금까지 한번도 이러한 조짐을 볼 수는 없었습니다. 지금 외국의 고명한 박사를 모시고 휘황한 구름을 볼 수 있었습니다. 그리고 진실로 우리들이 태어난 장소는 서로 멀리 떨어져 있지만 위대하고 신령스러운 문수가 출현하는 은혜를 입어 하나로 연결될 수 있었습니다. 이후로 우리들은 영구히 문수사리보살의 "가족"이 되어 함께 밀접한 교류를 가지는 운명이 되었습니다.

일본인들이 금각사로 옮겼을 때 의원은 같은 날 그곳까지 함께 왔으며 기꺼이 엔닌의 여행 동반자로서 그 절의 금각에 올라갔다가 다시 남대의 정상에 올랐다. 그는 열광하며 혹시 다른 불가사의를 볼지 모른다고 생각하였으므로 엔닌과 함께 순례하고서 날이 저물기까지 산의 정상에 머물렀던 것도 무리는 아니었다. 아무런 기적도 나타나지 않았으므로 일행은 드디어 밤이 되자 정상에서 몇 마일 아래에 있던 공양원에 들어갔다. 그러나 거기서 의원의 신앙은 드디어 두 개의 빛나는 물체가 기적적으로 나타난 것으로 보답되었다. 그것을 보았던 신앙심 깊은 군중은 "대단히 감동하여 소리 높이 문수의 이름을 불렀다." 빛나는 물체는 점차로 가라앉으면서 조용히 한밤중의 암흑 속으로 사라져버렸다.

의원으로서는 10년간 기다리고 기다렸던 최초의 기적적인 광경의 원인이 명확히 엔닌과 관계된 것이므로 공물의 권유자인 그가 그의 고향 시인 분주까지 일본인 일행의 동반자로서 어떠한 경우라도 따라갔던 것은 이상한 일이 아니다. 실제로 어쩔 수 없는 일로 의원은 태원부에서 일본인들에게 이별을 고해야 했지만 그는 그 시에서 그들을 대접하였으며 또한 그의 고향 분주에서 제자들에게 그들을 하룻밤 머무르게 하면서 환대하고 시내를 안내하도록 조치하였다. 태원부에서 의원은 일본인들을 "화엄사"에 숙박시켰다. 그 절은 오대산의 대화엄사에 대한 시내의 별원(別院)과 같은 곳이었다. 엔닌은 "오대산의 대화엄사 승려들은 모두 산을 내려오면 이 절에 기거하였다고 한다. 따라서 우리들은 이 절을 '낮은 화엄사'라고 불렀다"고 기록하였다.

의원의 외국인 친구에 대한 열정과 외국인 친구가 일으킨 기적은 엔닌이 태원부에서 출발하는 것을 사실상 지체시켰다. 의원은 그들이 함께 직접 목격하였던 "불가사의"함을 묘사하기 위하여 화가를 고용하고 엔닌이 그 그림을 일본으로 가지고 돌아가 "그 그림을 보는 사람들이 신앙을 깊이 하고 함께 문수의 제자들 중 한 사람으로 변화하여 살기를" 원하였다. 아무리 애를 쓴다 해도 그림은 그리 간단히 될 수 없었다. 일본인들은 여행을 다시 떠나기 위해 8일간이나 기다려야 했다.[53]

의원은 마지막 고별에 앞서 태원부 주변의 종교적인 시설을 관광하도록 안내하였다. 그러나 이것이 최후의 고별이 되지는 않았다. 거의 2년 후, 돌아다니며 공물을 권유하던 그는 수도에 모습을 나타냈고 엔닌이 떠나기 전에 그에게 150꿰에 상당하는 기부를 얻어냄으로써 공양 권유자로서의 수완을 발휘하였다.[54]

불교의 성행과 쇠퇴

엔닌의 일기는 의심할 바 없이 당시 불교가 널리 유행하였다는 것을 전하고 있다. 풍부한 지적 활동이 이루어졌던 승려사회는 나라 안의 마을이나 변두리 산지에서도 발견되었다. 마을의 군중들은 불교의 제사에 운집하고 일반 사람들은 열심히 강의와 공양에 참여하였다. 승려와 속세의 신자들은 함께 험준한 순례의 행적을 따랐다. 좀더 이른 시대에 정부는 적극적으로 불교를 지지하였다. 그 결과 이 인도의 종교는 몇 세기 후 일반 대중에게 확산될 수 있었다. 그러나 엔닌이 보았던 당시 중국에서는 이미 불교 신앙이 사람들에게 널리 퍼져 지배계급의 강렬한 지적 믿음과 서로 결합하여, 불교가 그 절정에 도달해 있었다.

엔닌은 불교의 대중화를 기정 사실로 인정하고, 개종자의 수를 기록하는 것과 그들 신앙의 진실됨에 주목할 수밖에 없었다. 그럼에도 불구하고 그의 일기 대부분은 무의식중에 중국 민중의 불교에 대한 태도를 증거하는 것이 되었다. 노력을 아끼지 않는 의원의 순수한 신앙은 당시 불교인의 진실한 열정을 보여주는 일례였다. 일반 개종자들의 헌신적인 신앙은 이름도 알 수 없는 많은 사람들의 실례로서 일기에 기록되어 있다. 예를 들면 앞서 지적하였듯이 북중국 평원의 마을 사람은 "바로 이

전에 불교 신자가 되어 이후 그곳을 통과하는 승려에게는 사람 수를 묻지 않고 재를 제공하는 것을 상례로 하였다"고 한다.[55]

외국 종교를 적대하는 국가적 의식과 합리주의로 인한 반감이 지식인 사이에 대두하고부터 몇 년이 경과하였음에도 불구하고 엔닌의 많은 친구와 중국관리들 중의 후원자가 얼마나 충실하고 친절하였는지는 불교가 이 계층에게 뿌리 깊은 지지를 계속 받았다는 것을 말한다. 더욱 중요한 것은 아마 관리들이 단지 불교를 지지하였을 뿐 아니라 불교의 가르침에 생동하는 지적 관심을 보였던 것이다. 예를 들면 엔닌이 해주(海州)의 연안시에서 그 주의 지방장관을 만났을 때 그는 그 사람이 "불교에 대한 폭 넓은 이해가 있고 그것에 대하여 우리들 승려와 토론하였다"고 기록하고 있다. 특히 산동의 청주 도독부에서 엔닌은 한 고관을 만나 그에 대하여 "이 행정관[判官]은 불법을 이해하고 종교심이 있는 인물이다. 그는 교리 문답을 좋아하고 멀리서 승려가 오면 친절히 가르침을 듣는 데 열심이었다"고 기록하고 있다.[56]

특히 엔닌이 중국에서 만났던 두 위대한 고관에 대하여 말한 것은 매우 흥미롭다. 그들은 바로 당시 정계를 대표하는 중요한 인물이었다. 두 명 모두 강력한 불교지지자였던 사실은 개인적으로 엔닌에게도 증명되었다. 유력한 환관 구사량이 불교신자로 엔닌에 대해서 우호적이었던 것은 이상한 일이 아니었다. 왜냐하면 환관들은 중국사를 통하여 중국 정부의 반관료적이거나 반유학적인 요소를 대표하는 경향이 있었다. 그것은 다른 유학자적인 행정관에 비하여 보다 친불교적이었음을 의미한다.[57] 특히 두드러진 다른 예는 위대한 국무대신 이덕유가 외국 승려들에 대하여 개인적으로 극히 우호적이었을 뿐 아니라 양주의 절도사였던 무렵 불교의 적극적인 후원자가 되었던 일이다. 이것은 매우 놀랄만한 사실이다. 왜냐하면 이덕유는 원래 상벌을 주는 것이 주요 업무이고 생각하는 바에 따라서는 당시 바로 불어닥치고 있었던 불교대탄압의 바람, 바꾸어 말하면 엔닌의 중국 체류 초기를 특징짓는 불교의 종교적 고양으로부터 서서히 퇴조해가는 단계에서 중요한 역할을 하였음에 틀림이 없기 때문이다.

이덕유가 전 황제의 기일에 양주의 개원사에서 화려한 종교의식에 참가하였을 때와 그가 새로이 양주의 승정(僧正)을 임명하였을 때는 아마 그의 개인적인 신앙과는 관계없이 직책으로 인한 의례적, 행정적인 기능에 근거하여 행동하였다고 생각된다. 그러나 불상을 조각한다든지 그것을 안치할 누각을 다시 세운다든지 하는 행위는 그의 직책과 관계된 것이 아니며 개인적인 불교에 대한 신앙의 표현으로밖에 생각할 수 없다.

엔닌에 의하면 역사적인 부처인 석가모니의 화신 흰 박달나무 상은, 7세기 초 대당제국의 전 왕조인 단명한 수조의 양제(煬帝) 때 하늘로부터 양주 개원사의 누각으로 날아온 것이라고 한다. 따라서 누각은 "경사스러운 불상이 날아온 누각[瑞像飛閣]"으로 새롭게 명명되었다. 이 이름을 적은 액자는 황제 스스로가 내려주었으며 건물의 전면에 걸렸다. 엔닌이 양주에 체류할 무렵 이덕유는 새로이 3자의 석가모니 흰 박달나무 상을 주조할 것을 결심하였다. 아마 흠집이 생겼든지 혹은 파손되었음에 틀림없던 것을 전면 보완하려는 것이었다. 엔닌이 이 갸륵한 행위에 대해 들은 이튿날 이 인물은 스스로 절까지 찾아와서 일의 진행 상태를 시찰하였다. 부처를 예배한 후 이덕유는 엔닌과 엔사이를 호출하여 최초의 회견을 하였다. 엔닌은 이 절도사에게 강한 인상을 받았음에 틀림없고 그를 감싼 장대함과 사원의 복구를 위하여 100석의 쌀을 공양한 것을 경이의 눈으로 보았다.

며칠 후 일본 승려들은 그의 호의에 대한 답례를 하였다. 이덕유는 이튿날 개원사를 방문하여 "경이로운 불상"을 예배하고 새롭게 만든 불상을 시찰한 후 그는 다시 엔닌과 엔사이를 누각으로 불렀다. 거기서 그들은 의자에 걸터 앉았다. 의자에 걸터 앉는다는 것은 당시 중국에서도 새로운 것으로 일본에서는 특히 다음의 1천 년을 기다려야 보급되었다. 차를 마시면서 엔닌과 엔사이는 절도사와 고국 일본의 기후와 수도의 모양과 종교시설에 대하여 여러 가지 이야기를 하였다. 이덕유는 두 일본 승려의 여정을 위로하고 그들을 격려하였다. 그런 후 세 사람은 서로 인사를 하고, 이덕유는 돌아가기 전에 다시 사원의 수리중인 다른 건물을 시찰하였다.

2개월여 후 엔닌은 이번에는 "경이로운 불상이 있는 누각"을 재건하고 있는 이덕유를 발견하였다. 이것은 막대한 비용이 드는 사업이었다. 왜냐하면 그 예산이 동전 1만 관이었기 때문이다. 절도사가 주최한 불교 강의가 1개월 이상 모금을 위하여 이루어졌다. 두 번 정도 이덕유는 엔닌과 엔사이에게 개인적인 초대장을 보내고 법회에 출석할 것을 요청하였다. 이미 서술한 바대로 일본 견당사 일행은 이 초청의 대가로 동전 50관을 기부할 것을 요청받았다. 이덕유가 이 일에 쏟은 관심은 어쨌든 그의 종교적 감정의 진실성을 말하는 것이고 그 자신도 누각의 수복을 위하여 동전 1천 관을 정성껏 기부하였다.[58]

엔닌의 시대에 불교가 중국 사회의 모든 면에서 강력하게 생동하였다는 것은 의심할 바 없다. 그러나 동시에 어떤 면에서는 조락의 징조가 보이고 있었다. 불교의 내부적인 타락은 아마 탄압의 철퇴가 불교에 떨어졌던 이유를 어느 정도 설명해 준다. 이것은 결코 중국 역사에서 그 때만의 특유한 현상은 아니다. 이들 조락의 몇 가지 표징은 부분적으로 당나라 재정이 기울어진 결과이고 제국 내부의 질서가 문란해졌으며 정부원조의 액이 감소한 것에 기인한다. 엔닌의 일기는 그러나 그가 여행하였던 도독부와 주에서 정치적, 경제적 퇴폐가 일반적으로 종교적인 조락을 초래하기에 충분한 정도였음을 보이고 있지 않다. 그 때문에 우리는 불교가 표면적으로는 중국에서 그 영향력의 최고조에 이르렀을 때조차 신앙의 불꽃을 냉각시키고 지적 활발함을 둔화시키는 어떠한 요인이 이미 서식하여 내부에서 불교 세력을 약화하기 시작하였다고 상상하지 않을 수 없다.

엔닌은 단지 한 차례 오대산 지역의 변두리에 있는 폐허가 된 사원을 언급한 것을 제외하고는 장안과 양주의 대도시와 오대산의 신앙 중심지에 대해서 불교의 어떠한 쇠락도 보인 적은 없었다. 그러나 산동과 북중국 평원에서 그는 많은 쇠락의 징조를 보았다. 그 하나는 적산 신라 승원의 견습승 한 명이 도적질을 하고 "서쪽으로 도망하였다"는 것인데 서쪽이란 산동반도의 끝 지점에서 황야를 향하여 갈 수 있는 유일한 방향이었다. 4일이 지나 다른 두 사람의 견습승이 분명히 처음의 견습승의 행동에 자극받아 승원을 도망쳐나간 것은 바로 당시 종교생활의 실정을 말하는 것이리라.[59]

엔닌의 여행 후반에 그는 자주 사원을 방문하였다. 즉 청주의 서쪽, 이전 현청 소재의 마을에는 폐허가 되어버린 여러 사원이 있지만 이것은 반드시 좋은 실례라고는 말할 수 없다. 왜냐하면 이 경우는 마을 전체가 새로운 현청 소재지로 옮겨갔던 결과이기 때문이다. 그러나 북중국 평원을 지나는 동안 엔닌은 계속해서 3일 동안 현청 소재지의 마을에서 건물이 퇴락한 한 사원에 기거하였는데 일찍이 승려들은 뿔뿔이 흩어져 한 명의 불친절한 승려만이 남아 있을 뿐이었다. 그후 인근 현청 소재 마을의 한 절로 옮겼는데 그곳은 승려들이 "범속(凡俗)"하고 시설은 "극단적으로 빈약"하였다고 한다. 마지막으로 어떤 마을의 절에서 승려들은 "마음이 야비"하고 건물은 무너져버렸는데 불상은 "근사하였다"고 하였다.[60]

산동반도에서 엔닌은 차례로 절들을 방문하였지만 어느 곳이나 심하게 파괴되어 있었다. 문등현과 등주 사이 현청 소재 마을의 한 사원에서 그는 하룻밤을 보냈는데 그곳에는 승려들의 수가 5명으로 줄어 있었고 "불당은 무너져 승려들이 머무는 방까지 모두 일반인이 차지하여 일반 가정과 아무 다른 것이 없었다." 등주에서 그는 개원사에 겨우 10명의 승려밖에 없으며 여러 승려들을 위한 시설은 "모두 관의 여행자가 차지하고 있었다"고 했다. 등주 서쪽 다른 주청 소재의 시에서 그는 그 지방의 용흥사에 숙박하였는데 그곳은 승려가 두 명으로 줄어들었고 그들은 "일반인"이었으므로 "손님에 대한 적당한 예의"를 갖추지 못하였다. 이 절의 13층 기와로 만든 탑의 토대는 "소실되어" 버렸다. "법당도 또한 파괴되어 있었다"고 한다. 다음날 저녁 그는 태관(台館)이라는 일반 숙소에 머물렀는데 그것은 일찍이 사원이었으므로 5층으로 올린 돌탑이 있었는데 20자의 높이였다. 또한 7층으로 주조된 10자 높이의 철탑이 있어서 그 앞에 세워져 있었다. 며칠 후에 그는 현청 소재 마을의 절에 머물렀는데 "불당과 승려의 방은 무너져버렸고 불상은 벗겨져 부서져 있었다." 더욱이 단 한 명의 주지가 일반인의 집에 머물러 있을 뿐이었다.[61]

아마 사원의 쇠망 중 가장 서글픈 실례는 청주의 서쪽 위대한 예천사의 경우일 것이다. 이 사원이 일찍이 소유하였던 15개의 장원은 거의 몰수되었고 건물은 황폐해져 버렸다. 성지는 "누구 하나 돌보는 사람이 없게 되고 서서히 폐허가 되었다." 한때는 약 100명의 승려들이 머무르고 있을 정도의 대사원이었지만 승려의 대부분은 "각각의 운명에 따라 뿔뿔이 흩어지게 되었다"고 한다. 그리하여 30여 명만이 남아 있었다.

가장 불행한 것은 일찍이 대사원이었던 이곳에서 엔닌은 결국 "보시의 음식"을 얻을 수 없었다는 것이었다. 왜냐하면 승려들은 식사시간과 요리에 관하여 제한을 두었던 불교의 계율을 실행하고 있지 않았기 때문이었다. 아마 어떤 특별한 불행이 예천사를 습격하였을 것이다. 그러나 이 비애스러운 쇠락의 징후는, 겉으로 중국 불교가 화려한 성장의 절정에 이르렀을 때 이미 안에서부터 위협을 받기 시작하고 있었기 때문이다.[62]

제7장
불교탄압

중국인은 분류하기를 좋아하기 때문에 중국에서 네 가지의 커다란 불교탄압을 말하는 경우 "삼무일종(三武一宗)"의 탄압으로 통상 부르고 있다. 이들은 같은 무종(武宗)이라는 시호로 알려진 세 명의 황제와 세종(世宗)이라 불리는 한 명의 황제치하에서 이루어졌던 불교탄압을 말한다. 첫번째는 이민족 왕조인 북위(北魏) 무종[太武帝]의 치하에서 446년에 이루어졌고 두번째는 574년에 역시 이민족 왕족인 북주(北周)의 무종[武帝]의 치하에서 이루어졌으며 그 다음은 엔닌이 당하였던 탄압으로 당나라 무종의 치하에서 이루어졌다. 그리고 마지막으로는 955년, 단명한 후주(後周) 세종의 치하에서 이루어졌다.

그러나 이러한 불교탄압의 역사를 일람표로 만드는 것은 분류의 경우보다도 많은 오류가 나타난다. 그것은 다른 여러 명의 중국 황제도 불교에 대하여 탄압을 가하였으며 어떤 경우에는 네 번의 "대"탄압이 가져왔던 것과 마찬가지로 심각한 영향을 후세에 미쳤기 때문이다. 더욱이 엔닌이 장안에 있던 845년에 절정에 이르렀던 탄압은 규모면에서 다른 세 번의 경우보다도 매우 심각해서 그들을 하나로 부르는 것은 한편을 과소평가하든지 다른 편을 과대평가하게 된다. 당나라의 탄압은 중국 전역에 미쳤지만 다른 세 번은 겨우 북중국에 그쳤다든가 혹은 북중국 중에서도 탄압하는 황제의 직접 지배하에 있던 부분에만 미쳤다. 845년의 탄압은 오래도록 불교를 절름발이로 만들어 버리고 실질적으로 당시 중국에 존재하였던 다른 모든 외국 종교를 일소하여 버렸다. 그에 비하면 다른 세 번의 탄압은 그다지 지속적인 영향을 주지 못하였다.

바꿔 말하면, 이들의 다른 탄압은 단지 오랜 불교사의 많은 사건 가운데 세 가지에 지나지 않는다. 그러나 845년 당나라에서 있었던 탄압은 중국 불교사상 가장 중대한 사건의 날짜 중 하나가 되었다.

반(反)불교적 감정

 중국에서 불교탄압을 생각할 경우, 그것을 서구에서 그리스도교와 모하메트교(회교) 사이의 잔혹한 대립항쟁과 그리스도교 내부의 우열 다툼이나 종교재판과 같은 개념으로 다루어서는 안된다. 서아시아나 유럽에 비하면 중국에서 종교상의 대립항쟁은 거의 없었다고 말해도 좋다. 그리고 여기서 이른바 종교탄압이 일어났다고 하는 것은 엄격히 말하자면 종교적 이유보다는 오히려 세속적인 동기에 의한 것이었다. 중국사 전체를 통하여 불교에 대한 노골적인 반대의 목소리는 종교적이라기보다는 오히려 경제적인 입장에 기초하고 있다.
 이미 서술한 것처럼 중국의 행정관들은, 사원이 과세의 대상이 되어야 할 좋은 토지를 점유할 뿐 아니라 신체가 건장하고 유능한 청장년을 입적시킴으로써 그들이 내는 세금으로 국가경제를 돕는다든지 국가에 대하여 병역 그외의 의무를 한다든지 하는 길을 막아버렸던 것을 비난하였다. 신앙심이 돈독한 황제나 관리들은 국가와 그 통치자의 정신적인 안녕을 보호하기 위하여 승려나 사원이 필요하다는 것을 인식시키려고 노력하였지만 누구도 무제한으로 승려사회나 그들의 재산이 증대하는 것을 환영하지는 않았다. 불교를 믿지 않는 정부 관리들은 이에 머무르지 않고 기존의 불교 사원조직을 사회의 해충으로 단정하여 국가의 재정을 위협하는 것이라고 경고하였다.
 자금이 부족한 정부는 엔닌이 오대산에서 묘사하고 있는 것처럼 대사원의 굉장한 시설이나 막대한 보물에 질투하는 시선을 보내지 않을 수 없었다. 사원에 있는 작은 금불상이나 보석을 아로새긴 유품을 넣는 상자, 거대하고 반짝반짝 빛나는 청동불상과 청동의 종 등만으로도 화폐주조에 필요한 두 가지 기본적인 금속인 금이나 동의 수요 총액의 상당한 부분이 되기 때문이다. 이들을 금화나 동전으로 바꾼다면 결정적인 파탄을 맞이하였던 재정을 바로 세울 여지가 있었을 것이다. 따라서 중국 정부가 번영하였을 때는 일반적으로 사원의 토지나 승려사회가 확대되는 것을 제한하려 하고, 빈곤에 괴로워할 때는 자주 승려를 환속시키고 사원의 재산을 몰수하였다.

중국의 경우에는 경제적인 이유에 의한 반불교적 감정외에 이 인도 종교가 다른 의미에서 반사회적이라는 강한 감정이 깔려 있었다. 중국인의 관념으로는 이것은 당연한 것이다. 불교의 강한 내세적 또는 초속적인 경향 때문에 불교는 사원에서 독신생활을 옹호하였는데 이것은 중국의 가족제도 전체를 뿌리부터 흔들어놓게 되었다. 즉 모든 중국인 남자의 조상에 대한 주요한 의무는 가계를 단절시키지 않는 것이기 때문이다. 어떻게 한 명의 인간이 독실한 불교도이면서 동시에 훌륭한 중국의 가족 구성원일 수 있겠는가? 독신주의는 가족에 대한 죄악이며 그것이 대중적인 규모로 실행된다면 국가의 쇠망을 가져올 수도 있을 것이다.

불교도들은 또한 중국인의 사고방식과는 상용될 수 없는 형태의 실천을 옹호하였다. 중국 고유의 사고방식으로는 인간의 신체는 조상에게서 받은 것으로 그대로 유지하지 않으면 안된다. 레이센(靈仙)의 신체 일부로 만들었던 초상의 경우에서 나타나듯이 육체를 괴롭히는 것은 중국인에게 본질적으로 부도덕한 것이라고 생각되었다. 또한 인도에 기원을 둔 화장(火葬)의 관습에도 마찬가지의 비난이 이루어졌을 것이다. 더욱이 승려사회와 사원의 재산은 세금의 부과를 피할 수 있었기 때문에 부유한 승려는 때때로 방탕한 생활을 하면서 폭음과 폭식으로 부도덕한 성적 쾌락에 빠져 여러 육체적인 죄악을 저지르기도 하였다.

중국에서 불교에 대한 악감정의 다른 근거 하나는 주로 교양이 높은 지배계급에 한정된 것이지만 불교를 단순한 미신으로 보아 이성적으로 배척하려고 하였던 것이다. 그러나 이러한 태도는 불교가 처음 중국에서 그 기반을 확립해갈 무렵인, 정치적 혼란과 이적의 침입이 계속되었던 4세기 동안에는 매우 미약했다. 그러나 이 사고방식은 정치가 안정됨에 따라서 다시 고개를 들었다. 특히 이른바 학자관료가 국가의 주도권을 장악할 무렵이 되면 두드러지게 되었다. 당대는 2세기 이래 중국이 서서히 통일되고 안정되어 가는 최초의 시기였다. 당나라의 멸망에 이은 정치적 혼란상태의 50년간을 제외하면 중국은 이후 금세기 초기에 왕정이 종언을 고할 때까지 거의 대부분의 시대에 학자관료들에 의하여 통일이 보장되고 정치가 이루어져 왔다. 이 긴 기간에 이들의 불교를 "미신"으로 보려는 합리주의적인 편견이 중국인 자신의 사고방식을 지배하게 되었다고 하여도 그다지 놀랄 만한 것은 아니리라. 학자관료들은 공자의 가르침으로 확고해 있었다. 공자는 죽음에 대하여 물어보았을 때 대답하기를 "너는 살아가는 것도 알지 못하는데 어떻게 죽은 후의 것을 알겠는가?"라고 하였다.[1] 그들은 당연히 열반의 성취를 중심과제로 한 종교에 대하여 호의적이 아니었다. 열반이란 각 개인의 신자에 의해서는 번뇌의 절멸 혹은 정토의 어딘가를 의미하였다고 생각되지만 무엇이든 그것은 명확히 세상의 것에는 속하지 않기 때문이다.

또한 다른 반불교 감정의 근거는 외국의 것은 무엇이든 반대하려는 국수주의의 대두였다. 불교가 처음 중국에 소개되었을 때조차 인도의 종교는 이적의 가르침이며 중국 고래의 것이 아니라는 이유로 비난하였던 사람들이 있었다. 그러한 비판이 당나라가 쇠락해가는 긴 기간을 통하여 점차 강화되었다고 생각된다. 그리하여 마침내 당말에는 중국 본토가 다시 이적의 침입을 받게 되었다. 불교에 대한 국수적 입장에서 기인한 반대의 소리는 계속해서 수세기 동안 중국인들이 북방 유목민족과의 전쟁에서 서서히 후퇴하지 않을 수 없게 되었을 때 한층 강하게 주장되었다. 그리고 드디어 북쪽 이민족과의 전쟁은 13세기에 몽고가 중국을 석권하게 되자 결말이 나고 말았다. 이것은 중국사상 중국 전토가 이민족 지배자에게 정복되었던 최초의 경우가 되었다.

중국에서 반불교감정의 마지막 이유는 서양에서 종교적인 불관용과 극히 흡사하게 다른 종교의 신자들에 대한 반감과 증오였다. 그러한 반대는 주로 도교도들로부터 일어났다. 그들은 불교 교단의 조직을 모방하고 인도 종교의 방대한 경전을 참고하여 그들 자신의 경전을 만들었다. 도교도들은 민중의 혼에 대한 문제와 마찬가지로 민중의 재산에 대해서도 격렬히 불교도를 비난하고 그들을 증오하였다. 어떤 경우 합리주의적인 관료들은 극히 공평하게 불교도와 도교도를 함께 견제하려고 노력하였다. 그러나 엔닌의 시대에 불교에 대한 잔인한 박해는 도교에 몰두하였던 탄압의 장본인 무종이 만들어낸 것이었다. 공식적인 역사에서도 엔닌의 일기와 마찬가지로 무종이 도교의 광신자였음을 충분히 지적하고 있다. 이것은 불교탄압에서만이 아니라 황제가 도교의 불로장생의 약에 현혹된 것을 보아도 명확하다. 아마 이러한 신비의 약이 중국의 왕좌에 있던 여러 명의 전시대 황제와 마찬가지로 그의 죽음을 재촉하였다고 생각된다. 따라서 그의 도교에 대한 광신이 불교탄압의 시발이 되었음과 동시에 또한 불교탄압의 종언을 가져오게 되었다. 이것이야말로 중국의 역사를 통하여 평형을 유지하였던 이원적인 사고방식, 즉 한편이 강조되기 시작하면 그 반대편이 나타난다는 사고방식의 좋은 실례이다.

한유(韓愈)의 각서

중국 학자관료의 반불교 감정을 가장 잘 보이는 실례는 아마 819년 당대 일류의 문필가 한유가 써서 황제에게 바친 유명한 항의각서일 것이다. 그는 황제가 부처의 손가락 뼈라는 종교적 유품을 극진히 여겨 장안 서쪽 봉상(鳳翔)시의 법문사(法門寺)로부터 그것을 수도에 가져오게 한 것을 격렬하게 비판하였다. 이 각서는 화가 난 황제에 의하여 한유가 처벌되는 결과를 가져왔지만 중국의 사상사에서는 기념할 만한 사건이다. 왜냐하면 지식인들 사이에 지배적이었던 사고방식을 이 각서는 매우 상세히 다루고 있기 때문이다. 마찬가지 견해가 이전에도 다른 사람에 의해 서술된 적이 있었지만 그들은 후세에 영향을 미치기에는 부족하였다. 그러나 한유의 경우는 이러한 사상이 명확히 불교에 대한 지식인의 반격을 야기하는 최초의 도화선이 되었다. 그리하여 그 움직임은 11세기와 12세기 신유교(新儒敎)가 탄생하면서 그 절정에 이른다. 즉 중국 고대의 철학이 지식인의 생활태도를 완전히 지배하게 되는 기반이 다시 확립된다. 그리고 불교를 바로 정면에서 공격하는 데 머무르지 않고 교묘하게 불교의 형이상학과 철학을 도입하여 지적으로 인도불교의 골자를 빼내어버렸다. 한유의 각서는 중국에서 오늘날에도 아직까지 문학적인 명문으로서 존숭되고 있는데 그 대체적인 내용은 다음과 같다.

　　폐하의 신하는 불교가 단순히 후한(後漢)시대 이래 중국에 침투하여 왔던 이적의 관습 중 하나에 지나지 않는다고 상신하였습니다. 옛날에는 우리나라에 그러한 것이 없었습니다. …… 그 당시는 나라 안이 평화롭고 사람들은 만족하여 행복스런 나날을 지냈으며 충실하게 매년을 보냈습니다. ……불교의 가르침은 아직 중국에 도착하지 않았기 때문에 부처에 봉사하는 일은 없었습니다.
　　불교의 가르침은 처음 한대의 명제(明帝) 때에 나타났습니다. 명제는 나이도 적은 18세에 왕좌에 올랐습니다. 이후 혼란과 혁명이 차례로 일어나고 왕조는 오래 지속되지 못하게 되었습니다. 송(宋), 제(齊), 양(梁), 진(陳), 위(魏)의 여러 왕조 때부터 점차로 부처를 모시는 일에 몰두하게 되고 왕들의 통치기간이 단축되었습니다. 양나라의 무종만이 단 한 사람 48년간이라는 긴 기간 동안 왕위에 있었습니다. 생애를 통하여 그는 세 번 정도 세상사를 멀리하고 그 자신 부처를 섬기는 몸이 되었습니다. 그는 그 자신의 선조를 제사하는 절에서 동물을 희생으로 사용하는 것을 금지하였습니다. 그의 하루 한 번의 식사는 과일과 야채에 한정되었습니다. 결국 그는 축출되어 굶주려 죽게 되었습니다. 이렇게 해서 그의 왕조는 때 아닌 최후를 맞이하였습니다. 그는 부처를 섬김으로써 행운을 구하였습니다만 그에게 몰아친 불행은 여지없이 커다란 것이었습니다. 이러한 사실에 비추어 생각해 보면 부처를 섬기는 것은 가치없는 일임이 분명합니다.
　　당대 초기의 황제 고조(高祖)는 초기에는 수나라 왕실의 방침을 계승하여 불교를 멀리 할 계획이었습니다만 그의 대신과 고문들은 앞날을 예견하지 못하는 인물들로 이전 황제가 세운 방침의 진의를 이해할 수 없었고 과거와 현재에 적절한 방도를 찾는 데 어두웠습니다. 그들은 황제의 생각을 수용하여 이 악함을 물리칠 수는 없었습니다. 그래서 결국 이 황제의 의지는 수포로 돌아가 버렸습니다. 폐하의 신하는 몇 번이고 이것을 원통하게 생각하였습니다. 저는 감히 생각해 보건대 폐하는 평화로운 시기에나 전시에나 기민하고 어질며 신(神)과 같은 지혜와 영웅과 같은 용기를 가져 수백 년간 어깨를 나란히 할 만한 자가 없을 것입니다. 폐하가 처음 왕좌에 오르셨을 때 폐하는 일반인이 승려나 도사가 되는 것을 금지하고 사원과 승원을 건설하는 것을 허락하지 않았습니다. 고조의 유지가 폐하에 의하여 실현되었음이 저를 끊임없이 감동시켰습니다. 단지 지금은 바로 실행에 옮기는 것이 가능하지 않다고 하더라도 모든 제한을 없애고 적극적으로 그들을 증장시키려 하는 것은 반드시 옳지 않은 것입니다.

그런데 저는 폐하의 명령에 따라 승려의 한 무리가 봉상에서 부처의 사리를 가져왔다는 것을 듣고 또한 궁성으로 운반된 것을 높은 탑에 넣어 진열케 하고 특히 불사리를 정중히 모신 후 모든 절들이 순번으로 배알하도록 명령하였다고 들었습니다. 폐하의 신하는 어리석지만 폐하가 이 부처에게 현혹되는 것을 묵시할 수는 없습니다. 그리고 폐하가 하시는 일이 결코 행운을 기원하는 것이 되지 못한다고 생각합니다. 그러나 바로 눈으로 볼 수 있는 좋은 수확이므로 사람들이 기뻐하고 있기 때문에 폐하가 이번에 일반 대중의 소망에 자극을 받아 수도의 시민들을 위하여 이처럼 이상한 광경을 제공하시려 합니다만 그것은 일종의 극장에서나 있을 법한 흥행에 지나지 않습니다. 폐하처럼 탁월한 교양을 가지신 분이 어떻게 이러한 부류의 것을 믿는 것에 동의하실 수 있겠습니까?

그러나 민중은 우둔하고 무지합니다. 그들은 현혹되기 쉽고 쉽게 깨달을 수가 없습니다. 만일 그들이 폐하의 이러한 행동을 본다면 그들은 반드시 폐하가 마음 속으로부터 부처를 섬기고 있다고 생각할 것입니다. 모든 사람들은 말할 것입니다. "황제는 모든 인간 가운데서 가장 현명한 사람이다. 더욱이 황제는 열심한 신자이다. 우리 평민들이 어찌 명령을 허술하게 여기겠는가?" 머리를 태우고 손가락을 불지르며 수십 수백 명의 사람들이 그들의 의복을 벗어버리고 돈을 뿌리며 아침부터 저녁까지 서로 경쟁하여 꼴찌가 되는 것만을 두려워 하면서 늙은이나 젊은이나 그들의 임무와 본분을 망각한 채 돌아다니고 있습니다. 만일 제한령이 바로 시행되지 않는다면 그들은 점차로 중대하여 사원을 건설하고 어떤 자는 팔목을, 어떤 자는 그들의 살을 잘라 공양으로 바칠 것임에 틀림이 없습니다. 그렇게 되면 예절은 파괴되어 세상의 웃음거리가 될 것이니 결코 가벼운 문제가 아닙니다.

그런데 부처는 이적(夷狄)의 기원을 두고 있습니다. 그가 말한 언어는 중국어와는 다릅니다. 그의 의복은 이상한 재단에 의하여 만들어졌습니다. 그의 입은 선제(先帝)들의 유훈을 말하지 않습니다. 그의 신체는 선제들이 몸에 걸쳤던 것과 같은 장식을 착용하지 않습니다. 그는 군신 사이의 일을 알지 못합니다. 또한 부자(父子)의 정도 이해하지 못합니다. 만일 부처가 오늘날 태어나 그의 나라에서 사절로서 이 장안의 거리에 나타나 궁중에 참예한다고 생각해 봅시다. 폐하는 그를 정중히 대접할 것입니다. 그러나 단지 한번의 배알실에서의 회견, 단지 한번의 그를 위한 연회, 단지 한번의 의복의 사여에 그치고, 그는 국경선까지 호위가 붙은 채 환송되어 대중을 현혹시키지 못하게 될 것입니다.

그런데 지금 그는 죽은 지 오래 되었는데도 그의 썩어버린 뼈, 그의 악취가 나는 더러운 유품이 궁중의 영내로 들어가는 것이 허락된다면 어떻게 그럴 수 있겠습니까? 공자(孔子)는 말씀하셨습니다. "유령과 귀신의 무리는 공경하되 멀리하라." 예전의 제후들은 그들이 국내에 조문하러 갈 때에는 불행한 영향을 쫓아버리기 위하여 풀비와 복숭아나무 가지를 가진 악령을 몰아내는 사람의 제사를 받는 것을 관습으로 하였습니다. 그러한 예방의 방법을 쓰고 나서야 비로소 그들은 조문을 갈 수 있었습니다. 그런데 폐하는 아무 이유도 없이, 미리 악령을 쫓아냄도 없이 부정한 것을 끌어들여 스스로 그것을 다루고 있습니다. 그리고 풀비나 복숭아나무 가지도 사용하지 않았습니다. 더욱이 폐하의 대신들은 그것이 나쁘다는 것을 말하지 않고 검열관들은 타당하지 않은 것에 주의를 환기시키려고도 하지 않았습니다. 저는 진실로 그들의 태도를 수치스럽다고 생각합니다. 저는 폐하가 이 뼈를 관리들에게 건네어 물이나 불에 던져버릴 것을 간절히 청원합니다. 그렇게 하면 오랜 재난의 뿌리를 제거하고 나라 안의 의혹을 없애어 후세의 현혹됨을 예방하는 것이 됩니다. 그에 따라 사람들은 위대한 현인이 보통사람보다도 백만 배나 훌륭하다는 것을 알게 될 것입니다. 이것이야말로 번영의 기초가 아니면 무엇이겠습니까? 경하해야 할 이유가 아니면 무엇이겠습니까?

만일 부처가 초자연적 힘을 갖고 복수하여 피해를 주려고 한다면 어떠한 비난이나 보복도 저 개인에게 내려지는 것이 타당할 것입니다. 하늘이시여, 저의 증인이 되어주십시오. 저는 그것을 후회하지 않겠습니다. 두려움에 떨며 최고의 성의를 바쳐 저는 정중히 이것이 알려지도록 저의 탄원서를 제출합니다.

폐하의 신하가 진실로 경악하여
진실로 근심합니다.[2]

관측의 기록

불교에 대하여 커지고 있던 불평은 그것을 "미신"의 보따리라고 부르던 중국인의 외국 종교에 대한 증오심을 더 부추기게 되었다. 후세의 중국사가들은 당나라의 불교 대탄압에 대하여 크게 주의하지 않았을 뿐 아니라 탄압과 관련된 불교사의 다른 측면에 대해서도 충분한 주의를 기울이지 않았다. 예를 들면 당대에 관한 최초의 공식적인 기록인 『구당서(舊唐書)』는 10세기 중엽 편집되었는데 불교탄압에 대해서는 조금밖에 다루고 있지 않다. 11세기 중엽 아마도 처음으로 당에 관한 공식 기록의 불충분한 점을 보충하기 위하여 쓰어졌던 『신당서(新唐書)』는 이 문제를 한층 더 가볍게 다루고 있다. 실제로 신당서의 편집자들은 탄압에 대해서 간단하게 "불교 사원의 일대 파괴가 이루어지고 승려들은 환속되었다"고만 기록하고 있을 뿐이다.[3]

『구당서』와 그밖의 자료는 탄압에 관한 한 엔닌이 일기에 기록하였던 상세한 정보와 소식에는 미치지 못한다. 예를 들면 그들은 마니교에 대한 탄압이 일찍이 834년에 시작되었다고 제시하고 있지만 불교탄압과 관련하여 취해진 조치는 845년이 되기까지 아무런 기술이 없다. 우리들은 엔닌의 기록을 통하여 이들의 조치가 이미 842년에 이루어졌다는 것을 알 수 있다. 그렇지만 이들 다른 자료들은 엔닌이 빠뜨리고 있는 몇 가지 정보를 제공하고 있다.[4] 예를 들면 사람들이 이전에 절에서 사용하던 노예들을 감추거나 파는 것을 금지한다는 조치나 불상과 종에서 얻어진 동을 국가의 주조소에 할당한다는 것이나 철을 농기 제작에 충당한다든지 금, 은, 비취를 국고에 거두어들인다든지 하는 것 등이다.

탄압에 관한 더 흥미로운 문헌의 하나는 이덕유가 황제에게 보냈던 불교사원의 파괴를 경축하는 서한이다. 그 서한에서 이전에는 엔닌의 친구였던 이덕유가 4,660개가 넘는 사원과 불탑의 파괴, 41만 명의 승려와 그 노예들이 납세의무자의 자격으로 돌아간 것을 기뻐하고 있다. 그는 또한 2,000명 이상의 경교도(景敎徒), 조로아스터교도들이 환속되었음을 알리고 있다.[5]

탄압에 관한 가장 종합적이고 유일한 문건은 845년 8월에 발포되었던 칙어이다. 그것에 관해서는 엔닌도 다루고 있지 않는데 아마 그때 그는 이미 장안에서 추방당했기 때문에 알 수 있는 방법이 없었을 것이다. 이 문서는 유교의 입장에서 탄압을 정당화하였다. 그리고 또한 탄압의 결과를 다음과 같이 종합하고 있다.

짐은 고대 삼대(三代)의 왕조에서는 아직 불교라는 것이 들리지 않았다고 알고 있다. 한나라나 위나라 무렵이 되어서 겨우 이 우상숭배의 종교가 번영하게 되었다. 최근에 그 기묘한 가르침은 일반에 풍미되어 서서히 무의식중에 우리나라의 도의를 부패시켰다. 짐의 인민의 마음은 그것에 현혹되어 군중의 대부분은 미혹에 빠졌다.

변두리 산간이나 황야에서 두 개 수도의 성벽으로 둘러쳐진 시중에 이르기까지 나라 안의 이르는 곳마다 불교승려의 수는 날로 증가하고 그들의 사원도 날로 증가하며 광휘를 떨쳤다. 건설 사업을 위하여 많은 인력을 소모하고, 사람들이 가진 금은보석의 장신구를 탈취하며, 통치자에게 왕위를 버리라 하고, 왕의 측근들에게 그들의 스승들을 지원케 하며, 승려의 계율을 위하여 배우자를 버리게 하고, 법률을 우롱하며 인민에게 해독을 미쳤다. 그 이상 악독한 종교는 없다.

이제 한 사람이 밭을 갈지 않으면 다른 대부분의 사람이 기아에 고생하고 한 사람의 부인이 길쌈을 하지 않으면 대부분의 사람이 추위에 얼게 될 것이다. 현재 나라 안의 승려는 무수하다. 그들은 모두 식사를 위해서는 농사에 의존하고 옷을 위해서는 양잠업에 의존하고 있다. 사원과 승원의 수는 한이 없고 그들은 모두 품위 높고 아름답게 치장하고 있다. 근사함으로도 궁전에 필적할 정도다. 진(晋)나라 송(宋), 제(齊), 양(梁)나라들이 물질적인 힘이 쇠퇴하고 도의가 퇴폐하였던 이유는 이외에는 없었다.

특히 당나라 초기에 고조와 태종(太宗)이 무력으로 이 무질서를 바로잡고 문예(文藝)로써 이 아름다운 국토를 다스렸다. 이들 경연(硬軟)의 두 가지 방법은 나라를 다스리기에 충분하다. 이 하찮은 서방의 종교가 어떠한 이유로 우리들과 경쟁할 수 있겠는가? 정관(貞觀; 627~650), 개원(開元; 713~742) 시대에도 또한 개혁이 있었지만 그러나 해악을 근절할 수는 없었으므로 그들은 더욱 확산되어 계속 번영하였다.

짐은 전례의 문헌을 두루 조사하고 공식적으로 일반의 의견을 구한 결과 이 해악이 제거되어야 한다는 강한 신념에 도달하였다. 궁중에서 대신들과 지방 관청의 고관들은 짐의 의지에 찬성하였다. 짐이 불교교단을 제한하는 것은 가장 적합한 것이며 이것에 관하여 그들의 청원을 받아들이지 않을 수 없었다. 우리들은 1천 년 동안 이 부패의 원인을 응징해왔다. 그러나 짐 이전에는 백왕의 법률을 가지고도 이것을 실현하고 사람들을 돕고 민중을 이롭게 할 수 없었다고 알고 있다.

4,600개 이상의 절이 나라 안에서 파괴되고 있으며 26만 명 이상의 승려가 속세의 생활로 돌아가고 있고 그들은 연 2회의 납세의무자가 되었다. 특히 4만의 불탑이 파괴되었고 수백만 경(頃)의 옥토와 좋은 땅이 몰수되고 있다. 15만 명의 노예들도 이제 연 2회의 납세의무자가 되었다. 승려 가운데는 중국인에 섞인 외국인도 있다. 또한 외국 종교이기 때문에 짐은 3,000명 이상의 경교도와 조

로아스터교도를 속세의 생활로 돌려보내고 그들이 중국의 미풍을 타락시키지 않도록 하였다.

아아, 이러한 것이 일찍이 이전에는 결코 이루어지지 않았도다! 그것은 짐을 기다려 비로소 실현되었다. 짐이 드디어 그들을 일소한 것을 어떻게 시의적절한 일이 아니라고 하겠는가? 짐은 우려가 되는 게으른 자들 천만여 명을 추방하였다. 짐은 그들의 사치스러우면서도 아무런 역할을 하지 못하는 1만 이상의 건조물을 파괴하였다. 이후 청결함이 사람들을 지배하고 인민들은 짐의 정치가 용이하게 이루어지는 것을 높이 평가할 것이다. 소박함은 짐의 방침이다. 이 방침이 일반 문화의 진전을 달성시키는 데 역할을 할 것이다. 짐은 사방의 이역 인민도 모두 우리 황실의 광휘에 복종하는 것을 볼 것이다.

이것은 이들의 해악에 대한 짐의 개혁의 서곡에 지나지 않는다. 때가 지나면 결국 알게 될 것이다. 짐은 이러한 명령을 우리 찬란한 문무백관들에게 반포한다. 너희들은 짐의 의지를 구체화해야 한다. 수도와 지방에 반포하여 모든 사람들에게 철저히 지키도록 선언하라.[6]

격화된 선풍

845년 8월의 칙어와 그외 중국의 자료에서 대탄압에 관한 이런저런 기록을 종합해보면 황제와 궁중 관계자가 하나가 되어 합리주의적인 근거에 기초하여 불교 파괴를 결의하고 그러한 결정을 일거에 실행에 옮기려 하였던 모습을 뚜렷이 느낄 수 있다. 엔닌의 일기는 특히 복잡하게 뒤얽혔던 사건을 두루 이야기하고 당시의 생활이 혼란하고 거의 이성이 상실되어 있었음을 명확히 하고 있다.

엔닌은 무종이 그의 형을 습격하여 왕위에 오르고부터 겨우 2, 3개월 후인 840년 이른 가을에 장안에 도착하였다. 처음에 일본 승려들은 새로운 황제를 두려워할 이유가 아무 것도 없었다. 실제로 무종은 불교에 대하여 호의적인 관심을 보였다고 생각된다. 840년 9월 그는 수도의 한 사원을 재흥하고 50명 이상의 승려를 모아 법회를 열게 하였는데 그 중에서 7명은 엔닌이 머무르고 있었던 자성사의 승려였다. 이듬해 일찍이 황제는 835년 이래 중단되고 있던 관습을 부활하고 장안의 7개 사원에 두루 1개월간 "일반 시민을 위한 공개강의"를 열도록 명령하였다. 특히 5개월 후에 황제는 다시 10개의 사원에 강의를 하도록 명령하였다. 그러나 이것은 무종이 도교에 대하여 무관심하였다는 것이 결코 아니다. 동시에 두 차례 정도 그는 2대 도교사원에서도 강의를 하도록 명령하고 있기 때문이다. 엔닌은 841년 연두에 연호를 개원하는 준비로서 황제가 공식적으로 수도의 도교 사원에 가서 엔닌이 "재"라고 하였던 것을 주관하였다고 한다.[7]

엔닌이 두 가지 종교에 대한 무종의 태도에 얼마만큼이라도 잘못을 인식하기 시작했던 것은 841년 6월이 되고부터였다. 즉 같은 달 11일은 황제의 탄생일이었다. 무종은 탄생일을 축하하는 연회에 두 명의 불교 승려와 두 명의 도사를 궁중에 초대하여 네 구석에 자리를 잡게 하고 각각의 종교 경전에 대하여 토론하게 하였다. 의미심장한 것은 두 명의 도사에게는 5위의 궁정인들에게만 허락된 "자주색 옷을 입는" 명예가 주어졌지만 불교 승려는 어떠한 장식도 주어지지 않았다.

그러나 이처럼 뚜렷한 황제의 불교에 대한 냉담함이 바로 개최되었던 인도 종교에 대한 강의와 황제의 어전에서 이루어진 종교토론회를 끝나게 했던 것은 아니었다. 실제로 겨우 2개월 반 후에 불교강의가 황제에 의하여 명령되었다. 특히 842년 5월에는 "일반 시민을 위한 공개강의"가 수도의 10개 불교사원에서 이루어졌다. 842년의 황제 탄생일에는 토론회가 개최되고 두 명의 도사가 전번과 마찬가지로 "자주색 옷을 받았으며" 불교측은 다시 아무 것도 받지 못하였다. 843년 황제의 탄생일에도 이미 탄압이 시작되어 상당히 경과하고 있었음에도 불구하고 14명의 불교 승려들이 상례의 종교토론회에 초대되어 궁중으로 갔는데 예전과 같이 "두 명의 도사만 칙명에 의하여 자주색 옷이 허락되고 불교 승려는 한 명도 자주색 옷을 착용하는 것이 허락되지 않았다"고 한다. 844년이 되기까지는 황제가 그의 탄생일 경축에 불교 승려를 배척하는 일은 결코 일어나지 않았다. 엔닌은 비통하게 일기에 기록하기를 "이후 황실은 불교 승려를 궁중에 들이는 것을 희망하지 않게 되었다"고 하였다. 이 동안에 황제는 궁중에 있던 불교 승려[內供奉] 중 842년 5월에는 40명을, 특히 843년 그의 탄생일에는 24명을 각각 해고하였다.[8]

황제가 불교에 대한 불쾌감을 나타낸 이러한 조짐은 엔닌의 주의를 환기시켰던 강경한 경고만이 아니었다. 842년 3월 3일에 그는 일기에 "국무대신 이덕유는 승려를 제한하도록 황실에 탄원하였으므로 칙명이 반포되어 후원자가 없는 이름도 없는 승려들을 환속시키고 소년들을 견습승에 임명하는 것을 금지하게 되었다"고 기록하였다. 내가 여기서 "제한한다"고 번역한 말은(원어로는 "조소[條疏]") 당시 전문어로서 널리 사용되었던 말이고 "일소한다"라는 의미를 포함하고 있다. 그리고 "후원자가 없는 이름도 없는 승려들"이란 아마 관에 등록되지 않은 정식이 아닌 승려들로 그 때문에 그들은 공식적으로는 승려로서의 자격을 인정받지 못하였을 것이다.

이 탄원은 불교에 대한 최초의 타격이 이루어지기 겨우 7개월 전에 나왔기 때문에 어떤 학자가 이 탄원을 탄압의 최초의 도화선이 되었다고 하여 이를 썼던 이덕유가 아마 인도 종교를 일소하려는 이 기도의 주모자였을 것이라고 추정한 것은 일견 당연한 것이다. 그러나 이 탄원을 탄압의 온당한 시작으로 간주해야 할지 혹은 이덕유가 본래 이 탄원의 저자였는지는 전혀 확인하기 곤란하다. 탄원서는 단지 공식적으로 허가되지 않은 승려들을 환속시킬 것을 요구하고 있고 그것은 끊임없이 증가하는 승려의 수를 제한하기 위하여 역대 중국 정부에 의하여 집행되어 왔던 수없이 반복되었던 조치에 지나지 않는다. 그러한 조치는 대개 중국 관리에 의하여 지지되었을 뿐 아니라 열심한 불교도조차 그것을 희망하였다. 물론 우리들은 이덕유가 무종의 중요한 대신으로서 탄압 기간에 인도 종교에 대하여 가하였던 황제의 전면적 공격 정책에 동조하였을 것임을 상상할 수 있다. 그러나 엔닌이 양주에 있을 무렵 이덕유가 불교에 대해 후원하고 있는 점을 본다면 그가 불교에 대하여 격심한 반감을 갖고 있었다고는 생각되지 않는다. 또한 우리들은 다른 자료를 통해 그가 탄압 기간에 어떤 불교 벽화를 보존하려고 갖은 수단을 강구하였던 사실을 알 수 있다.[9] 그 때문에 적어도 탄압 전체를 부추겼던 장본인이 이덕유였다고는 생각되지 않는다. 불교사원 파괴 때에 황제에게 겉치레 많은 축하 서한을 보냈던 것조차 아첨 이상의 것은 아니었다. 혹은 더 고급스러운 말로 하자면 정치적 기회주의라고 할 수 있다. 실제로 탄원서의 저자는 이신(李紳)이라는 이름의 다른 대신이었을지도 모른다. 그것은 엔닌의 일기에서 그를 처음에는 개인적으로 친한 이덕유와 혼동하여 기록하고 있기 때문이다. 엔닌의 다음 기록에 의하면 이러한 추정은, 이신이 제출한 탄원이 탄압의 원인이 된 듯하고 그것은 그가 절도사로서 부임했던 중국의 한 지방에서 탄압이 특히 격심했다는 것으로도 알 수 있다.[10]

탄원의 저자가 누구였든지간에 칙어의 효과는 바로 엔닌에게 미쳤다. 그것은 외국 승려들은 "후원자가 없는" 사람들로 분류되었기 때문이다. 엔닌이 일기에서 탄원에 대해 서술한 지 겨우 2일 후 환관 구사량이 자성사와 외국 승려들이 머무르던 다른 두 사원에 전갈을 보내어 외국 승려들에게 다음과 같은 취지를 전했다. "전술한 외국 승려는 환속시킬 수 없기 때문에 모두 자유롭게 되도록 요청하였다." 구사량은 수도 동반부의 승려들에 관한 일을 감독하던 좌가공덕사(左街功德使)라고 불려지고 있었다. 며칠 후에 구사량의 명령에 대한 주의가 그의 부하 한 사람에 의하여 전해졌다. 그것에 의하면 자성사는 "정식으로는 '후원자가 없는 객승들'을 절 밖으로 추방해야 하지만" 특별히 구사량의 휘하에 있는 4명의 일본인들은 추방하지 말라고 전하였다. 몇 개월 후 구사량의 부하가 공덕사의 감독하에 있는 외국 승려에 관하여 정보를 요구해 왔으므로 엔닌은 바로 다음날 요구된 문서를 만들었는데 대요를 다음과 같이 기록하였다.

   자성사의 일본 승려 엔닌(50세, 『법화경』을 강의하는 수준에 도달해 있다). 제자 승려 이쇼오(30세) 및 제자 승려 이교오(31세, 두 사람 모두 『법화경』을 공부하고 있다).
   우리들이 어떤 나라에서 왔는지, 이 도시에 도착했던 것은 언제인지, 묵고 있는 절의 이름, 연령이나 무슨 공부를 하고 있는지에 대하여 보도하라는 통지를 받았습니다.
   앞서 말한 엔닌과 다른 자들은 산일된 불경을 베끼고 이것을 일본에 가져 가기 위하여 개성 3년(838년) 7월에 일본의 조공사절과 함께 양주에 도착하였습니다. 저희들은 개성 5년(840년) 8월 23일에 이 시에 도착하였습니다. 공덕사의 공문을 받고 잠시 자성사에 머물면서 불법 강의를 듣고 있습니다.[11]

바로 일 년이 경과한 같은 날에 이미 탄압이 시작된 후였으므로 같은 취조가 다시 돌아왔다. 엔닌은 승려들의 나이에 대한 언급을 제외하고는 대체로 같은 내용의 진술을 답신하였다. 그 동안에도 구사량은 그의 감독하에 있던 외국 승려를 안심시키려고 다른 수단을 강구하였다. 843년 1월 하순에 그는 그들을 그의 관소로 불렀다. 그곳에는 남인도에서 왔던 라트나칸드라와 그의 4명의 제자들, 북인도에서 온 난다(Nanda)라고 불리는 승려, 세이론에서 온 1명, 중앙아시아의 쿠챠국에서 온 다른 1명, 3명의 일본인 그리고 여러 명의 신라인을 포함하여 21명이 모였다. 차가 마련된 후 그들은 구사량과 회견하였는데 구사량은 그들을 "개인적으로 위로한" 후 각각 절로 돌려보냈다.[12]

궁중의 음모

구사량의 외국 승려에 대한 배려는 명확히 궁중 전체가 불교 반대의 조치를 집행하는 것에 찬성하지 않았음을 시사한다. 실제로 최초의 탄압 칙명이 842년 10월에 내려졌을 때 엔닌은 구사량이 명령의 주요 실행자 중 한 사람임에도 불구하고 "칙명에 반대하여 승려들을 규제하려 하지 않았다. 황제의 강한 열망 때문에 결국 이것은 받아들여지지 않았지만 구사량은 100일간의 유예를 청원하여 허락받았다"는 것을 기록하였다.[13]

이것은 탄압의 문제를 둘러싸고 궁정 내부에 파벌 대립이 있었음을 암시한다. 물론 실제로 표면에 드러난 사실은 아니었지만 이러한 형태로 정치와 종교가 혼합되었던 것은 당시로서는 결코 이상한 일이 아니다. 예를 들면 843년에 이루어진 마니교에 대한 탄압은 부분적으로는 외교관계와 밀접한 연관이 있었다. 같은 해 4월 엔닌은 "칙명이 반포되어 나라 안의 마니교 사제를 죽이도록 명령하였다. 그들은 머리를 깎이고 몸에는 불교의 가사를 입혀 마치 불교의 사문들이 살해되듯이 보이게 하였다. 마니교의 사제들은 위구르족에 의하여 높이 존경받고 있었다"고 기록하고 있다. 이 기술의 상세함에는 의문이 남는다. 그러나 엔닌이 마니교의 탄압은 적어도 부분적으로는 중앙아시아의 투르크계 위구르족의 종교였기 때문이라고 생각한 점은 아마 맞을 것이다. 위구르는 중앙아시아에서 당나라의 가장 충실한 동맹국이었지만 그 즈음에는 당나라와 적대하는 관계로 바뀌어 중국을 침략하였기 때문이었다. 엔닌이 처음 이러한 침략에 대한 소식을 들었던 것은 그보다 1년 이상이나 전이며 그때 그는 정확하지는 않지만 장안에서 위구르인들 수백 명의 처형이 집행되었던 것을 기록하였다. 몇 개월 후 엔닌은 위구르 칸(왕)에게 시집갔던 당나라의 공주가 수도로 돌아왔다는 것을 기록하고 843년 늦게서야 침략자들이 드디어 패퇴하였다고 보고하고 있다.[14]

　불교탄압에 관련된 파벌항쟁은 이덕유와 다른 학자관료들에게 지지를 받았던 무종과 처음에는 막강한 구사량에 의하여 통솔되었던 궁중의 환관들 사이에서 이루어졌다. 아마 이러한 정치적인 대립 때문에 이덕유와 같이 불교 자체에 대해 격한 증오를 갖고 있었다고는 생각되지 않는 인물까지도 기꺼이 흉폭한 종교탄압을 감행한 황제의 편이 되었을 것이다. 그들은 인도 종교에 대해서는 좋고 나쁨이 뒤섞인 감정을 갖고 있었으면서도 환관들에 대한 반감에는 애매한 입장이 전혀 없었다. 환관들은 전통적으로 궁중내의 권력과 영향력에서는 학자관료들과 대립하고 있었다. 그 때문에 학자관료들과 그 편은 일반적으로 불교신자였던 환관들을 곤궁에 빠뜨리고 실각시키는 수단으로 불교에 격렬한 공격을 가하는 것을 환영하였다.

　당나라의 궁중은 전제군주의 변덕에 끊임없이 좌우되었던 정부와 마찬가지로 — 혹은 지도자와 관계없이 어떤 정부나 그러하다고 할 수 있을지 모르지만 — 언제나 파벌적인 음모에 의하여 술렁대고 있었다. 양주에서 엔닌은 무종의 전 황제인 문종(文宗)이 그의 아들인 황태자가 그에게 대항하려는 음모를 꾸미고 있음을 두려워하여 아들을 죽였다는 것을 들었을 때 어렴풋이 이것을 감지하고 있었다. 공식적인 역사는 이러한 사실을 명료하게 서술하고 있지 않지만 황제가 그의 후계자의 돌연한 죽음을 슬퍼하였다는 기록은 꺼림직한 이야기를 감추려는 허식과 같이 들린다. 산동에서 엔닌이 무종에 관하여 처음 들었던 사건은 "새로운 황제는 왕좌에 오르자 선제 때 총애를 받았던 수도의 4,000명 이상을 죽였다"는 것이다. 이 경우 숫자는 아마 천자와 엔닌이 체류하던 산동간의 지리적, 사회적인 거리에 의하여 과장되었을 것이다. 그러나 무종이 다른 많은 중국 황제와 마찬가지로 선제의 총애자를 물리치고 새롭게 그 자신의 지지자를 등용하였다는 것은 의심할 바 없다.[15]

후의 전개과정이야 가령 어떻든지간에 무종이 그의 형의 후계자로 왕좌에 지명되었을 때 크게 관여하였던 것은 구사량이었다고 생각된다. 그 결과 구사량이야말로 새로운 황제의 총애자가 되었음에 틀림없다. 이것은 아마 그 직후에 그가 관군용사(觀軍容士)라는 군의 최고관에 임명되었던 이유일 것이다. 그리하여 엔닌은 말하기를 "그가 나라 안의 군사를 장악하게 되었다"고 하였다. 그것은 또한 엔닌이 서술한 다음의 작은 사건을 설명하는 것도 된다. 841년 4월에 이 막강한 환관은 장안의 성벽 북쪽 대명궁의 구내에 있는 그의 집무실 정원에 그의 명예를 기념하는 비를 세우는 것을 허락받았다. 황제 자신은 제막식에 임석하는 은혜를 베풀었다. 기념비의 비문은 다음과 같이 씌어 있다. "구사량 각하의 뛰어난 기록과 인정(仁政)의 석비."[16]

그러나 무종이 막강한 환관에게 힘 입은 바가 컸다고 하여도 그는 분명 정치의 방침에 대해서는 다른 뛰어난 수완가를 찾았다. 그의 이러한 조치 중 하나는 이덕유를 양주로부터 불러들여 840년 9월 4일에 그를 다시 국무대신에 임명하였던 것이었다. 엔닌은 새로운 임명이 이루어진 다음날 일기에 바로 그것을 기록하여 정치에 대해서도 예리한 감각을 갖고 있었음을 증명하였지만 그는 그 임명의 날짜를 이틀이나 이르게 잘못 기록하고 있다. 엔닌이 기록하였던 다른 임명자에 대한 보고는 아마 그다지 정치적인 의미는 없었을 것이다. 즉 신제의 외숙부가 금오대장군(金吾大將軍)이라는 궁중호위의 고관에 선발되었던 것이다. 이것은 일본대사에게 일찍이 명예로서 관직이 주어졌던 것과 같은 의미였다. 그는 또한 봉상의 절도사에 임명되었는데 이 도시로부터 부처의 손가락 뼈를 가져왔다가 한유에 의해 이례적인 사건이 발생했던 것은 이미 언급한 바이다. 이 임명은 주로 인정주의에 의한 것으로 다시 말하자면 동족적인 의미를 갖는다. 그것은 엔닌이 황제의 숙부는 1년전만 해도 "빈궁"하였다고 하고 "시내나 절들을 배회하며 국화꽃, 제비꽃 등을 팔고 다녔다"고 보고하고 있기 때문이다. 그러나 엔닌이 서술한 이덕유의 임명에 대한 보고는 주목할 만하다. 그것은 이덕유는 무종이 발탁하였음에도 불구하고 경우에 따라서는 용감하게 후원자인 황제에게 맞설 수 있음을 보여주기 때문이다. 황제가 그의 양자를 국무대신에 임명함으로써 전례를 깼을 때 이덕유는 완강한 저항을 보였으며 무종은 이러한 반박을 수용하였다.[17]

이덕유를 국무대신에 임명하였던 것이 반드시 황제와 환관 사이가 좋지 않게 되었다는 것을 시사하는 것은 아니다. 우리들은 실제로 불교탄압이 시작된 지 몇 개월 후인 843년 6월에 구사량이 죽기 전까지는 그러한 알력의 명확한 증거를 찾아볼 수 없다. 실각하였던 환관은 몇번이나 탄원을 반복한 결과 죽기 20일 전에 드디어 그의 관직을 사임하는 것이 허락되었다. 그의 죽음에 황제는 형식적인 조의를 표하였다. 그러나 이러한 사태와 거의 동시에 일어났던 두 가지의 사건은 황제와 이덕유가 구사량의 세력이 기울어지기를 기다려 타격을 가하였다는 점을 암시한다. 이 환관의 두 가지 가장 중요한 직책은 좌가공덕사와 좌신책군호위군중위(左神策軍護衛軍中尉)였다. 그의 사직이 수리되었던 바로 그 날 두 가지의 직책은 양흠의(楊欽義)가 대신하게 되었다. 그는 양주에서 이덕유의 옛 동료이고 아마 이덕유가 신뢰하였던 환관 중 한 사람이었는데 엔닌이 후에 알게 된 바로는 그는 결코 불교의 보호자는 아니었다. 다른 하나의 사건은 구사량이 죽은 후 2일이 경과해서 일어났다. 그의 주요 부하 4명이 체포되어 처형되고 그들의 가옥과 노예까지 몰수 당했다.[18]

구사량의 집을 파괴한 것은 그로부터 일 년 이상 지난 후의 일이었다. 엔닌은 구사량의 양자와 후계자의 몰락을 다음과 같이 기록하고 있다.

······상시지내성사(常侍知內省事)인 구사량의 아들은 술을 마시고 완전히 취하여 황제의 얼굴을 실수로 만지면서 "황제는 몹시 존경스럽고 고귀하다고 해도 그를 황제로 삼았던 것은 나의 아버지였

제7장 불교탄압 233

다"라고 말했다. 황제는 노하여 그를 때려 죽였다. 그리고 칙명이 내려져 그의 처와 여식들을 체포하여 귀양을 보냈는데 그녀들의 머리를 자르고 황실 능묘를 지키게 하였다. 그리고 중관(中官)을 시켜 그 가족의 재산을 몰수하게 하였는데 상아(象牙)가 방에 가득하고 보석, 금은이 창고에 하나 가득이었다. 동전과 비단과 물품은 수를 헤아릴 수 없었다. 매일 30가마가 궁중의 창고로 운반되었는데 1개월이나 걸렸는데도 다 옮기지 못했다. 그밖의 보물이나 진귀한 물건도 더욱 헤아리지 못할 정도였다. 황제는 궁중의 창고에 가 보고 놀라 박수를 치며 말하였다. "짐의 창고에도 일찍이 이러한 물품은 없었다". 고관들은 머리를 수그리고 아무 말도 하지 못했다.[19]

이 사건만으로는 무종과 궁중의 환관들 사이의 깊은 반목을 증명하는 것이 되지 못한다. 왜냐하면 아마 부정하게 얻었음에 틀림없는 죽어버린 환관의 재산을 몰수하는 것은 중국의 역사에서는 당연하게 나타나는 사건이기 때문이다. 그러나 엔닌이 다루고 있는 다른 사건의 관점에서 보자면, 그것은 단지 한 환관의 사후를 수치스럽게 하는 것 이상의 의미가 있었다고 생각한다. 궁중의 환관 세력은 좌우의 황제호위군[神策軍]을 통제하는 데 결코 부족한 바가 없었기 때문이었다. 양군은 수도에서 주요한 군사세력을 대표하였다. 845년 4월 엔닌은 황제가 이들 양군에 대한 지휘권을 행정관료에게 옮기려고 했던 대담한 그러나 실행할 수 없었던 시도를 기록하고 있다. 의미심장하게도 이덕유의 친구로 좌군의 사령관이었던 양흠의는 이 음모에 말려들었지만 전해지는 바로 구사량보다도 강인한 환관이었던 우군의 사령관 어홍지(魚弘志)에 의하여 내막이 탐지되었다. 공식적인 역사서에서는 완전히 삭제되어 있는 이 사건에 대하여 엔닌의 기록은 다음과 같이 전하고 있다.

좌우신책군은 황제의 호위군으로 매년 10만의 군사를 보유하고 있다. 예로부터 통치자들은 언제나 그들의 대신들에 의하여 모반의 난리를 입었다. 이에 왕들은 이 호위군을 창설하였다. 그 이후 누구도 왕좌를 탈취하는 자가 없게 되었다. 황제는 호위군에게 어인

(御印)을 주었다. 사령관이 처음 임명될 때마다 칙명에 의하여 사령관은 군대를 지휘하며 황제의 어인을 수령한다. 그들은 그들 자신의 사무를 처리하고 일반 행정의 통제를 받지 않는다.

이 해의 4월초에 양군의 어인을 반납하라는 칙명이 내려졌다. 그러나 사령관들은 반납하려고 하지 않았다. 수차례 그것을 요구하는 칙명이 내려졌다. 황제의 생각은 호위군의 어인을 받아 그것을 황제의 비서관료[中書] 및 황제의 서기관료[門下]에게 주려는 것이었다. 그렇게 하여 그들이 협력하여 양군을 관할하게 하고 그들에게 모든 것을 처리하게 할 의도였다. 좌군의 사령관은 어인을 반납하는 것에 동의하였지만 우군의 사령관은 반납을 동의하지 않았다. 드디어 그는 황제에게 각서를 보내어 인감을 수령하였던 날도 군대를 동원하여 맞이하였기 때문에 인감을 반납하는 날에도 모름지기 군대를 동원하여 그것을 반납하겠다고 하였다. 사령관의 생각은 만일 황제가 그것에 찬성한다면 이를 빌미로 바로 군대를 움직여 무슨 일이든 저지르려는 의도였다. 그는 그로부터 비밀리에 그의 지휘하에 있는 병마를 언제라도 싸울 수 있도록 각각의 부서에 배치하였다. 그러나 황제는 두려운 나머지 어인의 반납을 취소하였다.

학자관료가 환관의 세력을 제거하려고 하였던 노력과 동시에 황제가 불교를 일소하려고 하였던 시도 사이에 명확한 관계가 있음을 확인하는 것은 우리로서는 불가능하다. 그러나 이미 시사한 것처럼 이덕유의 심중에는 이 두 가지 흐름이 밀접하게 결합되어 있었다고 생각된다. 그리고 그의 탄압에 대한 지지는 그가 군주와 환관 사이를 갈라놓으려고 희망하였던 결과임에 틀림이 없었다. 확실히 양편의 움직임은 구사량의 죽음과 무관계할 수 없다. 환관에 대항하려는 음모는 만일 그가 살아 있었다면 결코 일어나지 않았을 것이고 불교탄압도 극단적으로 치닫지 않았을지도 모른다. 어쨌든 엔닌의 솔직한 일기가 없었다면 환관에 대한 음모도, 그것의 불교탄압과의 있을 수 있는 관계도 전혀 알려지지 않았을 것이며 공식적인 역사의 어렴풋한 그림자 속으로 숨겨져 버렸을 것이다.

최초의 타격

탄압은 842년 10월 7일이나 혹은 그 무렵 칙명이 내려지자 마치 폭풍과 같이 밀어닥쳤다.[20] 칙명은 부분적으로는 불교 교단에서 정식으로 인정하지 않는 인원을 삭감하는 것을 목적으로 하였으므로 6개월 전에 나왔던 명령을 재확인한 것이었지만 특히 승려의 수를 일정한 선에서 억제하려는 전통적인 노력과 함께, 승려들의 개인재산 몰수와 재산몰수에 의한 궁핍보다는 세속생활을 선택하려고 하는 승려를 환속시키는 것을 포함하였다. 엔닌은 이 문서의 사본을 보존하였다가 잃어버렸다고 하는데 그는 다행히도 그 대요를 기억하여 일기에 다음과 같이 기록하였다.

>……나라 안의 모든 승려 가운데 연금술에 기능이 있는 자, 주술을 이해하는 자, 요술을 할 수 있는 자, 군대로부터 도망하였던 자, 신체에 채찍이나 문신의 흔적을 남긴 자, 여러 기능을 가진 자, 이전에 성적인 잘못을 범하였던 자, 아내를 가진 자, 또는 불교의 계율을 지키지 않은 자 등은 모두 환속시킨다. 만일 승려가 금전, 곡물, 토지, 그외의 재산을 갖고 있으면 이들은 정부에 의하여 몰수된다. 만일 그들이 재산을 아쉬워하고 재산을 남겨두기 위하여 환속하기를 희망한다면 그들의 뜻에 따라 환속하도록 조치를 취하며 "연 2회의 세금[兩稅]"을 내고 부역에 복무하게 한다.

두 명의 공덕사는 이들의 조치를 수도에서 집행하는 직무를 담당하였다. 지방의 도독부나 주에서도 마찬가지의 조치가 취해졌다. 그러나 이미 서술한 바와 같이 좌가공덕사인 구사량은 명령에 대항하여 그 집행을 100일 동안 유예시킬 수 있었다. 실제로 10월 7일부터 바로 100일째가 되는 843년 1월 18일까지 승려의 추방은 수도에서는 완료되지 않았다. 이 동안에 공덕사는 시내의 사원문을 닫게 하고 그들의 사원들에서 승려들의 출입을 금지하였다. 아마 이 피할 수 없었던 유폐 때문에 엔닌도 이 기간중에는 아무 것도 보고한 바가 없었다.

두 명의 공덕사가 황제에게 제출하였던 최후의 보고에는 엔닌이 인용한 바에 의하면 "나이가 들어 노쇠한 자와 계율을 엄수하는 자를 제외하고" 수도의 동반부에서는 총 1,232명의 승려가 "그들의 재산을 아쉬워했기 때문에 자발적으로 환속하였지만" 수도의 서반부에서는 2,219명 (또는 엔닌의 다른 곳에서의 기술에 의하면 2,259명)이 환속하였음을 보이고 있다. 이들의 자료들은 또한 추방의 진행에 대하여 특히 상세한 정보를 제공하면서 다음과 같이 말한다.

……재산을 아쉬워하여 환속하기를 바라는 사람들은 각각의 출신지에 연루되어 "연 2회의 세금"을 지불하는 자 중에 포함되어야 했다. 금후로 모든 주에서 이러한 사례는 모두 이렇게 조치하여야 한다.

그들이 소유한 노예에 관해서는 승려들은 1명의 노비를, 비구니들은 2명의 여자 노예를 보유할 수 있다. 그외는 반환하여 그들의 본가에 맡겨 관리하도록 한다. 돌아갈 곳이 없는 자는 정부에 의하여 팔아야 한다. 마찬가지로 그들의 옷이나 바리를 제외하고 승려의 재산은 모아서 그 배분은 칙허를 기다려야 한다. 만일 승려에게 남겨진 노예들 중에서 군사나 의학이나 그외의 기술에 능한 자가 있으면 그들은 전부 남겨두어서는 안되며 그들의 머리를 비밀리에 잘라서도 안된다. 만일 이러한 규범을 위반하면 사원의 행정관과 감독관은 그들을 기록하여 정부에 통보하라. 그외의 재산이나 금전은 모두 공덕사에게 넘기고 그들에 의하여 관리되도록 한다.

이 추방의 주요 조치에는 승려에 대한 세세한 규제나 그들의 종교에 대한 많은 제한이 부수하였다. 843년 2월 1일 엔닌은 공덕사로부터 받은 통첩을 기록하여 "이미 환속한 승려는 사원에 가는 것도 머무르는 것도 할 수 없다. 더욱 후원자가 없어서 추방된 승려는 수도에 거주하는 것이나 국경수비 지역에 들어가는 것을 허락하지 않는다"고 서술하고 있다.

약 5개월 후에 엔닌은 황성내와 시내에서 일곱 차례의 다른 화재가 일어났던 것을 기록하고 있다. 한번은 동측의 상점가[東街]가 커다란 손실을 입었다. 그곳은 장안의 2대 시장 가운데 하나였다. 이것은 엔닌은 앞서 나온 칙령에 의하여 "궁중의 불교경전을 소각하고 또한 부처, 보살, 천왕들의 상을 묻었던 조치에 대한" 보복이라고 하였다. 거의 같은 무렵 사원에 머무르는 것이 공식적으로 인정되지 않은 사람들에 대하여 엄격한 조사가 이루어짐을 알리는 문서가 보인다. 이 문서의 일부는 다음과 같이 기록한다.

    일본승려 엔닌, 그의 제자 승려 이쇼오, 이교오 및 그의 수행자 테이 유우만. 이들 4명 외에 이들의 거처에는 객승, 견습승, 일반 객은 한 사람도 없었습니다.
    저희들은 사원의 사무소로부터 다음과 같은 공문을 받았습니다. "우리들은 공덕사의 집무실로부터 공문을 수령하여 어떠한 이유에서도 후원자가 없는 승려들, 견습승 및 속객을 머무르게 하지 말라는 통보를 받았다." 만일 저희가 방에 다른 사람을 숨겨둔 것을 누군가 보고하고 그것이 사실이라면 저희들은 중벌을 받아 마땅할 것입니다.[21]

잔류한 승려들도 또한 그들의 활동에 엄격한 제한을 받았다. 엔닌은 구체적으로 언급하고 있지는 않지만 때로 그들은 오후에는 절에 남아 있도록 제약을 받았던 듯하다. 844년의 봄 늦게나 여름 일찍이쯤, 그들은 정오식사를 알리는 종이 울렸을 때 시내로 외출을 하는 것과 하룻밤이라도 그 절에서 묵고 가는 것을 금지당하였다. 만일 그들이 이러한 것을 하려고 하면 "칙령을 위반한 죄"로 심문되고 그에 따르는 두려운 결과를 초래하게 되었다. 더욱이 이러한 제한은 후에 845년 1월 천단(天壇)에서 공식적인 의식이 집전되었을 때 엔닌이 여기에 참석하는 것을 사실상 불가능하게 하였다. 엔닌은 이 제한이 그의 여행을 저지하였던 것을 매우 아쉽게 생각하였다. 그러나 그는 적어도 이 행사가 이루어지는 여러 준비과정에 대하여 아는 바가 있었던지 다음과 같이 기록하고 있다.

    …… 관리들은 다리, 도로 등을 보수하고 사람이나 말이나 차나 소는 그들로부터 멀리하게 하였다. 천단은 시의 남쪽 교외에 있고

거기에 이르는 특별한 길이 놓여 있었다. 꽃 모양의 휘장이 단의 주위에 둘러쳐졌다. 탑과 벽이 설치되어 마치 시가지처럼 보였다. 관리들은 언제나 바빠 돌아다니고 있었다.[22]

탄압의 어떤 사건을 엔닌은 정치적 상황과 결합시켰다. 따라서 842년 10월 추방의 최초 명령을 이신의 탄원서에 기초한 것이라고 하였다. 그것은 같은 해 3월 그가 서술하였던 탄원과 같은 것으로 생각된다. 엔닌은 또한 탄압이 한 명의 불교 승려에 얽힌 불행한 사건의 결과라는 것을 암시하였다. 그 승려는 위구르족의 침입을 막기 위하여 불교의 마술적인 행위를 시행해보도록 제안하였다. 그러나 그의 노력은 효과가 없었으므로 황제는 격노하여 그를 참수시키라고 명령하였다.

더욱 중요한 사건은 산서성 동남부 노주(潞州), 또는 엔닌이 부르는 바에 의하면 노부(潞府)의 이전 절도사의 조카인 유진(劉稹)의 모반과 관계되는 것이었다. 늙은 절도사가 843년 4월 죽기 직전에 그의 지위를 조카에게 물려주려고 할 때 황제는 이덕유의 충고를 따라 그 임명을 승인하지 않았으므로 유진이 모반을 일으키게 되었다. 5개월여 후 엔닌은 모반과 그것이 재정에 미친 엄청난 영향을 말한 후, 수도에서 노부(潞府) 절도사의 대표가 체포를 명령받았을 때 몸을 숨겨버렸으므로 당국은 그의 아내와 자식들의 머리를 깎고 그의 집을 파괴하는 것으로 만족하였다고 기록하였다. 어떤 자가 밀고하자 그 남자는 머리를 깎고 시내의 승려들 사이에 몸을 숨겼다. 그리고 엔닌은 불교탄압의 일면을 이 한 사건에서 유래하였다고 생각하면서 "최근 절에 와서 머무르려고 하는 승려들도 출신이 명확치 않은 자는 모두 경조부(京兆府)의 관리에 의하여 체포되었던" 것을 지적하고 있다. 경조부란 장안을 관할하는 주청이다. 그리하여 300명이 체포되고 "도망치거나 숨은 자들은 시내를 걸어다닐 수 없었다"고 한다.[23]

몇 개월 후 엔닌은 특별한 조치가 어떤 불교 신앙의 중심지에 대하여 집행되었다는 것을 들었을 때, 그는 이 조치가 노주에서 모습을 감추었던 대표가 승려로서 그 중에 숨었을지도 모른다는 정부의 두려움에 일부 근거하였을 것이라고 생각하였다. 이 단계에서 탄압의 양상을 엔닌은 다음과 같이 기록한다.

제7장 불교탄압 239

칙령으로 부처의 치아에 공양하는 것이 금지되었다. 또한 다른 칙령은 다음과 같이 지시하였다. 대주(代州) 오대산의 모든 사원, 사주(泗州)의 보광왕사(普光王寺), 종남산(終南山)의 오대(五臺), 봉상부(鳳翔府) 법문사(法門寺)에서는 부처의 손가락 뼈에 대한 제사가 이루어지고 있는데 금후 공양이나 이들 장소로의 순례를 금한다. 만일 한 푼의 동전이라도 보시하면 그는 등을 몽둥이로 20회 맞을 것이다. 만일 여러 주, 군에서 공양을 바치는 자가 있으면 체포하여 그 자리에서 등을 몽둥이로 20대 칠 것이다. 이 때문에 이들 네 성지에는 왕래가 끊어지고 공물을 바치는 자가 없게 되었다. 칙명에 기초하여 이들 장소의 승려들은 신문을 받고 공식적인 신임장을 갖지 않은 자는 모두 그 자리에서 형벌이 가해지고 그들의 이름은 기록되어 황제에게 보고되었다.[24]

황제의 불교에 대한 격노를 자극하였다고 생각되는 다른 하나의 사건은 황제의 측근자들이 843년 황제의 탄생일 전에 여러 사원에 참례하여 "황제의 만세를 기원하는 공물로서" 재를 마련하고, 그들 중 한 사람인 위종경(韋宗卿)이라는 인물이 2편의 불교 논문을 편찬하여 천자에게 헌상하였을 때 일어났다. 불교를 미워하던 황제는 격노하여 바로 이 불쌍한 위종경을 처벌하였다. 엔닌은 이때에 반포되었던 칙령을 어렵사리 입수하여 일기에 다음과 같이 기록하였다.

　　위종경은 …… 명예 있는 지위에 있어서 공자가 가르친 생활방식에 따라야 했다. 그런데 그는 악마의 가르침에 현혹되어 양속을 더럽히고 동요를 일으켰다. 그는 망상에 사로잡혀 완전히 성현의 가르침에 위배하였다. 높은 지위의 사람 사이에서 얼마나 깊은 타락이 만연되어 있는 것인가! 짐은 성현의 말이 아닌 것을 용납할 수 없다. 왜 외국의 종교가 퍼져나가야 하는 것일까?
　　짐은 그의 범죄를 묵인해주고도 싶다. 그러나 그것은 공중의 도의를 해치는 것이 된다. 그는 좌천되어야 하지만 짐은 매우 관대하기 때문에 그를 성도부(成都府)의 장관에 임명한다. 역전(驛傳)을 따라 바로 임지에 부임하라.

위종경은 …… 천자에게 불교의 『열반경(涅槃經)』 가운데 『삼덕(三德)』 20권과 『칙령에 의한 산스크리트 문자 "이"에 관한 완전한 경(鏡)의 발췌[大圖伊字鏡略]』 20권을 바쳤다. 이들은 주의 깊게 검토되었다.

부처는 원래 서방의 이적이다. 그의 가르침은 "불생(不生)"의 교의를 넓혔다. 그러나 공자는 중국의 성자이며, 인간에게 이익되는 바를 가르쳤다. 위종경은 이전에 유교도이었을 때는 학자이며 관리이며 훌륭한 가문이었음에도 불구하고 공자와 맹자의 가르침을 널리 알리지 못했고 오히려 불교를 맹신하면서 우매하게도 이적의 서적으로부터 발췌한 내용을 편집하여 경솔하게도 그것을 제출하였다.

얼마나 많은 중국의 일반 대중이 장기간 이 도에 미혹되어 있었는가! 진실로 그들의 미혹됨을 모두 없애야 한다. 그리하여 고래의 소박함으로 돌아가야 한다. 그러나 그는 어쨌든지 요망한 것을 중시하고 우매한 민중을 잘못된 방향으로 이끌었다. 궁정인의 한 사람으로서 그와 어깨를 나란히 하는 것이 어찌 수치스러운 일이 아니겠는가?

그가 헌상하였던 경전은 이미 궁중에서 소각해버렸다. 황제의 비서관료와 황제의 서기관료에게 초고를 찾아 태워버릴 것을 명령하였다. 그렇게 하여 그가 그것을 다른 사람에게 전할 수 없도록 하였다.[25]

황제와 도교

이 위종경을 응징하는 문장은 철두철미하게 유학자의 문장이며, 한유라고 해도 칭찬하였을 것이다. 실제로 탄압의 초기 단계에는 공인되지 않은 승려의 삭감과 불교도의 사유재산 몰수에 주안점이 두어져 있었으며 거의 학자관료의 태도와 관심으로 반영하고 있었다. 그러나 844년에 이루어졌던 탄압은 도교의 색채가 가미되기 시작하였다. 그리고 도교는

제7장 불교탄압 241

공격을 받고 있던 종교보다도 일반 관료들에게 더이상 기꺼운 것은 아니게 되었다.
 같은 해 3월경 엔닌에 의하면, 이신과 이덕유가 공동으로 각서를 황제에게 바쳐 오랫동안 채식을 해야 하는 달의 규정을 중단하도록 요청하였다고 한다.[26] 이들은 1월, 5월, 9월이고 정오를 지나면 고기를 먹을 수 없으며, 엔닌의 서술한 바에 의하면 불교의 계율에 따라 동물의 생명을 뺏어서는 안되게 되었다. 이러한 불교의 채식기간이 공식적으로 폐지된 것도 이러한 상황하에서는 전혀 놀랄 만한 것이 아니었다. 그러나 황제가 그에 대신하여 세 가지 도교의 연중행사를 채택한 것은 그의 이른바 합리주의적인 궁정인들을 실망시켰던 것임에 틀림이 없다.
 같은 무렵 엔닌은 또한 황제가 도교의 "구천(九天)의 도량"을 궁중의 구내에 건설케 하였는데 그것은 "80개의 걸상을 쌓아올린 높이"로 고급스러운 색채의 휘장을 두르고 있었다고 한다. 그곳에 황제는 81명의 도사를 모아 중국의 달력에 따라 밤낮 12시에 구천에 있는 도교의 천신들에게 희생을 바치도록 하였다. 이들의 희생은 4월 1일부터 시작하여 7월 15일 즉 불교의 초혼제 날까지 계속되었다. 긴 의식의 전체는 노부의 모반을 진압하고 있던 정부의 노력에 정신적인 지원을 주도록 의도되었다. 이것이 원래의 의도에는 어떠한 효과를 가져왔을지 모르지만 다른 면에서는 나쁜 영향을 주지 않고 끝날 수는 없었다. 왜냐하면 엔닌은 이 사건을 서술하고 약간 악의를 보이면서 다음과 같이 결론하고 있기 때문이다. "의식의 장소는 건물내가 아니라 옥외의 들판에서 이루어졌기 때문에 날씨가 좋으면 태양이 비추고 비가 내리면 그들은 흠뻑 젖게 되었다. 그리하여 81명의 대부분은 병이 들었다".
 무종의 도교에 대한 편애의 증거를 보여주었던 엔닌은 "지금의 황제는 편협한 도교 신자로 불교를 미워하고 있다. 그는 승려를 보는 것을 좋아하지 않고 삼보(三寶)를 듣는 것을 원하지 않는다"고 결론하였다. 엔닌은 일기에 기록하기를 "예전부터 궁중의 건물의 하나에 안치되어 있었던" 불상과 불경이 파손되고 도교의 천신들과 그 개조라고 상상되고 있는 노자의 상으로 대치되었다. 7명의 승려가 교대하여 불교의 의식을 집행하였던 장소는 도사들이 "도교의 경전을 읽고 도술을 행하도록" 할당되었다고 한다.

엔닌은 다음에 그 해 황제의 탄생일 축하행사에서 불교도를 제외하였던 것을 보고하고, 특히 계속해서 황제가 불교를 싫어한 것은 아마 도사가 황제에게 바친 각서에서 유래한 것이라고 서술하였다. 이 각서는 공자가 말하였다고 하는 "이가(李家)의 18번째 자식에 의하여 그 위대한 운명은 사라져버리고 검은 옷의 황제가 나라를 다스리게 될 것이다"라는 예언과 결합되어 있었다. 확실히 그러한 문구는 공자의 위서(僞書)에 존재하였지만 어쨌든 당나라 황제의 성인 이(李)라는 한자에도 관련되었던 것임이 분명하다. 이 한자를 세 가지로 분해하면 "십팔자(十八子)"가 된다. 무종은 만일 왕실 이전의 선조와 측천무후를 포함한다면 자신이 18대의 당나라 통치자라고 생각하였다. 이 억지는 그러나 그와 관계된 것이었다. "검은 옷의 황제"도 또한 새로운 말이 아닌데 이와 유사한 예언이 이미 중국사에서는 검은 옷의 불교 승려에 반대하는 의미로 사용되었기 때문이었다. 이야기의 전모는 가령 오류가 있다고 하여도 도교도가 무종을 볼모로 하여 불교도들을 정신적으로 곤경에 빠뜨린 상황을 보이고 있음에 다름이 없다.

엔닌은 또한 불교도들이 탄압자에 대하여 어떻게 생각하고 있었는지를 보이는 다른 소문을 기록하고 있다. 그는 무종이 도교의 니승원(尼僧院)에서 아름다운 여도사를 발견하자 그녀에게 비단 1,000필을 주었을 뿐 아니라 관리들에게 명령하여 그 시설을 재건하여 훌륭하게 만든 다음 궁중과의 연계를 밀접하게 하려고 하였다고 한다. 엔닌은 이 이상 빈정대는 이야기를 서술하지 않았으며 황제가 도교의 남자 승원에 대해서도 비단 1,000필을 주었던 것을 지적하여 공평을 기하고 있다. 이 시설을 재건한 후 그 안에 황제 자신의 청동상을 안치시키도록 하였다고 한다.

엔닌은 특히 무종의 도교에 대한 광신이 깊어지면서 궁정에서 학자나 유식자에게까지 이 종교를 신봉하도록 칙명을 반포하였다고 보고하고 있다. 그리고 엔닌은 만족스레 "지금까지 한 명도 그렇게 하지 않았다"고 결론하고 있다. 이러한 학자측의 반응은 실제로 칙령이 반포되었다는 사실보다도 신용할 만한 것이고 일반 민중도 마찬가지로 황제의 도교에 대한 편애로 인한 기이한 행동에 냉담한 태도를 보였다. 844년 조상제의 기간에 엔닌에 의하면 여러 사원은 어느 때보다도 많은 공양을 받았지만 황제는 이것을 몰수하여 그 대신 기분에 맞는 도교사원에 그들을 제공하였다고 한다. 그러나 황제가 시민에게 이들 공물을 구경거리로 하여 도교사원에 참례하도록 명령하였을 때 "사람들은 황제를 저주하며 말하기를 '황제가 부처에게 바쳐진 공양을 갈취하여 도교의 신령에게 바친 것을 누가 기꺼이 구경거리 삼아 가겠는가?'고 하였다. 황제는 사람들이 오지 않는 것에 놀랐다. 불교사원은 그들의 공물을 빼앗기고 극도로 고생하였다."

일반 민중측의 탄압당하는 종교에 대한 이러한 동정은 엔닌이 기록한 다른 이야기에 의해서도 분명히 알 수 있다.

······ 공덕사가 칙명으로 불교와 도교의 여러 사원에서 경전을 읽고 비를 기원하도록 통보하였을 때마다 거의 비가 내리지 않았다. 그러나 이후 비가 내리자 도사들만이 칭송을 받고 불교의 승려에게는 아무것도 주어지지 않은 채 방치되어 버렸다. 시민들은 조소하며 말하기를 "비를 기원할 때는 불교 승려를 번거롭게 하면서 보상을 할 때에는 도사에게만 주었다"고 하였다.

무종이 불교도를 고생시켰던 보다 감내하기 곤란한 방법 중 하나는 모든 사원에 명령하여 그가 방문할 때마다 막대한 준비를 시키게 한 것이었다. 황제는 엔닌에 의하면 궁성 밖으로 여행 나가는 것을 좋아하여 거의 2일 내지 3일 걸러 나갔다고 한다. 이때마다 사원에 명령하여 "걸상, 돗자리, 깔개를 준비시키고 그들의 탑에는 꽃모양의 휘장을 늘어뜨리게 하며 찻잔과 차탁자와 쟁반과 의자를 갖고 나오도록 하였다. 황제의 수행을 대동한 단 한번의 여행을 위하여 각 사원은 각각 4, 5백관의 동전을 소비하였다"고 한다.[27]

엔닌이 장안을 떠나 다시 한번 산동반도의 끝부분에 돌아온 후에도 그는 황제의 도교에 대한 광신을 들을 수 있었다. 산동에서 그는 이른바 "일륜차(一輪車)"의 사용을 금지하는 칙령을 알게 되었다. 그리고 이 매우 대중적인 중국의 차를 이용하는 자는 사형에 처했다고 한다. 이 이유는 일륜차가 "도(道)의 한가운데"를 파괴하였기 때문이라고 한다. 이 말은 또한 "도교의 심장"이라는 의미로도 해석될 수 있었다. 엔닌은 여러 가지 검은 가축의 사육을 금지하는 다른 칙령을 들었다. 예를 들면 검은 색의 돼지, 개, 당나귀, 소 등을 사육하는 것이 금지되었다. 불교도는 검은 색을 입고 도사는 황색을 입는다는 이유에서 "만일 흑색이 많으면 황색을 압도하게 되거나 혹은 황색이 파괴되는 원인이 되는" 것을 두려워했기 때문이었다고 한다. 또한 다른 명령이 내려져 해안지방의 주와 현은 살아 있는 수달을 궁중에 바쳐야 했고 또한 모든 주는 "15세 젊은 남녀의 심장과 간장"을 바쳐야 했다고 한다. 엔닌은 이러한 명령의 진정한 목적을 이해할 수 없었다고 하면서 황제가 도사에게 현혹된 결과라고 추정하였다.[28] 물론 이러한 정보는 수도에서 멀리 떨어진 장소에서 들었던 것이므로 전부 틀린 것인지도 모른다. 그러나 이들은 적어도 황제가 불교의 경쟁 상대인 종교에 얼마나 어처구니 없이 빠져 있었는지에 대하여 불교의 동정자들이 생각하고 있던 점을 반영하였다고 말할 수 있다.

불사(不死)의 대(臺)

무종과 도사들 사이에서 일어났던 가장 흥미로운 사건은 "불사의 대[仙臺]"의 축조와 관련하여 일어났다. 그것은 도사 조귀진(趙歸眞)의 계획을 기초로 하여 세워졌다. 그는 무종의 통치를 기록한 공식적인 역사에도 자주 등장하는 인물로 841년 6월에 이미 그 이름을 발견할 수 있다.[29] 엔닌은 그러나 844년 9월까지 그에 대해서 서술한 바가 없다. 엔닌은 이때 조귀진과 다른 도사들이 황제에게 바쳤던 다음과 같은 각서를 인용하고 있다.

부처는 서방의 이적 사이에서 태어나 불생(不生)을 가르쳤습니다. 불생이란 간단히 말하면 죽음입니다. 즉 그는 사람들을 열반으로 들어가라고 합니다. 그런데 열반이란 죽음입니다. 그는 많은 무상(無常), 고통, 공허에 대하여 말했습니다. 그것들은 매우 요망스러운 가르침입니다. 그는 무위(無爲)나 불사(不死)의 원리를 이해하지 못했

제7장 불교탄압 245

습니다.
　태상노군(太上老君)인 노자는 중국에서 태어났다고 전해 들었습니다. …… 그는 유랑의 길에서 어느 순간엔가 자연히 모습을 변화시켰습니다. 불로장생의 약을 만들어 그것을 마시고 불사를 획득하여 영혼의 영역 중 하나가 되었고 한없이 위대한 이익을 만들어내었습니다. 바라는 것은 불사의 대가 궁중에 건설되어 거기서 저희들이 신체를 정결하게 하고 하늘의 여울에 올라 구천을 돌아다니면서 만민에게 은혜를 내리고 황제의 만세를 기원하며 영원히 불사의 즐거움을 보존하고 싶습니다.

　엔닌은 10월에 황제가 좌우의 황제호위군 3,000명을 동원하여 흙을 나르고 150자[尺] 높이의 선대(仙臺)를 쌓게 하였다는 것을 보고하고 있다. 황제는 하루라도 빨리 그것이 완성되는 것을 보고 싶었으므로 병사들에게 "한식절"의 통상 7일간의 휴식을 845년 봄에 한하여 허락하지 않았다. 엔닌은 병사들이 "한이 맺혀 그들의 연장을 들어올리고 머리를 조아리며 3,000명 모두가 한꺼번에 소리를 질렀다. 황제는 두려움을 느끼고 각각에게 비단 3필을 주고 3일의 휴식을 주었다"고 기록하고 있다. 이 선대 건설사업에 관련하여 엔닌은 무종의 정신상태에 대한 소문을 적은 다음과 같은 이야기를 전하고 있다.

　　…… 양군의 총지휘관은 몽둥이를 들고 일을 감독하였다. 황제가 시찰을 와서 몽둥이를 들고 있는 사람은 누구인가고 궁중의 고관들에게 물었다. 그들은 황제에게 대답하고 양군의 지휘관들이 선대의 건설을 감독하고 있다고 말하였다. 황제는 그들에게 말하였다. "짐은 너희들이 몽둥이를 갖고 있는 것을 바라지 않는다. 일을 해라. 너희 스스로 흙을 날라야 한다". 그리고 황제는 지휘관들에게도 흙을 나르게 하였다. 후에 황제는 다시 선대를 건설하고 있는 장소를 방문하여 그 스스로 활을 당겨 아무 이유도 없이 지휘관 중의 한 사람을 쏘았다. 그것은 무도하기 짝이 없는 행동이었다.[30]

　엔닌은 물론 황제의 행동을 직접 보았던 사람도 아니었으며 편견을 갖지 않은 공평한 관찰자도 아니었다. 그러나 그는 무종의 비이성적인 행위와 관련된 납득할 만한 이야기를 전해주었으며 통치자의 정신상태에 의문을 나타내는 많은 비난이 항간에 퍼져있음을 보여주고 있다. 따라서 그보다 이전에 황제가 동쪽의 수도인 낙양(洛陽)으로 가기를 결심하였을 때 황제는 "만일 측근자 중에서 짐의 행차를 반대한다면 그는 형벌을 받을 것이며 그의 가족은 멸족될 것이다"라는 칙어를 반포했다고 엔닌은 전한다. 다른 소문은 무종이 불교탄압에 반대한 황태후를 독살하였다는 것이고 더욱이 그의 계모인 다른 황태후를 그의 행동을 제지하였다는 이유로 화살로 쏘아 죽였다는 것 등이었다.[31]

엔닌은 무종의 정신상태가 잘못되지 않았다고 한다면 극히 이해하기 힘든 실정(失政)의 다른 두 가지 경우를 다루고 있다. 노부의 모반을 진압하기 위하여 파견되었던 병사들은 그들의 처음 시도가 성공하지 못하였기 때문에 황제의 분노를 두려워하여 국경지대의 죄도 없는 농부와 목동을 잡아 마치 반역자들을 포로로 잡은 것처럼 하면서 수도에 이송하자 황제는 그들을 세 토막으로 잘라 근위병들에게 "가두의 구경거리"로 삼게 하였다고 한다. 엔닌은 정확한지 아닌지 의문은 있지만 병사들이 "사람을 죽일 때마다 눈과 육신을 잘라서 먹었다"고 보고하고 특히 "학살된 시체는 길에 흩어지고 피는 흘러 지면을 적셔 연못과 같았다. 구경거리는 길에 널렸고 황제도 때때로 보러 갔는데 깃발과 창이 무리를 이루고 있었다"고 하였다.[32]

마찬가지의 사건은 3년간 위구르족과 대치하여 제1선을 수비하고 있던 3천의 병사들이 태원부로부터 개선하였을 때에 일어났다. 그것은 그들이 개선하였든지 아니든지 바로 노부의 모반을 진압하기 위하여 다시 출동하도록 명령되었기 때문이었다. 그들의 저항이 무시되었을 때 그들은 그 지방의 절도사에게 반항하였으므로 절도사는 그들을 체포하여 수도로 보냈다. 여기서 황제는 사건의 조사관이 관대한 처벌을 권유하였음에도 불구하고 불쌍한 병사들을 노부의 반역자들로 위장되었던 사람들에 대하여 취하였던 것과 마찬가지로 가혹하게 학살하였다.[33]

엔닌은 이러한 황제의 부당한 행동에 의분을 나타내는 한편 다른 면으로 도사들이 그들의 지나치게 진지하고 광신적인 황실의 개종자에 대하여 고통을 주었던 것으로 화제를 돌려 다음과 같은 재미있는 이야기의 자취를 더듬어가고 있다.

　　선대를 쌓는 일은 곧 이루어질 예정이었다. 칙명은 도사들에게 불로불사의 약을 조제하도록 내려졌다. 도사들의 우두머리인 조귀진이 주문(奏文)을 황제에게 올려 불사의 약을 만드는 원료가 이 나라에는 전혀 존재하지 않지만 그것이 티베트에 있다고 하니 그 자신이 약을 가지러 티베트에 가겠다고 청원하였다. 양군의 사령관들은 이것을 찬성하지 않고 다른 사람을 뽑아 보내도록 상주를 올렸다. 왜냐하면 조귀진은 불사를 구하는 사람들의 장이기 때문에 그 자신이 가는 것은 타당치 않기 때문이라고 하였다. 황제는 사령관들의 각서에 따라 그를 보내지 않았다.[34]

엔닌이 기록한 다음의 사건에서 그는 특히 도교에서 말하는 불로불사의 약의 성분이 실제보다도 우습게 들렸던 것처럼 서술하였다고 생각된다. 그가 전하는 이야기는 다음과 같다.

　　칙명은 신선이 되기 위하여 어떠한 약이 사용되는가를 묻고 그 내용을 자세히 기록하여 보고하라고 명령하였다. 도사들은 약의 이름을 이하와 같이 보고하였다. 오얏나무 껍질 10근, 복숭아 털 10근, 살아있는 닭의 고막껍질 10근, 거북이털 10근, 토끼의 뿔 10근이다. 황제는 이들의 물품을 시장의 약방에서 찾아보라고 명령하였다. 그러나 그들은 그것들이 하나도 없다고 하였다. 이로 인해 그들을 두들겨 패서라도 구해오라는 전갈이 내려졌다. 더욱이 황제의 집착은 가시지 않았으므로 사람들은 드디어 여러 나라에서 수집하려 하였지만 하나도 얻지 못하였다.

선대는 드디어 845년 3월 완성되었다. 엔닌은 그 모양을 다음과 같이 묘사하였다.

　　불사의 대는 150자의 높이라고 말해졌다. 윗부분은 둥글어서 일곱칸짜리 건물을 세울 정도로 넓었다. 그리고 위에는 오봉루(五峰

樓)가 세워졌다. 성의 안팎에 있는 사람들도 멀리서 그것을 볼 수 있었다. 마치 외로운 산처럼 우뚝 솟아 있었다. 그들은 종남산(終南山)으로부터 옥석을 날라와서 사방에 깎아지른 듯한 절벽을 만들고 동굴과 암석길을 배치하였다. 최고로 아름답게 배치되었고 소나무와 측백나무와 기타의 진귀한 나무가 심어졌다.[35)]

황제는 만들어진 상태를 매우 기뻐하면서 바로 7명의 도사에게 불로불사의 약을 조제할 것을 명령하고 "선대 위에서 불로를 구하였다." 양군의 환관 사령관 두 명은 그러나 결코 쉽게 속지 않았다고 보여진다. 그것을 엔닌은 기쁨을 감추지 못하며 기록하기를, 황제가 두 명의 사령관과 고관 및 도사를 데리고 처음 선대에 올라갔을 때 두 명의 군인 환관이 조귀진과 그의 무리를 향하여 "오늘 우리들은 불사의 대에 왔습니다. 우리들은 당신들이 불사를 구할 수 있는지 어떤지는 알지 못합니다"라고 하였다. 불쌍하게도 조귀진은 단지 머리를 수그리고 있었을 뿐이라고 한다.

두번째로 황제가 대에 올랐을 때 그는 다시 정신이 이상한 상태를 보였다고 전해지고 있다. 그리고 또한 이것을 계기로 그의 환관들에 대한 반감이 직후에 일어났던 두 호위군의 어인(御印)사건으로 발전하였다. 대 위에서 황제는 한 명의 가수[音聲人]에게 좌측의 근위군 장군인 양흠의를 대로부터 밀어떨어뜨리라고 명령하였다. 가수가 반대하였으므로 황제는 그에게 물었다. "짐이 너에게 그를 뒤에서 밀라고 말했을 때 왜 따르지 않았는가?" 가수는 대답하기를 "장군은 국가의 중요한 중신입니다. 이유없이 그를 밀어떨어뜨릴 수는 없습니다"라고 하였다. "황제는 노하여 그의 등에 몽둥이 20대를 때렸다"고 한다.

엔닌이 들었던 이야기에 의하면 황제는 도사들을 향하여 "짐은 두 번 대에 올랐지만 너희들 중 누구 한 사람도 불사에 이른 자는 없지 않은가? 이것은 대체 어떻게 된 것이냐?"고 하였다. 도사들은 "천하에 불교가 도교와 나란히 행해지고 있기 때문에 불사(不死)의 길을 방해하고 있습니다"고 설명하였다. 이에 황제는 두 명의 공덕사를 향하여 "경들이여, 짐은 가령 누구라고 해도 불교의 교사는 전혀 원치 않는다는 것을 너희가 인식하고 있는지 어떤지 걱정스럽다"고 하였다.

불사의 대에 얽힌 가장 어처구니 없는 이들의 사건은 만일 틀림다면 무종의 정신이 정상이 아니었다는 것을 가장 잘 증명하는 사건이지만 엔닌은 그점에 대하여 마지막에 다음과 같은 이야기를 전하고 있다. 즉 황제는 다음과 같이 그의 신하인 관료들에게 선언하였다고 한다.

> 사람들이 대를 만들기 위하여 흙을 나르고 난 후 그 자리에 웅덩이가 매우 깊이 만들어져서 사람들을 두렵게 하고 불안하게 한다. 짐은 다시 그것이 덮여질 것을 희망한다. 대에 희생을 바치는 날 너희들은 대를 존경하기 위하여 재가 마련된다고 꾸며서 수도 양반구의 승려를 모두 모아 좌군의 병영에서 그들의 머리를 베어 그것으로 웅덩이를 메우라.

황제는 이 미친 것과 같은 행동을 한 명의 관리 탓으로 생각해버렸다. 관리는 주장하였다.

> 승려라고 해도 기본적으로는 국가의 일반 인재입니다. 만일 그들이 환속하여 각각 스스로의 생활을 영위한다면 국가를 이익되게 하는 것입니다. 저는 폐하가 그들을 절멸해버릴 필요는 없다고 제언합니다. 저는 폐하가 관계 각료에게 명령하여 그들을 강제적으로 환속시키고 그들의 고향에 돌려보내 지방의 부역을 부과하도록, 현명한 조치를 집행해주시기를 청원합니다.

엔닌이 "모든 사원의 승려는 이것을 들었을 때 그들의 혼은 동요하고 갈 바를 알지 못하였다"는 문구로 이 이야기를 결론짓고 있는 것도 무리는 아니었다.

철저한 탄압

844년의 후반 불교탄압은 새로운 단계에 들어가기 시작하였다. 이전의 목적은 주로 공인되지 않은 승려를 일소하는 것과 승려의 사유재산을 몰수하여 대개 빈궁한 생활을 맹세하게 하는 것에 있었다고 생각된다. 이 단계에서 "제한한다"는 말은 전혀 부적당한 말이 아니었지만 844년 후반에 탄압은 인도 종교를 절멸시키려 하는 부당한 노력으로 기울어지기 시작하였다. 이 변화의 주원인은 의심할 바 없이 무종의 도교에 대한 열광적 지지와 광기에 의한 것이었다. 그러나 엔닌은 부분적으로는 국가의 재정적인 필요로 돌리고 있다. 이 점과 관련하여 그는 후에 다시 노부의 반란에 대항하는 군대를 동원하기 위하여 막대한 비용이 필요하였던 점을 서술하고 있기 때문이다. 반란군을 진압하는 비용은 매년 동전 20만 관이라는 놀랄 만한 액수로 증가하였음을 그는 기록하였다. 그는 또한 임시 소득세의 일종이 관리들에게 할당되고 그들은 "그들의 신분에 따라 다소의 금액을" 국고에 지불하였다고 한다.[36]

최초의 탄압 강화에 대한 조짐은 나라 안에서 공식적인 정부의 절로 등록되어 있지 않은 군소의 불교사원과 불탑의 파괴를 지시하는 칙령이 내려진 것이었다. 그리고 그들과 관계가 있는 모든 승려를 환속시키고 납세의무자로 만드는 것이었다. 명령은 특히 모든 불교의 석주 및 묘비를 파괴하는 것에까지 미쳤다. 장안에서만도 엔닌의 보고에 의하면 이 칙령의 결과 300개의 불교시설이 파괴되었다.[37] 몇 개월 후 다른 칙령이 내려지고 "나라 안의 작은 사원"을 공격하는 것으로 확대되었다.

…… 그들 시설의 불경과 불상은 대사원으로 옮겼다. 또한 좋은 도교의 사원으로 보내졌다. 파괴된 절의 승려들 중 행동이 독실하지 않고 계율을 지키지 못한 자는 연령의 고하에 관계없이 모두 환속되었고 그들의 출신지로 돌려보내어 지방의 부역을 부과받았다. 그러나 젊은 사람은 가령 계율을 잘 지켜도 모두 환속시키고 그들의 출신지로 돌려보냈다. 시내에서는 33개의 작은 사원이 파괴되고 칙명에 따라 그들의 승려들은 엄격히 규제되었다.

같은 무렵 황실의 재정 상태는 어느 정도 좋아졌다. 그것은 구사량의 양자의 재산을 몰수하였을 뿐아니라 돌연 노부의 반란이 괴멸되어 그 결과로서 유진의 막대한 재산이 들어왔기 때문이다. 그러나 무종은 불

제7장 불교탄압 251

교에 대한 공격을 조금도 늦추려고 하지 않았다. 엔닌에 의하면 황제는 궁성의 문 위에 있는 탑 가운데 앉아 시의 성벽 가까이에 매달아 놓은 창끝에 찔려 있는 유진의 머리를 기분 좋게 바라보고 있었다고 한다.[38] 그리고 크게 웃으며 선언하였다. "이제야말로 유진은 괴멸되었다. 단 하나 아직 짐이 아직까지 제거하지 못한 것은 나라 안의 불교사원이다. 짐은 승려를 완전히 규제하는 것을 아직 끝내지 못했다. 제군들은 이것을 알고 있는가? 경들이여"라고 하였다.

845년 3월 엔닌은 남아 있던 사원의 노예와 그외의 재산을 몰수하려고 기도하였던 일련의 칙령을 기록하고 있다.

> 다른 칙령이 반포되고 나라 안의 사원은 장원을 가지는 것을 금지당하고 사원의 노예 수와 토지, 금전, 곡물, 원료 등의 명세서를 작성하는 것이 명령되었으며 상세하게 기록하여 천자에게 보고하도록 명령되었다. 양군의 사령관들은 시내 사원의 명세서를 만드는 것을 명령받았다. 모든 주와 모든 도독부의 이들 명세서는 황제의 비서관료와 황제의 서기관료에게 위임되었다.
>
> 시내 사원의 노예들은 세 종류로 나뉘어졌다. 즉 기술을 가진 자는 군대에 넘겨지고 기술이 없어도 젊고 건장한 자는 매매되었다. 그리고 나이가 들고 약한 자는 궁중의 노예에 합류되었다. 이때 아비는 북쪽으로 가고 아들은 남쪽으로 가는 운명이 되었다. 공덕사는 절들에 대하여 다섯명씩의 노예가 하나의 상호보증의 집단을 이루어 만일 집단내에서 한 명이 도망하였을 때는 동전 2천관의 벌금을 부과할 것이라고 경고하였다. 사원의 금전이나, 노예를 팔아 얻은 돈은 모두 정부에서 뺏어가고 관리의 봉급에 충당하였다.[39]

같은 무렵 정부는 남아 있던 승려들의 대량 환속을 감행하기 시작하였다. 이전의 "제한"에서는 엔닌에 의하면 추방이란 주로 "잘못한 행동이 있어서 그들 자신이 종교에 적합하지 않은 자들"만에 한정되었지만 이번에는 그후 남아 있던 공식적으로 인정된 대사원의 승려에게도 탄압이 미치고 그들의 종교적 진실성 또는 공식적인 지위의 여하를 가리지 않았다. 이 대추방은 계속적으로 진행되어 수도에서는 공덕사에 의하여 집행되고 지방에서는 황제의 비서관료 및 서기관료의 명령하에 지방관청에 의하여 이루어졌다.

수도에서 제1단계는 40세 이하의 모든 승려를 환속시키고 그들의 출신지로 되돌려보내는 것이었다. 이것은 4월 1일부터 15일에 걸쳐 하루 평균 300명의 승려에 대하여 이루어졌다고 엔닌은 전한다. 다음 단계는 50세 이하의 승려 모두를 환속시키고 그들의 출신지로 돌려보내는 것이고 4월 16일부터 5월 10일에 걸쳐 이루어졌다. 그 다음날 특히 50세 이상의 승려에 대한 선택적인 추방이 시작되었다. 승려에 관한 사항을 다루던 정부 기관인 사부(祠部)의 문서를 갖지 않은 자는 모두 바로 환속되고 그들의 출신지로 송환되었다. 엔닌은 그외의 것을 기록하여 다음과 같이 말한다.

……사부 발행의 문서를 가진 자는 모두 군대에 연행되어 심문되었다. 만일 조금이라도 사부 발행의 문서에 의문점이 있다든지, 생년월일이 공덕사의 관리들에 의하여 그들의 "신분증명서"에 기재되었던 날짜와 다르면 그들은 환속되는 대열에 덧붙여졌다. 조금의 차질도 없는 문서는 군에 의하여 몰수되고 환속시키지 않았지만 모든 사원의 승려를 신임장이 없는 위치에 놓아두었다. 모든 절의 누구도 신임장을 반환받는 데 실패하였던 것은 승려를 곤란에 빠뜨리려는 계획이었고 그리하여 사원의 노예와 금전을 몰수하는 것은 사원을 파괴시키려는 전조이었음에 틀림이 없었다.

엔닌은 물론 수도에서 그 과정을 직접 견문하였음에 지나지 않지만 그는 "계획은 널리 천하에 똑같이 이루어졌다"고 이해하였다. 그는 또한 무종이 추방의 진행에 개인적인 관심을 기울였음을 보고하고 있다. 즉 무종은 몇 번이나 반복하여 그 결과를 그의 신하들에게 물었다. 추방의 기간을 통하여 특별한 주의가 기울여졌으므로 공덕사들은 다시 승려를 각각 사원의 시설에 발 들이지 못하게 하고 5, 6명씩의 관리를 각 절에 파견하여 문을 경비하게 하고 안에 있는 자가 마음대로 나가는 것을 저지하였다. 공덕사는 또한 만일 이 규칙을 위반하는 자가 있으면 절 관리는 "문을 지키는 사람과 함께 각각 등에 곤장을 20대씩 맞는 형벌을 부과할 것이다. 그리고 절을 나가는 승려는 한 장소에 모아 사형에 처할 것이다"라고 경고하였다. 당연히 환속에 저항하였던 승려들은 대개 사형에 처해졌다.

외국 승려들의 경우 이제까지는 추방에서 제외되어 있었는데 그것은 아마 구서량이 생존중에는 그것을 저지하고 있었기 때문일 것이다. 그러나 이제 "공덕사들이 천자에게 특별한 재가를 바라자 칙령이 내려져 만일 외국승들이 사부의 문서를 갖고 있지 않으면 외국승도 또한 강제로 환속시켜 그들의 고국에 돌려보내야 한다"고 포고했다. 일본인들은 당연히 남인도로부터 온 라트나칸드라와 4명의 제자들, 북인도로부터 온 난다 및 수도의 신라승 대부분과 마찬가지로 필요한 문서를 갖고 있지 않았다.

이것은 엔닌에게는 물론이지만 승려의 추방에서도 절정의 단계였다. 그러나 시간적으로도 논리적으로도 최후가 되는 다른 하나의 사건이 기다리고 있었다. 양주로 가는 도중 엔닌은 좌천되어 먼 지방의 보잘것없는 직책에 부임하는 궁중의 학자를 만났다. 이 인물은 엔닌보다 겨우 2주일 늦은 5월 29일에 장안을 출발하였다. 그리고 이 인물의 보고에 의하면 그가 수도를 떠나기 전에 "수도 안의 승려는 모두 환속하였다. 칙명에 기초하여 절의 관리들은 각 사원에 남아서 재산 목록을 만들고 정부가 재산을 모아갈 것에 준비하였다. 그런 후 그들도 또한 절 밖으로 추방되었다"고 한다. 그는 또한 사원 자체의 파괴도 이미 시작되었고 가장 유명한 삼사(三寺)는 "황제의 공원에 합병되었다"고 보고하였다.[40] 탄압에 관한 중대한 공식적인 기록에도 보존되어 있는 칙령이 드디어 8월에 나타났다. 이 칙령에 기초하여 해야 할 것은 거의 없었지만 그것은 이미 이루어졌던 것을 기록하고 신성한 유교적 입장으로부터 탄압을 정당화하는 문서였다.

엔닌의 추방

국외 추방의 명령은 "비통하고도 기쁜 양면이 있었다"고 스스로 말하고 있는 것처럼 엔닌에게는 결코 위안이 없는 비극은 아니었다. 그는 거의 4년간 일본으로 돌아가는 허가를 얻어내려고 노력하였기 때문이다. 그는 그것이 만일 공식적인 국외 추방이라는 형태로 이루어진다고 해도 결국 그렇게 되는 것을 기뻐했다.

엔닌이 처음으로 귀국을 신청하였던 것은 841년 8월이었다. 인도 승려 라트나칸드라가 공덕사를 통하지 않고 그것을 시도하여 일으켰던 사건에서 교훈을 얻어 일본 승려는 신중히 그의 문서를 구사량에게 보냈다. 엔닌은 이 요구를 거절당했다고 할 뿐 그 이상 서술한 바가 없었지만 2년도 지나지 않아 그는 다시 이 문제를 다루고 있다. 그때 그는 이원좌(李元佐)라는 인물을 시내에 있던 그의 자택으로 방문하여 이에 관하여 그의 도움을 간청하였다. 그는 신라계의 열심한 불교도이며 왼쪽 근위군의 수비관[左神策軍押衙]으로 많은 궁중의 관위와 직책을 갖고 있었다. 엔닌은 "그는 인정이 있고 매우 우호적이며 고국을 멀리 떠난 내가 무언가 필요로 할 때에는 언제나 도와주었다"고 쓰고 있다. 그러나 이때는 종교에 대하여 그다지 동정적이지 않았던 양흠의가 이미 구사량을 대신하여 공덕사가 되어 있었으므로 좀처럼 그가 바라는 허가를 획득하기는 어려웠다. 그와 엔닌측의 노력이 부족하였던 것은 아니었다. 엔닌은 841년과 845년 사이의 4년간에 그 스스로 공덕사에게 100회 이상이나 편지를 썼으며 고국에 돌아가는 것을 허락해달라고 탄원하였다. 또한 때로는 뇌물과 후원자의 영향력을 이용하였지만 모두 효과가 없었다.[41]

격화되고 있었던 불교 승려에 대한 탄압에 의하여 스스로의 활동을 좌절당하였던 외국 승려는 엔닌만이 아니었다. 물론 라트나칸드라의 예도 있고 더욱이 엔닌의 여행 동료 엔사이도 천태산에 있으면서 곤란한 문제에 직면하고 있었다. 843년 늦게 엔닌은 엔사이가 그의 제자 두 명을 일본으로 돌려보내는 것의 허가를 획득하였다는 것을 들었지만, 844년 이른 봄 엔사이는 스스로 장안에 가는 것의 허가를 구하였지만 완전히 실패하였다. 지방의 한 장교가 약을 가지고 수도로 갈 때 엔사이는 그에게 자신을 위한 허가를 받아와 달라고 의뢰하였지만 부탁을 받은 중국인 장교는 그 청원을 상주하는 것조차 허락되지 않았다.[42]

845년이 되자 남아 있던 불교승려에게도 사태는 악화되기 시작하였다. 엔닌은 일본으로 귀국하는 허가를 얻으려고 노력을 배가하였다고 생각된다. 그것은 이때 공덕사에게 서한을 보내어 환속되는 것을 원하며 그 결과로서 귀국이 허락되기를 희망하였지만 이 청원에 대해서조차 어떠한 조치도 이루어지지 않았다. 그러나 드디어 그해 5월 13일에 엔닌과 이쇼오의 이름이 사부의 문헌을 갖고 있지 않다는 이유로 환속되어야 하는 자성사의 승려 39명의 공식적인 목록 가운데에 끼게 되었다.

외국 승려에 대한 이 결정을 알게 되고서 엔닌은 조속히 출발의 준비를 시작하였다. 공식적인 명령이 내려지기 직전에 그는 다음과 같이 기록하고 있다.

…… 나는 문헌을 묶고 써두었던 불경과 신앙상의 교리서와 만다라를 모두 꾸렸다. 책과 의류는 모두 4개의 큰 포대에 합쳤다. 그 다음 3마리의 나귀를 구입하여 나에 대한 결정을 기다렸다. 나는 환속하는 것을 아쉽게는 생각하지 않는다. 나는 이로 인하여 써두었던 불경을 가지고 돌아갈 수 있게 되는 것만을 생각하였다. 불교는 칙명에 의하여 배척되고 있다. 내가 여러 주와 도독부를 통과할 때 만일 불경의 보따리가 발각된다면 칙명에 따르지 않았다고 비난받을 것이 두렵다.

실제로는 엔닌이 직접 종교적인 화물을 나르는 데는 커다란 문제가 일어나지 않았다. 그의 중국인 친구들은 모여서 그가 짐을 싸는 것을 도와주었고 그밖의 여러 가지 원조를 아끼지 않았기 때문이다. 이교오의 장례에 참가하였던 사람들 중의 한 명으로 환속하였던 한 승려가 동쪽으로 향하여 회하로 유입되는 변하 가까이에 있는 현재의 개봉(開封), 당시의 변주까지 일본인들을 수행할 것에 자청하였다. 그리하여 엔닌은 "그의 의지가 상당히 확고한 것을 보고 그의 청원을 꺾지 않았다"고 하였다. 자성사에 남아 있던 승려 가운데 한 사람은 송별 식사에서 흰 박달나무 궤와 불상을 일본인에게 주고 절의 관리들은 다음과 같은 철학적인 인사를 그에게 말하였다.

……예전부터 지금에 이르기까지 구법의 사람들은 실제로 여러가

지 곤란을 경험하여왔습니다. 우리들은 귀 승려들이 어떻든 안전하기를 기원합니다. 이러한 곤경에 처하지 않았다면 귀 승려는 고국에 돌아갈 수 있는 방법도 없었을 것입니다. 우리들은 귀 승려들이 본래의 희망에 따라 성스런 가르침을 가지고 함께 고국에 돌아가게 된 것을 기쁘게 생각합니다.

14일 이른 아침, 즉 그들이 환속과 추방의 명령을 받았던 다음날 일본인들은 거의 5년 동안 그들이 익숙하게 머물렀던 사원을 뒤로 하고 여권을 받기 위하여 수도의 주청 소재지인 경조부로 갔다. 거기서 그들은 같은 목적으로 와 있는 "서방 출신의" 7명의 승려와 만났다. 주의 관리들은 수도지역과 동해를 연결하는 사이에 있는 두 성을 통과하는 데 필요한 문서를 건네주었다.

다음날 아침 일본인들은 주청 정부의 관리에게 호위를 받으며 시내의 두 개 현청 가운데 하나인 만년현(萬年縣)으로 갔다. 도중에 그들은 후원자였던 양(揚)이라는 이름의 중국 고관에게 이별의 인사를 나누기 위하여 들렀는데 그는 송별 음식으로 떡과 차를 주었다. 현청에서 엔닌은 또한 이전의 궁중 승려로 지금은 양의 집에 머무르고 있는 인물로부터 "이별의 인사로 가득 찬" 슬픈 편지를 받았다. 두 명의 다른 환속한 저명한 승려가 엔닌을 방문하였다. 또한 그의 후원자 이원좌는 조카와 함께 왔다. 이들의 충실한 친구들은 일본인들에게 깎은 머리를 감추는 모피로 만든 모자를 사주었고 절에 돌아와 그들의 화물에 대해 걱정을 해주었다.

같은 날 밤 엔닌과 두 명의 수행인은 호위를 받으며 멀리 동쪽을 향하여 시로부터 제일보를 내딛었다. 이원좌와 환속한 승려의 한 사람은 그들을 따라 시의 문 밖까지 가서 거기서 그들을 송별했다. 양은 사람을 보내 편지를 전해 왔다. 편지에는 "귀 승려의 제자인 나는 귀 승려가 지나는 주와 현에 있는 나의 옛 친구인 관리들에게 편지를 보냈으며 나 자신의 필적으로 된 5통의 문서를 보내드립니다. 만일 귀 승려가 이들의 편지를 가지고 가면 그들은 귀 승려를 잘 도와줄 것입니다"라고 기록하였다.

절에서 자주 엔닌을 방문하였던 적이 있고 그에게 양모의 윗도리와 바지와 비단 약간을 주었던 적이 있는 다른 관리가 자식과 함께 와서 떠나가는 일본인들에게 "비단 2필, 차 2근, 동전 2관 및 도중의 인물에게 보낸 2통의 편지"를 주고 엔닌 자신에게도 편지를 주었다. 일본 승려들의 후원자인 한 상인은 사람을 보내어 일본인 일행에게 "비단 1필, 양모 1단 및 1천 문"을 주었다. 그외의 사람들도 일본인들을 쫓아와서 "조금이라도 더 머물러 계십시오"라고 하면서 이별을 아쉬워 하였다.

이원좌와 양이 보낸 사람은 더욱 일본인들과 이별하는 것을 아쉬워하며 시의 2, 3리 동쪽까지 와서 시외에서 처음 그들이 휴식하였던 곳에서 일본인들과 함께 하룻밤을 지냈다. 여기서 이원좌는 엔닌에게 기꺼이 단자 10필, 향내 나는 흰 박달나무의 붓, 불상이 들어 있는 백단의 궤 2개, 향료함 1개, 5개로 뾰족한 은으로 된 금강공이(번개를 상징하는 밀교의 도구) 1개, 엔닌이 앞서 서술하였던 모피 모자 2개, 후에 일본 황제에게 바친 은문자로 쓰여진 『금강경』 1권, 부드러운 신발 1짝 및 동전 2관을 송별인사로 주었다. 그는 또한 엔닌의 옷과 가사를 갖고 싶어하면서 "그것들을 집에 갖고 돌아가 여생 동안 긴 향을 피우고 공양을 바치고 싶다"고 하고 그것들을 받아갔다. 그의 송별사는 특별히 감동적이었다.

귀 승려의 제자는 아득히 멀리서부터 불법을 구하러 왔던 귀 승려의 눈에 들 수 있어서 수년간 귀 승려를 공양할 수 있었던 것이 생애에서 가장 행복하였습니다. 그러나 나의 마음은 만족을 모르니 귀 승려와 영구히 이별하는 것을 희망하지 않습니다. 귀 승려는 통치자에 의하여 지금 이 고통스러움을 만나 귀 승려의 고국으로 돌아가게 되었습니다. 귀 승려의 제자는 아마 다시 이 세상에서는 귀 승려를 볼 수 없을 것이라고 생각합니다. 그러나 빠른 장래에 여러 부처의 정토에서 내가 오늘 그렇게 한 것처럼 다시 귀 승려의 제자가 되게 해주십시오. 귀 승려가 부처의 과업을 성취할 때 언제나 귀 승려의 제자를 잊지 말아주십시오.

다시 길을 떠나다

다음 날 아침 일본인 일행은 19명의 다른 승려와 함께 여행을 계속하게 되었다. 그들 중에는 "장안 출신으로 양친, 형제, 자매 모두가 살아있는" 20세의 젊은이가 있었다. 그는 신라승의 수행자였는데 탄압이 시작되었을 때 신라인으로 위장하여 관헌의 눈을 속이고 환속하지 않았다. 그러나 이제 하늘의 조화가 그의 몸에 내려 그는 자신의 주장과 친족의 소리 높은 울음소리에도 불구하고 신라로 국외추방되는 운명이 되었다. 그러나 이 젊은이는 일행이 아침 일찍 출발하기 전에 모습을 감췄다. 그의 행방은 저녁이 되기까지 발견되지 않았다. 바로 호위병이 그를 체포하기 위하여 보내졌지만 장안의 주청에서는 도망자를 계속 수색하라는 통보가 되어 돌아왔다.

가짜 신라인에게 그후 어떠한 사태가 일어났는지 엔닌은 결국 알 수가 없었다. 왜냐하면 그와 나머지 일행은 다음날 이동을 개시하였기 때문이다. 도중의 마을과 시에서 엔닌은 받았던 소개장을 제시하자 그가 만났던 적어도 3명의 관리들로부터 1단 내지 2단의 베를 받았다. 어떤 시에서는 수도에서 엔닌의 옛 후원자였던 한 명의 관리가 있는 곳으로 찾아갔다. 그는 이제는 유유자적하고 있었다. 그는 엔닌에게 비단 1필, 배띠, 가벼운 웃옷 및 양모의 웃옷을 주었다. 엔닌이 시를 부득이 떠나야 하게 되었을 때 이 사람은 마지막 이별을 고하기 전에 말을 타고 일행이 시에서 5마일 정도 벗어날 때까지 엔닌을 전송하였다. 서로 차를 마신 후 이 중국인은 짧은 송별의 말을 하였다.

······불교는 이제 이 나라에서는 존재하지 않습니다. 그러나 불교는 동쪽으로 향하여 흘러가고 있습니다. 예전부터 그렇게 말해졌습니다. 나는 귀 승려가 무사히 고국에 도착하여 거기서 불교를 펼치는 데 최선을 다하도록 염원합니다. 귀 승려의 제자는 귀 승려에게 몇 번이나 눈에 띄는 행운을 가졌습니다. 오늘은 이별을 합니다. 지금의 세상에서는 아마 다시 보지 못할 것입니다. 귀 승려가 불과를 달성하였을 때 귀 승려는 귀 승려의 제자를 마다하지 않기를 기원합니다.[43]

제7장 불교탄압 259

　거의 1개월의 노정을 허비하고 일본인들은 변주에 도착하였다. 그곳에는 엔닌이 편지를 제시하였던 2명의 관리가 있었다. 이중 한 명은 매우 우호적이어서 변하를 건너는 여행의 처음 단계에서 배를 빌려주었다. 그후로 일본인은 스스로 배의 임금을 지불해야 했다. 9일 후 그들은 사주에 도착하였다. 그러나 이 시에서부터 강을 가로질러 있던 마을의 불친절한 현지사는 그들이 원래 생각하고 있었던 강을 따라 초주로 가는 여행을 계속하는 대신에 거기서부터 바로 대륙을 횡단하여 양주로 가라고 명령하였다. 그러나 양주에서는 시의적절한 뇌물이 효과를 발휘하여 그들은 다시 초주로 향하는 대운하로 돌아갈 수 있었다. 초주에는 7월 3일에 도착하였다.[44)]

　초주에서 일본인은 바로 그들의 옛 친구로 신라인 통역인 유진언과 신라방의 총독 설전(薛詮)을 방문하였다. 이 두 사람의 영향력으로 인하여 일본인들은 일본행 배를 기다리기 위하여 거기에 머무르는 허가를 시내에 있는 현청에 신청하였다. 그러나 관리는 규정을 근거로 하여 "이 주에서 당신들은 해상으로 나갈 수 없으며 당신들은 칙명에 따라 보내져 왔기 때문에 우리들은 당신들을 여기에 머무르게 할 수 없다. 단 당신들은 등주의 변두리까지 가서 그곳에서 배를 타고 귀국할 수 있다"고 하였다.

　일본인들은 이제 길고도 고생스런 산동반도 끝부분까지의 여행을 희망하지 않았다. 유진언과 설전은 현청의 관리들을 달래어 그들의 결정을 바꾸도록 최선을 다했지만 뇌물도 효과가 없었다. 이에 다시 그들은 상급 관청인 주청이 현청의 명령을 변화시키도록 공작을 하였지만 이 또한 헛수고가 되었다. 현청에서는 "이곳은 국무대신 이신이 관할하는 영역이다. 만일 칙령에 따라 보내진 사람이라도 하루나 이틀 체류가 길어진 자가 있으면 칙명을 위반하게 된다"고 들었다.

　그러나 현청의 관리들은 일본인들을 북쪽이든 남쪽이든 그들이 좋아하는 방향으로 보내줄 것을 신청하였다. 엔닌은 이제 "더 이상 할 말이 없다"는 것을 인식하였으므로 북쪽을 향하여 다른 신라인 친구가 있는 산동으로 가는 것을 선택하였다. 이에 필요한 서류가 만들어지고 정부의 고용인들이 일본인들의 길을 호위하도록 명령되었다. 정부의 고용인들은 관리라기보다도 뇌물에 약하여 300문으로 일본인들의 출발을 3일간 늦추는 것에 동의하였으므로 피로한 여행자들은 유신언의 집에서 쉴 수가 있었다.

엔닌은 그들의 앞에 인구가 적은 지방의 "마음 나쁜" 사람들이 있을 것임을 깨달아 만일 그가 법률에 위배되는 종교적 초상과 불경을 갖고 있는 것이 발각되면 어떠한 두려운 사태가 일어날지도 모른다고 걱정하였으므로 불경, 종교화, 법의의 네 포대 모두를 유신언에게 맡겨두기로 결정하였다. 그러나 그리고나서도 아직 그의 짐은 총독 설전에게서 받았던 3벌의 신발과 유신언에게서 받은 비단 9필, 신라실 10타래, 신발 5짝 그외의 많은 필수품 등으로 두툼해져 있었다. 엔닌은 또한 도중의 신라인에게 보냈던 유신언의 편지를 갖고 있었다.

3명의 일본인은 초주를 지정된 날에 출발하여 회하를 조금 내려간 연수현(漣水縣)으로 갔다. 여기서 유신언이 편지 한 통을 써준 신라방으로 들어갔는데 6년 전 엔닌이 처음 산동의 적산원에서 만났던 최(崔)라는 사람이 있는 곳에 연락이 가기까지는 냉담한 대접을 받았다. 최는 엔닌이 도중에 휴대하도록 자신의 이름을 써주었고 일본으로 향하는 귀국준비가 완료되었을 때 연수로 그를 방문한다면 그의 배에 태워 귀국하도록 주선하겠다고 말하였다. 그러나 이 무렵 최는 번영의 절정에서 점차 사그러들어 분명히 당시에는 그의 배를 잃어버렸다고 생각된다. 그러나 그는 적어도 일본인을 위하여 지방의 신라인과 관리들 사이의 중재가 될 수 있었음에 틀림이 없다. 관리들은 일본인 일행을 불쌍하게 생각하여 그들에게 차와 음식을 권하고 만일 지방의 신라인들이 그들의 중재자로서 정식으로 인정된다면 일본인들이 일본행 배를 기다리는 동안 신라방에 체류하는 것을 찬성하였다. 아마 최의 영향에 의하여 총독을 비롯 그외의 대부분도 요구되었던 것에 찬성하였지만 그들의 일부가 일본인들을 들이는 것에 반대하였으므로 결국 신라인들은 필요한 서약서를 만드는 것을 거부하게 되었다.

현의 관리들은 일본인들이 그 지방의 한 절에서 다시 3일간 체류를 연장하는 것을 허가하고 최가 그들의 비용을 부담하였다. 다음으로 지방정부 발행의 새로운 문서와 최가 준비하였던 배와 휴대품이 마련되었으므로 엔닌과 일행은 다시 회하를 내려가 그 하구에 가까운 주청의 시인 해주로 향하여 출발하였다. 최는 이별사에서 "귀 승려의 제자는 귀 승려를 모시고 이곳으로부터 당신의 나라까지 갈 수 있기를 희망하였습니다. 그러나 중간의 일족이 반대하고 정식 문서의 기한도 다 되었으므로 나의 노력은 수포로 돌아가고 나의 청원을 이룰 수 없었습니다. 가을을 지나면 나는 다시 등주로 가려고 생각합니다. 거기서 귀 승려를 뵙는 즐거움을 얻겠습니다"라고 하였다.

해주에서는 일본인들은 다시 한번 번거로운 이유를 붙인 체류허가의 마지막 신청을 하였다. 그들은 현청에 다음과 같은 문서를 제출하였다.

    일본 조공사절단의 배들은 이곳에 상륙하여 이곳으로부터 일본으로 돌아갑니다. 우리들 엔닌과 일행은 사절단과 함께 중국에 머물렀는데 이제 고국에 돌아감에 당연한 경유지로서 이곳에서 출발하려 합니다. 이곳은 해안이므로 고국으로 가는 배를 보기까지 이 현에서 잠깐 체류하게 해주기를 삼가 신청합니다.

현지사는 그러나 해주의 주지사가 이미 수도에서 추방당한 신라승의 같은 청원을 거절하였다는 선례가 있기 때문에 이 탄원서를 승인할 수 없다고 지적하였다. 다음날 일본인은 직접 주지사에게 탄원하였지만 그의 매정한 답장은 "당신들은 칙명에 따라 보내져왔다. 주청 정부는 당신들을 머무르게 할 수 없다. 당신들은 이것을 주지하기 바란다"라는 것이었다.[45]

다음날 일본인들은 북쪽의 등주로 향하여 긴 대륙 횡단의 여행에 지친 걸음을 내딛게 되었다. 1개월여 후에 그들은 등주에 도착하였다. 거기서부터 그들은 동쪽으로 문등현을 향하여 갔고 이 현으로부터 그들 스스로의 청원에 의하여 그들의 옛 고향인 적산원에서 그리 멀지 않은 연안에 소재한 신라에 관한 사항을 취급하는 사무소[勾當新羅所]로 향하였다. 여기서 그들은 예전의 친구로 후원자인 압아(押衙) 장영(張詠)에게 정중한 환영을 받았다. 그는 "문등현 지방에 있는 신라인들의 사무를 관장하는" 직책으로 사정을 듣고 다음과 같이 말하였다.

    ……귀 승려가 이곳을 떠날 때부터 지금에 이르기까지 나는 귀 승려에 대하여 어떠한 소식도 듣지 못하였습니다. 그리고 마음으로

귀 승려가 이미 일본으로 돌아갔을 것이라고 생각하였습니다. 나는 귀 승려가 다시 여기에 나타나게 되리라고는 생각하지 못했습니다. 다시 눈으로 볼 수 있는 것은 대단히 불가사의한 것입니다. 귀 승려의 제자는 귀 승려를 매우 그리워했습니다. 나의 관할하에 있는 동안은 귀 승려에게 아무 일도 일어나지 않도록 노력하겠습니다. 그저 안심하시고 휴식을 하십시오. 아무것도 걱정할 것은 없습니다. 나는 귀 승려가 귀국하기까지 매일 귀 승려에게 저녁식사의 공양을 나 스스로 준비하고 싶습니다. 어쨌든 충분히 쉬시고 수면을 취하십시오.[46]

장영은 일본인의 도착을 현청에 알리고 사태에 대한 설명을 전형적인 관용문구를 써서 다음과 같이 기술하였다.

우리들은 문등현으로부터 문서를 받았습니다. 그것에 의하면 "두 명의 일본 승려 엔닌과 이쇼오는 각각 경조부의 문서를 휴대하고 있는 것이 인정되며 칙명에 따라 그들의 고국에 보내질 것인데 도중 이 현에 보내져왔다. 그들은 상주하여 신라에 관한 사항을 취급하는 사무소에 가서 거기서 음식을 구하여 그들의 생명을 부지하고 일본에 도항하는 배를 기다리며 귀국의 길에 나갈 것을 탄원하고 있다"는 취지가 기록되어 있습니다. 그들은 현재 이 지역에 있습니다.

10일 후 재확인의 답신이 와서 "승려들을 자유롭게 하라. 만일 일본으로 향하여 도항하는 배가 있다면 그들의 판단에 맡겨 행해도 좋다"고 통고하였다. 엔닌과 제자는 수도를 떠난 이후 거의 4개월이 되서야 겨우 안전하게 머무를 수 있는 피난처를 발견하게 되었다.

이것은 물론 엔닌의 국외 추방의 마지막을 알리는 것은 아니었다. 왜냐하면 그는 아직 중국의 땅을 밟고 있었는데 나머지 이야기는 특히 외국 여행자들에 대한 관리들의 조치 중에 현재에도 자주 일어나는 어리석은 모순을 적고 있다. 일본인들이 장영의 거처에 머무르고나서 몇 개월 후에 그들은 이미 국외추방이라는 죄목을 받고 있었지만 이제 새로운 칙령이 다시 그들의 이동을 제한하게 되었다. 티베트 승려가 장안에서 추방되어 고국으로 돌아가는 도중 유명한 부처의 손가락뼈의 근원지인 봉상에 머물렀다. 여기서 그곳의 절도사는 이 인물을 돌보아주는 허가를 얻었으므로 승려는 세계의 지붕인 그의 출신지에 돌아가야 할 필요가 없게 되었다. 이 칙령은 이 한 명의 티베트 승려에 대하여 봉상의 절도사가 취한 특별한 호의의 계산된 결과였다고 말할 수 있다. 그러나 이것은 다른 마찬가지의 경우처럼 국외 추방중의 외국승려에 대하여 어떠한 조치를 취해야 할 것이가라는 문제를 제기하게 되었다. 아마 장영은 자신의 객승들과 관련된 이러한 의문을 해결하기 위해서 지방의 주청 정부에 그의 객승들에게 여권을 발행해주도록 신청하였다. 그러나 의논 끝에 관리는 "이것은 칙명의 본의에 반대된다. 우리들은 그들에게 관의 통행증을 줄 수 없다"고 답하였다. 엔닌과 일행은 이제 완전히 번잡한 중국관리들의 행정사무의 와중에 빠져들게 되었다. 한편의 칙령이 그들을 국외추방으로 끌어들였다면 다른 편은 그들을 산동에 남아 있도록 하였다.[47]

주청의 박해

그러나 이러한 불유쾌한 사태는 적어도 엔닌이 불교탄압의 종언을 확인하는 데 충분한 만큼 오랫동안 중국에 머무르게 하는 것이 되었다. 그는 장안으로부터 양주 특히 초주 그리고 마침내 산동으로 향하였던 긴 여로와 그의 오래 지속된 체류를 통하여 대탄압이 이제 일시적이고 지역적으로만 이루어지는 일이 아님을 확인할 수 있었다. 예를 들면 회하 연안의 사주에서 보광왕사(普光王寺) 대사원의 운명에 대하여 알게 되었다. 1년 이상이나 전에 엔닌은 이 유명한 사원에서 부처의 손가락뼈에 대한 제사가 금지되었던 것을 서술하였는데 이제 그는 "그 재산, 금전 및 노예는 모두 정부에 의하여 몰수되고 사원은 황폐해져 누구도 참례하러 오지 않았다. 주청 정부는 칙명에 기초하여 그것을 파괴하였다"는 것을 발견하였다.[48] 며칠 후 양주에서 엔닌은 다음과 같이 기록하였다.

우리들은 …… 시의 승려가 그들의 머리를 싸고 출신지로 귀송되는 것을 보았다. 모든 사원은 파괴되고 그들의 금전, 재산, 종 등은 정부에 의하여 몰수되었다. 최근 칙명의 문서가 도달하였는데 그것에 의하면 나라 안의 청동과 철의 불상은 모두 파괴하여 무게를 재서 "소금과 철의 관리소(塩鐵司)"로 넘겼다. 그리고 그에 대한 기록이 만들어져 천자에게 보고하게 되었다.[49]

엔닌이 그의 종교적인 화물을 초주의 신라인 유신언에게 맡긴 것은 나라 안에서도 그 곳이 특히 탄압이 격렬하였음을 보여주는 것이다. 그는 후에 유신언으로부터 모든 불구를 소각하라는 칙명이 내렸다는 것을 들었다. 그리고 이 칙명을 위반한 자는 "법률이 허락하는 한 극형에 처한다"고 특별히 지시되었다. 신라인들은 그들의 불교적 휴대품을 모두 소각하고 엔닌의 '두 가지 커다란 태장계와 금강계의 만다라' 한 권도 태웠다.[50]

등주에서 엔닌은 다른 칙명이 "주나 현의 정부는 금 도금한 나라 안의 청동 불상으로부터 금박을 벗기고 중량을 계산하여 그것을 천자에게 헌납하라"고 하는 명령을 전하는 것을 알게 되었다. 등주에 대하여 또한 그는 다음과 같이 기록하고 있다.

…… 이곳은 변두리의 장소이지만 승려에 대한 속박, 사원의 파괴, 불경의 금지, 불상의 파괴, 모든 사원의 재산몰수는 수도와 다를 바가 없다. 특히 그들은 불상으로부터 금박을 벗기고 그것의 무게를 쟀다. 얼마나 야비한 짓인가! 나라 안의 청동, 철, 금의 불상에 대하여 어떤 제한이 이루어졌다는 것인가! 그리고 칙명에 준한다는 이유로 모든 것은 파괴되고 엉망으로 변하여 버렸다.[51]

장영이 그들을 위하여 마련하였던 은거지에서조차 일본인들은 탄압의 더욱 진행된 결과를 직접 눈으로 볼 수 있었다. 그들은 다시 한번 적산원에 머무를 것을 희망하였지만 이제 그것이 관헌에 의해 "칙명에 기초

제7장 불교탄압   265

하여" 파괴되어 머무를 수 있는 건물은 하나도 남아 있지 않음을 발견하였다. 장영의 집은 언제나 "관용의 손님"으로 가득 하였기 때문에 일본인들은 보다 조용한 장소를 희망하였으므로 장영은 드디어 그들을 이전에는 승원의 재산이었던 한 칸의 집으로 옮겨주었다. 여기서 그들은 적산원에서 온 이전의 신라인 친구 한 사람을 만났다. 이 지금은 환속한 승려는 일본에 수년간 머무렀던 적이 있어서 때때로 그 길을 통과하는 일본인 상인을 위하여 통역으로 봉사하고 있었다.[52]

따라서 엔닌은 산동반도의 끝에서 비교적 한적한 생활을 보냈는데 이 기간에도 또한 탄압 일반에 대하여 보다 상세한 사정을 알게 되었다.

최근 칙령이 있었는데 "환속하여 돌아간 나라 안의 승려들이 입던 검은 옷은 모두 모아서 각각의 주청과 현청에 의하여 소각되어야 한다. 관리들이 …… 그들의 권력을 이용하여 그들의 개인 집에 승려를 숨겨주고 비밀리에 승려들이 검은 옷을 걸치게 될까 염려된다. 이들은 용서없이 몰수하여 소각해야 한다. 그리고 그것을 황제에게 보고해야 한다. 만일 소각한 후에도 다시 검은 법의를 걸친 승려가 있다든지 승려를 숨겨준 자가 있으면 그들은 칙명에 의하여 사형에 처할 것이다"라고 하였다.

주와 현은 칙명에 기초하여 시와 향에 "승려의 의복을 모아 그것을 소각하기 위하여 주와 현에 모두 보내라"고 알렸다.

또한 다른 칙명이 내려져 나라 안의 사원에 있는 진귀한 것, 보물, 보석, 금은은 주와 현이 몰수하여 천자에게 바치도록 명령하였다.

더욱이 다른 칙명이 있어 나라 안의 모든 사원의 승려 사용하였던 동으로 된 도구류, 종, 큰 솥, 병 등은 각 주의 소금과 철의 정부관리인에 의하여 정부의 창고에 모아져 기록되어 황제에게 보고되어야 했다.

중국의 승려는 당연히 궁핍하다. 전국 이르는 곳에서 그들이 환속하여 세속의 생활을 해나감에 입을 옷이 부족하고 먹는 음식이 부자유하였다. 그들의 극도로 곤궁하여 추위나 기근을 견딜 수조차 없었다. 거기서 그들은 향이나 촌에 들어가 사람의 재산을 훔치니 그들의 비행은 한이 없었다. 주와 현이 체포한 사람들은 모두 환속한 승려였다. 이 이유 때문에 제한을 받아 환속한 승려에 대한 감시의 눈은 한층 엄격하게 되었다.53)

엔닌은 그러나 적어도 중국의 한 지방에서는 탄압이 그다지 격렬하지 않았음을 알게 되었다. 일기에서 그 자신이 탄압의 결과를 모아 기록할 때 황하 북쪽의 4도독부, 산서의 동남쪽, 노부와 북중국 평원의 다른 3지역에서는 예외였던 것을 기술하고 있다.

…… 그곳에서 불교는 언제나 존경되었다. 사람들은 사원을 파괴하지 않고 승려는 규제되지 않았다. 그리고 불교는 조금도 혼란되지 않았다. 칙사가 조사를 와서 몇 번이나 그들을 벌주려고 하여도 그들은 말하였다. "만일 황제 스스로 와서 절을 파괴하고 불경을 소각한다면 그렇게 할 수 있을 것이다. 그러나 우리들의 손으로 그것을 할 수는 없다".54)

엔닌이 드디어 불교의 천적인 무종이 죽었다는 것을 들었던 것은 바로 산동에서였다. 이 경축할 만한 사건은 846년 3월 23일 일어났다. 엔닌은 21일 늦게 그것을 들었다. 동시에 그는 황제가 "육체의 조직이 노쇠해졌기" 때문에 죽었다는 소문을 들었다. 아마 도교로 개종하였던 그가 마신 "불로불사"의 약 탓일 것이다. 무종의 숙부로 그의 계승자인 선종(宣宗)은 이듬해 연호를 대중(大中)으로 개원하기에 앞서, 즉위 후 거의 바로 그의 조카의 사업을 멈추게 하였다.

엔닌이 알게 된 바에 의하면 846년 5월에는 대사면이 이루어지고 초주에서는 같은 달 22일에 그것이 선언되었다고 한다. 엔닌에 의하면 대사면은 다음과 같은 결과를 가져왔다고 한다.

…… 나라 안의 각 주는 두 사원을 건설하고 절도부(도독부)는 세 사원을 건설하는 것이 허락된다는 칙명이 내려지고 각 절은 50명의 승려를 맞이하였다. 지난 해에 환속하여 돌아갔던 50세를 넘는 승려는 장로로서 불교교단으로 돌아가는 것이 허락되었다. 80세

에 이른 사람들은 국가에 의하여 동전 5관이 주어졌다. 3개월의 채식기간이 부활되고 이전과 마찬가지로 육식은 법에 의하여 이 기간에는 금지되었다.[55]

정부는 명확히 불교를 탄압하기보다도 "제한한다"는 평상의 관습으로 돌아갔다. 그리고 엔닌은 이미 **환속**되어 멀리 고향을 떠나 있었지만 이것을 듣고 마음으로부터 안도의 **환성**을 올렸음에 틀림이 없다.

제8장
중국의 신라인

 엔닌은 불교탄압이 끝나고 나서도 1년 이상이나 중국에 머물렀다. 그러나 이 기간에 그가 개인적으로 접촉한 사람은 중국인보다는 오히려 주로 신라인이었다고 생각된다. 이것은 그가 적산원에 머물렀던 초기의 체류기간과 비슷하다. 실제로 엔닌의 일기는 일본인의 중국 여행기였지만 그 전체 내용에 등장하는 인물의 수에서 중국인에 필적하는 것은 신라인이고 일본인의 그림자는 지극히 미약하다. 그런데 약 11세기 정도가 경과한 현재와 마찬가지로 이들 세 민족은 당시에도 세계의 한 부분을 차지하는 주요한 민족집단들이었다. 이 가운데 신라인이 차지하는 역할은 그다지 알려져 있지 않다. 그러나 우리가 엔닌의 일기를 보는 한 아마 가장 흥미로운 역할을 담당하는 것은 신라인임을 알 수 있다.

신라국

 당시 신라는 지리적으로나 언어적으로 그리고 어떤 의미에서는 문화적으로도 이미 오늘날과 같은 의미의 국가였다. 이것은 근대 세계의 가장 오래된 국가 가운데 하나라는 것을 의미한다. 사실 신라보다도 언어, 민족 및 국경면에서 보다 긴 연속성을 갖고 있던 단 하나의 동시대 국가는 중국뿐이다. 일본은 그 시대에 신라에 필적할 만한 민족적 동질성을 과시할 수 있는 다른 작은 국가들 중의 하나에 속한다. 분명히 유럽의 여러 국가들은 신라가 형성되고 나서 상당히 지난 후에야 겨우 세계지도 위에 현재의 경계선과 거의 유사한 모습을 나타내게 되었다.

한반도의 통일은 반도의 동남쪽에 있던 신라국에 의하여 최초로 달성되었다. 그리고 엔닌의 일기에서는 신라라는 이름으로 한반도 전체를 지칭하고 있다. 7세기 중엽 당나라는 여러 차례에 걸친 실패로 끝난 한반도 침략에 이어 다시 한번 반도를 침략하였다. 신라의 도움으로 당나라 군대는 663년에 한반도 서남부의 백제를 멸망시키고 668년에는 북방의 고구려를 멸망시켰다. 이 두 나라는 일본측으로부터 병력의 원조를 받았음에도 불구하고 이러한 운명을 맞이하였다. 당나라와 제휴하여 그 영주권을 인정받은 신라는 실질적으로 한반도 전체를 지배하게 되고 분열의 짧은 기간을 제외하면 정치적으로나 문화적으로 이후 한반도는 통일된 국가가 되었다.

신라는 918년부터 935년 사이에 새로운 왕조로 바뀌고 신왕조는 "고구려"라는 옛이름을 수정하여 "고려"라고 하였는데 서구세계에는 그 이름(Korea)으로 알려지게 되었다. 1392년 고려는 조선왕조에 의하여 계승되고 이 왕조는 1910년 마침내 일본의 식민지 지배를 받을 때까지 계속되었다. 668년부터 현재에 이르는 긴 기간을 통하여 한반도는 언제나 어떤 외국세력의 강한 영향력 아래 있었다. 즉 서쪽에는 강력한 중국의 역대왕조가 있었고 서북쪽에서는 우세한 유목민족들이 위협하였으며 더 근래에는 동쪽에서 일본이 위협을 가했다. 그 때문에 현재도 이들 세 방면으로부터 한반도에 정치적·군사적 압력이 가해지고 있는 것은 결코 새로운 사실이 아니다. 그러나 자신의 왕조나 외국 지배자들의 변천에도 불구하고 한반도는 뚜렷하게 하나의 민족으로 확고한 통일체로서 1,200년 이상이나 지속해왔다.

고대에는 한국이 중국문화의 최초의 승계자였으며 일본이 한반도를 점령하기 전까지 중국의 정신적인 전통에 가장 밀접하고 충실한 신봉자였다. 세계사의 중요한 한 단계, 즉 고대문명의 중심지로부터 그 문화가 인접지역을 향하여 침투해가는 시기의 최초 단계에는 중국문명이 주로 한반도를 통과하여 일본으로 옮겨졌다. 특히 일본보다 밀접하고 친밀하게 중국과 접촉하고 있었으므로 한반도인들은 이 기간에 일본인보다도 매우 선진적인 문화를 갖고 있었다. 그러나 이들 두 나라에 대한 중국문명의 영향은 지중해문명이 북유럽의 여러 나라에게 서서히 문화적 성장을 주었던 것에 비하면 너무도 급속하고 현저한 문화적 흥륭을 가져오게 했다.

신라인과 세계무역

엔닌은 우리들이 아는 한, 아마 중국으로부터 일본이 문화를 수입하는 최초의 시기에 마지막을 장식한 중요한 인물일 것이다. 그러나 그가 대륙에서 만났던 신라인들은 세계사의 새로운 그리고 더 극적인 국면에 참여하고 있었다. 즉 그들은 세계 해상무역 시대의 초기 단계에 참여하고 있었다. 이 시대는 우리가 현재 살고 있는 세계무역 시대의 시작이었음에 틀림이 없다. 인간은 아주 옛날에는 지중해나 다른 비교적 소규모의 물로 둘러싸인 바다를 지배하는 것에 머물러 있었지만 결국 서서히 가본 적이 없던 대양으로 나아가게 되었다. 이전에는 아시아의 남쪽 대양을 따라 소규모의 무역이 이루어졌다. 그리고 일찍이 2세기에 중앙아시아로부터 사람들이 바다를 건너 중국 남부의 변경지역에 와서 로마황제의 사절이라고 사칭한 적이 있었다. 그러나 당대(唐代)가 되기까지 세계적인 규모의 해상무역이 인류 경제를 본질적으로 수정할 정도로 성장하였던 것은 아니었다. 그러나 마침내 그것이 성장하게 되자 궁극적으로 그 경제구조를 통하여 정치적·사회적 생활도 수정되기 시작했다.

페르시아인과 아라비아인은 급속히 성장한 해상무역의 선구자였다고 생각된다. 그리고 아마 수세기 후에 인간이 바다를 지배하게 되는 중요한 발명이 고대 중국인들의 지식에서 힌트를 얻어 출현하였다. 즉 그것은 나침반의 탄생이다. 중국인 자신들은 해상무역의 초기에는 거의 중요한 역할을 담당하지 않았다. 그러나 중근동의 무역상인들이 멀리 인도를 넘어 혹은 남쪽으로 돌아 말라야 국경을 따라서 중국연안까지 왔던 무역이야말로 당나라 번영의 초석이 되었다. 따라서 중국인의 역할은 초기에는 수동적인 것이었지만, 당대의 비할 바 없는 번영이 없었다면 세계무역은 그렇게 일찍 출현하지 못했을 것이며 엔닌의 시대와 같은 위대한 양상을 나타내지 못했을 것이다. 다른 면에서 7세기로부터 13세기에 걸쳐 중국에서 일어났던 놀랄 만한 경제적·문화적 성장은 아마 이 외국무역 없이는 실현될 수 없었을 것이다. 그러므로 중국의 국내적 발전은 아마 세계의 해상무역을 발전시키는 데 도움을 주었고 동시에 중국의 발전 자체는 부분적으로 이 무역의 산물인 것이다. 여기서 우리는 다시 자주 말하는 계란이 먼저인지, 닭이 먼저인지 하는 인류발전의 전형적인 실례를 보게 된다.

당나라의 홍륭에 이어 수세기간의 엄청난 경제적 성장에도 불구하고 초기의 주요한 정치형태가 사회조직과 함께 그대로 살아남아 이 급속한 성장기의 마지막까지도 마치 항구적인 것처럼 확고하였던 것은, 중국의 전통적인 정치조직과 사회조직이 매우 뛰어난 수준과 안정성을 보존하였던 결과이다. 이 경제적인 혁명 결과의 일부로서 더 극단적인 사회적·정치적 변혁을 처음으로 이루게 하는 역할은 이후 세계무역에 참가한 나라들에게 남게 되었다. 십자군이나 마르코 폴로에 의하여 유럽반도의 상대적으로 빈곤하고 뒤떨어진 사람들이, 아시아의 위대한 나라들로부터 서쪽을 향하여 뻗어온 문명의 풍부함과 찬란함에서 무엇인가를 배울 수 있었던 대양무역에 참가한 결과였다. 이 무역상품의 유통에 따른 부차적인 영향은 서서히 유럽에 도달하였다. 그러나 그 결과는 세계 한 부분의 불안정한 봉건사회에서는 대단히 획기적인 것이었다. 급속한 변화와 불안정이라는 마찬가지의 상황은 일본의 봉건사회에서도 일어나 일본은 13세기의 세계무역에서 중요한 역할을 연출하기 시작하였다.

유럽의 경제성장과 그 결과인 정치적·사회적 변혁은 15세기부터 16세기에 걸쳐 서유럽 사람들이 그때까지 수세기 동안 존재하였던 세계해양무역의 주도권을 급속히 장악하게 되면서 더욱 심화되었다. 역사가가 이때부터를 근대 서양의 시작이라고 생각하는 것은 옳다. 그러나 더 광범위한 세계사의 입장에서 보자면 근대의 시작을 당대 세계무역 발전의 시기에서 구하고 이 세계무역에 유럽인이 참가한 것을 근대의 중요한 시대구분의 시작으로 보는 것도 어떤 의미에서 타당성이 있다. 또한 현재 아시아의 정치적·사회적 대변동이 오래 지체되었던 것도 이 세계해상무역 시대 가운데 다른 중요한 시대구분의 시작을 의미할 것이다.

엔닌은 중국에 체류하고 있는 동안 세계무역의 주요 흐름과 약간의 간접적인 접촉을 하였다. 당 후반기에 당시 중국의 2대 무역항인 양주와 광동에는 중근동 무역상인의 커다란 사회가 존재하고 있었다. 의심할 바 없이 이덕유의 권유에 따라 양주의 서상각(瑞像閣)을 중수하기 위하여 동전 1천관을 기부하였던 페르시아 사람들은, 그 시에서 중근동 무역상 사회에 속한 개인이든가 혹은 공식적인 대표단이었음에 틀림없다. 그들 자신은 분명 불교도가 아니었을 것이다. 그러나 유능한 사업가는 어느 나라에서나 그러한 것처럼 지방의 당국자와 좋은 관계를 유지하기 위해 자선적인 기부가 효과적임을 알고 있었다. 현재의 인도차이나 동남아에 있던 참파(占婆)국 사람들은 누각을 위하여 동전 200관을 기부하였는데 그들은 조공사절단의 일행이었을 것이다. 그러나 그들도 역시 그들 고국의 연안에서 중국으로 향하는 강력한 무역의 조류를 타고 양주에 왔던 상인이었는지 모른다.[1]

중국의 신라 상인들 사이에서 엔닌은 세계무역의 주류와 접촉하였던 것은 아니지만 이 중요한 측면의 흐름을 만나고 있었다. 중근동의 무역상들은 양주보다 동쪽이나 북쪽으로는 가지 않았다고 생각된다. 그 대신 이 지점에서 신라인들은 알려진 세계의 동쪽 끝까지 무역의 발을 내딛었다. 엔닌이 우리에게 알려준 바에 의하면 중국 동부, 신라 그리고 일본 사이의 무역은 대부분 신라 출신자들의 손에 의하여 장악되었다고 생각된다. 여기 세계의 동쪽 끝에 위치한 비교적 위험스런 해역에서 신라인들은, 서쪽 끝의 평온한 지중해 연안에서 상인들이 그 주변영역에 하였던 것과 같은 역할을 연출할 수 있었다. 이 점은 상당히 중요한 역사적 사실이면서도 그 시대에 관한 공식적인 역사 교과서나 이들 자료에 기초한 현대의 책자에서는 이에 실질적으로 아무런 주의도 기울이지 않았다.

궁중의 신라인

당대 장안은 지리적 규모와 인구에서 일찍이 지구상에 존재하였던 가장 거대한 제국의 중심지였다. 백만을 넘는 인구를 가진 수도에는 자연히 유럽을 제외하고 당시 알려진 세계의 모든 지역으로부터 상당히 많은 외국인이 방문하였다. 유럽은 당시 야만인의 침략에 의해 다른 문명지역으로부터 부분적으로 고립되어 있었다. 실제로 해마다 아시아의 모든 지역으로부터 대규모의 사절들이 중국의 수도에 왔다. 그리고 장안은 유라시아대륙 횡단무역로(소위 실크 로드)의 동쪽의 주요 종착역이기도 하였다. 무종이 일소하였던 대규모의 네스토리우스파 그리스도교도(경교도), 조로아스터교도 및 마니교도의 사회는 아마 거의 중앙아시아와 근동의 사람들만으로 구성되었을 것이다. 그리고 그들은 장안의 외교적이고도 상업적인 매력에 끌려 이곳에 오게 되었다.

중국의 수도 거리를 왕래하는 외국인들 중에 많은 신라인들이 섞여 있었던 것은 결코 놀라운 일이 아니다. 실제로 엔닌의 일기와 다른 많은 역사적인 자료는 신라인들이 거기에 머무는 외국사람들 중에서 가장 많았고 다른 외국인들보다도 철저하게 중국인들의 생활에 들어가 그들 자신의 활동을 하였다는 인상을 준다. 정복된 백제와 고구려의 황족과 궁정인들 중 상당수가 중국으로 연행되어왔다. 당나라의 후원으로 신라가 반도의 통일을 달성하게 되자 신라에서 장안으로 가는 조공사절단의 지속적인 파견이 이루어졌다. 때로는 한 해에 한 번 이상의 사절단이 파견되었다. 그리고 703년에서 738년까지 36년간 45회 이상의 사절단이 파견되었다고 생각된다.[2]

이들 사절단에는 그들에 비하여 그다지 빈번하지 않았던 일본의 사절단과 마찬가지로 종종 궁정인, 황족의 젊은 세대 학자와 승려가 수행하였다. 이들 중 어떤 사람은 여러 해 동안 중국에 머무르면서 그 중 몇 사람은 관리등용 시험에 합격하여 중국의 관계에 진출하였고 다른 많은 사람은 근위병에 지원하였다. 아마 대다수의 신라인은 늦든지 이르든지 고국에 돌아갔다. 그러나 어떤 사람은 남아서 중국에 영주하였다. 그리고 이들 가운데 몇 명은 중국 황제의 신하로서 인상적인 경력을 남겼다.

신라 출신의 여러 인물 중에는 당 왕조의 역사에 공식적인 전기가 덧붙여질 정도로 유명해진 사람도 있었는데 그중 가장 뛰어난 자가 고선지(高仙芝)였다.[3] 747년 이 신라인은 1만 명의 중국군대를 이끌고 파미르 고원과 힌두쿠스 산맥을 넘어 인더스 강 상류지역에 이르러 중앙아시아의 중국인 대군주에게 대항하였던 티베트와 서쪽에서 침략해 온 아라비아인들을 격파하는 데 성공하였다. 이 원정군은 때로는 15,000 내지 16,000피트의 고지를 넘고 2,000마일 이상의 사막지대를 횡단하여 중국 세력의 판도를 넓혔던 역사상 최대의 놀랄 만한 군사상 업적을 이루었다. 불행하게도 고선지는 이러한 명성과 더불어, 751년 중국에서 멀리 떨어진 중앙아시아의 산악지대, 현재는 소비에트령 투르키스탄에 해당하는 탈라스에서 아라비아인들에게 패배하였던 장군으로도 알려져 있다. 이것 역시 역사상 중요한 날짜의 하나이다. 왜냐하면 이것은 중국세력이 오랫동안 쇠퇴하는 조짐이었으며 중앙아시아 지대를 이슬람교도들이 정복하는 전주곡이기 때문이다. 그때까지 이 지역은 중국 황제의 영토였고 정신적으로는 부처의 가르침이 지배하던 곳이었다.[4] 중국으로 유학을 갔던 많은 신라 승려들도 또한 영주하는 이민자가 되었다. 그리고 몇 사람은 중국 불교계의 유명한 인물이 되었다. 위대한 중국의 불교인이며 불교경전의 번역자인 의정(義淨)은, 671년 스스로 페르시아 배를 타고 양주에서 인도로 항해하고 24년 후에 바다를 통해 광동으로 돌아왔는데, 그는 그 자신의 시대와 그 직전에 인도로 여행하였던 56명의 승려들에 관한 기록을 남기고 있다. 이 중 적어도 7명의 인물은 중국인이 아니라 신라인이었다. 의정의 후에도 다른 신라인들은 이 위험한 여행을 계속하였다. 예를 들면 1908년에 유명한 프랑스 학자 파울 펠리오트(Paul Pelliot)는 723년경 해로로 중국에서 인도로 건너갔다가 6년여 후에 중앙아시아의 길을 통하여 돌아왔던 신라 출신의 승려 혜초(慧超)의 여행기 단편을 발견하였다.[5]

이들 9명의 성공한 신라인 순례자에 비하면 이른 시대에 대단한 위험을 무릅쓰고 부처의 고국에 여행한 일본인은 겨우 한 사람만이 알려져 있다. 이 인물은 타카오카(高丘) 친왕(親王)으로, 어릴 적에는 일본 황실의 후계자로 지목되었으나 후에 강등되자 승려가 되어 엔닌의 유명한 선배인 쿠카이의 제자가 되었다. 세월이 흘러 862년에 이미 70대가 되었지만 완고한 친왕은 중국을 향하여 출발하고 3년 후에는 장안에 도달하였다. 거기서 그는 엔닌의 이전 여행동료인 엔사이를 만나고 그의 도움으로 인도행의 허가를 획득하였다. 866년 우물쭈물하는 그의 측근자들을 뒤에 남기고 단신으로 광동에서 성스러운 나라를 향하여 출항하였다. 그리고 그의 소식은 목적지에 도달하기 전 말라야 주변 어딘가에서 사라져버리고 이후 망각되었다.[6]

많은 신라인들이 중국의 수도에 밀려들었으므로 엔닌이 거기서 그들 중 몇 명과 만났던 것은 당연한 일이다. 실제로 엔닌이 서술한 구체적인 인물 중에서 그의 후원자로 궁중의 관리요 좌신책군 장교인 이원좌(李元佐)만이 유일한 신라 출신자였으며, 비록 간단하긴 하지만 여러 명의 다른 신라 승려에 대해서도 다루고 있다. 예를 들면 불교탄압이 시작되자 구사량이 그의 관사에 소집한 장안 동반구에 머무르고 있던 외국 승려 21명 가운데 10명은 신라인이었음이 분명하다. 비교적 많은 신라 승려가 시내에 있었던 사실에 대한 다른 자료는 엔닌이 우리에게 알리는 이야기 중에 신라 승려의 젊은 중국인 제자가 그 자신이 신라 사람인 것처럼 교묘하게 행동하였는데 결국은 신라로 돌아가라는 판결을 받았다는 사실에서도 알 수 있다.[7]

엔닌은 또한 장안과 중국 북부의 다른 지역에 살던 여러 명의 신라인을 만나거나 소문을 들었다. 적산원의 주지 법청(法淸)은 엔닌이 처음 그와 만나기 전에 이미 30여 년이나 중국의 수도에 머무르고 있었으며 이 신라 승려사회의 다른 성원들도 장안과 오대산을 여행하고 있었다. 태원부 근처 사원에서 엔닌은 7세기에 수도에 살았던 신라 승려에 얽힌 지방 전설을 들었다. 전설에 의하면 이 신라 승려와 후에 교단의 사부 중 한 사람이 되었던 중국 승려는 유명한 불교여행가 현장의 제자로 경쟁하였다. 신라 승려는 현장이 특별히 중국인 제자를 위하여 어떤 경전에 관해 행하는 강의를 숨어서 청강하였다. 그리고 이 신라 승려는 경쟁상대를 제치고 바로 대중을 모아 이 경전에 관하여 스스로 강의를 시작하였다. 그러나 현장은 기가 꺾여 있는 제자에게 신라 승려가 알지 못하는 다른 전승을 알려주며 격려하였다고 한다. 그리고 엔닌에 따르면 이 중국 승려는 이 변두리의 사원에 와서 간계한 신라 승려가 들어오지 못하는 장소에서 마음놓고 자유로이 경전을 강의하였다고 한다.[8]

엔닌은 중국에서 신라사절단과는 전혀 만나지 못하였다. 그러나 다른 방법으로 두 번 사절단과 직접·간접으로 접촉을 갖게 되었다. 839년 적산원에서 그는 중국에서 신라로 돌아가는 30명 이상의 사절단 일행과 만나 새로 즉위한 그들의 왕에 대한 소식을 들었다. 847년 이른 봄 신라로 돌아가는 사절단 일행이 무종을 위하여 약간 뒤늦은 추도의식을 한다는 것과 특히 당나라 황제가 신라왕에게 다시 봉토를 준다는 정보를 들었는데, 그들은 엔닌의 신라인 후원자 장영이 엔닌을 위하여 일본으로 돌아가는 배를 마련해 주는 것을 저지하였다. 엔닌은 또한 등주에 있는 신라방과 청주의 한 사원과 그 시의 서쪽 예천사에 있는 신라 승원에서 신라와 중국 사이에 사절단이 왕래하였던 증거를 보았다.[9]

이미 다루었듯이 등주에는 발해 숙소가 있어서 아마 만주의 동부 제국에서 왕래하던 사절단의 편의를 제공하였던 것 같다. 발해 백성은 후에 중국 만주인 황제의 선조가 되었던 퉁구스족이었다. 그리고 신라인과 마찬가지로 이 시대에는 그들의 북쪽 변경에서 대당제국의 작은 모형을 만드는 데 분주하였다. 발해에서도 일반인과 승려들이 중국으로 유입되었다. 자연히 엔닌도 그들 중 몇 명을 만났다. 그가 청주에 도착하기 전날 "황야에서 발해의 사절단이 수도로부터 고국으로 돌아가는 것을" 보았다. 그리고 며칠 후에 청주에서 엔닌 자신은 발해의 왕자가 마련한 채식요리 공양에 참석하였다. 이 사람은 아마 이 사절단 일행에서 낙오된 사람이었을 것이다. 오대산에서 엔닌은 레이센이 죽은 뒤 그의 충실한 발해 출신 제자가 바친 찬사의 시와 비문을 발견하였다. 엔닌이 이 만주의 왕국에 대하여 말한 가장 놀랄 만한 사실은 839년 가을에 "발해의 상선"이 산동반도의 돌출부 근처에 닻을 내렸다는 기사일 것이다. 그러나 보통 신라인에 의해 지배되었다고 생각되는 이 해역에 만주의 배가 모습을 나타냈다는 엔닌의 언급은 단 한 번밖에 없었다.[10]

연안의 무역상

많은 자료가 중국의 사원에 있던 신라 승려와 당나라 황제에게 봉사하였던 신라 궁정인과 군인들에 대해 언급하고 있지만 중국의 동부연안에서 엔닌이 발견하였던 번창한 신라 무역상 사회에 대해서는 약간의 힌트밖에 주지 않는다. 그러한 힌트의 하나로 엔닌과 동시대의 위대한 시인 백거이(白居易)가 지은 시를 발견하면 조금도 남김없이 구입하던 신라 상인에 관한 기록이 있다. 다른 하나의 힌트는 엔닌의 체류 기간 중 중국에서 출간되었다고 생각되는 당대의 유명한 화가들에 관한 책자 가운데 발견된다. 이 책자에는 약 4, 50년 전 초주와 양주 지방에서 당시 어떤 화가가 그렸던 "수십 점의 그림을 좋은 가격으로 사서" 이것을 신라에 갖고 간 한 신라인의 기사가 기록되어 있다.[11] 그러나 이러한 단편적인 기사는 엔닌이 중국에서 신라인의 활동에 대하여 언급한 내용과 함께 읽을 때 비로소 충분한 의미를 갖게 된다.

신라인 무역상 사회는 산동반도 남안 일대와 회하 하류 일대를 따라 집중되어 있었고 그들을 합치면 신라와 대당제국의 중심을 연결하는 자연적인 수로가 형성되었다. 중국과 그 동쪽 인접국가 사이의 무역에서 주요 종착장은 분명히 초주였다. 즉 그곳은 전략적으로도 대운하와 회하를 연결하는 중요한 지점이었다. 거기에서는 대양으로 출항하는 배가 양주에서 오는 작은 선박을 만날 수 있으며, 남쪽으로 양자강의 조직망을 통하여 회하와 변하의 상류로 배를 띄우면 서쪽으로 수도지역까지 갈 수 있었다.

이미 서술한 바와 같은 초주에는 거대한 신라조계가 있고 신라인 총독이 신라방의 행정을 관장할 정도였다. 신라인 사회의 규모를 말하는 다른 하나의 사실은 839년 봄 일본사절단의 신라인 통역 김정남이 초주에서 귀국하는 사절단을 위하여 9척의 배를 구하고 이것을 운항할 60명의 신라인 선원들을 고용할 수 있었다는 것이다. 이들 중 몇 명은 초주에서 회하를 따라 조금 내려간 곳에 있는 연수현(漣水縣)의 마을에서 왔다. 엔닌이 845년 이 마을을 처음 방문하였을 때 이 마을도 그들 자신의 총독이 관할하는 신라방을 이루고 있음을 발견하였다.[12]

엔닌은 그가 방문하였던 중국의 다른 마을이나 시에서는 신라인 조직에 대하여 아무것도 다룬 바가 없다. 그러나 그는 많은 신라인들이 회하의 하구로부터 연안을 따라 북쪽으로 산동반도의 돌출부까지 살고 있었던 것을 명확히 지적하였다. 이들 사회 중 최대집단의 하나가 적산원 가까이에 있었음에 틀림없고 그곳은 신라에서 중국에 도착한 배가 정박하는 지점이며 동시에 그곳으로부터 중국의 연안을 떠나 고국으로 향하는 항해에 들어서는 지점이기도 하였다. 이곳 신라승원은 신라인 거주자가 29명으로, 언덕 위에 높이 세워져 있어서 중국과 신라 사이에 가로놓인 황해를 수호하고 있었으며 이 절 주위에는 엔닌의 후원자 장영이 관할하는 많은 신라인 일반 민중이 살고 있었다.

적산 법화원의 신라인 사회는 중국연안에 이주하였던 신라인의 일부에 지나지 않았다. 예를 들면 8월 15일 엔닌은 승원에서 신라의 민속명절이 시작되는 것을 보았다. 이 행사에는 그 지방주재의 신라인이 모두 참가하였다. 엔닌에 의하면 그들은 이때 수제비와 떡을 장만하고 흥겹게 노래를 부르거나 춤을 춘다고 하였다. 이 분위기에 움직여져서 엔닌은 다음과 같이 기록하였다. "그들은 온갖 음식을 마련하여 노래하고 춤추고 악기를 울리기를 3일간 밤낮으로 그치지 않았다. 이제 이 적산원은 그들의 고국에 대한 생각으로 가득찼고 오늘은 이 축제를 행하였다." 이 명절은 엔닌이 이해한 바로는 신라가 발해에게 대승리를 거둔 것을 기념하는 행사였다. 실제로 그 날은 한반도에서 신라가 최후의 경쟁상대였던 고구려를 멸망시킨 기념일이었다. 그러나 엔닌의 말에도 이유가 없는 것은 아니다. 왜냐하면 고구려 군대의 잔존한 도망자들이 발해를 건설한 종족과 그후 합세하였기 때문이다.[13]

엔닌은 때때로 적산원의 일반인 수에 대해서도 다루고 있는데 그 규모는 겨울철에 승원에서 이루어진 『법화경』에 관한 법회에 출석하였던 불교 신자의 수에 의하여 가장 잘 알 수 있다. 이 법회는 엔닌이 알리는 바에 의하면 대부분 신라어로 이루어졌고 신라사원의 관습에 따랐으며, 마지막 이틀 동안 250명 내지 200명을 상회하는 대중이 모였는데 엔닌 일행의 일본인 4명을 제외하면 모두 신라인이었다.[14]

연안을 따라 있는 신라인 사회는 결코 이것만은 아니었다. 일본사절단의 배를 수선하기 위하여 현재의 청도(靑島) 서남쪽의 장소로 돌아갈 것을 신라인 선원들이 강력히 요구하였던 것이나, 엔닌이 신라인 통역 김정남의 도움으로 같은 장소에서 사절단의 배를 뒤로 하고 연안의 개인집에 몸을 숨기려 했던 계획은 모두 그 지역에 상당 규모의 신라인 조계가 있었음을 말한다. 그 때문에 엔닌이 탔던 사절단의 배가 청도의 동북연안에 왔을 때 작은 배에 탄 한 명의 신라인이 방문하고 계속해서 신라인을 따라 지방의 관리가 방문하였다. 연안을 따라 서남쪽으로 약간 항해해 내려가자 일본인들은 말과 당나귀를 타고 연안에 접근한 30명 이상의 신라인 일행의 방문을 받았다. 후에 그 지방의 수비관이 스스로 신라인 배를 타고 와서 신라인 통역을 통하여 일본인들과 절충하였다. 엔닌은 통역을 통하여 일본 승려들이 안전하게 연안에서 머무를 수 있는지를 물었다. 대답은 긍정적이었지만 결국 교섭의 결과는 아무 것도 없었다. 여기에도 역시 거대한 신라인 사회가 있었다는 것이 명확하며 수비관 자신도 앞서 연안지대에서 만났던 장영과 마찬가지로 아마 신라인이었을 것이다.[15]

이들 연안의 신라인들이 말과 당나귀를 소유하였던 것과 후에 엔닌이 반도를 여행하였을 때에 일행이 되었던 적산 신라인 사회의 한 명이 짐마차를 소유하고 있었던 것은 이들 신라인들이 단순한 해상의 이동자가 아니라 오히려 항구적인 거주자였다는 것을 말한다. 이 결론은 엔닌과 일행이 일본사절단과 이별하고 회하의 북하구에 상륙하였을 때 만났던, 산동에서 초주로 목탄을 수송하는 짐꾼들에 대한 엔닌의 말로도 증명된다. 이 짐꾼들은 자신들이 신라 출신이라고 주장했으나 더 이상은 말하지 않았다. 그들이 신라인이라 말한 것은 엔닌 일행이 자신들도 신라인이라고 속였기 때문일 것이다. 일부의 신라인은 다시 내륙으로 옮겨가 농부가 되었다고 여겨지는데 그것은 일본인들이 같은 날 바다에서 언덕을 넘어 어떤 마을에 도착하였을 때 한 신라인 집에서 겨우 휴식할 수 있었기 때문이다. 그리고 일본인들의 어설픈 위장은 곧 그 마을의 장로에 의하여 폭로되었는데 그들이 하는 말이 신라말도 아니며 중국말도 아니라는 것이 발각되었기 때문이다.

신라인 무역상들은 주로 회하 하류지역의 마을이나 산동 남안을 따라 살고 있었지만 그들은 의심할 바 없이 중국의 다른 많은 부분에서도 그들의 교역활동을 넓히고 있었다. 여러 차례 엔닌은 신라배 혹은 신라인이 소유하거나 운행하였던 배에 대하여 기록하고 있는데 그 배들은 양주를 방문하고 더욱이 양자강 남쪽의 여러 항구에도 모습을 나타냈다. 양주에서 엔닌은 중국인 일행 가운데 한 명의 신라인과 만났는데 그는 일찍이 일본연안에 난파되었다가 부득이 일본에 장기간 체류하게 되었으므로 일본말을 잘 이해하였다. 또 엔닌은 내륙의 장안에서 초주로부터 온 신라인들을 만났다. 한 사람이 엔닌의 친구 유신언의 편지를 갖고 843년 이른 봄 엔닌을 찾아왔다. 유신언이 수도에 있는 엔닌에게 보냈던 다른 두 번의 서한 중 하나도 초주의 신라인 한 명이 가져왔다.[16]

적어도 중국연안에 있던 신라인 사회는 상당한 정도로 치외법권의 특권을 향유하고 있었다. 유사한 사실이 중국 동남안의 마을들에 있던 회교도 사회에도 해당되었다는 것이 알려졌다. 그들은 자치가 허락되어 그들 자신의 사건은 그들 자신의 관습에 따라 처리할 수 있었다. 따라서 신라 무역상들이 마찬가지의 자치권을 인정받았다 해도 놀랄 것은 없다.

초주와 연수에서 신라인 자치의 단위는 물론 신라방이고 그 책임자는 총관이었다. 신라인 통역은 이들 사회에서 총관에 다음 가는 고관이었다고 생각된다. 왜냐하면 원래 이 직책에 있었던 유신언이 수년 후 초주의 신라방 총관의 직책에서 물러난 설전의 후계자가 되었기 때문이다. 적산 사회에서는 직책과 관명이 약간 달랐다. 장영은 지방의 신라인 통역이었을 뿐 아니라 신라조계의 수령이기도 하였다. 그의 주된 호칭은 등주의 수비관[押衙]이었다고 생각된다. 그리고 그의 관사는 "신라에 관한 사항을 취급하는 관사[勾當新羅所]"라고 불렸다. 엔닌에 의하면 그는 등주현 지방의 신라인들만이 아니라 신라사절단도 관장하는 역할을 맡았다. 설전과 장영의 관명이 다른 것은 아마 각각의 관할 지역이 한편은 도시이고 다른 편은 연안지대인 때문일 것이다. 그럼에도 불구하고 두 사람은 대등한 지위에 있었다고 보여진다. 왜냐하면 엔닌은 설전이 동십장(同十將)이라는 극히 흔적은 희미하지만 원래 군사적인 색채를 띤 명예의 호칭을 가졌던 것을 알리고 있으며 장영도 또한 산동지방의 도독부에서 "칙명의 동십장"이었기 때문이다.[17]

중국에서 신라조계의 자치는 엔닌이 839년 중국 관헌에 의해 일본으로 강제 귀국하게 되었을 때 연안의 신라인들 사이에서 그 자신과 일행을 위한 피난처를 찾으려 하였던 주된 이유였고 허가증 없이 상륙하였을 때 신라인으로 위장하여 통과하려고 시도했던 이유도 되었다. 이것은 또한 엔닌이 어떻게 장영의 비호를 받으며 중국에 머무를 수 있었는지를 설명하는 이유이기도 하다. 가령 신라인들이 일본인들을 그들의 치외법권 사회의 일원으로 기꺼이 받아들인다면 중국 당국도 귀국하는 일본사절단의 일행으로 그들이 오래 중국에 체류하지 않을 것이라고 여겨 분명히 이 사실을 묵인하였을 것이다.

몇 년 후 다시 마찬가지의 상황이 일어났을 때 연수현의 관리들은 만일 지방의 신라인 사회가 일본인들을 정식으로 그들 일원으로 인정하는 서약서를 제출한다면 환속한 일본 승려들이 그곳에 머무르는 것을 허가하는 데 찬성하였다. 그러나 신라인 무역상의 치외법권적 특권에는 몇 가지 제한이 있었다. 초주에서는 신라인 사회가 엔닌과 일행을 공식적으로 인정했음에도 지방의 중국인 관리들은 여전히 그들이 머무르는 것을 거부하였다.[18]

중국의 동부연안을 따라 있는 신라인들의 영향력에는 한계가 있었지만 이들 연안을 벗어난 해역에서는 의심할 바 없이 그들의 지배권이 우선하였다. 엔닌이 중국연안에서 만났던 많은 배들은 중국과 일본 사이의 무역에 종사하였다. 그러나 이 배들을 움직이는 자의 대부분은 중국인도 아니며 일본인도 아니었다. 이 배들의 소유자와 많은 선원들의 국적은 분명히 확인할 수는 없지만, 엔닌은 이 중 여러 척의 배와 여러 명의 무역상이 분명히 신라인이라고 지목하였다. 그들이 등장하는 이야기의 전후 상황으로 판단해 보면 아마 대부분 신라인이었으리라고 생각된다. 이것과 대조적으로 엔닌은 국제무역에 종사하던 중국인은 겨우 한 명만을 언급하고 있는데 더욱이 그가 탔던 배는 3명의 신라인을 태우고 있었으며 그 중 한 명이 배의 소유자이거나 선장이었던 듯하다. 엔닌은 또한 국제무역에 참여하였다고 생각되는 4명의 일본인에 대하여 서술하고 있다. 이들 중 한 명은 양자강 남쪽 명주(明州), 현재의 절강성 영파(寧波)로 그의 배를 타고 갔다. 다른 3명은 그 중 한 명이 광동으로 간 것을 제외하고 명주에서 귀항하기 위하여 국적불명의 배에 고용되어 탔다.[19]

엔닌의 일기도 다른 자료와 마찬가지로 일본인들이 동아시아의 해상무역에서 신라인들과 경쟁하기 시작하였다는 것을 보이지만 그들의 도전은 아직 미약했다. 비록 일본견당사의 관료주의적인 비효율과 혼란을 인정한다고 해도 일본선을 타고 이루어진 엔닌의 중국 도항과 이후 산동 북쪽연안의 항해와 일본견당사의 비극적인 항해의 기록은 후에 신라배들이 여유있게 산동연안을 몇 번이나 왕복하다가 드디어 엔닌을 일본으로 돌려보냈던 속도와 뛰어난 기동력에 비하면 두드러진 대조를 보인다. 당시 신라인과 일본인 사이의 항해기술상의 차이는 다른 하나의 사건에서도 잘 알 수 있다. 즉 일본견당사는 그들 일행의 안전한 귀국을 위하여 60명의 신라인 선원을 고용하였다. 원래 견당사의 배들 각각에 배속되었던 신라인 통역의 역할도 이러한 점에서 간과할 수 없다. 이들은 상륙 수속에서 외교적으로 매우 유용하였을 뿐 아니라 엔닌 자신이 중국 도항의 모습을 전한 바에 의하면 배 위에서도 중요한 항해 기술자였기 때문이다.[20] 동아시아에서 제해권을 신라인이 장악하였던 시기는 실제로 제한되어 있었지만 어쨌든 엔닌의 시대에는 아직 신라인들이 세계의 이 부분에서 해상을 지배하고 있었다.

장보고(張寶高)

장영과 설전 같은 인물이 어떤 의미로는 중국에서 신라 영사와 같은 역할을 하였지만 그들을 바로 신라 정부의 대표라고 보는 것은 잘못일지도 모른다. 그들은 중국 정부에 대해서는 공식적인 지위를 가질 수 있었지만 그들 자신의 고국 정부에 대해서는 그렇지 못했기 때문이다. 장영은 아마 설전과 함께 신라왕에게 봉사하는 대신에 사적인 신라 상인으로 비할 바 없이 위대한 모험가요 무역왕이었던 장보고의 대리인으로 있었다고 생각된다. 이 인물의 이름은 중국과 일본의 공식적인 역사에도 신라의 연대기에서와 마찬가지로 몇 가지의 다른 형태로 등장하고 있다.[21] 그리고 엔닌의 일기에서는 개인으로는 등장하지 않지만 자주 엔닌의 많은 신라인 친구와 후원자의 주인으로서 그 배경에 나타나고 있다.

동아시아의 연대기들에서 장보고에 관한 여러 기사는 서로 모순되는 것조차 있다. 그러나 그의 생애의 대요는 명확하다. 그는 중국으로 이민간 신분이 불명확한 신라 출신으로 중국에서 재산을 모으고 회하 하류에서 장교로 근무하다가 결국 신라조계들 가운데 하나의 수령으로서 두각을 나타냈으며 엔닌의 시대에는 장영이나 설전처럼 반(半)군인적인 관리였다고 생각된다. 828년 부유하고 막강한 인물로 신라에 돌아와서 그는 신라 서남단의 완도(莞島)에 그의 근거지를 세웠다. 이곳은 지리적으로 중국으로부터 신라의 서안에 이르는 무역로와 반도의 서남단을 돌아 신라의 수도지역과 일본에 이르는 영역을 지배할 수 있는 요충에 위치하였다. 장보고는 중국에서 많은 신라인들이 노예 상인에게 유괴되어 중국으로 끌려가고 있는 것을 발견하고 신라에 돌아온 후 신라왕에게 노예 약탈로부터 연안지역을 지키기 위하여 수비관의 지위를 허락해 줄 것을 요청하였다. 왕은 이에 따라 그를 완도에 본부를 둔 청해진(淸海鎭) 대사로 임명하였다. 그리고 그에게 1만 명의 병력을 주었다고 전해지지만 이 점에 관해서는 진위가 의심스럽다.

아마 이러한 왕실의 총애로 인하여 그러나 더 근본적인 이유는 중국과 그 동쪽의 위성국들 사이의 이익이 많은 무역권을 장악하고 있었기 때문에 왕실의 특혜를 얻을 수 있었던 것은 의심할 바 없는 것이지만 그는 점차 신라의 정치에서 중요한 인물로 성장하였다. 837년 왕위 획득에 실패한 인물의 아들이었던 우징(祐徵)이 그의 호위를 요구하며 도망쳐 오자 그는 왕위 계승을 둘러싼 분쟁의 소용돌이 속으로 빠져들게 된다. 이듬해 우징의 아버지를 살해하고 그의 경쟁 상대를 왕위에 세웠던 사람들은, 그들 자신의 괴뢰 왕을 죽이고 그들 중 한 사람이 왕관을 빼앗았다. 우징은 자신의 아버지를 살해한 "암살자들과 함께 같은 하늘을 받들고 살 수 없다"고 선언하고 장보고에게 자신이 다시 왕좌에 오를 수 있도록 도와줄 것을 요구하였다. 공식적인 연대기 작가에 의하면 장보고는 『논어』를 인용하여 기운차게 확답하였다. "옛 성현이 말하기를, '바른 것을 보고 그것을 행하지 않는 것은 용기가 부족하기 때문이다'[22])고 하였습니다. 저는 아무 능력도 없지만 당신의 명령에 따르겠습니다." 그는 그의 군사 5,000명을 우징측에 배치하고 장영에게 그 지휘를 맡겼다. 장영은 장보고와 마찬가지로 중국에 이민하였던 신라인 후예이고 연수에서 곤경에 처했을 때 장보고의 도움을 받았던 인물이다.

장영은 믿기 어려울 정도로 물 속에 깊이 잠수할 수 있었다고 전해지는데 이번에는 육지에서 두각을 나타내 우징측에 합세하였던 다른 군인들과 함께 정부군에 대항하여 여러 차례 승리를 올렸다. 드디어 승기를 젼 군대는 수도를 점령하고 왕위 찬탈자를 죽였다. 그리고 839년 우징은 신라의 제45대 통치자인 신무(神武)왕으로 왕좌에 올랐다. 새로운 왕은 당연히 자신을 숨겨주었고 그의 승리를 결정적으로 가능케 하였던 장보고를 포상하여 그에게 군제상의 높은 직위와 2천 명의 식솔을 거느릴 수 있는 봉토를 주었다.

엔닌이 처음 장보고에 대하여 들었던 것은 장보고의 생애에서 이처럼 중대한 상황의 기간이었다. 우징이 왕위를 획득하려고 노력하고 있다는 정보는 중국에 도달해 있었고, 839년 이른 봄 귀국하는 일본 견당사의 일원이 그의 동료들에게 "신라는 장보고가 문제를 일으켜 현재 그와 전쟁중이다"고 지적하면서 산동연안 근처를 항해해 일본에 적대적인 신라의 연안에 가까이 가는 것보다는 회하의 하구에서 바로 일본을 향하여 대양을 횡단하는 편이 좋다고 주장하는 근거가 되었다. 몇 주일 후 엔닌은 산동의 신라인에게 장보고의 군대가 승리하여 그의 후보자를 왕좌에 올렸다는 정보를 들었다. 겨우 며칠 후 엔닌은 우징에게 "왕의 칭호를 수여하는" 중국 사절이 파견되었다는 것을 알았다. 장보고의 승리는 겨우 4개월 전에 이루어졌는데 그 소식이 신속히 중국에 도착하여 바로 중국 황제가 새로운 왕을 인정하였다는 사실은 신라와 중국을 연결하는 해상 통신망이 완비되어 있었다는 것을 말하며 중국인들이 이 해상로를 지배한 신라인 책임자에 대하여 경의를 표하고 있었던 것을 의미한다.[23]

적산 법화원에서 엔닌은 멀리 떨어져 있는 장보고의 직접적인 비호를 받은 셈이다. 그 이유는 장보고가 그의 배들을 정신적으로 보호하고 대리인들을 종교적으로 수호하기 위하여 이 절을 만들었고 매년 쌀 500석의 수확을 거둘 수 있는 토지를 기부하였기 때문이다. 이 절과 지방의 신라인 사회 전체를 관할하던 장영은 아마 근방의 다른 대부분의 신라인이 그러하였듯이 분명히 장보고의 지배하에 있었다. 예를 들면 수년간 일본에 머물렀으며 엔닌이 산동에서 두번째 머무르고 있는 동안 다시 만났던 이 절의 승려도 장보고의 배들 가운데 하나에 타고 일본에서 중국으로 돌아올 수 있었다.

엔닌이 "장보고에 의해 중국에 물품을 팔기 위해 보내졌던 대리인"으로 묘사하고 있는 최(崔)를 처음 만난 것은 839년 여름 적산원에서였다. 최도 역시 수비관의 칭호를 갖고 있었는데 신라에서 장보고의 배 두 척을 끌고 왔다. 그가 다음해 봄 양주에서 신라로 돌아가는 항해도 중 산동연안에 들렀을 때 엔닌은 그에게 극히 정중한 편지를 보내어 그의 덕택으로 적산원에서 승려들로부터 친절한 대접을 받았던 것을 감사하고, 일본인들이 원래 의도하였던 천태산으로 가려 했을 때 연수를 통하여 남쪽으로 돌아가는 배를 빨리 제공하도록 조치하여 준 것을 감사하였다. 엔닌은 또한 최에게 그가 순례를 마치고 일본으로 돌아가려 한다는 것을 설명하고 그것은 "내년 가을경"이 될 것이라고 낙관적으로 추정하면서 그때 청해진으로 장보고를 방문하여 "그의 모든 사정을 설명하려" 한다고 전했다. 그는 최가 그의 부하와 배에 명령하여 귀국하는 일본인들을 특별히 배려해 줄 것을 요청하고 그들의 귀국에는 최만이 유일한 도움이 된다는 취지를 서술한 후 편지를 맺었다. 동시에 엔닌은 최를 통하여 장보고에게 보내는 편지를 다음과 같이 썼다. 그는 장보고에게 "대사(大使)"라고 존칭하고 있다.

저는 생전에 직접 각하를 뵈옵는 영광을 아직 갖지 못하였습니다만 각하의 위대함은 전부터 들어왔기에 저의 흠모하는 마음은 더욱 깊어만 갑니다. 봄이 한창이어서 이미 따뜻해졌는데 엎드려 바라옵건대 대사의 존체가 평안하시기를 빕니다.
　이 사람 엔닌은 각하의 무한한 은혜를 입고 끝없이 감사했습니다. 오랫 동안 가슴 속에 숨겼던 희망을 달성하기 위하여 저는 중국에 체류하였습니다. 용렬한 몸입니다만 위대한 행운에 은혜를 받아 저는 대사께서 발원하신 곳에 머물 수 있었습니다. 저는 이 대단한 행복감을 말로는 다 표현할 수가 없습니다.
　제가 고국을 떠날 때 지쿠젠(筑前)의 대수(大守)가 편지 한 통을 주면서 대사께 바치라고 했습니다. 그러나 갑자기 배가 바다에 침몰하면서 모든 물자를 유실했는데 그때 대사께 바칠 편지도 파도 속으로 가라앉았습니다. 이로 인한 슬픔을 하루도 느끼지 않은 적이 없습니다. 엎드려 바라옵건대 심히 책망하지 마옵소서.
　저는 언제 대사를 직접 뵈올지 기약할 수 없으나 대사에 대한 생각만이 날로 깊어집니다. 삼가 글을 바쳐 안부를 여쭈어봅니다.

개성 5년 2월 17일
일본 구법승 전등법사(傳燈法師) 위(位)
엔닌 올림.
청해진 장 대사 각하[24]

　장보고가 거대한 세력으로 성장하는 이야기는 그것에 이어지는 몰락의 이야기보다도 명확하게 알려져 있다. 한국측 연대기에 들어 있는 그의 전기는 신무왕이 그를 수도로 불러 국무대신을 삼고, 그의 충실한 부관 장영을 청해진에서 그의 후계자로 하였다고 간단히 기재하고 있다. 이 말은 신라인의 표현에 따르면 "그들은 그후 행복하게 살았습니다"라는 관용구에 지나지 않는다. 그리고 전기 작가들조차도 이 기술이 "신라측 기록의 내용과 매우 다르다"는 것을 인정하고 있다.[25] 이것은 아마 장보고의 최후를 전하는 다른 두 가지의 자료를 가리키는 것이리라. 이들은 장보고의 최후에 대해서 날짜나 상세한 내용에서는 일치하지 않지만 대개 그의 딸을 신라왕에게 결혼시키려는 노력과 관계된 유사한 몰락의 이야기를 알리고 있다.
　한편의 자료에 의하면, 신무왕은 왕좌에 오른 지 겨우 반년만에 사망하였는데 그의 자식인 후계자는 계속 장보고를 존경하여 "청해진 대사는……일찍이 짐의 성스러운 아버지를 도와 무력으로 이전 지배자들의 큰 잘못을 없애버렸다. 짐이 어떻게 그의 위대한 공헌을 잊을 수 있겠는가? 그 때문에 짐은 그를 청해진의 총독에 임명하고 그에게 관복을 수여한다"고 선언하였다. 그러나 845년 왕이 장보고의 딸을 두번째 왕비로 삼으려 할 때 대신들은 중국 통치자들의 경우를 들어 혼인의 중대함을 지적하고 왕의 그러한 조치를 멈추게 하였다. 대신들은 경멸적인 말투로 장보고는 "섬사람입니다. 어떻게 그의 딸이 왕족이 될 수 있겠습니까?"라고 결론지었다. 이 사소한 사건이 이듬해 장보고로 하여금 모반을 일으키게 하였다. 그때 황실 안은 두려움에 경악하였으나 염장(閻長)이라는 인물이 용감하게도 장보고를 한손으로 베어 그의 사체를 왕 앞에 가져오겠다고 하였다. 그리고 나서 염장은 모반자를 위장하여 장보고의 거처로 도망하였는데 장보고는 고집 센 인물이 자주 그러하듯이 완전히 이 방문자에게 속아 그를 명예로운 손님으로 대접하였다가

이 배신한 궁정인에 의하여 독을 마시고 암살되었다.[26]

다른 자료에 의하면, 우징은 장보고에게 피난하고 있던 무렵, 만일 그가 왕좌에 오르는 데 성공한다면 장보고의 딸을 그의 아내로 삼겠다고 약속하였다고 한다. 그러나 그가 일단 신무왕이 되자 장보고는 "적당치 않은 인물이기 때문에 그의 딸을 배우자로 하는 것은 왕답지 않다"고 주장하는 대신들에게 동의를 얻지 못하였다. 장보고가 이에 분노하여 모반을 일으킬지도 모른다고 두려워하였으므로 용감한 염장은 왕을 위하여 그를 죽이겠다고 스스로 자원하였다. 그는 청해진으로 가서 왕에게 원한을 품고 있다고 주장하며 장보고의 보호를 구하였다. 그러나 장보고는 대단히 노하여 염장이 딸의 황실 입궁을 방해하였던 집단의 한 사람이라고 비난하였다. 그러나 염장은 이 사건에 관하여 개인적으로는 다른 관료들에게 반대하였다고 설명하였으므로 장보고는 드디어 그를 받아들였다가 위에서 서술한 바와 같은 불행한 결과를 초래하였다.[27]

이 두 가지 이야기는 일견 양립하기 어렵다고 생각되지만 실제로는 그렇지 않다. 왕과 무역왕 사이에 혼인관계의 결성에 대한 동의가 처음에 우징에 의하여 이루어졌다는 것은 결코 있을 수 없는 일은 아니다. 또한 우징이 불시에 죽게 되자 장보고가 우징의 후계자에게 그 아버지가 하였던 약속을 실현하도록 압력을 넣었다는 것도 결코 생각할 수 없는 일은 아니다. 만일 장보고의 몰락이 신무왕의 죽음 전에 일어났다면 엔닌은 바로 840년 적산원을 떠나기 전에 그것을 들었을 것이다. 그러나 엔닌이 845년 여름 다시 연안의 신라조계에 돌아온 후에도 장보고에 대해서는 어떤 것도 기록한 바가 없다. 이것은 장보고의 죽음이 더 이른 시기에 이루어졌음을 시사한다. 장보고의 암살과 그 조직의 파괴는 아마 엔닌의 옛 친구 최를 신라에서 도망하여 연수로 돌아오게 했던 "정치적 곤란"이었을 것이다. 엔닌은 845년 연수에서 그를 발견하였다. 애석하게도 엔닌은 이 "정치적 곤란"이 일어났던 날짜를 명확히 기록하고 있지 않지만 그것은 대략 840년 봄에서 845년 여름 사이의 어떤 시기에 일어났음에 틀림이 없다.[28]

그런데 일본의 역사는 잃어버린 날짜를 상당히 믿을 만하게 보충하고 있다. 842년 봄 일본의 역사서는 북큐슈우에 염장이라는 신라인 대표가

와서 장보고가 죽었음을 전했다고 보고하고 있다. 그리고 그의 부관 중 한 사람이 모반을 일으켰다가 염장에 의해 진압되었다고 전하고 신라 당국은 모반의 잔당이 "그물망을 피하여" 일본으로 도망하여 혼란을 일으킬까 걱정하고 있다고 서술하였다. 그 때문에 염장은 일본측이 그러한 도망자를 숨기지 말고 장보고의 부하들로 이미 일본에 도착하였다고 알려진 자들을 모두 신라로 송환해 줄 것을 요청하였다.

이 요청에 대한 일본 황실측의 응답은 결코 호의적인 것은 아니었다. 일본인들은 염장을 신용하지 않았다. 그들은 염장이 일찍이 장보고의 부하였음을 알고 있기 때문이었다. 그리고 상인들이 어떤 교역상의 목적으로 전술적인 계획을 기도하고 있다고 느꼈다. 일본인들은 그가 가져온 서한의 형식에 대해서조차 적의를 보였다. 그리고 신라인 망명자들을 그에게 넘기는 것은 마치 "방황하는 불쌍한 동물들을 굶주린 호랑이에게 던져주는 것"처럼 느꼈다. 거기서 그들은 이 사건에 관해서는 망명자들의 자유의지에 맡긴다는 것을 결정하였다.

염장의 일본 방문은 물론 이들 망명자의 사건을 유명하게 하였다. 망명자들은 그들 자신을 "장보고의 지배하에 있던 섬사람들"로 묘사하고 841년 11월에 그들의 주인이 죽고 난 후부터 신라에서는 생명의 위험을 느꼈으므로 일본으로 왔다고 하였다. 그리고 그들의 소망은 일본에 머무르는 것을 허락받는 것이라고 하였다. 그러나 사건의 평판이 나빴기 때문이었는지 결국 그들은 고국으로 돌아가도록 명령을 받았다.[29]

장보고의 최후에 관한 우리들의 자료를 모두 종합해 보면 그는 841년에 죽었고 염장은 장보고의 죽음과 그의 조직의 파괴에 중요한 역할을 하였다고 결론지을 수 있다. 장보고를 몰락으로 끌고 갔던 정확한 과정이 어떠한 것이었든 그의 죽음과 그것에 이은 해상 무역왕국의 소멸은 중국, 신라 그리고 일본 사이에 놓인 공해(公海)에서 고조되었던 신라의 제해권이 사라져 가는 것을 의미한다.[30] 세계의 이 부분에서 대해를 옆에 낀 무역의 지배권은 서서히 중국인의 손으로 옮겨가기 시작하고 더욱이 수세기 후에는 서일본에서 간 무역상이나 해적[倭寇]들의 손으로 옮겨가게 된다.

제9장
일본으로 돌아가다

　장보고와 그의 해상왕국이 엔닌이 845년 산동으로 돌아오기 전에 소멸하였다 해도 세 명의 일본인 여행가들은 일본으로 귀국하는 데 거의 전적으로 신라인들에게 의존하였다. 그들은 적산 신라인 사회의 호의적인 수령 장영에게 음식과 숙박을 의존하였을 뿐 아니라 귀항에서도 그의 원조를 구하였다. 엔닌은 839년 산동연안에서 보냈던 불유쾌한 몇 개월간을 생각할 때 아마 다시는 그 해안을 보고 싶지 않았을 것이다. 그리고 수도에서 산동반도의 끝에 이르는 긴 도보여행 후에도 그는 의심할 바 없이 그곳에서 직접 일본으로 돌아갈 것을 기대하였음에 틀림없다. 그러나 문제는 그렇게 간단히 해결되지 않았다. 일본인들은 마침내 동쪽을 향하여 일본으로 출항하기 전에 부득이 산동연안을 올라갔다 내려오는 몇 차례의 여행을 해야 했다.
　장영의 부하 중 한 사람이 845년 9월 배로 초주에 파견되었을 때 엔닌은 유신언의 집에 맡겨 두었던 종교적인 휴대품을 갖고 와달라고 부탁했다. 2개월 후 친절한 장영은 그의 보호 아래 있던 일본인들에게 다음 봄에 그들이 귀국할 수 있는 배를 건조하겠다고 하였다. 엔닌은 이제 그들의 귀국이 초미의 급무임을 느꼈음에 틀림이 없다. 그러나 그의 희망은 곧 완전히 무산되었다. 장영은 일본인들을 위한 통행증을 거부당했다. 그것은 칙명이 외국 승려들의 더 이상의 활동을 금지하였기 때문이다. 그리하여 846년 1월 그의 부하는 불교에 대한 규제가 심하기 때문에 엔닌의 화물을 보낼 수 없다는 유신언의 답장을 초주에서 가지고 돌아왔다. 장영의 부하는 또한 엔닌을 찾아 중국에 왔던 2명의 일본

승려도 중국 관헌의 손에 환속되었다는 것을 보고하였다.[1]

　엔닌은 적어도 그의 화물만은 갖고 돌아가야겠다고 결심하고 2개월 후 장영을 설득하여 엔닌 자신의 수행인 테이 유우만을 초주로 보내 화물을 가져오게 하였다. 4월에 한 명의 신라 상인이 엔닌을 찾으러 왔던 쇼오카이(性海)의 편지를 갖고 도착하였다. 며칠 후 신라인이 양주로 돌아갔을 때 엔닌은 그를 통하여 산동에서 그와 합류할 수 있도록 쇼오카이를 초청한다는 편지를 보냈다. 6월에 엔닌은 초주의 신라방 총관 설전에게서 편지를 받았는데 그 편지는 테이 유우만이 산동으로 돌아가려 하며 신라인 여행자가 적산 지역을 떠난 지 20여 일만에 초주에 도착하였다가 양주로 들어갔다는 것을 알려왔다. 같은 달 늦게 테이 유우만이 돌아왔다. 불교탄압은 새로운 황제의 명령에 의하여 전달에 끝났으므로 테이 유우만이 엔닌의 화물을 갖고 돌아올 수 있었지만, 유신언이 맡아가지고 있던 "태장계와 금강계의 색깔이 훌륭한 만다라"를 모두 태워버려야만 했다는 것을 엔닌은 알게 되었다. 10월 초에 쇼오카이가 엔닌과 합류하였으므로 일본 승려 일행은 이교오가 죽기 전과 마찬가지로 4명이 되었다.[2]

　불교도에 대한 많은 제한이 이제 취소되었으므로 장영은 그의 일본 손님들을 그들 고국으로 돌려보내는 배를 건조하겠다는 계획을 다시 시작하였다. 846년 겨울에 배의 건조를 시작하여 847년 2월에 완성하였다. 그러나 하나의 새로운 실망이 엔닌을 기다리고 있었다. 신라로 가는 한 외국 사절단의 부사와 판관이 엔닌이 시사한 바로는 그들 자신을 위한 다른 배를 요구하였든지 혹은 단지 화가 났든지 엔닌의 계획 전체를 수포로 돌아가게 하였다. 엔닌은 다음과 같이 기록하고 있다.

　　……어떤 사람이 헐뜯어 말하기를 동십장(同十將)인 장영은 국가의 법률을 무시하고 외국에서 온 사람들을 돌려보내기 위하여 마음대로 배를 건조하고 있으며 천자의 사신에게 인사를 하지 않았다고 하였다. 부사와 다른 사람들은 이것을 듣고 분개하여 장영에게 국가의 법률을 따르면 여행자들에게 배를 제공하여 바다를 건너게 하는 것은 허락되지 않는다고 통보하였다. 장 대사는 감히 그들에게 반대하지 못했으므로 무둥현에서 바다를 건너 귀항하려던 우리들의

계획은 수포로 돌아갔다.[3]

만일 엔닌이 바로 귀국하려 한다면 그는 어디서든 배를 구해야 했다. 따라서 그는 일본배가 도착하였다고 전해지는 먼 남쪽의 명주로 갈 것을 결심하였다. 지방의 신라인에게 화물마차를 빌려 847년 윤3월 초에 출발한 일본인들은 연안을 따라 서남쪽을 향하여 가다가 마침내 현재의 청도 서남연안에서 목탄을 쌓은 초주행 배를 발견하였다. 역풍 때문에 일단 며칠간 정박해 있다가 바다에서 15일간을 보낸 후 배는 회하 앞바다에 도착하였다. 그러나 해상의 기후가 좋지 못해 바다로 나아갈 수 없었으므로 다시 오랫동안 지체하다가 결국 6월 5일이 되어서야 초주에 도착하였다. 여기서 이 무렵 신라방의 총관이 되어 있던 유신언의 특별한 대리인이 그들 화물을 돌보아주고 일본인들을 관청의 숙소에서 머물게 하였다.[4]

유신언의 정중한 환대에도 불구하고 초주에서 엔닌과 일행이 들은 정보는 실망스러운 것이었다. 일본배는 이미 명주로 출발하였다. 그러나 4일 후 다른 일본행 배가 도착하였다는 소식을 들었다. 승려들은 그것을 김진(金珍)이라는 신라인의 편지와 다른 두 명의 신라인 및 한 명의 중국인을 통해 알게 되었다. 이들은 5월 11일에 현재의 상해가 있는 양자강 하구에서 그다지 멀지 않은 소주(蘇州)로부터 온 배에 탑승하였던 사람들이었다. 청도 동북쪽의 산동연안에 이른 후 이 상인들은 적산에서 일본행 배를 기다리고 있는 일본 승려가 있다는 것을 알게 되었지만 운좋게 상인들이 연안을 출발하기 전에 한 사람이 승려들은 배를 찾아 남쪽으로 갔다고 알려 주었다. 상인들은 이제 만일 일본인들이 산동으로 돌아와 그들과 합류하려 한다면 그들을 기다리겠다고 제안하였다.

엔닌과 일행은 물론 이 기회를 펄쩍 뛰며 기뻐하였는데 운좋게 불과 9일만에 초주에서 산동으로 가는 신라배가 있음을 발견하였다. 유신언은 그들의 여행을 위한 준비를 해주었다. 그리고 장영의 동생과 딸과 전 총관인 설전과 함께 그들을 배웅하였다. 회하를 내려가 다시 연안을 따라 김진의 배가 정박하고 있던 장소까지 가는 데 7일간이나 걸렸다. 그러나 그들이 도착했을 때 상인들은 가버린 뒤였다. 후에 온 일본인들을 위하여 적산으로 오라는 전갈이 남아 있었다. 그러나 이번에는 저주스런 역풍이 오래도록 계속 불어왔다. 엔닌은 김진의 배가 그들을 태우지 않고서는 출발하지 않으리라고 판단하여 그의 종복 테이 유우만을 육로로 급히 적산에 보냈다. 이것이 일기에 등장하는 테이 유우만의 최후가 되었다. 아마 적산에서 선편을 잃은 그는 그대로 중국에 남게 되었을 것이다. 왜냐하면 우리들은 엔닌의 경쟁상대인 엔사이로부터 테이 유우만이 855년 다시 장안으로 가서 거기서 한 중국 승려에 의해 엔닌의 이전 종복임을 인정받았다는 사실을 알 수 있기 때문이다.[5]

기다리고 기다리던 순풍이 마침내 불어왔다. 그리고 엔닌의 배는 다시 연안을 출발하여 이튿째 되던 날 김진의 배를 찾을 수 있었다. 일본인들은 배를 바꿔 타고 다음날 적산에 도착하였다. 거기서 장영은 배에까지 인사를 왔고 후에 그들에게 이별의 편지와 선물을 주었다. 그러나 김진의 배는 좋은 날씨와 초가을의 서풍을 기다리며 1개월 반이나 적산에 머물렀다. 이 동안 엔닌은 2년 이상이나 환속했던 신분에서 다시 머리를 깎고 승복을 입었다. 위험한 항해의 준비로서 그는 또한 일본견당사의 배 위에서 자주 했던 것과 마찬가지로 신도의 신들에게 제사를 드렸다. 드디어 9월 2일 정오에 김진과 그의 동료들은 지금이야말로 출발의 때라고 결정하였다. 적산포를 뒤로 하고 그들은 신라를 향하여 바로 동쪽으로 항해를 시작하였다. 이때 엔닌은 마지막으로 9년간 이상이나 자신의 집이고 동시에 감옥이기도 하였던 당나라 대륙의 멀리 사라져가는 해안선을 언제까지고 바라보고 있었다.[6]

하루낮 하룻밤을 계속해서 동쪽으로 향하던 항해는 엔닌과 일행을 신라의 서해안에 있는 섬들로 유인해갔다. 이곳은 산동에서 겨우 100마일 떨어진 지점이었다.[7] 바람의 방향은 때마침 북쪽으로 변하여 신라배는 동남쪽을 향하도록 돛을 조절하였다. 만 하루낮밤 동안 항해를 계속하여 다음날 동틀 무렵 다시 신라 서남해안의 섬들을 볼 수 있었다. 다시 동남쪽을 향하여 많은 연안 가까이의 섬들 사이를 빠져나가 드디어 그 날밤 반도의 서남단에 가까운 작은 섬에 도착하였다.

다음날 그들은 역풍에 방해를 받다가 자정 무렵에 다시 출발하여 다음날 아침 일찍 다른 섬에 정박하였다. 거기서는 멀리 동남쪽으로 70마일 정도 떨어진 제주도의 6,400마일 정상을 볼 수 있었다. 여행자들은 그곳이 신라의 육지에서 하루의 항해거리라고 기록하였으며 거기서 한 명의 섬 수비병과 두 명의 매 사육사를 만났는데 그들은 신라의 소식을 들려주었다. "나라는 평화롭고" 그리고 "500명을 넘는 중국 황제의 사절단이 수도인 도성(경주)에 와 있다"고 하였다. 또한 그해 일찍이 신라와 일본 사이의 해협에 있는 대마도(對馬島)에서 온 6명의 일본 어부들이 신라의 연안에 표류하였는데 억류된 채 귀국을 상주하였다가 그들 중 한 명은 병으로 죽어버렸다고 하였다.

순풍이 불지 않아 그 섬에서 꼬박 이틀을 닻을 내리고 있었는데 그들은 "나쁜 소식을 듣고 매우 두려워 했다." 아마 해적들이 근처를 노략질하고 있다든가 혹은 정부의 군대가 장보고의 해상왕국의 잔당을 수사하고 있었다든가 하는 정보 때문이었을 것이다. 바람이 없으므로 출발할 수 없어서 "배에 탄 일행은 거울이나 다른 것을 신들에게 희생으로 바다에 던져 순풍을 빌었다." 한편 승려들은 『금강경』을 읽으며 "향을 피우고 이 섬의 토지신과 크고 작은 신들을 위해 염불을 외우고 무사히 고국에 돌아갈 수 있도록 기원하였다." 드디어 아침 이른 시간에 그들은 "바람이 없었으나 출발하였다. 포구를 벗어나자마자 갑자기 서풍이 불어왔으므로 돛을 올려 동쪽으로 향하였다. 마치 신들이 돕는 것 같았다."

하루낮 하룻밤 동안연안의 섬들 사이를 동쪽으로 나아가 그들은 다음날 아침 그들의 출발점에서 동쪽으로 100마일 정도 지점에 있는 섬에 도착하였다. 그곳은 신라 남해안을 따라 대략 해안의 가운데 지점이었다. 그곳에서 제주도의 높은 정상이 아직도 멀리 서남쪽으로 보였다. 정오를 조금 넘어 그들은 다시 출발하고 이번에는 동남쪽으로 뱃머리를 돌려 신라의 연안으로부터 멀어지면서 넓은 바다로 나아갔다. 다음날 동틀 무렵에는 대마도 남단의 낮게 깔려 있는 해안선이 동쪽에서 시야에 들어왔다. 정오에는 그들의 전방에 "일본의 산들이 선명하게 동쪽으로부터 서남쪽을 향하여 뻗어 있는 것"이 보였다. 그날밤 그들은 큐슈우 서북연안의 섬들 중 하나에 도착하여 닻을 내렸다. 마침내 일본의 땅에 도착하였다. 때는 바로 9월 10일이었다. 그러나 같은 달 2일 아침에 그들은 여전히 산동의 연안에서 닻을 내리고 있었다.

다음날 동틀 무렵 지방관리의 대리인과 족장이 배를 방문하였다. 며칠 후에 여행자들은 큐슈우 연안을 따라 동쪽으로 항해하여 17일에는 하카다 만(博太灣)에 도착하였다. 이곳은 바로 9년 3개월 전에 엔닌이 중국을 향하여 출항하였던 장소였다. 이틀 후 엔닌과 일행은 외국에서 온 사절을 위하여 마련된 관청의 숙소[鴻盧館]에 우선 머무르게 되었다.

엔닌은 그와 일행이 일본에 도착하면 반드시 요금을 지불하겠다고 약속하였으므로 이제 그 일부를 지불하기 위하여 그는 "배 위에 있는 44명의 겨울 의복을 위하여 관의 창고에서 비단 80필과 솜 200둔를 빌려서 주었다." 그 동안 엔닌이 귀국하였다는 소식이 수도에 알려졌는데 공식적인 역사 기록에 의하면 도착 날짜는 10월 2일이 틀림없다. 그 날짜에 일본측 여러 연대기는 기록하기를 "중국에 파견되었던 천태청익승 엔닌, 두 명의 제자, 그리고 42명의 중국인이 중국으로부터 도착하였다"고 한다.[8] 두 명의 승무원이 일본의 연대기에서 사라진 것은 의심할 바 없이 필사인의 부주의에 의한 결과이다. 그러나 김진과 적어도 그의 신라 선원 일부가 중국인으로 바뀐 것은 보다 중대한 의미가 있는데 그것은 많은 일본측 기록에 언급된 다른 대부분의 "중국인" 상인들도 사실은 중국연안의 신라조계로부터 왔던 사람들이었을지도 모른다는 것을 시사한다.

10월 1일 그 지방의 주청은 엔닌의 용품을 지급하기 시작하였다. 그리고 19일에는 교토의 태정관으로부터 통지가 전달되어, 엔닌과 일행이 빨리 수도로 올라오도록 하고 지방 정부의 본부인 대재부(大宰府)는 김진과 그의 43명의 동료들에게 생활용품을 지급하라고 명령하였다. 그러나 일주일 후에 엔닌은 "수도로 들어오라는 문서"를 받지 못하였다고 기록하고 있다. 그것은 일본에서도 중국과 마찬가지로 여행을 하기 위한 통행증이 필요하였던 것을 말한다. 11월 상순 엔닌이 고향의 승려사회로 돌아온 것을 환영하기 위하여 히에이산으로부터 3명의 승려로 이루어진 대표가 도착하였다. 그리고 1주일 후에 태정관으로부터 통지가 도착하여 "중국인 여행자인 김진과 일행"을 정중히 대접하라고 지시하였다.

일기의 나머지 달은 거의 엔닌이 스미요시대신(住吉大神)과 북큐슈우의 주요 신도의 신들에 대하여 행하였던 불교경전의 여러 의례적인 송독을 간단히 기록하고 있음에 지나지 않는다. 그 신들은 확실히 그를 보호하고 그의 위험한 항해중에 그들의 사당 아래에 있는 연안에서 멀리 떨어진 중국의 연안까지 구원의 손길을 뻗쳐주었다. 엔닌의 이 신앙심 깊은 행동에 도움을 주었던 지방의 몇몇 승려에게 그는 흰 솜 200둔을 보시했다.

  847년 12월 14일에 엔닌은 인품이 명확치 않고 어디 출신인지도 판단되지 않는 한 명의 승려가 찾아왔다는 것을 간단히 써서 남기고 있다. 여기서 일기는 돌연 예상치 않은 종언을 고하고 있다. 그리고 우리들도 엔닌에게 이별을 고할 시기가 되었다. 그는 다시 무사히 일본의 고국땅을 밟았다. 그는 이제 일본 불교계의 지도자가 되어 황실로부터는 비할 바 없는 명예를 받고 그의 동료 승려들로부터는 열정적인 존경을 받는 화려한 경력의 소유자가 되었다. 박해를 받아가며 이루어졌던 순례는 개선장군처럼 화려한 불교계의 대스승이 되도록 하였다. 그 자신의 모습을 의지가 강하나 겸손한 자세로 적나라하게 드러냈던 충실한 일기 작가는 이제 황실의 연대기 작가와 전기 작가의 손을 통하여 그의 초상에 영웅적 위품과 화려한 색채가 칠해져 생생한 인간상에서 거대한 그러나 생명력 없는 공식적인 역사 속의 인물로 바뀌고 말았다.

후주

제1장 엔닌의 일기

1) 『마르코 폴로의 여행기』(*The Travels of Marco Polo*, "The Broadway Travellers" Series, London: Routledge & Kegan Paul, 1950), pp.224~225 참조. 알도 리치(Aldo Ricci) 교수가 L. F. Benedetto판을 영역(英譯)하였다.
2) 현장의 생애와 여행에 대해서는 영어로 된 두 종류의 훌륭한 업적이 있어 다행히 서양 독자도 읽을 수 있게 되었다. 아더 웨일리, 『사실(史實)의 삼장(三藏)과 그외의 단편』(Arthur Waley, *The Reak Tripitaka and Other Pieces*, London: Allen & Unwin, 1952) 및 르네 그루세, 『부처의 행적을 좇아서』(René Grousset, *In the Footsteps of the Buddha*, London: George Routledge, 1932)이 있다.

   『서유기』 자체는 사무엘 빌(Samuel Beal)에 의하여 두 권으로 번역되었는데 『서유기—서방세계에 관한 불교도의 기록—현장의 중국어(A. D. 629년)를 번역』(*Si-Yu-Ki. Buddhist Records of the Western World. Translated from the Chinese of Hiuen Tsiang[A.D.629]*, London[1906])이다. 부분적으로 토마스 와터스, 『현장의 인도여행에 대하여』(Thomas Watters, *On Yuan Chwang's Travels in India*, London: Royal Asiatic Society, 1904 and 1905)의 두 권의 방대한 주역서에 삽입되어 있다.
3) 『대일본불교전서(大日本佛敎全書)』 제113책, pp.286~295에 수록되었다.
4) 『대일본불교전서』 제115책, pp.321~487에 수록되었다. 사진판 고사본 복제는 '동양문고논총(東洋文庫論叢)' 제3호로서 1937년에 간행되었다.

죠오진은 1081년 중국에서 객사하였다. 일기는 그의 만년을 기록하고 있지 않다.
5) 회교도 무역상이 해상로를 통하여 8세기부터 9세기에 걸쳐 동아시아를 방문하고 있지만 이들의 기록은 엔닌의 일기에 비하면 극히 조잡한 것밖에 없다. 가브리엘 페란트, 『8세기부터 18세기에 미치는 극동에 관한 항해사정과 아라비아, 페르시아 및 투르크의 지리서』(Gabriel Ferrand, *Rélations de voyages et textes geographiques arabes, persans et turks relatifs à l'extrême-orient du VII au XVII siècles*, Paris: 1913) 및 쟝 소바제, 『중국으로부터 인도로의 여행. 851년 당시 쓰여진 중국과 인도의 관계』(Jean Sauvaget, *Ahbàr as-sin wa l-hind. Relation de la Chine et de l'Inde rédige en 851*, Paris: 1948) 참조.
6) 아서 웨일리는 『사실의 삼장과 그외의 단편』의 한 절(pp.133~168)을 엔닌과 그의 최초의 여행 동료인 엔사이의 기사에 충당하였다. 이 부분은 엔닌 일기의 이곳저곳의 기사와 엔사이의 중국에서 만년의 생활을 전하는 엔친(圓珍)의 『행력초』에 의하고 있다.
7) '동양문고논총' 제7호의 보유(補遺)로서 1926년 발간.
8) 오카다 씨의 연구는 「자각대사의 입당(入唐)기행에 대하여」라는 제목으로 《동양학보(東洋學報)》 제11호, pp.461~486; 제12호, pp.147~186 및 pp.273~295; 제13호, pp.1~28 참조. 다른 많은 학자들도 각기 특수한 연구과제에 대하여 엔닌의 일기를 이용하고 있다. 이 중에 두드러진 것은 불교 교인임과 동시에 학자인 오오타니 코오소(大谷光照), 『당대의 불교의례』(東京, 1937년)이고 이 안에서 그는 당대의 불교의례에 관한 주요한 자료로서 엔닌의 상세한 불교의식의 묘사를 이용하고 있다.
9) 아서 웨일리, 『고대 중국사상의 세 방법』(Arthur Waley, *Three Ways of Thought in Ancient China*, London: Allen & Unwin, 1939 and 1946), pp.18~20 참조.
10) 나는 이들 세 종류의 판본을 비교하여 1918년 발간된 『대일본불교전서』(제113책, pp.169~182)가 가장 편리하고 신뢰할 수 있음을 발견하였다.
11) 『국역 일절경(國譯 一切經)』(東京, 1939년) A 24책, pp.1~154.
12) 일기나 그 인용을 될 수 있는 한 읽기 쉽게 하기 위하여 이 저서에서는 거의 모든 관명(官名)을 영역하고 가능한 한 칭호를 문자 그대로의 의

미와 함께 그 보유자의 직책 성격을 어떻게든 보이려고 시도하였다. 일본, 한국 및 인도의 고유명사는 원한문에서는 모두 구별 없이 한자로 쓰고 있지만 여기서는 각각의 국어에 통용하는 표음문자로 바꿔 썼다.

불교 용어는 역시 마찬가지 의미에서 각각 산스크리트어, 중국어, 일본어의 형태로 바꿀 수 있겠지만 여기서는 엔닌이 알았던 불교의, 아직까지 사용되고 있는 형태는 일본의 종교 및 학문 전통에 한정한다는 이유에 의하여 보통 그들의 일본어 발음에 따라 음사하였다.

13) 중국, 일본, 한국의 고유명사나 술어에 대한 원서의 한자를 확인하기를 원하는 전문가는 이 책의 자매편인 『엔닌의 일기—입당구법순례행기』(*Ennin's Diary—The Record of a Pilgrimage to China in Search of the Law*)를 참조하기 바란다. 이들 한자의 대부분은 색인에 의하여 찾을 수 있고 나머지는 색인의 앞에 있는 특별한 한자의 어휘표에 수록하였다.

제2장 엔닌의 생애

1) 초기 일본연대기는 『육국사(六國史)』로서 알려진 6권에 모아져 편집되어 있다. 후반의 3권은 833년부터 887년에 이르는 기간을 다루고 엔닌에 관한 정보도 포함한다. 그의 전기는 최후의 6권에 보여진다. 이 권은 『삼대실록(三代實錄)』이라 불린다. 이들 연대기는 모두 연대순으로 편집되어 있으므로 여기서는 엔닌의 일기에 대해서와 마찬가지로 그것을 참조한 경우에는 각각의 날짜를 보이는 것으로 한다. 864년 1월 14일은 양력으로는 864년 2월 24일이었다. 동아시아의 태음력에서 1년은 통상 1개월 정도 늦게 시작하였다.

2) 이 전기는 단순히 『자각대사전(慈覺大師傳)』이라 부른다. 자각대사는 엔닌의 시호이다. 이 책은 『속군서유종(續群書類從)』(東京, 1904년), 제221장 즉 제8책, pp.687~700 및 『사적집람(史籍集覽)』(東京, 1902년) 제12책, pp.58~73 참조. 사본의 전승에 관한 판권장(版權張)에 의하면 태정관(太政官) 준대납언(准大納言), 겸민부경(兼民部卿)이라는 직함의 인물에 의하여 912년 편찬되었다. 이 인물은 유명한 미나모토 토오루(源融: 822~895)의 둘째 아들인 미나모토 노호루(源昇)였다고 믿어진

다. 제2의 전승에 의하면 우다(宇多)천황의 세번째 황태자, 나리요(齋世)친왕에 의하여 비롯되었다고 한다. 927년 친왕의 죽음 뒤에도 계속해서 그의 장남 미나모토 히데아키(源英明)가 유지를 이어 그것을 유명한 서예가 오노 미치가세(小野道風)에게 쓰게 하였다. 그리고 마지막으로 히데아키가 죽은 후 그의 동생인 모리아키(庶明)에 의하여 완성되었다. (판권장에 의하면 929년에 완성하였던 것이 되지만 이때는 히데아키가 살아 있었기 때문에 아마 그보다는 후일 것이다.)

이들 두 가지 판본의 시작이 자주 의론되었지만 그들을 조화시키는 뛰어난 연구는 1914년 천태종에 의하여 동경에서 간행되었던 엔닌에 관한 연구논문집 『자각대사(慈覺大使)』(pp.102~109) 중의 와시오지 윤케이(鷲尾順敬)의 논문에 보인다.

엔닌의 긴 여러 전기는 대부분 이들의 초기 업적에 기초하고 있다. 이들은 유명한 일본 고승의 전기를 모은, 예를 들면 1249~1251년 사이에 편찬되었던 『일본고승전요문초(日本高僧傳要文抄)』(『대일본불교전집서(大日本佛敎全集書)』 제101책, pp.170~174), 1322년의 『원향석서(元享釋書)』(같은 전집 제102책, pp.170~174) 및 1702년의 『본조고승전(本朝高僧傳)』(같은 전집 제102책, pp.115~119) 등에 수록되었다. 『대일본불교전서』는 또한 엔닌의 일기와 그가 중국에서 가져온 서적과 불화 목록을 포함하여 엔닌에게 돌아갈 15가지의 업적을 수록하고 있다. 18세기와 19세기 편찬에 붙여진 『천태하표(天台霞標)』는 엔닌 자신의 것인지 그와 관계가 있는 70여편의 소편(小篇)을 포함하고 있다(같은 전집, 제126책, pp.372~374의 이 업적에 대한 색인 참조).

3) 『자각대사전』에서는 794년이라는 날짜로 되어 있는데 이것은 실질적으로 모든 권위자에 의하여 인정받고 있다. 그러나 『삼대실록』은 엔닌이 72세로 죽었기 때문에 그의 출생 날짜는 793년이어야 한다고 기록하였으며 이 날짜는 두 개의 문헌에 의하여 긍정되었다. 즉 (842년 5월 26일 및 843년 5월 26일자) 엔닌의 일기는 각각 그의 연령을 50세 및 51세로 전하고 있다. 그러나 연령은 동아시아의 관습에 따라 서양의 세는 방법보다도 한 살 내지 두 살 정도가 더 계산된다. 왜냐하면 그가 출생한 해를 한 살로 세고 달력상으로 다음 해가 시작되면 두 살로 계산하기 때문이다.

4) 서구의 도량형으로 하면 5피트 8인치가 된다.

5) 『삼대실록』의 전기는 이 위기는 엔닌의 30세 때, 즉 사이죠가 죽었을 때 찾아왔다고 기록한다.
6) 엔닌의 고독한 은둔처는 후에 슈리요오곤인(首楞嚴院)이 되고 또한 요코가와(橫川)로 알려진 히에이산의 화려한 종교시설의 3대 지역 중 하나가 되었다.
7) 위(位)는 '전등법사(傳燈法師)'였지만 이것은 아마 이전의 호칭을 다시 사용하였던 것이리라. 왜냐하면 엔닌의 연령은 문헌에는 50세라고 되어 있기 때문에 842년의 것이 되고 그의 일기에 의하면 그 자신 이미 이 위(位)를 중국 최초의 달에 갖고 있었던 것이 분명하기 때문이다.
8) 엔닌의 '내봉공' 임명은 『삼대실록』에 의하면 849년 7월로 그 날짜가 기록되어 있다.
9) 같은 책, 864년 2월 16일 항을 참조.
10) 같은 책, 864년 3월 27일.

제3장 견당사(遣唐使)

1) 『후한서(後漢書)』 권115의 "동이(東夷)"에 관한 기록에 의한다. 이 가운데 일본에 관한 부분과 이어진 중국 역대왕조의 역사는 츠노다 류우사쿠(角田柳作)와 카링톤 굳리취(L.Carington Goodrich) 공역(共譯)에 의한 편리한 영역본인 『중국 역대왕조사에서 일본. 후한부터 명조까지』 (*Japan in the Chinese Dynastic Histories. Later Han through Ming Dynasties*, South Pasadena: P. D. & Ione Perkins, 1951)에 종합되어 있다.

이 책에서 일본을 가리킨다고 일반적으로 해석되는 두 가지 한자 '왜(倭)'와 '노(奴)'의 정확한 의미에 대해서는 의문이 있다. 전자는 보통 일본어로 '와(ワ)'라고 발음되어 일본을 의미하지만 '왜'와 '노'는 단일한 이름으로서 함께 읽어야 한다. 왜냐하면 '누(ヌ)'를 나타낸 한자는 노예를 의미하고 '와(ワ)'도 경멸적인 의미를 갖는다. 일본인들은 후대가 되면 그들 나라에 대한 이 이름을 분개하여 배척하고 새로이 만들어낸 '니혼(ニホン・日本)' 또는 '닛폰(ニッポン)'이라는 말을 즐겨 사용하였다. 일본(日本)이 중국 남부(華南)의 발음에 따라 영어의 'Japan'

이 되어 우리들에게 알려지게 되었다.
2) 『수서(隋書)』권81, 츠노다·굳리취 공역의 앞의 책, p.32.
3) 『일본서기(日本書紀)』(육국사의 제1권) 608년 6월.
4) 위의 책, 608년 9월 11일.
5) 츠지 젠노수케(辻善支助),『증정 해외교통사화』(東京, 1933년), pp.67~80 및 키미야 야수히코(木宮恭彦), 『일지교통사(日之交通史)』(東京, 1912년), 제1권, pp.120~128은 일본에서 파견된 모든 견당사의 편리한 일람표를 포함한다.
6) 『신당서(新唐書)』권220에 기록되었다. 츠노다·굳리취 공역의 앞의 책, p.39.
7) 추지의 설에 의하면 제12회의 견당사가 되고 키미야의 설에 의하면 제18회가 된다. 키미야 설은 실제로는 중국에 건너가지 못했던 견당사까지 포함하였기 때문이다.
8) 그에 대해서는 『속일본후기(續日本後記)』840년 4월 23일, 그의 사망을 전하는 항에 짧은 전기가 기록되어 있다.
9) 그에 대해서는 『문덕실록(文德實錄)』즉 육국사(六國史)의 제5권, 852년 12월 22일, 그의 기일(忌日)의 항 아래에 전기가 기록되어 있다.
10) 『속일본후기』 835년 2월 2일 및 5월 13일.
11) 동아시아에서 나이를 세는 방법에 따라 제시한 이들의 연령은 모두 그들의 기일 아래에 각각 기록된 전기에 명확히 나와 있는 연호(年號) 날짜에 의하여 계산한 것이다. 서구인의 세는 방법으로는 대체로 1년씩을 줄여야 한다. 마지막의 네 사람에 대한 이러한 종류의 전기는 『문덕실록』852년 11월 7일,『삼대실록』 867년 10월 4일 및 879년 11월 10일, 『문덕실록』857년 9월 3일에서 각각 발견된다.
12) 839년 2월 20일. 이하 단지 날짜만을 기록하는 경우는 엔닌의 일기일 경우를 의미한다.
13) 『속일본후기』 834년 6월 22일, 835년 10월 27일 및 11월 20일, 836년 4월 29일, 837년 3월 5일.
14) 838년 7월 19일 및 8월 10일.
15) 839년 4월 8일 및『속일본후기』 836년 윤5월 13일. 윤월(閏月)이란 음력을 양력의 1년으로 바꾸기 위해서 보통 12개월에 대하여 때때로 가산하는 달을 말한다.

16) 838년 8월 21일. 839년 2월 20일 및 4월 8일.
17) 838년 11월 29일. 839년 1월 3일 및 7월 21일.
18) 839년 5월 27일.
19) 838년 12월 23일. 839년 윤1월 4일 및 5일.
20) 838년 7월 2일, 12일, 20일, 8월 1일 및 4일. 839년 2월 20일, 22일 및 3월 22일.
21) 839년 3월 1일, 4월 1일 및 『속일본후기』 836년 4월 28일. 839년 3월 16일 및 8월 25일. 841년 1월 23일. 834년 12월 19일. 836년 윤5월 8일.
22) 838년 10월 4일. 839년 4월 4일. 『속일본후기』 839년 8월 25일 및 10월 1일. 『문덕실록』 853년 6월 2일.
23) 『삼대실록』 867년 10월 4일. 후지와라 사다토시의 전기에 의하면 그가 유이랑과 만난 것은 중국의 수도에서였다고 한다. 그러나 엔닌의 일기에서는 사다토시는 장안에 가지 않았으며 엔닌과 함께 양주에 머무르고 있었다고 한다(838년 11월 29일 및 12월 9일 참조).
24) 『속일본후기』 836년 8월 2일 및 20일. 『속일본후기』는 단지 견당사는 6백 명이었다고만 기록하였는데 『제왕편년기(帝王編年記)』(『신증정보 국사대계(新增訂補國家大系)』제12책, p.194)는 651명으로 인원수를 명확히 하고 있다.
25) 『속일본후기』 840년 9월 26일.
26) 842년 5월 25일.
27) 『속일본후기』 834년 2월 2일, 5월 13일, 8월 4일 및 10일.
28) 『속일본후기』 835년 3월 12일, 836년 윤5월 14일.
29) 『속일본후기』 836년 3월 14일.
30) 『속일본후기』 835년 12월 25일, 837년 2월 13일.
31) 『속일본후기』 836년 2월 17일 및 윤5월 13일.
32) 『속일본후기』 835년 12월 2일, 836년 4월 29일 및 5월 2일.
33) 『속일본후기』 834년 6월 22일 및 12월 19일. 835년 1월 7일, 10월 16일, 27일 및 11월 20일. 826년 2월 9일, 3월 30일, 4월 28일, 5월 2일 및 윤5월 8일, 837년 3월 5일.
34) 『속일본후기』 835년 2월 2일 및 10월 27일. 836년 4월 29일.
35) 『속일본후기』 836년 1월 25일.

36) 『속일본후기』 836년 2월 1일 및 7일, 4월 25일 및 5월 9일.
37) 비단의 두루마리 단위는 필(疋)이고 당대에는 대개 40피트였다. 성긴 베의 길이는 단(端)이라 하고 대개 50피트였다. 이 문장에서 청익승은 다른 이름인 환학승(還學僧)으로 불리고 있다.
38) 『속일본후기』 836년 윤5월 13일.
39) 『속일본후기』 836년 7월 15일, 17일 및 24일, 8월 1일, 4일, 20일 및 25일.
40) 『속일본후기』 836년 8월 25일 및 12월 3일.
41) 『속일본후기』 839년 9월 25일.
42) 『속일본후기』 837년 3월 19일, 22일 및 24일. 마지막 항목은 『속일본후기』의 837년 5월 7일과 21일간의 기사에 기록되어 있다. 그러나 주기적인 날짜의 기록은 4월 5일이 된다.
43) 『속일본후기』 837년 9월 21일.
44) 『속일본후기』 838년 3월 27일. 두 명씩 각각 4사(社)에 파견되었다. 즉 대재부가 치쿠젠(筑前)의 카시이(香椎)신사와 무네카타(宗像)신사, 큐슈우 중부의 아소(阿蘇)신사, 큐슈우 동북의 우사 하치만(宇佐八幡)신사였다. 아홉번째의 인물은 역사 초기의 인물인 타케우치 수쿠네(武内宿禰)를 의미하는 '대신(大臣)'으로 파견되었다. 그는 카이시 신사에 모셔진 신들 중의 한 명이었다. 하치만(八幡)은 신도의 신으로 일반적으로 군신(軍神)으로 추앙되고 있지만 이 문장에서는 '하치만 대보살(大菩薩)'로 존칭되고 완전히 불교화한 이름이 이미 당시 대중화되어 있음이 알려졌다.
45) 『속일본후기』 838년 4월 5일. 『해룡왕경』은 어떻게 해서 부처가 바다의 용왕에게 설법하였는가를 전한다.
46) 이 유명한 경전의 산스크리트어로 된 더 완전한 이름은 마하 프라쥬니아 파라미타 수트라라고 한다.
47) 『속일본후기』 838년 6월 22일, 7월 5일 및 29일. 부사가 중국에 가기를 포기하였던 이야기의 진상은 그의 재판에서 내려진 판결문을 통해 종합할 수 있다. 즉 『속일본후기』 838년 12월 15일의 항에 기록되어 있다. 그리고 『문덕실록』 852년 12월 22일의 오노 다카무라의 전기로도 알 수 있다.
48) 『속일본후기』 838년 8월 3일에 기록되었다.

49) 『속일본후기』 839년 3월 16일.
50) 『속일본후기』 839년 3월 1일.
51) 838년 7월 3일, 24일, 8월 8일, 17일, 24일 및 25일.
52) 838년 8월 10일 및 9월 11일. 839년 2월 20일, 4월 6일, 8일 및 6월 9일.
53) 839년 3월 1~3일.
54) 『신당서』권220 및 『송사(宋史)』권491(츠노다·굳리취 공역, 앞의 책, p.42 및 52) 참조.
55) 견당사의 이 점에 관한 엔닌의 주요 기록은 838년 10월 4일 및 12월 18일, 839년 1월 21일, 2월 6일, 8일, 20일 및 24~27일의 각항에서 보인다.
56) 838년 10월 19일, 11월 29일 및 12월 9일.
57) 『문덕실록』 857년 9월 3일.
58) 839년 2월 8일 및 20~22일.
59) 838년 7월 2일, 14일, 18일 및 30일. 8월 4일, 9일 및 26일. 9월 28일, 29일. 11월 16일 및 17일. 839년 1월 25일, 2월 17일, 20일 및 27일. 3월 3일 및 22일.
60) 838년 7월 14일 및 23일, 8월 9일, 26일 및 11월 17일. 839년 2월 6일, 20일, 3월 23일 및 『속일본후기』 839년 10월 25일.
61) 838년 12월 18일, 839년 3월 17일.
62) 839년 윤1월 19일.
63) 839년 3월 5일, 22일 및 23일.
64) 839년 4월 8일, 11일, 12일, 24일 및 26일.
65) 842년 5월 25일. 839년 8월 13일에 대사의 배 9척이 아직 산동연안에 있다고 엔닌이 들은 정보는 잘못된 것임이 틀림없다고 당시 그는 추측하였다.
66) 『속일본후기』 839년 8월 20일.
67) 『속일본후기』 839년 8월 24일 및 25일.
68) 『속일본후기』 839년 10월 9일, 840년 3월 3일 및 4월 8일.
69) 842년 5월 25일, 『속일본후기』 840년 4월 15일, 6월 5일, 18일 및 7월 26일. 『문덕실록』 853년 6월 2일, 『삼대실록』 879년 1월 10일.
70) 『속일본후기』 839년 10월 25일.

71) 이 문장은 한 명이 3위(位)를 받고 두 명이 4위, 134명이 5위, 129명이 6위, 59명이 7위, 39명이 8위 그리고 12명이 9위를 받았다고 되어 있는 것같이 생각된다. 그러나 이 기술은 의문이 남는다. 왜냐하면 일례로 견당사의 134명의 인원이 그들을 공가(公家)로 하는 5위의 임명을 받았다는 것은 아무래도 있을 수 없는 일이라고 생각되기 때문이다. 우리들이 아는 한 특정한 승진의 결과, 견당사의 고관만이 그 지위에 이른 것이 판명되고 있다. 더욱이 여기서는 지위를 나타내는 일반적인 말이 사용되지 않았고 이들 인원은 전부하여 391명이 되지 않는 381명으로 계산되고 있다. 지위는 역 순서로 배열되어 9위가 맨 앞에 오고 3위는 5명이 어떠한 지위도 받지 않았다는 기술의 직전에 와있다. 아마 선의로 해석하면 12명이 9계급 특진하고 39명이 8계급 특진하였다는 등으로도 받아들일 수 있을 것이다. 모든 아래의 위는 4개의 계급으로 구분되고 그들의 각각은 다시 2개의 계급으로 분할되기 때문에 무위(無位), 무관(無冠)에서 9계급 특진하면 겨우 종팔위하(從八位下)밖에 되지 못한다. 어쨌든 견당사의 376명 혹은 386명의 구성원은 무언가 궁중의 지위를 얻어 마무리되었다고 생각된다. 그러한 것은 일반 선원과 같이 신분이 비천한 사람들에게는 과분한 명예였음에 틀림없다.
72) 『속일본후기』 840년 2월 14일 및 6월 17일, 841년 윤9월 19일. 『문덕실록』 852년 12월 22일.
73) 『속일본후기』 839년 9월 23일, 840년 6월 3일.

제4장 엔닌이 본 중국관리

1) 839년 1월 17일.
2) 839년 11월(또는 12월) 17일 및 22일.
3) 839년 7월 23일 및 9월 1일.
4) 839년 6월 7일, 840년 1월 20일 및 2월 17일, 845년 8월 27일.
5) 839년 6월 28일.
6) 이 문헌은 순서가 뒤섞여서 일기의 840년 2월 17일(또는 19일)의 항에 나타나 있다.
7) 문서는 3월 5일까지 제출되지 않았음에도 불구하고 『동사본(東寺本)』에

의하면 그것은 840년 3월 3일자로 되어 있다.
8) 이 말은 중국어로는 '차이(齋)', 일본어로는 '사이(さい)'이다.
9) 840년 4월 13일 및 14일. 구주, 즉 현재의 청하(淸河)마을은 현존하는 일기에서는 이처럼 잘못 기록되어 있지만 엔닌이 여행하였던 행로로 보아 이곳이 그가 머물렀던 마을임을 확인할 수 있다.
10) 840년 4월 24일 및 25일.
11) 840년 4월 23일.
12) 840년 7월 15일. 당나라의 태원부는 현재의 태원현이다. 현재 태원부의 시내에서 12마일 정도 서남쪽에 해당한다.
13) 840년 8월 1일, 2일, 4일, 5일 및 13일.
14) 841년 12월 3일.
15) 840년 9월 14일 및 18일.

제5장 당나라 생활

1) 839년~842년 원(元)일의 항 참조.
2) 842년 2월 19일, 840년 3월 28일, 847년 6월 19일 및 838년 11월 27일, 839년 11월 9일, 840년 11월 27일, 839년 11월 9일, 840년 11월 26일(아마 11월 20일의 잘못일 것이다). 846년 4월 15일 및 7월 22일.
3) 845년 1월 3일.
4) 840년 2월 22일(여기서 엔닌은 문종이 1월 3일에 붕어하였다고 잘못 기록하고 있다). 846년 4월 15일 및 7월 22일.
5) 『자치통감(資治通鑑)』 권246.
6) 838년 8월 26일 및 11월 17일.
7) 839년 11월(또는 12월) 22일, 840년 1월 21일.
8) 예를 들면 839년 6월 29일, 7월 23일 및 8월 16일, 840년 7월 6일 및 8월 5일 참조.
9) 839년 10월 15일(양력 11월 24일), 842년 8월 16일(양력 9월 23일), 845년 11월 15일(양력 12월 17일), 846년 12월 2일(양력 12월 23일)
10) 841년 12월 4일(양력 842년 1월 19일), 841년 11월 1일(양력(12월 17일), 838년 10월 22일~23일(양력 11월 12~13일).

11) 838년 11월 24일, 839년 윤1월 4일 및 5일.
12) 844년 7월 15일, 840년 4월 3일.
13) 838년 11월 16~17일.
14) 845년 5월 14~15일.
15) 845년 5월 22일, 6월 1일 및 9일.
16) 845년 5월 22일, 6월 28일, 7월 3일 및 5일.
17) 예를 들면 엔닌의 839년 9월 1일의 기록에 의하면 적산으로부터 오대산까지 2990리의 거리가 된다고 전해지고 있지만 840년 4월 28일의 기록에 의하면 실제로는 걸어서 2300리 정도라고 한다.
18) 840년 8월 10일.
19) 838년 9월 13일.
20) 예를 들면 838년 11월 18일, 839년 4월 7일, 840년 3월 13일 및 14일, 4월 2, 5, 6 및 22일, 5월 16일 및 22일, 7월 1일, 843년 1월 28일, 845년 5월 15일, 6월 9일 및 7월 7일 참조.
21) 838년 7월 20일 및 25일, 839년 3월 23일, 845년 6월 13일.
22) 847년 윤3월.
23) 840년 3월 17일.
24) 840년 3월 1일.
25) 838년 7월 26일, 9월 29일 및 10월 3일, 4일, 839년 3월 22일.
26) 840년 3월 2일.
27) 845년 6월 23일.
28) 838년 7월 24일.
29) 839년 2월 24일, 840년 2월 25일 및 26일.
30) 840년 2월 29일, 3월 1일, 13일 및 14일.
31) 840년 3월 18일, 4월 3일 및 20일, 7월 12일, 8월 5, 6 및 9일.
32) 840년 3월 21일, 7월 11일 및 8월 3, 4, 5, 8, 9, 12, 13, 17, 18, 19 및 20일.
33) 838년 7월 26일, 8월 24일, 840년 8월 15일, 845년 5월 15일 및 6월 9일.
34) 840년 3월 14일 및 8월 18일.
35) 845년 6월 13일.
36) 840년 3월 17일 및 20일.

37) 840년 3월 13일, 14일 및 18일.
38) 840년 2월 27일 및 4월 4일.
39) 840년 3월 19일 및 4월 9, 10, 12, 19, 20 및 21일.
40) 840년 4월 22일 및 26일.
41) 838년 7월 26일, 840년 4월 17일.
42) 845년 8월 16일.
43) 840년 4월 7일 및 21일.
44) 838년 8월 26일 및 29일, 11월 19일 및 24일. 840년 3월 5일 및 6일.
45) 840년 7월 27일, 29일 및 8월 2일.
46) 840년 4월 21일.
47) 838년 7월 3일, 12일, 13일 및 23일.
48) 839년 4월 8일.
49) 840년 3월 24일 및 4월 6일.
50) 840년 3월 2일 및 7일.
51) 840년 2월 27일.
52) 840년 3월 16일.
53) 840년 4월 23일.
54) 840년 5월 22일, 23일 및 7월 5~12일.
55) 840년 7월 27일, 8월 7일 및 8일.
56) 838년 7월 2, 21, 22 및 23일, 839년 4월 7일.
57) 839년 4월 18일.
58) 839년 4월 5일, 847년 윤3월 17일.
59) 839년 4월 1일 및 5월 27일.
60) 845년 8월 16일.
61) 840년 5월 20일 및 4월 27일.
62) 840년 5월 21일.
63) 840년 4월 23일 및 24일.
64) 840년 4월 4일, 7월 12일 및 26일.
65) 838년 8월 26일, 10월 14일, 839년 4월 5일 및 2월 27일.
66) 842년 5월 25일, 10월 13일, 846년 10월 2일.
67) 『속일본후기』 842년 3월 6일 및 4월 12일.
68) 840년 4월 28일, 5월 17일 및 7월 1일.

69) 840년 7월 3일.
70) 838년 8월 26일 및 10월 14일.
71) 이들의 기사와 문헌은 모두 일기의 841년 4월 28일의 항에서 뽑았다.
72) 838년 11월 2일.
73) 841년 4월 13~5월 3일.
74) 840년 12월 22일, 841년 2월 8일.
75) 838년 10월 9일 및 24일.
76) 838년 10월 14일 및 11월 19일.
77) 838년 8월 26일, 11월 19일 및 24일, 12월 9일, 839년 3월 3일.
78) 839년 4월 7일, 840년 4월 11일, 847년 윤3월, 및 윤3월 17일.
79) 840년 3월 2, 15, 19, 25일 및 4월 10일.
80) 839년 1월 7일 및 윤1월 5일.

제6장 대중의 불교

1) 840년 3월 2일 및 6일.
2) 838년 7월 23일, 8월 26일 및 29일, 11월 24일, 29일 및 12월 8일.
3) 842년 10월 9일, 843년 1월 17일 및 18일, 843년 7월 29일, 844년 7월 15일, 845년 5월 13일.
4) 839년 윤1월 19일.
5) 840년 5월 2일 및 16일, 6월 6일 및 8일.
6) 839년 6월 7일, 8일 및 11월 1일, 840년 1월 15일, 4월 6일, 7일, 7월 12일, 845년 9월 22일.
7) 840년 1월 15일(838년 7월 24일 참조), 839년 9월 28일.
8) 838년 11월 24일.
9) 839년 1월 18일, 841년 1월 9일 및 2월 8일.
10) 840년 8월 24일, 844년 4월 1일.
11) 예를 들면 841년 1월 9일, 2월 8일, 5월 1일 및 9월 1일, 842년 5월의 항을 참조.
12) 838년 10월 13일 및 19일, 12월 2일 및 18일, 839년 8월 16일.
13) 838년 12월 2일 및 18일.

14) 840년 4월 13일 및 14일.
15) 840년 5월 1일, 2일 및 14일. 이들의 날짜는 2권과 3권에 중복되어 나오고 있다. 3권에는 더 상세한 의식이 서술되어 있다.
16) 838년 8월 3일, 839년 2월 26일 및 3월 3일, 841년 6월 11일.
17) 838년 10월 14일, 840년 1월 15일, 4월 22일 및 5월 17일.
18) 838년 12월 9일, 839년 1월 3일, 6월 7일 및 11월(또는 12월) 16일, 22일, 840년 1월 15일.
19) 840년 5월 16일 및 17일.
20) 839년 7월 23일, 840년 5월 16일, 23일 및 6월 29일.
21) 839년 2월 27일, 840년 5월 17일 및 18일.
22) 840년 8월 26일, 9월 5일 및 6일, 10월 13일, 16일, 17일 및 29일, 841년 2월 8일, 13일 및 4월 28일.
23) 841년 4월 4일, 7일, 13일, 28일 및 30일, 5월 1일 및 3일, 842년 2월 29일, 3월 12일 및 5월 16일(5월 26일에 이어짐).
24) 838년 8월 26일 및 29일, 11월 19일, 24일, 839년 2월 25일, 840년 3월 5일 및 28일.
25) 838년 11월 29일 및 30일, 12월 5일 및 9일, 839년 3월 1~3일 및 5일.
26) 838년 11월 19일, 24일 및 12월 8일, 840년 4월 1일 및 6월 11일.
27) 838년 12월 23일, 839년 윤1월 3일, 840년 2월 15일, 28일 및 7월 1일.
28) 840년 5월 5일 및 7일(제2권) 및 6월 6~8일.
29) 838년 12월 8일.
30) 839년 11월(또는 12월) 22일.
31) 841년 1월 9일, 5월 1일 및 9월 1일, 842년 5월 1일.
32) 838년 9월 1일, 839년 6월 7일, 11월(또는 12월) 16일, 17일 및 22일, 840년 1월 15일, 5월 16일 및 17일.
33) 841년 2월 8일, 2월(또는 3월) 15일 및 4월 1일.
34) 843년 7월 24~29일, 8월 15일, 29일, 9월 13일 및 11월 3일.
35) 840년 5월 5일.
36) 841년 2월(또는 3월) 8일, 3월 25일, 842년 3월 8일 및 11일.
37) 840년 4월 6일.
38) 839년 1월 3일.
39) 840년 2월 14일.

후주 311

40) 840년 7월 26일.
41) 840년 4월 28일.
42) 이것과 그것에 이어지는 사료는 840년 5월 20일, 21일 및 7월 2일의 항에 발견된다.
43) 840년 5월 1일, 23일 및 7월 6일.
44) 840년 5월 16일 및 7월 2일.
45) 이것과 이어지는 광경은 모두 엔닌이 대화엄사에 왔던 최초의 이틀간, 즉 840년 5월 16일 및 17일에 기록되었다.
46) 840년 7월 2일.
47) 840년 7월 2~4일.
48) 엔닌의 최초의 네 봉우리에 대한 설명은 840년 5월 20~23일 참조. 남쪽의 봉우리 설명은 7월 2일 참조.
49) 840년 4월 23일, 25일, 28일, 29일, 5월 2일 및 17일.
50) 840년 5월 5일, 17일, 6월 6일 및 8일.
51) 845년 7월 5일.
52) 840년 6월 21일, 7월 17일, 19일, 22일, 23일, 26일, 29일, 8월 1일 및 2일.
53) 840년 6월 21일, 7월 1일, 2일, 3일, 13일, 18일 및 26일.
54) 842년 3월 12일.
55) 840년 4월 22일.
56) 839년 4월 8일, 840년 3월 23일.
57) 842년 3월 8일, 10월 9일(10월 13일에 이어짐), 843년 1월 28일.
58) 838년 11월 7일, 8일, 16일, 17일 및 18일, 839년 1월 6일, 7일 및 윤1월 5일.
59) 840년 2월 7일, 11일 및 7월 3일.
60) 840년 4월 9일, 17일, 18일 및 19일.
61) 840년 2월 27일 및 3월 2일, 6일, 15일, 16일 및 19일.
62) 840년 4월 6일.

제7장 불교탄압

1) 제임스 레그 역, 『공자의 어록(論語)』(James Legge, *The Confucian A-nalects in The Chinese Classics*, Oxford, 1893) 제 1권, p.241 참조.
2) 간행 예정의 하버드 대학 제임스 하이타워 교수, 『중국문학사』(James R. Hightower, *The History of Chinese Literature*)의 번역문 참조. 원문은 한유의 작품집 『창여선생집(昌黎先生集)』제39권, 제2절에 있다.
3) 『신당서』 권8, 845년 8월 7일조를 참조.
4) 가종요(賈鍾堯), 「당회창정교충돌사료(唐會昌政教衝突史料)」(『식화(食貨)』 제4권, 제1호, 1936년, pp.18~27)는 엔닌의 일기로부터 인용을 많이 포함한 이 불교탄압에 관해 주요하게 편집된 사료이다. 오카다 마사유키(岡田正支), 앞의 책, 제12권, pp.147~186은 주로 엔닌의 기술에 기초하여 이루어진 탄압의 상세한 연구이다. 사에키(佐伯), 『중국에서 네스토리우스파의 유적』(Y.P.Saeki, *The Nestorian Monument in China*, London, 1916)도 또한 이런 중요한 원문의 문헌을 포함한 탄압에 관한 자료를 제공하고 있다.
5) 표준적인 사본은 "이천이상(二千以上)"이라고 해야할 것을 "이십이상(二十以上)"이라고 기록하고 있다. 이 문헌은 이의 작품집인 『이문요문집(李文饒文集)』 제11권 제3절에 있다. 또한 사에키, 앞의 책, pp.285~286에도 인용되어 있다.
6) 본문은 당대에 관한 방대한 정치·사회적 백과사전인 『당회요(唐會要)』 제47권 끝에 나타나 있다. 이 사전은 대부분 9세기와 10세기에 편찬되었다. 또한 『구당서』권18A에서도 약간 다른 형태로 나타나 있다. 사에키, 앞의 책, pp.87~89 및 281~282도 후자의 사본을 제시하고 대략의 번역을 적고 있다.
7) 840년 9월 6일, 7일. 841년 1월 7일, 9일 및 5월 1일.
8) 841년 9월 1일. 842년 5월, 5월 29일 및 6월 11일. 843년 6월 11일. 844년 4월 1일 및 10월. 엔닌은 그러나 842년 4월 23일 항에서 황제의 대신들이 황제에게 명예의 칭호를 헌상할 때 불교승려들은 이 예식에 참가하는 것이 허락되었다고 기록하고 있다.
9) 알렉산더 코번 소퍼, 『곽약허(郭若虛)의 그림 경험(圖畵見聞記)』(Ale-

xander Coburn Soper, *Kuo Jo-hs's Experiences in Painting*, Washington D.C. : American Council of Learned Societies, 1951), p.83. 이덕유에 반대한 사건은 오카다 마사유키(岡田正支), 앞의 책, 제12권, pp. 150~152에 보인다. 아더 웨일리, 『백거이(白居易: 772~846))의 생애와 시대』(Arthur Waley, *The Life and Times of Po Ch-i: 772~846 A.D.*, New York : The Macmillan Co., 1949),pp.205~206에서 이덕유는 불교탄압의 운동에 책임은 없었다고 하는 결론에 이르고 있다.

10) 842년 10월 9일 (10월 13일에 이어짐). 845년 7월 3일.
11) 842년 3월 8일, 12일 및 5월 25일.
12) 843년 1월 27일, 28일 및 5월 25일.
13) 842년 10월 9일.
14) 842년 3월 12일. 843년 2월 25일, 4월 및 9월 13일.
15) 838년 9월 29일. 840년 2월 22일. 『구당서』 권18B 및 『자치통감』 권246, 838년 9월 7일조.
16) 841년 4월 9일. 842년 2월 1일. 후자는 구사량이 새로이 군사상의 임명을 받았다고 엔닌이 기록한 날짜이다. 그러나 『자치통감』 권246은 그것을 841년 8월에 기록하고 있다.
17) 840년 9월 5일. 841년 1월 6일. 843년 9월 13일, 844년 7월 15일.
18) 843년 6월 3일, 23년 및 25년. 845년 5월 14일.
19) 844년 9월.
20) 엔닌은 어떤 곳에서는 그것이 9일이었다고 하지만 다른 곳에서는 7일자와 16일자 각각의 조서에 관련시키고 있다. 이들의 날짜에 대해 7일이 가장 정확하다고 생각된다. 이 단계의 탄압 자료는 842년 10월 9일, 843년 1월 17일 및 18일에서 찾을 수 있다.
21) 843년 6월 27일, 28일, 29일 및 7월 2일.
22) 844년 4월 1일 및 11월. 845년 1월 3일.
23) 843년 9월 13일.
24) 844년 3월.
25) 843년 6월 11일.
26) 이것과 이어 일어난 사건은 모두 일기의 844년 3월부터 7월 15일 사이에 기록되었다.
27) 844년 10월.

28) 845년 8월 27일.
29) 『자치통감』 권246~248 참조. 특히 841년 4월, 844년 4월, 845년 7월 및 846년 4월의 각항을 참조. 더욱이 『구당서』 권18A의 845년 1월의 항을 참조.
30) 844년 10월 및 845년 1월 3일.
31) 844년 3월 및 8월.
32) 844년 7월 15일.
33) 844년 8월.
34) 이것과 이어진 사건은 모두 845년 1월 3일 항에서 말해진다.
35) 이 묘사와 이어지는 사건은 모두 845년 3월 3일의 항에 기록되어 있다.
36) 844년 7월 15일.
37) 엔닌의 이 조서에 대한 설명은 844년 7월 15일의 항에 기록되고 다음 조서에 관한 기사는 844년 10월에 있다.
38) 실제로는 엔닌은 그것이 유진의 숙부의 머리였다고 하지만 숙부는 대략 1년반 전에 죽었다. 엔닌은 항상 숙부와 조카를 혼동하고 있는 것처럼 생각된다. 노부의 모반에 대해 그가 말한 모든 기록은 마치 숙부가 살아 있으면서 그것을 조종하였던 것처럼 쓰고 있다.
39) 이것과 이어지는 자료는 845년 3월 3일, 4월 및 5월의 항에 보인다.
40) 845년 6월 23일.
41) 841년 8월 7일. 843년 8월 13일. 845년 5월 14일.
42) 843년 12월. 844년 2월.
43) 845년 5월 22일, 6월 1일 및 9일.
44) 845년 6월 13일, 22일, 23일, 28일 및 7월 3일.
45) 845년 7월 15일 및 16일.
46) 845년 7월 17일, 8월 16일, 21일, 24일 및 27일.
47) 845년 11월 3일 및 15일.
48) 845년 6월 22일.
49) 845년 6월 28일.
50) 845년 7월 5일. 846년 1월 9일.
51) 845년 8월 16일.
52) 845년 9월 22일.
53) 845년 8월 27일.

54) 845년 11월 3일.
55) 846년 4월 15일, 5월 1일 및 7월 22일. 847년 1월.

제8장 중국의 신라인

1) 839년 1월 7일.
2) 일본 정부의 조선총독에 의해 일본 통치시대에 걸쳐 편찬되었던 방대한 조선의 공식적인 역사서인 『조선사(朝鮮史)』(경성, 1933년)의 자료에서 작성하였다.
3) 예를 들면 『구당서』 권104, 106, 109 및 124 참조.
4) 아우렐 스타인, 「파미르고원 및 힌두쿠시 산맥을 A.D. 747년에 넘었던 중국의 원정대」, 《신중국》 제4권, pp.161~183(Sir. Aurel Stein, "A Chinese Expedition Across the Pamirs and Hindukushi A.D. 747", *The New China Review*, 4) 참조.
5) 월터 훅스, 「726년에 서인도와 중앙아시아를 통과하였던 혜초(慧超)의 순례여행」, 『프리시아 과학아카데미 의사보고(철학·역사부문)』, 1938년, pp.426~469(Walter Fuchs, "Huei-ch'ao's Pilgerreise durch Nordwest-Indien und Zentral-Asien um 726", *Sitzungsberichte der Preussischen Akademie der Wissenschaften (Philosophisch-historische Klasse)*, 1938) 참조. 의정(義淨)의 유명한 업적은 프랑스의 중국 학자인 에드왈드 샤반에 의하여 『대당제국의 시대에 서쪽의 고국에 법을 탐구하러 갔던 훌륭한 종교가들에 대한 종합된 기억』(Edouard Chavannes, *Mémorie composé à l'époque de la grande dynastie T'ang sur les religieux éminents qui allèrent chercher la loi dans les pays d'occident*, Paris, 1894)이라는 제목으로 번역되었다.
6) 츠지 젠노수케(辻善支助), 앞의 책, pp.90~98 참조.
7) 843년 1월 28일 및 8월 13일. 845년 5월, 5월 14일 및 16일.
8) 839년 7월 23일, 9월 1일 및 12일. 840년 7월 26일.
9) 839년 6월 28일, 840년 3월 2일 및 24일, 4월 6일. 847년 윤3월.
10) 839년 8월 13일, 840년 3월 2일, 20일, 28일 및 7월 3일.
11) 아더 웨일리, 『백거이(白居易: 772~846))의 생애와 시대』(Arthur Wa-

ley, *The Life and Times of Po Ch-i: 772~846 A.D.*), p.160 및 알렉산더 소퍼, 「당조명화록(唐朝名畵錄), 당대의 유명한 화가들」, 『아메리카 중국미술연구회기록』 제4권, 1950년 11호(Alexander C. Soper, "T'ang Ch'ao Ming Dynasty", *Archives of the Chinese Art Society of America*, 4) 참조.

12) 839년 3월 17일 및 25일. 842년 5월 25일, 845년 7월 3일, 5일, 8일 및 9일. 847년 6월 5일.

13) 839년 6월 7일, 8월 15일 및 840년 1월 15일.

14) 839년 11월(또는 12월) 1일, 16일 및 22일. 840년 1월 15일 및 2월 14일. 847년 윤3월.

15) 839년 4월 1일, 5일, 20일, 24일, 26일 및 29일.

16) 839년 1월 8일, 840년 2월 15일, 842년 5월 25일, 843년 1월 29일 및 12월. 845년 7월 5일, 846년 4월 27일, 5월 1일 및 6월 17일. 847년 6월 9일.

17) 839년 3월 22일 및 23일. 840년 2월 19일, 845년 7월 3일, 8월 24일 및 27일. 846년 6월 17일, 847년 6월 5일 및 10일.

18) 839년 3월 22일 및 23일, 4월 5일 및 29일, 6월 7일 및 29일. 845년 7월 3일, 9일 및 8월 27일.

19) 839년 5월 25일, 842년 5월 25일, 843년 12월, 845년 7월 5일 및 9월 22일. 846년 1월 9일, 2월 5일 및 9일, 4월 27일, 5월 1일, 6월 17일, 29일 및 10월 2일, 847년 윤3월, 3월 17일, 6월 9일, 10일, 18일 및 27일.

20) 838년 6월 28일.

21) 예를 들면 『신당서』 권220 및 『속일본후기』 840년 12월 27일, 841년 2월 27일, 842년 1월 10일의 각항 참조. 장보고에 관한 주요 사료는 12세기의 한국측 연대기인 『삼국사기(三國史記)』 권10, 11, 44 및 13세기의 한국측 기록인 『삼국유사(三國遺事)』 권2에 보인다.

22) 레그(Legge), 앞의 책, 제1권, p.154 참조. 장의 생애에서 이 부분에 관한 기사는 『삼국유사』 권10(828년 3월 이하) 및 권44(장보고와 정년 [鄭年]의 각 전기)로부터 취재하였다.

23) 839년 4월 2일, 20일 및 24일.

24) 839년 6월 7일, 27일, 28일, 840년 2월 15일, 17일 및 845년 9월 22일.

25) 『삼국사기』 권44.
26) 『삼국사기』 권11(839년 8월부터 846년 봄에 이름).
27) 『삼국유사』 권2(「대왕신무[大王神武]」의 표제 아래)
28) 845년 7월 9일.
29) 『속일본후기』 842년 1월 10일.
30) 『삼국사기』 권11 (851년 2월)

제9장 일본으로 돌아가다

1) 845년 9월 22일, 11월 3일, 15일 및 846년 1월 9일.
2) 846년 2월 5일, 3월 9일 및 13일. 4월 27일, 5월 1일, 6월 17일, 29일 및 10월 2일.
3) 847년 1월, 2월 및 윤3월.
4) 847년 윤3월부터 6월 5일.
5) 『대일본불교전서』 제113책, p.291 수록된 『행력초』 참조.
6) 847년 6월 5일부터 9월 2일.
7) 이 부분은 일기의 847년 9월 2일부터 12월 14일 사이에 연결된 부분의 자료에 기초하고 있다.
8) 『속일본후기』 847년 10월 2일.

엔닌의 연표

서력	중국 연호	일본 연호	나이	사항
	德宗 貞元	延曆		
793	9	12	1	下野國 都賀郡에서 태어남.
801	17	20	9	형을 좇아 經史를 배움. 大慈寺의 廣智에게 맡겨져 불교도가 됨.
	憲宗 元和	大同		
807	2	2	15	廣智를 좇아 比叡山에 올라 最澄의 제자가 됨.
		弘仁		
813	8	4	21	官試에 급제(일설에 의하면 20세때 급제함).
814	9	5	22	1월 金光明會에서 年分度者의 후보자가 됨.
816	11	7	24	東大寺에서 具足戒를 받음. 여름 大小二部의 戒本을 배움.
817	12	8	25	3월 6일 最澄으로부터 圓頓大戒를 받음.
818	13	9	26	7월27일 最澄, 여러 弟子에게 四種三昧를 가르치고, 圓仁에게 常坐三昧堂을 始經함.
	穆宗 長慶			
823	3	14	31	4월 14일 中堂에서 大乘戒를 받고, 敎授師가 됨. 龍山에 들어가 낮에는 天台法門을 널리 전하고 밤에는 一行三昧를 수련함.
	文宗 太和	天長		
828	2	5	36	여름 法隆寺에서『法華經』을 강론함.
829	3	6	37	여름 四天王寺에 머무르며『法華經』및『仁王經』을 강론함. 橫川 首楞嚴院 건립.

829				멀리 關東, 東北의 땅에 一乘妙典을 전함.
831	5	8	39	초가을 一字『三禮』法華經을 書寫함.
832	6	9	40	12월 16일 傳燈滿位를 받음.
				병으로 橫川의 암자에서 은거하며 如法寫經을 닦음 (일설에는 829년 혹은 831년).
		承知		
834	8	1	42	西塔院 건립, 供養에 梵音을 함.
835	9	2	43	入唐請益의 詔을 받음.
	文宗 開成			
836	1	3	44	4월 首楞嚴院 九條式을 만듦.
				5월 14일 遣唐使와 함께 難波를 떠남.
				7월 2일 大宰府를 떠났지만 역풍으로 표류하다 귀환.
837	2	4	45	7월 22일 遣唐使와 함께 松浦를 출발했으나 역풍을 만나 또 좌절.
838	3	5	46	6월 13일 大宰府를 출발하여 7월 揚州에 도착.
				8월 開元寺에 거주. 宗叡로부터 산스크리트어를를 배움.
839	4	6	47	閏正月 21일 全雅에게서 念誦法門 및 胎藏, 金剛 兩部 曼茶羅등의 佛畵를 받음.
				4월 20일『入唐求法目錄』1卷을 찬수. 일본으로 귀환하고자 승선, 海州로 표류, 다시 승선하여 登州로 표류.
				6월 赤山 法華院에 들어가 겨울을 보냄.
840	5	7	48	2월 赤山을 떠나, 3월 靑州를 거쳐 龍興寺에 이름.
				4월 五臺山으로 巡拜, 志遠에게서 『摩訶止觀』을 받고 또 臺疏를 씀. 玄鑑 등을 방문.
				7월 五臺山을 출발함.
				8월 長安 資聖寺에 들어감.
				10월 18일 大興善寺의 元政에게 가서 金剛界 大法을 배우고, 五甁 灌頂을 받음.
				金剛界 曼茶羅를 베껴 그림.
	武宗 會昌			
841	1	8	49	5월 靑龍寺 義眞으로부터 胎藏界 立蘇悉地大法을

842	2	9	50	받음. 2월 玄法寺 法全에게 胎藏界 大法을 받고 5월 寶月에게서 산스크리트어의 바른 발음을 구수받음.
843	3	10	51	7월 24일 惟曉 長安에서 죽음.
844	4	11	52	7월 2일 仁好 재차 入唐, 일본 조정에서 圓仁과 圓載에게 각기 金 2백兩을 보냄.
845	5	12	53	5월 칙령에 의해 還俗하여 장안을 떠나 揚州, 楚州를 지나 8월 登州에서 귀국선을 기다림.
846	6	13	54	10월 性海로부터 太政官牒, 延曆寺牒 및 勅賜의 黃金을 받음.
847	宣宗 大中		14	55	閏3월 登州를 출발해 楚州를 거쳐 다시 登州로 돌아옴.
848	2	嘉祥 1	56	9월 登州를 출발해 10월 2일 大宰府에 도착. 3월 26일 性海, 惟正 등을 데리고 京都로 돌아와 本山에 올라 師蹟을 순례. 法華懺法을 改傳. 灌頂 수여를 허락받음. 6월 傳燈大法 師位를 받음. 7월 内供奉이 됨. 常行三昧堂을 건립. 首楞殿院 根本觀音堂 건립.
849	3	2	57	5월 처음으로 灌頂을 함. 誓水를 마신 자가 1천여명, 大伴善男 칙명으로 파견되어 千僧供을 지급함.
850	4	3	58	2월 仁壽殿에서 文殊八字法을 닦음. 3월 清凉殿에서 七佛藥師法을 닦음. 4월 熾盛光佛頂法의 수련을 요구하는 상주를 올리고 總持院을 건립시킴. 9월 15일 總持院 14僧을 정함. 12월 14일 金剛蘇悉地의 度者 2명을 勅許.
851	5	仁壽 1	59	8월 五臺山의 常行三昧를 比叡山으로 옮겨 例時作法을 始修. 仁王會에서 御前講師가 됨. 『金剛頂疏』7卷을 지음.
854	8	齊衡 1	62	4월 天台座主에 임명됨. 7월 淨土院 廟供을 始修. 11월 임금에게 주청하여 처음으로 安惠, 惠亮이

855	9	2	63	三部 大阿闍梨가 됨. 天台大師供을 始修. 『蘇悉地經疏』7卷을 지음. 5월 遍昭에게 菩薩戒를 줌.
856	10	3	64	3월 20일 天皇, 皇子 등에게 兩部灌頂을 奉授함. 7월 16일 처음으로 淨土院 廟供을 행함. 9월 東宮, 女御, 藤原良房 등에 灌頂을 줌.
857	12	天安 2	65	3월 天皇 및 그밖의 10여명에게 大戒를 주고, 灌頂을 줌.
859	13	貞觀 1	67	2월 仁王會에서 御前講師가 됨. 3월 天皇에게 菩薩大戒를 주고, 素眞의 法號를 내림.
860	宋 咸通 1	2	68	安樂行品을 法華堂에 전함. 4월 延曆寺에서 舍利會를 비로소 염. 5월 淳和太后에게 菩薩大戒를 줌. 大乘의 布薩를 처음 행함. 6월『顯揚大戒論』8권을 지음. 慈叡, 承雲, 性海, 南忠을 兩部 大阿闍梨로 함. 文殊樓의 造料내려짐.
861	2	3	69	五臺山 靈石을 五方에 묻고 文殊樓를 만듬. 首楞嚴院 燈油料, 二僧의 供養衣服을 充給. 6월 五條太皇太后에게 菩薩戒를 줌. 8월 淳和太后 거듭 菩薩戒를 받음.
863	4	5	71	10월 太政大臣 良房을 위해 染殿의 계단에서 灌頂을 줌. 10월 18일 열병에 걸림.
864	5	6	72	1월 13일 여러 제자에게 모두 8條의 훈계를 남김. 常濟에게 密印灌頂을 줌. 1월 14일 죽음. 1월 16일 寺北天梯尾中岳에 묻힘. 2월 16일 廟前에서 法印大和尚位가 내려짐. 10월 文殊樓會를 행함.
866	7	8		7월 14일 延曆寺 總持院 千部 法華經을 공양함. 勅使가 이 공양장소에서 慈覺大師 시호 및 傳敎大師의 시호를 내림.

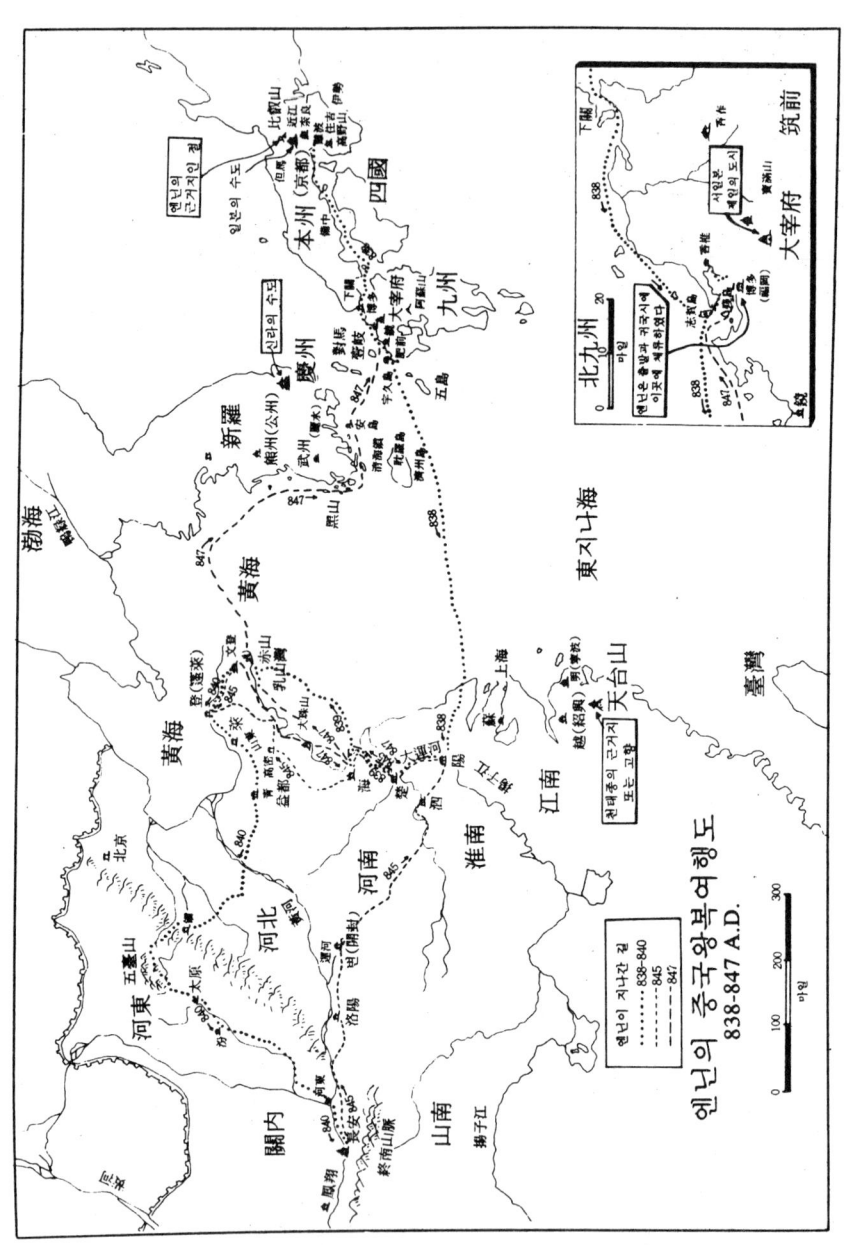

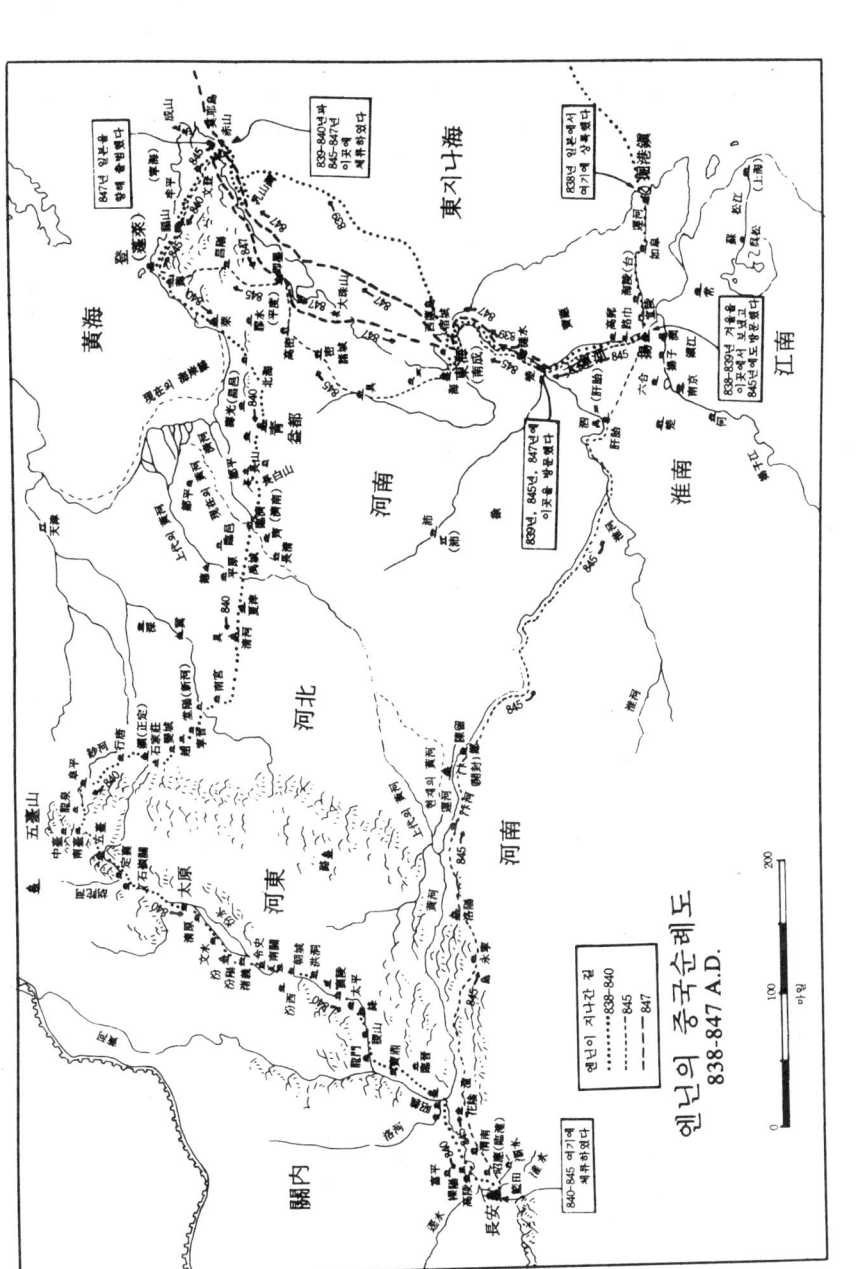

당대(唐代)의 도량형 환산표

度　1 里 = 180 丈 = 360 步 (大尺) = 1,800 尺 = 559.8 미터
　　1 丈 = 10 尺 = 100 寸 = 1,000 分 = 3.11 미터

量　1 升 = 10 合 = 100 勺 = 0.5944 리터

衡　1 石 = 120 斤 = 1,920 兩 = 71.618 킬로그램

布帛　　　1 端 = 1.25 疋 = 5 丈 = 15.55 미터
　　度　　1 端 = 5 丈 (布) ┐ 幅 1 尺 8 寸
　　　　　1 疋 = 4 丈 (絹) ┘

　　　　　1 屯 = 6 兩 (綿)
　　衡　　1 絢 = 5 兩 (絲)
　　　　　1 려 = 3 斤 (麻)

찾아보기

인명

ㄱ

감진(鑑眞) 54, 188
겜보(玄昉) 54
경문(敬文) 87, 91
경종(敬宗) 132
고선지(高仙芝) 274
고우치(廣智) 31
고조(高祖) 219, 220, 224
공자(孔子) 217, 221, 239, 240, 242
구사량(仇士良) 17, 38, 39, 122, 123, 171, 175, 209, 275, 277, 278
김정남(金正南) 74, 76, 86, 87
김진(金珍) 291, 292, 294

ㄴ

나가미네 타카나(長峯高名) 57, 58, 70, 76, 81, 83, 88, 89, 90
난다(Nanda) 229, 253

ㄷ

대혜화상(大慧和上) 196
도현(道玄) 93, 96
두문지(竇文至) 104

ㄹ

라트나칸드라(Ratnacandra) 171, 175, 229
레이센(靈仙) 157, 198, 199, 200, 216, 276

ㅁ

마르코 폴로(Marco Polo) 11, 12, 13, 14, 15, 16, 19, 20, 21, 25, 28, 271
마르쿠스 아우렐리우스 51
마츠카와 미야츠쿠 시다츠구(松川造貞嗣) 63
명제(明帝) 219
몬토쿠(文德)천황 41, 42

무종(武宗) 39, 40, 115, 124, 134,
    214, 218, 219, 225, 226, 227, 230,
    231, 232, 233, 241, 242, 243, 244,
    245, 246, 249, 250, 252, 266, 273,
    276
문감(文鑒) 173
문수보살(文殊菩薩) 191, 192, 193,
    194, 197, 198, 199
문수사리(文殊師利) 186, 189, 191,
    195, 198, 203, 207
문종(文宗) 134, 230

ㅂ

반야(般若) 107
백거이(白居易) 277
법청(法淸) 105, 106, 110, 275
보스웰(Boswell) 46
보월삼장(寶月三藏) 171
보현보살(普賢菩薩) 186, 189
부다파라(佛陀波利) 192
비마라키르티(Vimalakirti) 204

ㅅ

사가상황(嵯峨上皇) 72
사이쵸(最澄) 31, 32, 33, 34, 42,
    43, 44, 45, 46, 55, 87, 173
선종(宣宗) 266
설전(薛筌) 259, 260, 280, 282, 290,
    291
세이와(淸和)천황 42
세종(世宗) 214
소가(蘇我) 52
소주(蘇州) 291
쇼오카이(性海) 40, 41, 290

쇼오토쿠(聖德)태자 52
수가와라 미치자네(菅原道眞) 55
수가와라 요시누시(菅原善主) 57
수가와라 카지나리(菅原梶成) 98
수미요시(住吉)대신 88, 91, 92, 93,
    95, 97
수이코(推古)천황 52
수진(崇神) 천황 31
신무왕(神武王) 284, 286, 287
신자이(眞濟) 67

ㅇ

아네(安惠) 42
아모가바쥬라(Amoghavajra) 199
아베 나카마로(阿倍仲麻呂) 54, 65
안록산(安祿山) 17
야미조 코가네 가미(八溝黃金神) 63
양흠의(揚欽義) 132, 232, 233, 254
어홍지(魚弘志) 233
에가쿠(惠萼) 205, 206
에레이(惠靈) 58, 62
엔사이(圓載) 34, 47, 73, 79, 81,
    84, 87, 120, 148, 149, 156, 158,
    160, 174, 178, 179, 205, 210, 211,
    254, 274, 292
엔친(圓珍) 20, 21, 44, 47
염장(閻長) 286, 287, 288
오노 이모코(小野妹子) 52, 53
오노 타카무라(小野篁) 56, 62, 72
오카다 마사유키(岡田正之) 24
왕좌(王佐) 104, 111
왕혜(王惠) 159
요시미네 나가마츠(良峯長松) 57, 94
우징(祐徵) 283, 284, 287
원정(元政) 158, 175

위종경(韋宗卿) 239, 240
유신언(劉愼言) 88, 156, 157, 259, 260, 264, 279, 280, 289, 290, 291
유이랑(劉二郎) 60
유진(劉稹) 238, 250, 251
의원(義圓) 206, 207, 208
의정(義淨) 274
의진(義眞) 158, 159, 175
이교오(惟曉) 35, 39, 41, 79, 105, 107, 111, 160, 169, 170, 185, 186, 195 228, 237, 255 290
이덕유(李德裕) 17, 34, 39 79, 80, 81, 82, 87, 102, 127, 128, 132, 133, 135, 136, 139, 162, 167, 169, 177, 209, 210, 223, 227, 228, 230, 231, 232, 233, 234, 238, 241, 272
이백(李白) 54
이쇼오(惟正) 35, 41, 79, 96 105, 107, 111, 113, 118, 157, 160, 169, 170, 175, 185, 195, 228, 237, 255, 262
이신(李紳) 228, 238, 241, 259
이와다 마비토(栗田眞人) 54
이와다 이에츠구(栗田家繼) 58, 60, 85, 96
이원좌(李元佐) 254, 256, 257, 275

ㅈ

자각대사(慈覺大師) 11, 13, 43
장보고(張寶高) 24, 109, 110, 282, 283, 284, 285, 286, 287, 288, 293
장영(張詠) 108, 261, 262, 263, 264, 265, 276, 278, 279, 280, 282, 283, 284, 286, 289, 290, 291, 292
장자(莊子) 24, 182

정순(貞順) 13, 125
조귀진(趙歸眞) 244, 247, 248
죠오진(成尋) 20, 21, 22
죠오쿄(常曉 또는 常皎) 101
지원(志遠) 173, 174
지의(智顗) 31, 173, 176, 178
진고(神功)황후 66

ㅋ

카이묘(戒明) 76
캄무(桓武)제 66, 100
켄인(兼胤) 27
코닌(光仁)제 66, 100
쿠카이(空海) 42, 43, 44, 45, 46, 274
키 미츠(紅三律) 66, 68, 69
키비 마키비(吉備眞備) 54
키 하루누시(紀春主) 58

ㅌ

타지히 후미오(丹墀文雄) 67
타카미네 수쿠네(高峯宿禰) 63
타카오카(高丘) 친왕(親王) 274
태종(太宗) 224
테이 유우만(丁雄萬) 35, 79, 105, 107, 111, 237, 290, 292
텐치(天智)제 66
토모 수가오(伴須賀雄) 59, 90, 100

ㅍ

파울 펠리오트(Paul Pelliot) 274

ㅎ

하루마치 나가쿠라(春道永藏) 85
한유(韓愈) 218, 240
현장(玄奘) 20, 175
혜초(慧超) 274
호군직(胡君直) 104, 111
효문제(孝文帝) 192
후지와라 사다토시(藤原貞敏)
　57, 60, 100, 176
후지와라 아손 추네츠구(藤源朝臣常嗣)

63, 64
후지와라 요시후라(藤原良房) 100
후지와라 추네츠구(藤原常嗣)
　56, 62, 63
후지와라 카도노마로(藤原葛野麻呂) 56
후지와라 키요카와(藤原清河) 65
후지와라 토요나미(藤原豊竝)
　76, 100

지명

ㄱ

감사(監寺) 168
강소성(江蘇省) 153
개봉(開封) 142, 255
개원사(開元寺) 13, 80, 81, 87, 112,
　113, 114, 120, 125, 126, 127, 129,
　149, 150, 158, 160, 162, 165, 171,
　176, 177, 180, 209, 210, 212
경조부(京兆府) 238, 256, 262
경주 293
고구려 58, 269, 273, 278
고오베(神戸) 66
고토오(五島)열도 68, 70, 73
국분니사(國分尼寺) 71
국분사(國分寺) 71
국청사(國清寺) 165, 174
금각사(金閣寺) 198, 199, 207

금강굴(金剛窟) 193

ㄴ

나니와(難派) 65, 66
나라(奈良) 31, 32, 42, 44, 45
나란다(Naranda) 199, 205
낙양(洛陽) 140, 246
남대 201, 202
남조국(南詔國) 83
남큐슈우 97, 98
노부(潞府) 238, 241, 246, 250, 266
노주(潞州) 238

ㄷ

대안탑(大雁塔) 175

대주(代州) 203, 239
대주(大珠)산 89, 90, 153
도독부(都督府) 111, 114, 117, 120,
　　132, 200, 201, 209, 211, 235, 251,
　　255, 266, 280
동대 202, 203, 204
동해현(東海縣) 91, 93
등주(登州) 111, 112, 114, 115, 117,
　　119, 134, 135, 143, 149, 150, 153,
　　154, 161

ㅁ

만년현(萬年縣) 256
명주(明州) 81
무츠(陸奧) 63
문등현(文登縣) 36, 103, 108, 111,
　　113, 135, 142, 150, 212, 261, 262
미이데라(二井寺) 21

ㅂ

발해(渤海) 117, 143, 150, 157, 176,
　　276, 278
백제 51, 54, 57, 58, 117, 269, 273
법문사(法文寺) 218, 239
법운사(法雲寺) 150
변주(汴州) 142, 144, 146, 255, 259
보광왕사(普光王寺) 239, 263
보제사(菩提寺) 203
봉래(蓬萊) 112
봉상(鳳翔) 218, 220, 231, 263
봉상부(鳳翔府) 239
북대 202, 203
북큐슈우(北九州) 50, 66, 67, 97
분양(汾陽) 121

분주(汾州) 121, 206, 207
분하(汾河) 121
비추(備戶) 62

ㅅ

사도(佐度)섬 73
사주(泗州) 239, 259, 263
산동(山東)반도 35, 36, 40, 76, 92,
　　103, 108, 112, 142, 144, 153, 161,
　　166, 211, 212, 243, 259, 265, 276,
　　277, 289
산서(山西)성 120, 121, 131, 144,
　　146, 191, 206, 238
서대 202, 203, 204
서안(西安) 38, 175
서혼슈(西本州) 72
선림사(禪林寺) 165
성종굴(聖鍾窟) 200
세이론(Ceylon) 39, 199, 229
시모노세키(下關) 73
시모즈케국(下野國) 30
시코쿠(西國) 46
시텐고오지(四天王寺) 32
쓰시마(對馬)섬 67

ㅇ

안남(安南) 55
양주(揚州) 12, 13, 34, 39, 40, 74,
　　75, 76, 77, 78, 79, 81, 82, 83,
　　84, 85, 86, 87, 102, 109, 125,
　　126, 127, 128, 130, 131, 132, 134,
　　135, 136, 137, 139, 140, 143, 144,
　　145, 148, 149, 152, 153, 158, 159,
　　160, 161, 162, 165, 167, 168, 169,

171, 172, 176, 177, 178, 180, 183,
187, 188, 209, 210, 211, 227, 229,
231, 232, 253, 259, 263, 272, 274,
277, 279, 285, 290
엔랴쿠지(延曆寺)　21,　31,　32,　41,
43, 44, 45
여고진(如皐鎭)　77, 78
연수현(漣水縣)　260, 277, 281
영경사(靈境寺)　200
영파(寧波)　81
예빈원(禮賓院)　83
예천사(醴泉寺)　150, 166, 188, 212,
213, 276
오태산(五臺山)　22, 36, 37, 38, 42,
82, 106, 107, 112, 120, 121, 134,
144, 145, 151, 152, 154, 155, 156,
157, 165, 166, 169, 170, 172, 173,
174, 177, 182, 186, 191, 192, 193,
194, 195, 196, 198, 200, 201, 202,
204, 205, 206, 207, 211, 215, 239,
275, 276
오미(近江)　62
오봉루(五峰樓)　247
오키(隱岐)섬　72, 101
온죠오지(園城寺)　21
완도(莞島)　283
용대사(龍臺寺)　188
용천(龍泉)　120
용해(龍海)　89
용흥사(龍興寺)　117, 118, 172, 188,
189, 212
운남성(雲南省)　83
위수(渭水)　122
이키(壹岐)섬　70
익도(益都)　114

ㅈ

자성사(資聖寺)　38, 122, 123, 126,
165, 185, 226, 228, 229, 255
장산(長山)　150
장안(長安)　24, 34, 36, 38, 40, 76,
81, 82, 83, 84, 85, 87, 96, 99,
121, 122, 123, 126, 128, 131, 133,
134, 135, 136, 137, 139, 140, 141,
142, 143, 144, 145, 146, 148, 150,
157, 158, 159, 165, 168, 173, 174,
175, 176, 182, 185, 187, 199, 200,
211, 214, 218, 221, 223, 225, 226,
230, 231, 236, 238, 243, 250, 253,
254, 258, 263, 272, 273, 274, 275,
279, 292
적산(赤山)　95, 96, 97, 103, 166,
279, 289, 290, 291, 292
적산법화원　278, 284
절강성(浙江省)　34, 81
정주(鄭州)　139
종남산(終南山)　239, 248
죽림사(竹林寺)　166, 170, 177, 186,
193, 195, 204, 205
중대(中臺)　196, 201, 202, 203, 205
지쿠젠(筑前)　285

ㅊ

참파국(占婆國)　162
천태산(天台山)　22, 34, 36, 79, 81,
84, 87, 102, 106, 109, 120, 139,
165, 172, 173, 174, 254, 285
청도(青島)　89, 90, 278, 291
청령현(青寧縣)　103, 104

청주(青州) 114, 117, 118, 119, 122, 130, 135, 137, 145, 150, 161, 166
청해진(淸海鎭) 283, 285, 286, 287
초주(楚州) 34, 35, 40, 81, 86, 87, 88, 90, 99, 109, 140, 142, 143, 144, 153, 156, 161, 171, 174, 176, 259, 260, 263, 264, 277, 279, 280, 281, 289, 290, 291
츠가군(都賀郡) 30
치카(値賀)군도 68

ㅋ

카모대사(賀茂大社) 64
코야산(高野山) 44
쿠차(Kucha) 39
큐슈우 65, 67, 70, 71, 97, 294

ㅌ

타지마(但馬) 62

태원부(太原府) 120, 121, 131, 145, 152, 155, 166, 190, 191, 206, 207, 208, 246, 275
태주(泰州) 12
태현(泰縣) 78
투르키스탄 274

ㅎ

하카타(博多) 73, 294
해룡왕묘(海龍王廟) 91, 150
해릉현(海陵縣) 78, 149
해주(海州) 76, 83, 89, 90, 91, 102, 150, 152, 153, 161, 209, 260, 261
호오류지(法隆寺) 32
회하(淮河) 34, 35, 86, 88, 89, 142, 143, 144, 255, 260, 277, 279, 282, 284, 291
후이현(肝胎縣) 143
히에이(比叡)산 21, 31, 32, 44, 45, 294

사항

ㄱ

가바네 63
감국신(監國信) 57, 85
검교사(檢校使) 97
견당사(遣唐使) 또는 견당사절단 32, 48, 50, 51, 54, 55, 56, 57, 59, 60, 61, 62, 63, 64, 65, 68, 69, 70, 71, 72, 73, 77, 78, 82, 84, 86, 87, 88, 89, 90, 98, 99, 100, 101, 102, 103, 108, 114, 142, 145, 149, 150, 153, 156, 157, 158, 160, 162, 163, 176, 177, 211, 281, 282, 284
견수사 51
계단(戒壇) 37

공양루(供養樓) 187
공양원(供養院) 203, 207
관정(灌頂) 32, 41, 42
교상(敎相) 174
『구당서(舊唐書)』 222
구당신라소(勾當新羅所) 261
구당일본국사(勾當日本國使) 80
구우원(求雨院) 203
구족계(具足戒) 195
국사(國師) 128
『금강경』 257, 293
금강계(金剛界) 41, 174, 175, 264, 290
금동탑(金銅塔) 199

ㄴ

남조(南朝) 50
내공봉(內供奉) 169
네스토리우스파(景敎) 39
노왕(奴王) 50
녹사(錄使) 56, 57, 58, 63, 64, 83, 93, 115, 116
『논어(論語)』 283
니승원(尼僧院) 170

ㄷ

다라니(陀羅尼) 91
대공덕사(大功德使) 168
대명궁(大明宮) 122
『대반야경(大般若經)』 71
대승불교(大乘佛敎) 31
대재부(大宰府) 61, 62, 67, 68, 70, 73, 97, 294
대한(大汗) 12

대화엄사(大華嚴寺) 166, 172, 173, 174, 177, 182, 183, 194, 196, 197, 201, 203, 204, 205, 206, 207
도교(道敎) 39, 91, 122, 135, 217, 218, 226, 240, 241, 242, 243, 247, 248, 250, 266
도오지 본(東寺本) 27, 28
동십장(同十將) 280, 290

ㄹ

리격주(里隔柱) 143

ㅁ

『마가지관』(摩詞止觀) 31
만다라(曼茶羅) 41, 159, 160, 174, 199, 264, 290
모하메트교(회교) 215
문수보살(文殊菩薩) 37, 38, 42, 191, 192, 193, 194, 197, 198, 199
미부(壬生) 31
밀교(密敎) 44, 45, 87, 159, 163, 174, 175, 191, 193, 199, 257

ㅂ

발해관(渤海館) 143, 150
범음사(梵音師) 179
법상종(法相宗) 76
법인대화상(法印大和尙) 42
『법화경(法華經)』 31, 32, 172, 173, 182, 189, 190, 191, 196, 228, 278
법화원(法華院) 172
보살계(菩薩戒) 183

보통원(普通院) 151, 152, 157, 166, 203, 205, 206
부젠수(豊前守) 70
북위(北魏) 50, 192, 214
북주(北周) 214
불아루(佛牙樓) 188

ㅅ

사문파(寺門派) 21
사미승(沙彌僧) 126
사부(祠部) 252, 253, 255, 275
사상(事相) 175
사생(史生) 58, 62, 63, 85, 90
산릉사(山陵使) 121, 122
산문파(山門派) 21
삼장법사(三藏法師) 20
서상각(瑞像閣) 272
서상비각(瑞像飛閣) 210
『서역기』(西域記) 20, 21
서원(西院) 123
선대(仙臺) 244, 245, 247, 248
선두(船頭) 58, 67, 89, 100
선사(船師) 58, 266
선종(禪宗) 172
소승불교(小乘佛敎) 31
『속일본후기(續日本後記)』 48, 57
『수서(隋書)』 53
수수장(水手長) 58
수호(守護) 63, 64, 65, 200, 278, 284
승록(僧錄) 168, 187
승정(僧正) 167, 168, 209
『신당서(新唐書)』 222
신도(神道) 63, 70, 74, 86, 88, 91, 92, 98, 292, 294

신라관(新羅館) 143, 150
신라통역 58
신사(神社) 64, 71
신유교(新儒敎) 19, 218

ㅇ

아미타불 43, 185, 187, 190
아이누족 31, 54
양세(兩稅) 235
『열반경(涅槃經)』 240
염철사(塩鐵司) 264
위구르족 24, 230, 238, 246
유나사(維那師) 182, 183
유리전(瑠璃殿) 188
『유마경(維摩經)』 204
유후관(留後官) 114, 117, 118
율대덕(律大德) 167
율종(律宗) 54
율좌주(律座主) 167
『의경(醫經)』 60
의릉관(宜陵館) 144
이세(伊勢)신궁 70, 100
이케다 본(池田本) 27
인왕(仁王)상 200
일리총(一里塚) 142
『입당구법순례행기(入唐求法巡禮行記)』 26, 29

ㅈ

자각대사(慈覺大師) 11, 43
자신전(紫宸殿) 64
잡사 58
장생전(長生殿) 169
장속사(裝束司) 61

적산(赤山)사원 36, 39, 40, 96, 103, 104, 105, 109, 110, 112, 113, 114, 172, 173, 177, 182, 183, 189
적산승원 37, 167
전등대법사(傳燈大法師) 41
전등대사(傳燈大師) 43
전등법사(傳燈法師) 286
전윤장(轉輪藏) 193
절도(節刀) 65, 68, 99
정령제(精靈祭) 131
정토(淨土) 114, 185, 217, 257
정토원(淨土院) 123
조로아스터교(景敎) 223, 273
조박도장(造舶都匠) 59, 72
조박사(造舶事) 61
준녹사(准錄事) 57, 58, 63
준선사(准船師) 58
지승선사(知乘船事) 57, 60, 63, 64, 85
진언밀교(眞言密敎) 44, 163
진언종(眞言宗) 45, 67

ㅊ

천룡팔부(天龍八部) 133
천문원(天門院) 131
천태종(天台宗) 21, 22, 27, 31, 32, 34, 42, 43, 44, 45, 163, 172, 174, 176, 196
청명절(淸明節) 127
청익승(淸益僧) 32, 34, 59, 64, 67, 76, 100, 101, 294
촌보(村保) 103, 104
치쿠젠 수(築前權守) 70

ㅌ

타이헤이라(太平良) 70
태관(台館) 212
태장계(胎藏界) 41, 159, 175, 264
태정관 65, 68, 294
토다이지(東大寺) 31

ㅍ

판관(判官) 56, 57, 58, 64, 67, 68, 70, 81, 83, 84, 100, 115, 116, 176, 290
판두(板頭) 103, 104, 105
표탄사(表歎師) 177

ㅎ

한식, 한식절(寒食節) 131
해룡왕 92, 95
『해룡왕경(海龍王經)』 71
『행력초(行歷抄)』 21
현교(顯敎) 45
홍법대사(弘法大師) 43
환학승(還學僧) 59, 80
후주(後周) 214

조성을
1956년 경북 상주 출생
서울대학교 동양사학과 졸업
연세대학교 대학원 박사과정 수료
아주대학교 강사

논문 및 역서: 「丁若鏞의 身分制 改革論」(석사학위 논문)
「丁若鏞 著作의 體系와 『與猶堂集』 雜文의 再構成」
『새로운 한국사 입문』, 돌베개, 1983(공역)
『한국의 역사』, 한울, 1984(역)
『중국사 개설』, 한울, 1989(역)
『동아시아사상사』, 한울, 1991(역)

중국 중세사회로의 여행
라이샤워가 풀어쓴 엔닌의 일기

ⓒ 도서출판 한울, 1991

지은이 | E. O. 라이샤워
옮긴이 | 조성을
펴낸이 | 김종수
펴낸곳 | 도서출판 한울

초판 1쇄 발행 | 1991년 10월 30일
초판 6쇄 발행 | 2012년 6월 11일

주소 | 413-756 파주시 문발동 535-7 302(본사)
　　　121-801 서울시 마포구 공덕동 105-90 서울빌딩 1층(서울 사무소)
전화 | 영업 02-326-0095, 편집 031-955-0606, 02-336-6183
팩스 | 02-333-7543
홈페이지 | www.hanulbooks.co.kr
등록 | 제406-2003-000051호

Printed in Korea.
ISBN 978-89-460-4617-7 03910

* 가격은 겉표지에 표시되어 있습니다.